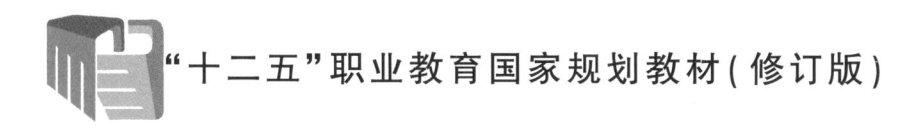

"十二五"职业教育国家规划教材(修订版)

汽车营销学

第 4 版

主　编　张丹颖　何宝文
副主编　李美丽　张子吟　胡慧敏
参　编　王　超　冯丙寅　陈　超　郭进国
　　　　冯子亮　李　英　王利伟
主　审　于万海

机械工业出版社

本书是"十二五"职业教育国家规划教材修订版。

本书在阐述现代市场营销理论的基础上，紧密结合当今中国汽车市场的现状，系统介绍了汽车市场营销的策略和方法。本书的主要内容包括市场营销与中国汽车市场，汽车企业的战略规划和营销管理，汽车市场营销环境，汽车市场与用户购买行为，汽车市场调研与预测，寻找市场机会和定位，汽车产品、价格、分销、促销策略，汽车销售实务，国际汽车市场营销分析。附录中的营销案例多选自我国最新的汽车营销实践，实效性和可操作性强。

本书内容深入浅出，既可作为汽车相关专业的教材，也可供汽车营销从业人员阅读使用。

凡选用本书作为教材的教师，均可登录机械工业出版社教育服务网 www.cmpedu.com 下载本教材配套电子课件。咨询电话：010-88379375。

图书在版编目（CIP）数据

汽车营销学/张丹颖，何宝文主编. —4 版. —北京：机械工业出版社，2024.1（2025.1 重印）

"十二五"职业教育国家规划教材：修订版

ISBN 978-7-111-74640-9

Ⅰ.①汽… Ⅱ.①张… ②何… Ⅲ.①汽车－市场营销学－高等职业教育－教材 Ⅳ.①F766

中国国家版本馆 CIP 数据核字（2024）第 001379 号

机械工业出版社（北京市百万庄大街 22 号　邮政编码 100037）
策划编辑：谢熠萌　　　　　　　　责任编辑：谢熠萌
责任校对：张婉茹　李小宝　　　　封面设计：马若濛
责任印制：单爱军
北京虎彩文化传播有限公司印刷
2025 年 1 月第 4 版第 2 次印刷
184mm×260mm・15 印张・371 千字
标准书号：ISBN 978-7-111-74640-9
定价：45.00 元

电话服务　　　　　　　　　网络服务
客服电话：010-88361066　　机　工　官　网：www.cmpbook.com
　　　　　010-88379833　　机　工　官　博：weibo.com/cmp1952
　　　　　010-68326294　　金　书　网：www.golden-book.com
封底无防伪标均为盗版　机工教育服务网：www.cmpedu.com

前　言

近年来，随着汽车产业的规模、产量和市场不断扩大，如何进行汽车营销活动正日益成为各大汽车相关企业的焦点问题。了解并掌握汽车营销知识来指导企业的营销活动，已经成为汽车营销人员十分必要的工作需求。

编者根据汽车服务工程技术专业教学标准，体现新时代汽车产业发展对汽车市场营销相关岗位（群）要求，校企合作开发编写了本书。本书的特色如下：

1）在本书开发与更新上严格遵循《职业院校教材管理办法》，坚持立德树人，深入贯彻落实党的二十大精神，体现教材的思想性、科学性，以学生为中心，融入拓展学习内容，实现了爱国主义、绿色化发展、生态环境保护等素养教育内容与专业课知识的有机融合，突出教材的职教特色和育人载体特点。

2）在呈现形式上，本书根据省级以及国家级精品课程建设规程和要求，按照"一书一课一空间"理念，一体化设计视频、动画、图片素材、课件等资源，其中，部分在线资源以二维码链接的形式插入到相关内容中，读者可通过手机扫码学习，提高了学习效率，体现了教育数字化理念。

本书根据汽车营销工作场景，按照营销模块独立的原则，形成了12个学习情境。

本书由张丹颖、何宝文担任主编，李美丽、张子吟、胡慧敏担任副主编，于万海担任主审，参加编写的还有王超、冯丙寅、陈超、郭进国、冯子亮、李英、王利伟。其中，河北科技工程职业技术大学张丹颖编写了学习情境7、8，北京城市学院何宝文编写了学习情境11，李美丽编写了学习情境2、3，张子吟编写了学习情境9、10，胡慧敏编写了学习情境5、6，王超编写了学习情境4的学习单元1、2，冯丙寅编写了学习情境4的学习单元3，陈超编写了学习情境4的学习单元4，郭进国编写了学习情境12的学习单元1，冯子亮编写了学习情境12的学习单元2，李英编写了学习情境1，王利伟编写了学习情境12的学习单元3。

本书在编写过程中得到业内人士的大力支持，在此深表感谢！

由于编者水平有限，书中不妥之处在所难免，敬请广大读者批评指正。

编　者

二维码索引

名称	图形	页码	名称	图形	页码
市场的概念		1	基本竞争策略		107
市场营销的概念		3	产品生命周期理论		117
市场机会		20	需求导向定价法		138
微观环境		39	营销体制		149
宏观环境		44	汽车销售渠道		150
马斯洛需求层次理论		62	人员推销		167
私人用户购买行为		64	广告策略		176
网络调研法		82	寻找潜在客户		195
定性预测方法		90	展厅布置		199
目标市场的选择方法		102	国际汽车市场营销策略		225

目 录

前言
二维码索引

学习情境1　市场营销与中国汽车市场 …… *1*
　学习单元1　市场与市场营销 …… *1*
　学习单元2　市场营销观念的演变 …… *3*
　学习单元3　营销要素与市场营销组合 …… *9*
　学习单元4　中国汽车市场发展前景和营销人员素质 …… *12*
　营销案例　福特和他的"T型车" …… *14*
　复习思考题 …… *14*

学习情境2　汽车企业的战略规划和营销管理 …… *16*
　学习单元1　汽车企业的战略分析及战略选择 …… *16*
　学习单元2　汽车企业市场营销管理过程 …… *20*
　学习单元3　汽车企业市场营销计划 …… *26*
　营销案例　"奔驰"之路 …… *31*
　复习思考题 …… *36*

学习情境3　汽车市场营销环境 …… *38*
　学习单元1　分析市场营销环境的目的 …… *38*
　学习单元2　市场营销微观环境分析 …… *39*
　学习单元3　市场营销宏观环境分析 …… *44*
　学习单元4　汽车企业适应营销环境变化的策略 …… *51*
　营销案例　美国汽车工业的危机 …… *54*
　复习思考题 …… *54*

学习情境4　汽车市场与用户购买行为 …… *56*
　学习单元1　汽车市场概述 …… *56*
　学习单元2　私人购车用户的购买行为 …… *58*
　学习单元3　组织购车用户的购买行为 …… *66*
　学习单元4　汽车中间商市场与零部件市场 …… *72*
　营销案例　小张选车的故事 …… *73*
　复习思考题 …… *74*

学习情境5　汽车市场调研与预测 …… *76*
　学习单元1　汽车市场调研概述 …… *76*
　学习单元2　市场调研的方法和步骤 …… *78*
　学习单元3　市场调研问卷设计 …… *85*
　学习单元4　市场预测 …… *89*
　调研方案示例　某市一汽丰田4S店市场调研方案 …… *94*
　复习思考题 …… *97*

学习情境6　寻找市场机会和定位 …… *99*
　学习单元1　市场细分概述 …… *99*
　学习单元2　汽车目标市场策略 …… *101*
　学习单元3　汽车市场定位和进入策略 …… *103*
　学习单元4　汽车企业营销竞争策略 …… *104*
　营销案例　丰田汽车公司市场进入策略 …… *109*
　复习思考题 …… *110*

学习情境7　汽车产品策略 …… *112*
　学习单元1　产品的整体概念与产品组合 …… *112*
　学习单元2　产品生命周期理论及其应用 …… *116*
　学习单元3　汽车新产品开发策略 …… *121*
　营销案例　上汽的自主品牌之路 …… *123*
　复习思考题 …… *125*

学习情境8　汽车价格策略 …… *126*
　学习单元1　价格基本理论 …… *126*

学习单元2　汽车价格构成 …………… 136
　　学习单元3　汽车产品定价方法 ………… 137
　　学习单元4　汽车产品定价策略 ………… 141
　　营销案例　制造主导，一步到位 ……… 147
　　复习思考题 ……………………………… 147
学习情境9　汽车分销策略 …………… 149
　　学习单元1　汽车营销体制 ……………… 149
　　学习单元2　汽车销售渠道 ……………… 150
　　学习单元3　汽车销售方式 ……………… 157
　　营销案例　"四位一体"汽车专卖店 … 163
　　复习思考题 ……………………………… 164
学习情境10　汽车促销策略 …………… 166
　　学习单元1　促销与促销组合 …………… 166
　　学习单元2　人员推销 …………………… 167
　　学习单元3　广告 ………………………… 172
　　学习单元4　公共关系 …………………… 179
　　学习单元5　营业推广 …………………… 183
　　营销案例　电影与靓车：名车与好莱坞
　　　　　　　大片双赢 ………………… 187
　　复习思考题 ……………………………… 188
学习情境11　汽车销售实务 …………… 190
　　学习单元1　4S店汽车营销 …………… 190

　　学习单元2　寻找潜在客户 ……………… 195
　　学习单元3　展厅布置与销售人员
　　　　　　　仪表 ……………………… 198
　　学习单元4　客户欢迎与需求分析 …… 201
　　学习单元5　车辆介绍 …………………… 203
　　学习单元6　客户异议的处理 …………… 206
　　学习单元7　促成交易与跟踪访问 …… 210
　　学习单元8　二手车置换销售 …………… 217
　　营销案例　小张卖车的故事 …………… 219
　　复习思考题 ……………………………… 220
学习情境12　国际汽车市场营销
　　　　　　　分析 ……………………… 222
　　学习单元1　国际汽车市场的特点 … 222
　　学习单元2　国际汽车市场的营销
　　　　　　　方式 ……………………… 223
　　学习单元3　国际汽车营销市场的
　　　　　　　营销策略 ………………… 225
　　营销案例　丰田汽车的美国营销
　　　　　　　策略 ……………………… 227
　　复习思考题 ……………………………… 228
附录　汽车营销案例 …………………… 229
参考文献 ………………………………… 234

学习情境 1　市场营销与中国汽车市场

【学习目标】

1. 掌握市场营销的概念。
2. 掌握营销要素与市场营销组合。
3. 了解中国汽车市场的发展前景。
4. 培养汽车营销人员应具备的素质和创新思维。

微课：市场的概念

学习单元 1　市场与市场营销

1. 市场的含义

市场是人们使用最频繁的术语之一。市场的概念是随着商品经济的发展和使用场合的不同而变化的，人们对市场概念的理解可以归纳总结如下。

（1）市场是人们进行商品交换（买卖）活动的场所　从前，在商品经济尚不发达的时候，市场的概念总是同时间概念和空间概念联系在一起，人们总是在一定的时间和确定的地点进行商品交换及交易，因此市场被看作是商品交换和商品交易的场所。

现实市场的形成需要很多基本条件：

1）要有消费者（用户）。
2）要有厂商为用户提供消费产品和服务。
3）要有促成交换双方达成交易的价格、时间、空间、信息和服务等条件。

（2）市场是建立在社会分工和商品生产基础之上的商品交换关系　在现代社会里，商品交换关系已经渗透到社会生活的各个方面，交换商品的品种和范围不断扩大，交易方式也日益复杂，特别是随着现代信息技术、通信技术、电子商务、物流等的不断发展，交换和交易已经实现打破了时间和空间的限制，人们可以在任何时间和任何地点达成交易，最终实现商品交换。所以，现代的市场已经不再是指具体的交易场所。

（3）市场是某项商品或劳务的所有现实和潜在的购买者　市场的发展是一个由消费者（买方）决定，由生产者（卖方）推动的动态过程。这是指市场除了有购买力和购买欲望的现实购买者外，还包括暂时没有购买力，或是暂时没有购买欲望的潜在购买者。这些潜在购买者，一旦其条件有了变化，或是收入提高具有购买力了，或是受宣传介绍的影响，由无购买欲望转变为有购买欲望时，其潜在需求就会转变成现实需求。所以有潜在需求的购买者是卖主的潜在市场。对卖主来说，明确本单位产品的现实和潜在市场，其需求量多少，对正确制订生产和营销决策具有重要意义。

而在商品交换过程中，买方决定市场的发展。以经营者角度看市场，买卖双方和市场会有如下的关系，如图 1-1 所示。

（4）市场是商品交换关系的总和　这主要是指买卖双方、卖方与卖方、买方与买方、买卖双方各自与中间商、中间商与中间商之间，在商品流通领域中进行交换时发生的关系。它还包括商品在流通过程中促进发挥辅助作用的一切机构、部门（如银行、保险公司、运输部门、海关等）与商品的买卖双方间的关系。这个概念是从商品交换过程中人与人之间经济关系的角度定义的。

图 1-1 简单的市场营销系统

市场营销关于市场的概念重视的是买方的多少以及潜在消费者的多少。同时它也重视流通渠道问题。市场营销学把人口、购买力、购买欲望称为市场三要素。

从市场营销学的观点来看，以上市场的概念是从各个不同的角度阐述的，只是各自强调的角度不同，相互之间并不矛盾。例如，当企业将商品销到国际市场，并不仅仅是到国际市场这一商品交换的场所去进行销售，企业还要了解该国际市场中现实的与潜在的购买者，包括以下几方面：

1）他们是谁（Who），是青年人或老年人，还是哪个行业的用户。
2）他们购买或喜爱什么商品（Which）。
3）他们为什么要购买这些商品，其购买目的是什么（What）。
4）他们在什么时间购买这些商品（When）。
5）他们在什么场所购买这些商品（Where）。
6）他们怎样购买商品，其购买行为如何（How）等。

所以，企业要全面理解市场的含义和概念，这对企业的生产、经营、市场营销具有重要意义。

上面列举了 4 种典型和最基本、最常用的市场概念。在现实经济社会中，市场已形成复杂的相互连接的体系，如图 1-2 所示，市场成为整个社会经济的主宰者，是社会经济的指挥棒和调节器，市场的作用也被大大地加强了，因而人们对市场概念的理解和运用也丰富了，其含义不可能是单一性的。

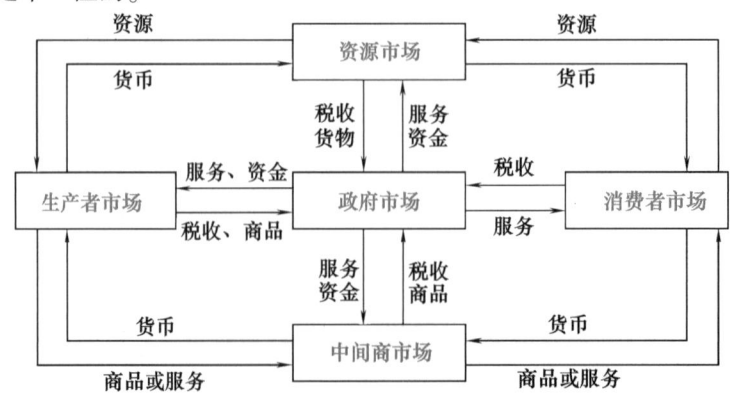

图 1-2 现代交换经济中的基本市场流程图

那么什么是汽车市场呢？

汽车市场的概念就是现实的和潜在的具有汽车及相关商品购买能力的总需求。

汽车及其相关服务（劳务）在市场经济条件下可以作为一种商品进行交换，围绕着这一特殊的商品运用市场概念就形成了汽车市场。

2. 市场营销的含义

目前，理论界对市场营销的定义很多，但比较有代表性的定义有以下两种。

有学者认为："市场营销最主要的不是推销，推销只是市场营销的一个职能（并且常常不是最重要的）。因为准确地识别出消费者的需要，发展适销对路的产品，搞好定价、分销和实施有效的促销活动，产品就会很容易销售出去。"其研究的对象和主要内容是"识别目前未满足的需要和欲望，估量和确定需要量的大小，选择和决定企业能提供最好服务的目标市场，并且决定适当的产品、劳务和计划（或方案），以便为目标市场服务"。这就是说，"市场营销"主要是涉及企业在动态市场上如何有效地管理其交换过程和交换关系，以提高经营效果，实现企业目标。或者换一句话说，市场营销的目的，就在于了解消费者的需要，按照消费者的需要来设计和生产适销对路的产品，同时选择销售渠道，做好定价、促销等工作，从而使这些产品可以轻而易举地销售出去。

也有学者认为："市场营销活动应从客户开始，而不是从生产过程开始，应由市场营销部门（而不是由生产部门）决定将要生产什么产品。诸如产品开发、设计、包装的策略，定价、赊销及收账的政策，产品的销售地点以及如何做广告和如何推销等问题，都应由营销部门来决定。但这并不意味着市场营销要把传统的生产、会计、财务等工作全部接过来，而只是说市场营销为这些活动提供指导。"

美国市场营销协会1985年对市场营销的定义是："市场营销是对思想、货物和服务进行设计、定价、促销和分销的计划与实施过程，从而产生能满足个人和组织目标的交换。"

综上所述，市场营销是一种从市场需要出发的管理过程。它的核心思想是交换，是一种买卖双方互利的交换，即卖方按买方的需要提供产品或劳务，使买方得到消费满足；而买方则付出相应的报酬，使卖方亦得到回报和实现企业目标，双方各得其所。企业要想最大限度地满足自己的需要，首先就要最大限度地满足他人的需要。虽然市场营销的目的是同时满足供需双方的需要，它的前提和重心却是满足客户的需要，是设法发现客户现实需要和潜在需要并通过商品交换过程尽力满足它，把满足客户需要变成企业赢利的机会。

微课：市场营销的概念

学习单元2　市场营销观念的演变

1. 生产观念

生产观念是一种最古老的经营思想，20世纪20年代在西方发达国家占支配地位。当时由于生产效率还很低下，产品供不应求，基本上是"卖方市场"。例如，当时轿车产量很少，价格昂贵。企业不关心市场需求问题，而把营销管理的重点放在抓生产抓货源上，争取多获利润,即以生产观念为导向。

生产观念(Production Concept)又称为生产导向。这种观念认为企业的一切经营活动应以抓生产为中心,企业能生产什么就生产什么,市场也就卖什么,即所谓"以产定销"。

在这一经营观念指导下,企业经营要解决的中心课题是生产问题,表现之一就是如何扩大生产和降低产品成本。其基本经营理念是:产量提高,成本和价格就会下降,于是客户就会增多,从而又支持产量提高,形成良性循环。这种观念似乎很有道理,但不能脱离具体条件,如果某种商品的确因生产规模小、价格高而影响销路,企业坚持这种观念一定会取得成功。反之如果价格不是影响客户购买的主要因素,产品的用途、功能不能满足客户需要,即便是免费派送也未必能够赢得客户。应当看到的是,随着现代社会生产力的提高,传统产业企业的实力越来越接近,市场竞争日益加剧,企业在规模和成本上的竞争空间已越来越小(受最小极限成本制约),因而这种生产观念作为指导企业经营的普遍观念已逐步退出历史舞台。

2. 产品观念

如果说生产观念是注重以量取胜的话,那么产品观念(Product Concept)则表现为以质取胜。其基本理念是:企业经营的中心工作是抓产品质量,只要产品质量过硬,经久耐用,就会客户盈门,企业就会立于不败之地。这种观念同样不能脱离具体条件,如果产品确实有市场,但因质量太差而影响销路,企业坚持这种观念就会大有作为。否则,其他因素不能满足客户需要,即使质量再好的产品也不会畅销。在现代市场经济高度发达的条件下,这种生产观念也是不适宜的。因为现代市场需求的层次是不断提高的,能够更好地满足市场需求的产品层出不穷,如果企业的产品不能及时满足市场的更高要求,质量再好的老产品也不可能持久地占领市场。

3. 推销观念

推销观念(Selling Concept)产生于20世纪30年代初期,西方主要工业国家经济持续发展,使大批产品供过于求,销售困难,卖方竞争加剧,生产企业面临的问题不是如何扩大生产规模和提高生产率,而是生产销路的问题。因而推销技术特别受到企业的重视,并逐步形成了一种推销经营哲学。其基本理念是:企业经营中的工作不再是生产问题,而是销售问题。抓销售就必须大力施展推销和促销技术,激发客户的购买兴趣,强化购买欲望,努力扩大销售。促销的基本手段就是广告和人员推销。

推销观念以推销为重点,通过开拓市场,扩大销售来获利。从生产中心观念转变为推销导向是指导思想上前进了一大步。但它基本上仍没有脱离以生产为中心,"以产定销"的范畴。因为它只是注重对既定产品的推销,至于客户需要什么,购买产品后是否满意等问题,则未给予足够的重视。因此,在经济进一步发展,产品更加丰富、竞争更加激烈的条件下,推销观念就不合时宜了。但推销观念对后来市场营销观念的形成奠定了基础,正是由于推销人员和营销管理人员发现只是针对既定产品的推销,其效果越来越有限,从而转入对市场需要予以足够重视和加以研究,并将营销活动视作企业经营的综合活动(不是单项活动)。

4. 市场营销观念

随着生产力与科学技术的迅速发展,产品更新换代的周期缩短了,市场产品日新月异,供应量大大增加；人民生活水平提高，使市场需求变化日益加快；产品供大于求，市场由卖方市场变成买方市场；企业的产品由以往的地区性销售发展到全国，甚至国际性行销，国内外企业的市场竞争更加激烈，不少企业的产品虽经推销，销量仍下降，失去市场份额，影响企业的生存和发展。因此，很多企业在形势逼迫下逐渐领悟到企业的生产必须适应环境的变化，满足客户需求，以增强企业在市场上的竞争力，求得企业的生存和发展。从而使企业不得不改变过去的营销观念，转变和接受市场营销观念。

市场营销观念（Marketing Concept）又称为市场主导观念，是一种全新的经营哲学，它是一种以客户需求为导向、"一切从客户出发"的观念。它把企业的生产经营活动看作是一个努力理解和不断满足客户需求的过程，不仅仅是生产或销售产品的过程；是"发现需求并设法满足之"，而不是"将产品制造出来并设法推销之"的过程；是"制造适销对路的产品"，而不是"推销已经制造出来的产品"的过程。因此"客户至上""客户应放在第一位""客户永远正确"等口号，才成为现代企业的座右铭。

市场营销观念是企业经营思想上的根本性变革。这种观念是近几十年才形成的新的先进观念，它引起了企业组织、管理方法和程序上的一系列变革。在市场营销观念指导下的企业应该：

1）不是以生产为中心，而是以客户为中心，确定企业的经营方向。

2）企业的宗旨：满足目标客户的需求和欲望是企业的责任；口号是："以需定产""客户至上""客户第一"。

3）企业中各部门与营销（或销售）部门的管理活动协调一致，开展整体营销活动——生产适销对路的产品；制订适宜的价格；采用适当的促销方式和手段；利用适合的分销渠道。达到在满足客户需求和利益的基础上，获取企业的合法利润的目的。

4）企业营销部门已不是单纯地在产品制成后从事销售性事务，而是参与到企业经营管理活动的全过程，是企业经营管理的重要组成部分。

市场营销观念有4个主要支柱：市场中心、整体营销、客户满意和盈利率。它从选定的市场出发，通过整体营销活动，实现客户满意，从而提高盈利率。市场营销观念的产生被广泛应用以及技术进步的作用为经济发展做出了不可估量的贡献。市场营销观念对企业营销实践具有重大的指导意义。

5. 社会营销观念

近20年来，随着社会经济的发展和人口不断增加，能源短缺，生态环境遭到破坏，环境污染日益严重，通货膨胀，忽视社会服务等，严重威胁着社会公众的利益和消费者的长远利益，威胁着人类生活水准和福利的进一步提高，也威胁着经济的可持续发展。这种情况表明，现代市场营销活动有很多副作用，而市场营销观念又不能将其抑制或消除。因为只要企业从客户需求出发，产品适销对路，就是符合市场营销观念的，这就要求修正市场营销观念，从而产生了理性消费观念、生态消费观念等，其共同点就是注重社会公众利益，故统称为社会营销观念。

市场营销观念摆正了企业与客户的关系，但在实际执行过程中，企业往往自觉不自觉地在满足客户需求时，与社会公众利益发生矛盾，导致损害社会利益。例如氟利昂的生产，满足了家电行业的需要，但它破坏了臭氧层，危害了生态环境。因此，为了修正市场营销观念，提出了社会营销观念，以重视社会公共利益。

所谓社会营销观念，是以客户需求和社会利益为重点，采取整体营销活动，在满足客户需求和欲望的同时，考虑到消费者自身和整个社会公众的长远利益，达到谋求企业利润的目的。所以，社会营销观念的实质是在市场营销观念的基础上，综合考虑客户、企业、社会三者利益的统一，达到最佳营销。

以上5种观念的形成和发展，都是坚持辩证唯物主义，坚持"一切从实际出发"的方法论要求，找出事物本身固有的而不是臆造的规律性，都是与社会经济发展水平、市场供求和竞争等情况相适应的，是在商品经济不断发展和市场营销实践经验不断积累的基础上逐步发展、完善起来的。企业应本着本国经济发展的具体情况适当应用。

随着商品经济和科学技术的进一步发展，市场营销观念不能停留在片面地、被动地去满足客户需求的认识上，而应该有所发展。

1) 不能片面强调满足客户需求而忽视企业本身的资源和能力。企业要以有限的资源去满足客户无限的需求，这是不可能的。企业要充分利用自己的优势，扬长避短，生产既是客户需要的又为企业所擅长的产品，以提高企业的经营效益。

2) 不能被动地去满足客户需求，而应主动地创造需求，引导消费。一方面是由于企业为适应需求，始终跟着市场跑，不利于发挥企业的优势与专长；另一方面，客户的需求往往是很模糊的，不明朗的，这就要求企业去创新，开发新需求，引导新消费，创造新市场。例如，传真机、电视机、汽车电话、录像机、静电复印机、洗衣机等的出现，在市场中创造出新的天地，将消费引导到一个新的层次。

6. 当代营销观念的创新

随着人类社会进入新世纪和新经济时代，世界经济正以势不可挡的趋势朝着全球市场经济一体化、企业生存数字化、商业竞争国际化、竞争对手扩大化等方向发展。国际互联网、知识经济、高新技术特征明显，企业的经营进一步打破了地域阻隔的限制，如何在全球贸易体系中占有一席之地，如何赢得更大的市场份额和更广阔的市场前景，如何开发客户资源和保持相对稳定的客户队伍，已成为影响企业生存和发展的关键问题。在这样的背景下，新型营销理念层出不穷，如基于绿色化发展的绿色营销，基于整合各种营销要素的整合营销，基于协调各种营销关系的关系营销，基于客户关系管理的营销（如一对一营销、直接营销等），以及基于现代网络技术的网络营销、电子商务等。总的来看，这些理念是对现代营销观念及其指导下的营销方法的继承和发展，中心仍然是围绕客户满意，并注重营销道德。

(1) 客户满意　通过满足需求达到客户满意，最终实现包括利润在内的企业目标，是现代市场营销的基本精神。然而在具体的实践工作中，真正落实客户满意却并非易事，还需要不断强化利润是"客户感到满意而给予企业的回报"的观念。

客户满意既是客户本人再购买的基础，也是影响其他客户购买的要素。对企业来说，前者关系到能否保持老客户，后者关系到能否吸引新客户。使客户满意是企业赢得客户，占领和扩大市场，提高效益的关键。研究还表明，吸引新客户要比维系老客户花费更高的成本，因此企业必须十分重视提高客户的满意度，争取更多高度满意的客户，建立高度的客户忠诚。

客户满意是客户的一种主观感觉状态，是客户对企业的产品和服务满足其需要程度的体验和综合评估。影响客户满意的因素主要是客户购买后实际感受到的价值是否与其期望得到的价值相符，或者说是客户得到的总价值与其付出的各种成本相比是否令人满意，通常可以用客户的让渡价值去研究客户满意问题。

客户让渡价值是指客户与企业的交往过程中，客户从企业那里获得的总价值与客户支付的总成本的差额。客户获得的总价值是指客户购买企业的产品或服务所期望获得的一组利益，它包括产品价值（产品的功效价值）、服务价值（产品的附加价值）、人员价值（营销和服务人员的素质和工作质量带给客户的价值）、形象价值（产品的精神价值）等。客户支付的总成本是指客户为购买企业的产品或服务所支付的货币资金，耗费的时间、精力以及体力等成本的总和。

企业为了争取客户，战胜竞争对手，巩固或提高企业产品的市场占有率，往往容易采取客户让渡价值最大化策略。但追求客户让渡价值最大化常常会增加成本，减少利润。因此，在市场营销实践中，企业应掌握一个合理的度，而不是片面地强调客户让渡价值最大化，以确保实现客户让渡价值所带来的利益超过因此增加的成本费用。换言之，企业客户让渡价值的大小应以能够实现企业的经营目标为原则。

(2) 绿色营销　绿色营销具有广义和狭义两个概念。广义的绿色营销是指企业营销活动中体现的社会价值观、伦理道德观，充分考虑社会效益，既自觉维护自然生态平衡，又自觉抵制各种有害营销。而狭义的绿色营销，主要指企业在市场营销活动中，谋求消费者利益、企业利益与人类环境利益的协调。实施绿色营销的企业，对产品的创意、设计和生产，以及定价与促销的策划和实施都要以保护生态环境为前提，力求减少环境污染，保护和节约自然资源，维护人类社会的长远利益，实现经济的可持续发展。

(3) 整合营销　整合营销是一种更注重营销要素整体作用的观念。它比营销组合观念更强调营销因素（比组合要素更多）的整体作用，要求各种营销因素方向一致，形成合力，共同为企业的营销目标服务。整合营销观念改变了将营销活动作为企业经营管理的一项职能的观点，它要求企业把所有的活动都整合和协调起来，努力为客户的利益服务。同时，强调企业与市场之间互动的关系和影响，努力发现潜在客户和创造新市场，注重企业、客户和社会的共同利益。

整合营销除了整体性特征外，还具有动态性特征和客户关怀特征。企业把与客户之间的交流、对话、沟通放在特别重要的地位，并形成以客户为中心的新的"4C营销组合"。

(4) 关系营销　关系营销是指企业在主要合作伙伴间——如供应商、客户、经销商和员工等之间，构筑、发展和维护长期的有成本效益的交换，从而谋求共同发展。它将建立与发展同所有利益相关者之间的关系作为企业营销的关键变量，把正确处理这些关系作为企业营销的核心。因而企业经营管理的对象也就不仅仅是内部可控因素，其范围扩展到外部环境的相关成员。企业和这些相关成员包括竞争者的关系并不是完全对立的，其所追求的目标存在相当多的一致性。关系营销的目标也就在于建立和发展企业和相关个人及组织的关系，取消对立，成为一个相互依赖的事业共同体。

关系营销是以协同和沟通为基础的一种双向的信息沟通过程，以双赢互利为出发点。它更为注重的是维系现有客户，认为丧失现有客户无异于失去市场、失去利润的来源。有的企业推行"零客户背离"（Zero Defection）计划，目标是让客户没有离去的机会。这就要求企业要及时掌握客户的信息，随时与客户保持联系，并追踪客户的动态。因此，仅仅维持较高的客户满意度和忠诚度还不够，还必须分析客户产生满意感和忠诚度的根本原因。只有找出客户满意的真实原因，才能有针对性地采取措施来维系客户。满意的客户会对产品、品牌乃至公司保持忠诚，忠诚的客户会重复购买某一产品或服务，不为其他品牌所动摇，且会购买企业的其他产品；同时客户的口头宣传，有助于树立企业的良好形象。此外，满意的客户还会参与和介入企业的营销活动过程，为企业提供广泛的信息、意见和建议。

(5) 客户关系营销　客户关系营销，又被称为客户关系管理（Customer Relationship Management，CRM）。它源于关系营销，但又不同于关系营销。CRM认为客户是企业最重要的资源，在越来越激烈的市场竞争中，高质量的客户关系正在成为企业唯一重要的竞争优势。所以CRM比关系营销更注重企业与客户的关系，它借助现代数据库和管理信息系统等手段，以客户价值（客户对企业的价值）和客户让渡价值为核心，通过完善的客户服务和深入的客户分析来满足客户的需求，在使客户让渡价值最大化的同时，实现企业的价值。这是一种基于现代"双赢原则"的营销理念。

CRM既是一种营销管理思想，又是一套管理企业与客户关系的运作方法体系。一方面，CRM要求以"客户为中心"来构架企业，追求信息共享，完善对客户需求的快速响应机制，优化以客户服务为核心的工作流程，搭建新型管理系统；另一方面，CRM实施于企业与客户相关的所有业务领域，使企业与客户保持一种卓有成效的"一对一"关系，建立客户驱动的产品/服务设计和向客户提供更快捷、更周到的优质服务，以吸引和保持更多的客户资源。所以CRM是新型的商业驱动器，是信息社会中厂商的竞争利器，它与企业资源计划（Enterprise Resources Planning，ERP）、供应链管理（Supply Chain Management，SCM）并称为现代企业提高竞争力的三大法宝。

(6) 网络营销与电子商务　随着数字社会和电子时代的到来，网络技术已渗入当今社会和经济的各个方面，电子商务、虚拟现实等网络技术已经走向实际应用。网络营销（Online Marketing或Cyber Marketing）是企业营销实践与现代信息通信技术、计算机网络技术相结合的产物，是指企业以电子信息技术为基础，以互联网（Internet）为媒介进行的各种营销活动的总称。这些营销活动包括网络调研、网络广告、电子商场、网络新产品开发、网上定价、网络促销、网络分销、网络服务等。

网络营销符合客户主导、成本低廉、使用方便、充分沟通的要求，也可以使得企业的营销活动始终和3个流动要素（信息流、资金流和物流）结合并流畅运行，形成企业生产经营的良性循环。

电子商务（e-Commerce，EC或e-Business，EB），主要是指将销售业务借助计算机网络系统完成商品交易的形式。其中计算机网络系统包括企业网络和互联网络，网上完成的商务内容包括网上商品资源查找、网上定价、在线谈判、网上签约、网上支付等具体与商品销售环节相关的手续。电子商务不能等同于网络营销，电子商务虽然在形式上有时依靠互联网络，但它只是网络营销的部分业务。无论网络营销，还是电子商务，都需要物流配送的支撑，才能最终完成有形商品的实物交割。

网络营销和电子商务丰富了营销或销售的形式，其意义主要不是在于营销观念的变革，而是在于它们促进了营销方式和手段的创新。

(7) 营销道德　营销道德是调整企业与所有利益相关者之间关系的行为规范的总和，是客观经济规律及法制以外约束。目前，我国的营销道德问题值得引起重视，应当减少或消除经济生活中的不公平、不真实及资源过分浪费、强制推销、污染环境、不正当竞争等现象的发生。

树立良好的营销道德虽不是朝夕之功，但离不开政府、司法部门和广大消费者，特别是广大企业的参与。企业界要切实地以先进的营销观念为指导，自觉端正企业的经营态度和营销行为；同时也要加强法制建设，建立健全法制体系，完善消费者权益保护机构，加大消费者权益保护的力度，认真解决信息不对称问题，提高消费者在商品交易中的地位。

学习单元 3　营销要素与市场营销组合

1. 营销要素

营销要素是企业为了满足客户需求，促进市场交易而运用的市场营销手段。这些要素多种多样，且在促进交易和满足客户需求中发挥着不同的作用。为了便于分析和运用市场营销要素，美国市场营销学家麦卡锡教授把各种市场营销要素归纳为4类：产品（Product）、价格（Price）、分销（Place）、促销（Promotion）。这几个词的英文字头都是P，故称4Ps。市场营销学主要是以4P理论为核心，许多基本原理和内容都是围绕着这4个营销要素展开的。本书将在后面分别详细叙述。由于这4个营销要素是企业能自主决定的营销手段，故称可控制因素。

在产品、价格、分销、促销4个营销要素中，每个要素还包含有若干特定的子因素（或称变量），从而在4Ps组合下，又形成每个P的次组合。

（1）产品　它包括产品的外观、式样、规格、体积、花色、品牌、质量、包装、商标、服务、保证等子因素。这些子因素的组合，构成了产品组合要素（Product mix）。

（2）价格　它包括基本价格、折扣、津贴、付款时间、信贷条件等，构成了价格组合要素（Price mix）。

（3）分销　它包括销售渠道、储存设施、运输、存货控制等，构成了分销组合要素（Place mix）。

（4）促销　它包括人员推销、广告、公共关系、营业推广、售后服务等，构成了促销组合要素（Promotion mix）。

以上这些子因素中，某些子因素尚可进一步细分。例如，质量可分为高、中、低3个档次；价格也可分为高、中、低3种价格；广告按其所用媒体不同，可分为报刊广告、电视广告、广播广告、橱窗广告等多种。所以市场营销组合有许多种组合形式，其组合数目相当可观。仅以质量和价格两个因素进行组合，就可构成9种组合（如图1-3所示），而且只要其中某一个因素发生变化，就会出现一个新的组合。因此，在选择市场营销因素组合时，营销因素不能选择太多，否则随着市场营销因素的增多，经过排列组合，市场营销组合的数量会大大增加，不仅浪费

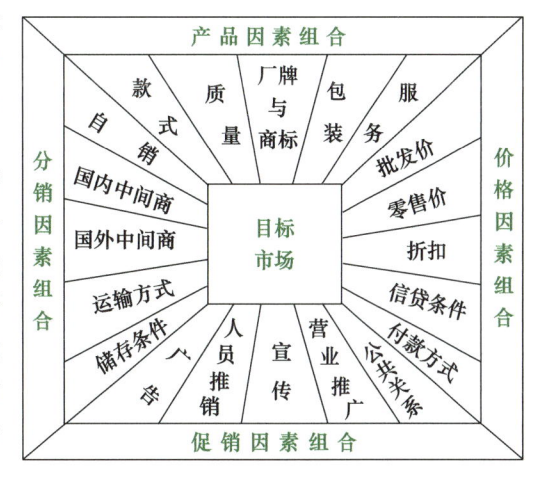

图1-3　市场营销组合结构图

时间、精力和金钱，也使企业无所适从，这是不现实的，也是毫无意义的。

在市场上从事交易活动需要相当多的工作和技巧。营销管理（Marketing Management）是为了实现各种组织目标，创造、建立和保持与目标市场之间的有益交换和联系而设计的方案的分析、计划、执行和控制。

企业可以设想一个在目标市场上预期要达到的交易水平。同时，实际的需求水平可能低于、等于或者高于这个预期的需求水平。这就是说，可能没有需求、需求很小、需求很大或者超量需求，营销管理就是要应付这些不同的需求情况。

营销人员通过营销计划、营销执行和营销控制来贯彻这些任务。在营销计划中，营销者必须进行有关目标市场、市场定位、商品开发、价格制定、分销渠道、信息传播和促进销售等各项决策，同时，企业活动必须强调诚信经营和职业道德，杜绝假冒伪劣和欺诈。然后，执行营销任务以实现企业的使命和目标。

2. 营销组合

在市场营销活动的实践中，企业为了满足客户需求，促成市场交易，在市场上获得成功，达到预期的经营目标，仅仅运用一种营销手段而无其他营销手段相配合，是难以获得成功的。企业必须综合利用产品、价格、销售渠道、销售促进等可控制因素，将这些因素进行整体组合，使其互相配合，整合地发挥最佳作用，企业才可能获得成功。

市场营销组合（Marketing mix），也就是这4个"P"的适当组合与搭配，是企业为了进占目标市场、满足客户需求，加以整合、协调使用的可控制因素。市场营销组合表明市场营销观念指导下的整体营销思想。营销组合因素常被视为企事业可控制的因素，因为它们可以被修改。然而，它们的改动也是有限度的。经济条件、竞争机制或政府法规都可能阻挠经常或显著地改变营销组合因素。

产品价格分销和促销是市场营销过程中可以控制的因素，也是企业进行市场营销活动的主要手段。它们的具体运用，形成了企业的市场营销战略。它们之间不是彼此分离的关系，而是相互依存、相互影响和相互制约。在营销过程中，企业必须从目标市场需求和市场营销环境的特点出发，根据企业的资源条件和优势，综合运用各种市场营销手段，形成统一的、配套的市场营销战略，使它们发挥整体效应，争取最佳的效果和作用，如图1-4所示。

此外，必须指出的是，市场营销组合不是固定不变的静态组合，而是经常变化的动态组合。企业应善于动态地利用可以控制的市场营销因素，制订市场营销组合策略，以适应外部不可控因素的变化，在市场上争取主动，从而提高市场竞争能力，使企业能更好地生存和发展。

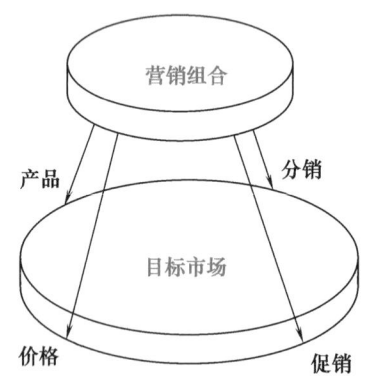

图1-4　市场营销组合与目标市场

成功的营销活动的结果是使产品成为日常生活的一部分。营销组合中的产品因素是指处理和调查客户的需求和欲望，并设计能满足他们的产品。价格因素与建立定价目标和政策以及产品价格的决定和行动有关。价格是营销组合中至关重要的部分，因为客户关心的是在一场交易中获得的价值。价格常被用来作为竞争的手段。激烈的价格竞争有时导致价格大战，但高价也会被用来建立产品的形象。

为了满足客户需求，产品必须出现在合适的时间和便捷的地点。在处理渠道因素时，一个营销经理要使市面上的产品的数量尽可能地满足目标市场的客户，把存货、运输和仓储的总体成本降至最低。促销因素与用来告知客户或团体关于组织和它的产品的行为有关。促销可以用来提高公众对一个组织和一个新的或现有的产品的认知程度。许多公司用互联网和网页传达公司和产品的信息。例如，航空公司的网页让客户能在网上订票。然而，应该注意到，从指导思想的角度出发，消费者是起支配作用的一方，销售者应当根据消费者的意愿和偏好来安排货源。销售者只要销售消费者所需要的商品，就不仅可增加消费者的利益，而且可使自己获得利润，否则，他们的商品就没有销路。

4Ps 实际上代表了销售者的观点，这对于如何适合日益挑剔的消费者并不十分贴切。罗伯特·劳特伯恩强调每一营销工具应从客户出发，为客户提供利益。所以，他提出了与 4Ps 相对应的客户 4Cs：

客户需求与欲望（Customers and wishes），即商品能否满足消费者的需求。

费用（Cost），即消费者为获取这一商品能承受多少费用。

便利（Convenience），这种商品对于消费者来说是否容易买到，它有多少销售网点，提供什么服务？就客户而言，便利性属于服务范畴。

交流（Communication），企业用什么方式同购买者进行信息交流，客户对营销并没有一套固定的概念和模式。相反，营销是管理学中最富能动作用的一个领域，市场上经常出现新的挑战，企业必须做出反应。21 世纪，营销的难度更大，因为商家与消费者的矛盾可能会更加尖锐。因此，商家必须以创新的导向迎接不断出现的市场新挑战。当今，国际社会认为营销总任务有以下几个重点：

（1）日益注重高技术行业中的营销应用和营销形式的高科技化　许多经济增长依赖于高技术的发展，高技术企业与传统的企业不同，它们面临着较高的风险，较低的产品接受率，较短的产品生命周期和较快的技术淘汰率。今天成千上万的软件公司和生物技术公司面临着诸多挑战。高科技企业必须掌握和精通营销艺术，它们应有知本家的本领，并能说服足够多的客户采用它们的新产品。

（2）日益注重质量、价值和客户满意　不同的购买动机（方便、地位、式样、性能、服务等）在不同的地点和时间起着强有力的作用。今天的客户在做出购买决定时，越来越重视质量和价值。一些著名公司在降低成本的同时，大大提高了产品的质量。它们的指导原则是不断使用较少的成本提供更多的东西。

（3）日益注重建立关系和保持客户　过去的营销理论着眼于如何"实现销售"，但现在企业不仅要实现销售，还要了解客户是否会重购。今天营销者的注意力集中于创造终身客户，也就是把交易思想转变为建立关系。企业现在忙于建立客户数据库，包括客户的人文统计资料，生活方式，对不同营销刺激的反应水平，过去的交易情况等，据此安排各种提供物以取悦客户，使他们保持对企业的忠诚。

（4）日益注重全球观念下的本地化营销计划　企业都日益追求在境外的交易。当它们进入境外市场时，它们必须放弃关于国内市场行为的传统假设，并使提供物适应其他国家的文化要求。它们必须把决策权下放给当地的代表，因为这些代表更熟悉当地的经济、政治、法律的社会关系。企业的思维是全球化的，但行动计划应是本地化的。

学习单元4　中国汽车市场发展前景和营销人员素质

1. 中国汽车市场发展前景

中国汽车工业发展大致可以分成以下3个阶段。第1个阶段：中国汽车工业从1953年诞生到1978年改革开放前。在这一阶段，我国初步奠定了汽车工业发展的基础，汽车产品从无到有。第2个阶段：1978年到20世纪末。中国汽车工业获得了长足的发展，形成了完整的汽车工业体系。从载重汽车到轿车，开始全面发展。这一阶段是我国汽车工业由计划经济体制向市场经济体制转变的转型期。这一时期的特点是：商用汽车发展迅速，商用汽车产品系列逐步完整，生产能力逐步提高，具有了一定自主开发能力；重型汽车、轻型汽车的不足得到改变；轿车生产奠定了基本格局和基础；我国汽车工业生产体系进一步得到完善。随着市场经济体制的建立，政府经济管理体制的改革，企业自主发展、自主经营，大企业集团对汽车工业发展的影响越来越大。汽车工业企业逐步摆脱了计划经济体制下存在的严重的行政管理的束缚。政府通过产业政策对汽车工业进行宏观管理。通过引进技术、合资经营，使中国汽车工业产品水平有了较大提高，摸索出了对外合作、合资的经验。第3个阶段：进入21世纪以后。中国汽车工业在中国加入WTO后，进入了一个市场规模、生产规模迅速扩大，全面融入世界汽车工业体系的阶段。

时代在变化，人们的需求随之改变。汽车的普及让越来越多的消费者从追求品牌过渡到追求性价比。自2018年以来，包括福特、日产、雪佛兰等在内的汽车公司纷纷撤资或者缩减投资规模。每一个决策都是经过深思熟虑才决定的，因此，车企们的调整实际上反映了中国汽车需求市场的变化。越来越多的中国车企根据人们的需求打造出最适合的产品，也理所应当地受到人们的欢迎。外资的撤出对国内企业来说是风险也是机遇，把握住这一机会，也许会让中国车企开辟出更大的市场。

根据中国汽车工业协会数据，2022年中国汽车市场在逆境下整体复苏向好，实现正增长，展现出强大的发展韧性。汽车产销分别完成2702.1万辆和2686.4万辆，同比分别增长3.4%和2.1%。其中，2022年，新能源汽车产销分别达到705.8万辆和688.7万辆，同比分别增长96.9%和93.4%。新能源汽车产销持续高速增长。

因为中国的市场很大，所以很多制造商都投入更多的资本、人力和精力，不断提高自己的产能。作为生产商来说希望需求不断增长。在中国大概有120家制造商，这些制造商应该进行整合，达成规模经济，从而提高竞争力。

汽车产业要不断整合、不断创新，使之能够维持自己的竞争力，在政府、汽车制造商之间进行很好的合作，积极推动整个汽车工业的发展。

2. 汽车商品的特点

汽车商品的主要特点有：
1）高关心度的产品。
2）多功能性的主体产品。
3）生活日常用品。
4）高价贵重型产品。

5）少次重购型产品。

6）高信任度型产品。

7）长期耐用型产品。

8）服务型产品。

9）高附加值型产品。

10）使用环境牵涉面广型产品。

3. 汽车营销人员应具备的素质

汽车营销人员的基本素质，是指在推介汽车或相关产品过程中的思想品质、工作作风、知识结构、心理特点和身体状况等内在素质及其表现出来的各种能力的综合。

（1）思想素质　首先，汽车营销人员应清醒地认识到推介汽车或相关产品的过程，既涉及汽车产品的性能特点，也涉及国家和地方有关政策法规。因此，汽车营销人员应具有敏感的政策观念，养成收集、分析政策法规的习惯，掌握其对经济影响的规律性，保证推介活动符合政策法规的要求。这也是汽车营销在整体上长期取得理想业绩的前提。

其次，汽车营销人员应该热爱本职工作，忠于企业利益，与企业共命运。

最后，汽车营销人员还应树立客户至上，全方位为客户服务的思想。

（2）业务素质　汽车营销人员必须熟练地掌握以下知识。

1）所经营的汽车产品的相关知识，包括生产厂家、品牌特色、经济技术数据和基本配置以及使用和养护应注意事项等。

2）汽车交易及办证落户的相关手续和程序，包括车贷、购车、缴税、上牌、保险等。

3）营销学和心理学知识以及促销技巧和经验。

4）良好的沟通技能。

5）正确的人生哲学和职业道德规范。

汽车营销人员必须具备以下业务能力。

1）能全面地了解汽车产品的相关内容。

2）能准确地解说所经销汽车的品牌特色及其与其他品牌的区别。

3）能流利地回答客户的各种问题，树立良好的顾问形象。

4）能熟练地帮助客户办理购车、缴税、落户、保险等事项。

（3）心理素质　汽车营销人员应该有良好的心理素质。

1）自信心。汽车营销人员的自信心是知识和能力的表现，是良好的工作心态，是取信于客户的前提，是取得业绩的保证。

2）用情感激励情绪。情绪是情感的表现形式，积极的情绪往往来自于情感的激励，俗称"动之以情"。汽车营销人员恰当地运用情绪情感因素，可以使其工作成效大大提高。

3）富有激情的外向型性格。汽车营销人员对客户的感染力、影响力和说服力与业绩的好坏有很大的关系，而这又与营销人员的个性有着很大的关系。常言道："要推销商品，就得先推销自己。"优秀的营销人员的个性应该是热情开朗，善于交际，沟通能力强，富有激情，具有感染力，敢于承担责任的外向型性格，让客户感觉到一种亲和力和吸引力。

（4）身体素质　在汽车营销工作中，营销人员要向客户解说，帮助用户购车和办理有关手续，整天口不停、腿不停，所以要有良好的身体素质。

营销案例

福特和他的"T型车"

在世界汽车工业的发展史上，亨利·福特（1863—1947）是一位叱咤风云的大人物。他发明的汽车生产流水线使得寻常百姓也能买得起汽车。他的生产实践推动了人们对生产管理的研究，为早期的管理科学的发展奠定了基础。

福特汽车公司创办于1903年，第一批福特汽车因实用、优质和价格合理，生意一开始就非常兴隆。1906年，福特面向富有阶层推出豪华汽车，结果大众都买不起，福特车的销售量直线下降。1907年，福特总结了过去的经验教训，及时调整了经营指导思想和经营战略，实行"薄利多销"，于是销售量又魔术般回升。当时，美国经济衰退已经开始，许多企业纷纷倒闭，唯独福特汽车公司生意兴隆。到1908年年初，福特按照当时百姓（尤其是农场主）的需要，做出了明智的战略性决策：从此致力于生产规格统一、品种单一、价格低廉、大众需要又买得起的"T型车"，并且在实行产品标准化的基础上组织大规模生产。此后十余年，由于福特汽车适销对路，销售迅速增加，产品供不应求，获得了巨大的商业成功。到1925年，福特汽车公司一天就能造出9109辆"T型车"，平均每10s生产一辆。在20世纪20年代前期的几年中，福特汽车公司的年利润竟高达6亿美元，成为当时世界最大的汽车公司。到20世纪20年代中期，随着美国经济增长，人们收入及生活水平的提高，形势又发生了变化，公路得到显著改善，消费者也开始追求时髦。简陋而千篇一律的"T型车"，虽然价格低廉，但已不能招徕客户，因此福特"T型车"销量开始下降。此时，通用汽车公司（GM）时时刻刻注视着市场的动向，并发现了良机，及时地做出了适当的战略性决策：适应市场需要，坚持不断创新，增加一些新的颜色和式样的汽车。这次战略性调整直接导致通用汽车公司占领了福特市场的大量份额，致使福特汽车公司的生意陷入低谷。后来，福特汽车公司虽力挽狂澜，走出了困境，但从此失去了车坛霸主地位。

福特没有认识到：在动态市场上，客户的需求是不断地变化的，正确的经营指导思想是正确经营战略和企业兴旺发展的关键。如果经营观念正确，战略得当，即使具体计划执行得不够好，经营管理不善，效率不高，也许尚能盈利。反之，如果经营指导思想失误，具体计划执行得越好，就赔钱越多，甚至破产倒闭。

从福特身上可以看到，一个企业家不管他曾经是多么的成功，如果不能高瞻远瞩，洞察事物发展的客观规律，不能与时俱进，制订正确的发展战略，那么他也终将失败。不过对于身处实践的企业家来说，要做到这些并不是那么容易，因为这正是企业家的"天才"和智慧所在。

复习思考题

1. 什么是市场和市场营销，两者有何关系？
2. 试述市场营销观念的演变和发展过程？

3. 现代市场营销观念是如何确立的？
4. 什么是市场要素和市场营销组合？

【拓展学习】

与时俱进的创新意识——"向和尚卖梳子"的解读

向和尚卖梳子的故事一直广为流传，表面看来，这是一个有关推销技巧的故事，多少年来确实与如何向因纽特人卖冰箱、向从来不穿鞋子的非洲土著推销鞋子一样，成为推销员培训中思维训练的一些热门讨论问题。要让和尚买梳子，就应当寻找一个载体将和尚与梳子关联起来。到庙堂里进香的香客一般是需要一个心灵的寄托，忘却烦恼。梳子的作用是梳头，而头发在古时有三千烦恼丝之称，很多时候人们受到挫折，都会想从头开始、剪掉烦恼，而梳子承接着梳理的隐藏寓意。如果在梳子上刻上祝福，让寺庙赠送给进香的香客们，那么，此时梳子就有了潜在的价值。所以当客户难以"攻克"时，倒不如寻找另一个营销点，赋予产品另外的价值，这样就会延伸出另外的受众。

那些打不开销路的产品，并不是技术含量不高，也不是品质不好，缺乏的恰恰是成功的营销策略。正是因为这样的原因，一些曾经让人耳熟能详的"名牌"产品不断萎缩，有的更是消逝得无影无踪。产品的市场营销是个很复杂的体系，但我们如果能不囿于常理与传统思维，在产品营销中多一点创新意识与观念，多一些与时俱进的营销策略和经营头脑，那么，产品在市场竞争中将更有竞争力，也将创造更多的财富。

学习情境 2　汽车企业的战略规划和营销管理

【学习目标】

1. 能够进行汽车企业战略分析。
2. 掌握汽车企业市场营销管理过程。
3. 能够制订汽车企业市场营销计划。
4. 培养社会责任感。

学习单元 1　汽车企业的战略分析及战略选择

1. 企业战略的概念与意义

企业战略是指企业在现代市场经营观念的指导下，为实现企业经营目标，对企业发展的总体设想和规划。其目的是使企业的规模结构、资源优势和经营目标在可以接受的风险限度内，与市场环境所提供的各种机会保持动态平衡，求得企业持续、稳定、高效地发展。

企业战略具有全局性、长远性、纲领性和抗争性的特性。

（1）全局性　企业战略的全局性是以企业大局为对象，根据企业整体发展的需要而制订的。企业战略规定的是企业整体的行动，追求的是企业的整体效益。

（2）长远性　企业战略的长远性既是企业谋取长远发展要求的反映，又是企业对未来较长时期内生存和发展的通盘考虑。战略的制订要以外部环境和内部条件的当前情况为出发点，并对企业当前运行有指导、限制作用，这是为了更长远的发展，是长远发展的起步。因此，凡是为适应环境、条件的变化所确定的长期基本不变的目标和实现目标的方案，都属于战略的范畴。企业针对当前形势，灵活地适应短期变化、解决局部问题的方法，是战术的概念。

（3）纲领性　企业战略所规定的是企业整体的长远目标、发展方向和重点，应当采取的基本方针、重大措施和基本步骤。它具有原则性、概括性和行动纲领意义。

（4）抗争性　企业战略是关于企业在激烈的竞争中如何与竞争对手抗衡的方案，是针对来自各方面的冲击、压力、危险和困难，迎接这些挑战的基本安排。而与那些不考虑竞争、挑战，单纯为了改善企业现状、增加经济效益、提高管理水平等的计划、目的不同，只有这些工作与强化企业竞争能力和迎接挑战直接相关、具有战略意义时，才构成企业战略的内容。

企业战略包括企业总体战略、营销战略和职能战略。

企业总体战略又称公司战略，是企业最高层次的战略，它需要根据企业使命，选择企业参与竞争的业务领域，合理配置企业资源，使各项经营业务相互支持、相互协调。总体战略的任务主要是回答企业应在哪些领域活动，经营范围选择和资源合理配置是其中的重要内容。总体战略是由企业高层负责制订、落实的基本战略。

营销战略是指企业确定的在将来的某一个时期希望达到的经营活动目标，以及为了实现这一目标而预先制订的行动方案，它是当今企业在市场竞争中最为广泛关注的一项创意性营销活动。营销战略是企业战略管理的一个重要组成部分，是企业的灵魂。科学、严谨和可行的营销战略对企业生存和发展具有重要意义。

第一，营销战略有利于企业明确自己的发展方向，从全局出发考虑问题，充分地全面利用各种资源，减少企业活动的盲目性。营销战略策划使汽车企业的各个部门、各个营销环节按照统一的目标运行，为企业实现整个营销战略活动做好相应的保障。

第二，营销战略可以促使企业决策者创造良好的管理环境，加强企业人员沟通、协调和配合，为企业树立良好形象、实现经营目标创造必要条件。

第三，营销战略有利于企业主动适应不断变化的营销环境，按照既定的目标稳步前进。

职能战略即职能部门战略，是企业各个职能部门的短期性战略，职能战略可以使职能部门及其管理人员，更加清楚地认识本部门在实施总体战略、营销战略过程中的任务、责任和要求，有效地运用有关的管理职能，保证企业战略目标实现。

企业的职能战略通常包括研究与开发管理、生产管理、市场营销管理、财务管理和人力资源管理等。每一个职能战略都要必须服从于企业的总体战略和营销战略。

2. 汽车企业战略规划的确定

汽车企业制订企业战略的规划时：

1）必须依据企业外部环境和企业内部条件的变化趋势，以及企业经济效益的发展趋势，判定企业在运行过程中即将发生的战略问题。企业可以从相互依存、相互影响的环境因素与各个职能领域之间的变化寻找问题，并分析它对整个发展的影响程度。

2）评估企业战略的重要性。将战略问题进行整理、分类，依据轻重缓急的不同加以排列，最重要的战略问题由企业的决策者进行详尽的分析；一般重要战略问题由企业各个经营部门研究分析；而一般性战略问题，只需加以注意，可不详加分析。

3）对重要的战略问题进行分析。企业应从过去、现在和未来等多方面，分析问题的发展趋势，将战略问题逐层分解，研究各个层次的问题，如产品普及率、实质销售增长率、有关产品销售率、市场占有率、老客户损失率、新用户获得率和投资利润率等，以及它们对企业战略的影响，系统深入地掌握战略问题。

4）提出与问题有关的战略。如果问题涉及面较广，企业应考虑制订总体战略和营销战略；如果仅仅涉及职能部门，则可只制订相应的职能战略。

5）发展战略计划和形成行动方案。企业应根据提出的战略，考虑和决定如何及时、有效地实施，从而增进或避免减少企业的效益。汽车企业之间的竞争关键是争夺市场，因为市场能够综合检验出企业的竞争能力。

总之，确定企业战略目标时，要以高销售增长率、高盈利、高市场占有率、良好的信誉作为汽车企业的战略目标，在企业总体战略的制约下，汽车企业应该视企业不同，一方面要根据汽车企业的不同细分市场及其汽车产品的不同生命周期阶段，用不同的计量指标作为营销战略目标；另一方面，选用市场占有率作为汽车企业中短期的营销战略目标，选用投资利润率作为汽车企业中长期的营销战略目标。

3. 战略规划制订的原则与方法

汽车企业战略是一个集成系统，是由多个系统或战略模块集合而成的，它包括一系列的重要步骤和内容，如滚动发展战略、联合重组战略、产品定位战略、竞争开放战略、强势品牌战略、价格杠杆战略、鼓励消费战略、营销服务战略、自主创新战略、人力资源战略、电子商务战略等。汽车企业战略系统具有复杂性、关联性和阶段性，它不仅结构复杂，更主要的是实施战略的难度很大。企业战略系统中的各个战略模块都是一环扣一环，环环相连，相互影响、相互作用。例如，当前国际汽车业开展质量、价格大战，其整车成本下降的50%来自采购系统的变革，利用电子商务，实施全球采购，可节省大量资金，我国汽车企业因缺乏电子商务手段，而无缘全球采购，使汽车价格下调战略艰难实施。汽车企业战略是一个长远的战略，但也必须考虑它的阶段性，考虑我国汽车工业从不成熟市场走向成熟市场转变这一特定阶段，以及国内外的竞争环境。随着时间和环境的变化，企业战略思想和规划也应与时俱进，以保持对时代和环境的适应性。

企业战略规划是企业的一种管理过程，即企业的最高管理层通过规划企业的基本任务、目标和业务组合，使企业的资源和能力与不断变化着的市场营销环境之间保持和加强战略的适应性。

企业战略的制订，也就是汽车企业对企业整体经营活动的战略决策过程。

(1) 确定汽车企业的任务　企业的任务是指在一定时期内，企业经营工作的业务性质、经营的范围和服务对象，具体表现为企业的业务经营范围和领域，它是企业寻求和识别战略机会的活动空间和依据。企业战略规划的制订应该考虑汽车企业的发展史，企业决策者、管理者的意图和想法，以及环境因素和企业的资源等方面的内容。

企业在发展过程中，积累了丰富的经验，留下了很多可以利用的财富，例如，企业的品牌可能为其老客户所熟知；企业已经拥有某种类型产品的技术人员和管理者等。所以企业要了解和明确其发展历史，在制订新的战略任务时，才能充分发挥企业现有的和潜在的优势。

市场、环境的发展和变化为企业的发展提供了机会，同时也会为企业带来了威胁。因此，战略任务应能充分利用出现的市场机会，避开威胁，尤其是对企业可能具有毁灭性的环境威胁，采取切实的措施或对策，防止环境因素可能对企业所造成的危害。

企业的上级主管单位或董事会，对企业的发展和未来会有一定的考虑和打算；企业的主要管理决策人员也会有自己的见解和追求。不同的企业，资源条件必然不同。资源条件的约束，决定了一个企业能够进入哪些领域和开展哪些业务。如果企业制订任务毫无资源保证，就等于画饼充饥；如果制订任务不能发挥企业的资源优势，则会延缓企业的发展，丧失宝贵的市场发展机会，对资源造成极大的浪费。所以制订企业任务，必须是既有资源保证，又能充分利用企业的资源。

企业任务是企业战略的基础和出发点，是企业寻求和识别市场机会的依据。制订企业战略的规划，应具备以下几方面的特征：

第一，应体现市场导向的观念。企业的业务活动是满足客户需要的过程，而不仅仅是生产和销售某种产品的过程。在确定企业的任务时，应以满足客户的某种需要，体现出以市场为中心的原则。

第二，具有可行性。按照现有的汽车企业的资源条件，充分发挥企业的潜力，通过企业员工的共同努力完成企业所制订的任务。

第三，富有激励性。企业的任务是要充分调动企业员工的积极性和创造性，激励员工为完成任务而努力奋斗。

第四，要有一致性。一致性是目标之间的可协调性，如果目标之间相互冲突、相互矛盾、相互排斥，那么企业的总体目标就不会得以实现，就会为汽车企业带来巨大的损失。

企业针对任务提出的方针、措施和实现的方法必须具体明确，职责分明，保证各环节的协调配合和有机的衔接。

（2）确定汽车企业的目标和目的　企业目标是企业在未来一定时期内要达到的目标或标准，是一个综合的或多元化的目标体系，它包括贡献目标、市场目标、发展目标和利益目标等方面的内容。汽车企业所确定的战略目标应该突出重点、明确目标、明确时间、目标可行性和目标一致性。

企业目标的确定，应坚持科学性与现实性相结合，总体性与层次性相适应，协调性与灵活性相统一的原则，使企业目标尽可能地与社会利益保持一致。一个企业制订出了明确的目标，就可使企业的各项工作在统一的目标指导下，得到协调和发展，减少内部矛盾和摩擦，避免盲目性，改善整个企业的经营效果。

（3）规划汽车企业投资组合　企业在一定时期拥有的资源是有限的，必须以有限的资源充分保证重点项目的顺利进行，势必会影响其他经营业务项目的资源利用。确定汽车企业经营业务投资组合，应将企业的资金按照企业战略任务和目标的要求决定投资比例，进行合理分配、使用，使企业的竞争优势得以充分发挥，从而最有效地利用市场机会，确保投资效益。

（4）规划发展战略　投资组合战略决定的是哪些经营单位需要发展、扩大，哪些应当放弃、淘汰。企业需要建立一些新的业务，替代被淘汰的旧业务，以扩大现有的经营领域，实现预期的利润目标。

企业建立和规划新的业务可以遵循以下准则：在现有的业务范围内，寻找进一步发展的机会；分析建立和从事某些与目前业务有关的新业务的可能性；考虑开发与目前业务无关但有较强吸引力的业务。

规划发展战略有密集性发展战略、一体化发展战略和多元化发展战略3种。

1）密集性发展战略。密集性发展战略是指企业在现有的生产经营范围内，充分挖掘经营潜力，从而求得较高的市场占有率。采用的方式有3种：

① 市场渗透。企业通过采取各种营销措施，如增加广告宣传等促销手段，或开发新的分销渠道等，努力在现有的市场上增加现有产品的销售额，提高市场占有率。

② 市场发展。企业以现有产品打进新的市场以增加销售量；开发新的有可能进入但又未进入的细分市场；建立相应的分销渠道，或采取新的营销组合策略。

③ 产品发展。企业在现有市场上发展新的产品，利用现有技术增加新的品种或改进原有产品，扩大现有目标市场的销售额。

2）一体化发展战略。一体化发展战略是指企业通过扩展营销活动领域，实行程度不同的一体化经营，以增强产、供、销的整体能力，从而扩大规模，提高效率，增加盈利。一体化发展战略可以使企业能对供、产、销所组成的营销链进行自我独立控制。汽车企业可实行：

① 向后一体化。生产企业向后收购或兼并几个原材料供应商，使企业自身拥有原材料供应体系，形成供应和生产一体化，实现供产结合。

② 向前一体化。企业向前收购或兼并几个经销商，或者自己建立分销系统，控制其产品的分销渠道，实现产销结合。

③ 水平一体化。企业收购或兼并弱小的竞争对手或与同类企业合资联营，以扩大经营规模

和实力，取长补短，共同利用某些机会，并寻求新的发展机会。形成供、产、销一条龙体系。

3）多元化发展战略。多元化发展战略是指企业向本行业以外发展，开拓业务范围，向其他行业投资，实现跨行业的多种经营。企业实行多元化发展战略的主要形式有：

① 同心多元化。企业以现有产品或技术为核心，向外扩展业务范围，开发生产结构类似的产品，或使现有产品能增加新的特色或功能。

② 水平多元化。企业针对现有市场和现有客户，利用新的技术和设备发展新的产品，这些技术与企业现有的技术和经营业务无多少关联，但在市场和营销渠道上有相同的业务，企业在生产和技术方面进入了全新领域。这一发展战略风险较大。

③ 综合多元化。企业发展与企业现有产品、技术和市场无关的新业务，将经营范围扩大到与现有技术、现有市场、现有的分销渠道都无关联的其他领域，即企业进入其他行业或经营领域。例如，汽车企业同时从事金融业、房地产、酒店等业务，形成跨行业的经营集团。

实行多元化发展，可以减少单一经营的风险，提高企业对环境的适应性，获得更大可能的发展机会，充分利用企业内部资源，提高整体经济效益。这种做法风险性最大。如果决策不慎，贸然进入完全陌生的行业，一旦经营失误，就会为企业带来巨大损失。因此，企业规划新的发展方向时，必须慎重，结合自己现有的特长和优势加以考虑。

学习单元2　汽车企业市场营销管理过程

1. 市场机会相关概念

（1）市场机会　所谓市场机会，是指营销环境中有利于企业实现经营目标的各种机遇。分析市场机会可以为企业赢得利益的大小标明市场机会的价值，市场机会的价值越大，对企业利益需求的满足也越高。在现实生活中，机会和威胁往往是同时并存的，市场机会的产生来源于市场营销的变化，营销者的任务就在于通过分析市场营销环境的调研，分析市场机会的价值，有效地识别和利用市场机会，避免或减轻不利于企业的威胁，积极采取对策，主动迎接挑战。

微课：市场机会

（2）市场机会的特点　市场机会作为特定的市场条件，具有利益性、针对性、时效性、公开性和多样性等特性。

1）利益性。利益性是指市场机会为企业带来的经济效益和社会效益，企业在确定市场机会时，必须分析市场机会能否真正为企业带来利益、何种利益、利益的大小。

2）针对性。针对性是指特定的营销环境条件只对具有相应内部条件的企业而言是市场机会。所以，市场机会是具体企业的机会。分析和识别市场机会必须与企业的具体条件结合，确定营销环境条件是否为本汽车企业的市场机会，分析和考虑汽车行业与本企业在行业中的地位和经营特色，包括汽车产品类别、产品定位、产品质量与价格、产品营销方式、售后服务、企业形象等。

3）时效性。市场机会的这种价值随时间变化的特点是市场机会的时效性。现代市场营销环境的频繁变化，使市场机会从产生到消失的过程较为短暂，市场机会的价值便也快速地经历了一个价值逐渐增加、再逐渐减弱的过程。

4）公开性。公开性是指市场机会是某种客观的、现实存在的或即将发生的营销环境状况，是每个企业都可以发现和共享的。机会不同于企业专利、技术诀窍等，首先发现的企业没有独占权。市场机会的公开化特性要求企业应尽早地发现和挖掘潜在的市场，在分析市场机会和把握市场机会的过程中，必须结合企业的自身内部条件和外部环境，发挥竞争优势，适时、迅速地做出反应，以争取市场机会为企业带来的效益最大。

5）多样性。市场需求的多样化，必然导致市场机会的多样性。同一企业、同一时期，可能面对多个市场机会，企业则没有必要也不可能全部开发利用。

（3）市场机会分析　不同的市场机会为企业带来的利益大小都不一样，即不同市场机会的价值具有差异性。分析市场机会主要考虑潜在的吸引力和成功的可行性。

市场机会对企业的吸引力是指企业利用该市场机会可能创造的最大利益。它表明了企业在理想条件下充分利用该市场机会的最大极限。反映市场机会吸引力的指标主要有市场需求规模、利润率、发展潜力。市场需求规模表明市场机会当前所提供的待满足的市场需求总量的大小；利润率反映了市场机会所提供的市场机会需求方面的特性，它和市场需求规模一样决定了企业当前利用该市场机会可创造的最高利益；发展潜力反映市场机会为企业提供的市场需求规模、利润率的发展趋势及其发展速度。发展潜力也是确定市场机会吸引力大小的重要依据。

市场机会成功的可行性是指企业把握住市场机会并将其转化为具体利益的可能性。市场机会的可行性是由企业内部环境条件和外部环境条件决定的。

企业内部环境条件是把握市场机会的主观决定因素，市场机会只有适合企业的经营目标、经营规模和资源状况，而且必须有利于企业差别优势的发挥才会具有较大的可行性；企业内部的协调程度影响着市场机会可行性的大小。

企业的外部环境从客观上决定着市场机会的可行性的大小。外部环境中每一个宏观、微观环境因素的变化都可能使市场机会的可行性发生很大的变化。

经济全球化是企业外部环境的大背景，党的二十大报告指出："中国坚持经济全球化正确方向"。我国是一百四十多个国家和地区的主要贸易伙伴，货物贸易总额居世界第一。

企业要关注市场需求规模、利润率、发展潜力，抓住能为企业带来巨大利润的具有潜在的吸引力和可行性市场机会，把握战机，全力发展；而对于潜在利益小，成功概率也小的市场机会，企业应改善自身条件，注视市场机会的发展变化，审慎而适时地开展营销活动。

对市场机会进行分析，必须深入分析市场机会的性质，以便企业寻找对自身发展最有利的市场机会。

1）环境机会与企业市场机会。截至2022年底市场机会实质上是"未满足的需求"伴随着需求的变化和产品生命周期的演变，会不断出现新的市场机会，但对不同的企业，环境机会并非都是最佳机会，只有理想业务和成熟业务才是最适宜的机会。

2）行业市场机会与边缘市场机会。企业通常都有其特定的经营领域，出现在本企业经营领域内的市场机会，即为行业机会；出现于不同行业之间的交叉与结合部分的市场机会，为边缘市场机会。进入边缘市场机会难度很大，有时会存在市场空隙，企业在发展中可以发挥自身的优势，占据边缘市场机会。

3）目前市场机会与未来市场机会。环境在不断地变化，企业既要注意发现目前环境中的市场机会，也要面对未来，预测未来可能出现的大量需求和潜在的消费力量，发现和把握未来的市场机会。

4）全面的机会与局部的机会。市场从范围上分为全面的、大范围的市场和局部的、小范围的市场。全面的机会是在大范围市场，如国际市场、全国性市场出现的机会；局部的市场机会则是在局部市场，如在某一特定地区出现的尚待满足的需求。全面的机会对各个行业都有普遍意义，它反映了环境变化的一种普遍趋势；局部的机会对进入特定市场的企业具有特殊意义，它意味着这个市场的变化有别于其他市场的趋势。

2. 研究和选择目标市场

汽车企业在选择目标市场时应考虑市场全面化，生产多种产品以满足客户群体需要。目标市场是企业经过比较、选择，决定作为营销对象的市场。企业进行市场细分的目的就是选择自己的目标市场。在市场细分的基础上，企业要对各个细分市场认真评估，根据自己企业的营销目标和资源条件选择适当的目标市场，确定并实施在目标市场上相应的营销战略。

企业对市场进行细分后，将产生众多的细分市场，这就需要企业对细分市场进行认真分析评估，选择合适的细分市场作为企业的目标市场。

（1）目标市场评估

1）目标市场的规模与增长潜力。目标市场的规模与增长潜力的评估主要是对目标市场的规模与企业的规模和实力进行评估，以及对市场增长潜力的大小进行评估。市场规模主要由消费者的数量和购买力所决定，同时也受地区消费习惯及消费者对企业的反应敏感程度的影响。过小的目标市场，不利于大企业发挥生产潜力；过大的目标市场，实力较弱的企业难以完全有效地控制和占领。分析目标市场规模，既要分析企业现有的水平，更要考虑企业潜在的发展趋势。

2）市场吸引力评估。吸引力是指企业目标市场上长期获利率的大小。一个市场可能具有适当的规模和增长潜力，但从获利的观点看，不一定具有吸引力。决定整体市场或细分市场是否具有长期吸引力，主要取决于五种力量：现实的竞争者、潜在的竞争者、替代产品、购买者和供应者。企业必须充分估计这些力量对长期获利率所造成的威胁和带来的机会。如果某个市场已有为数众多或实力强大的竞争者，或有新的竞争者将进入市场并会投入新的生产能力和大量资源，争夺市场占有率，或替代产品竞争能力强，或购买者谈判能力很强，对产品或服务苛求不已，强求降价，或企业的供应者能够在很大程度上控制企业对该市场产品的供应，那么该市场的吸引力就会下降。

3）汽车企业的目标和资源评估。汽车企业所选择的目标市场应该是企业力所能及的、符合经营目标并且能充分发挥自身优势的市场。企业应该明确自身的经营目标，合理组织现有的资源和能力，进入并服务于相应的细分市场，以避免资源不足造成的市场机会损失，或资源过剩造成不必要的浪费。

（2）制订目标市场营销战略　目标市场是企业要进入并从事营销活动的具有相同需求的市场，企业进行细分市场的目的实际上就是选择目标市场。目标市场营销战略是企业在市场细分和评估的基础上，对要进入的目标市场所制订的。

企业依据自身的情况，在制订目标市场时可采取集中性市场战略和市场全面化战略。

集中性市场战略是选择一个或少数几个细分市场作为目标市场，了解市场竞争动态，掌握客户的反应和需求，扬长避短，制订出一套营销方案，进行集中营销，取得企业在特定目标市场上的优势。这种战略目标集中，有利于企业进行专业化经营，降低产品成本和营销费用，提高资源利用率和提供高质量的产品与服务，赢得自己的声誉。但也有风险，它不能普遍满足消费者的不同需要，难以适应现代市场的频繁变化，企业缺乏竞争力。此战略适于实力一般的中小型汽车企业。据研究，日本、韩国的汽车公司大多数采用这种战略，进入国际汽车市场，并取得了惊人的成绩。

市场全面化战略是企业生产多种产品，满足各种客户群体的不同需求，提高客户对企业的信任度，增加销售，提高企业营销活动的效果。这种战略适合于实力雄厚的大企业。企业通过采用市场全面化战略，如 IBM 公司在全球计算机市场上、通用汽车公司、丰田在全球汽车市场上等。我国的大型汽车企业（集团）也比较适合此战略，如以宽系列、全品种发展汽车产品的营销，满足消费者的不同需求。

以上两种战略都是以市场细分为前提，属于差异性市场营销战略。

目前影响我国家用轿车市场需求的主要因素是价格过高和使用上的门槛太多。因此，国内汽车企业可实行无差异性市场营销战略，将整体市场作为一个大的目标市场，用一种产品、统一的市场营销组合对待整体市场。企业依靠大规模的生产和储运，降低产品成本；利用无差异的广告宣传，节约营销费用，生产出物美价廉、老百姓买得起的家用轿车，从而取得成本和价格上的优势。

此外，企业在制订营销战略时，必须考虑到企业的实力、产品的差异性及所处生命周期阶段、市场的差异和规模、竞争对手的营销战略等因素对目标市场营销战略制订的影响，根据自身的优势制订目标市场营销战略。

3. 确定市场营销组合

（1）市场营销组合的内涵　市场营销组合是现代营销理论体系中一个非常重要的概念，是市场营销战略的核心内容，也是企业市场竞争的基本手段。在确定目标市场以后，就要有效地利用自身的人力、物力、财力资源，设计企业销售战略，制订最佳行动方案，以达到企业预期的目标。企业要真正掌握市场竞争的战略和方法，必须进一步研究市场营销组合。

所谓营销组合，就是企业的综合营销方案，即企业针对目标市场的需要，将可控制的各种销售因素进行优化组合和综合运用，使之协调配合，扬长避短，发挥优势，以更好地实现营销目标。

企业可控制的因素是多方面的，最基本的 4 个因素是产品（Product）、价格（Price）、分销（Place）、促销（Promotion），即 4P。企业的营销活动围绕着 4P 这 4 个方面展开，针对目标市场的不同需要及企业内外部环境条件的变化，分别制订营销策略，从而形成了 4 种不同类型的策略组合，产生协同作战的综合作用，体现出现代市场营销观指导下的整体营销思想。为企业赢得更好的经济效益和社会效益。

1）产品策略是指企业根据国内汽车目标市场的需要，做出与产品开发有关的计划与决策。企业在进行汽车产品开发时，要根据消费需求的特点和竞争对手的情况，确定自己的产品结构和产品发展战略。

2）价格策略是指企业为提供各种有形或无形产品所实施的价格方式和定价决策，这一决策包括估量消费需求和分析成本，灵活地运用价格杠杆，选定一种吸引消费者、实现市场营销目标的价格，参与市场竞争。价格得不到客户的认可，那么市场营销组合的各种努力也将是徒劳的。因此，价格竞争是企业竞争的基本手段。

3）分销策略是指企业为使其产品进入目标市场所进行的选择分销渠道和组织产品实体流通等方面的策略。大量的市场营销职能是在市场营销渠道中完成的。

4) 促销策略是指企业以利用各种信息传播手段刺激消费者，促进产品销售的方式来实现其营销目标的决策。

(2) 市场营销组合的特点　市场营销组合就是各种市场营销手段的综合运用。企业对可以控制的各个因素按照一定的营销活动规律相互组合，使其产生较强的综合效应，并根据环境的变化，对各种营销组织灵活地加以调整和设计，从而达到最佳的组合状态，满足消费者的需求和需要，实现营销目标。因此，营销组合具有可控性、动态性、复合性和整体性的特点。

1) 可控性。构成市场营销组合的各种手段，是企业可以调节、控制和运用的因素，企业在制订营销组合时，必须以深入细致的市场调研为基础，充分掌握市场环境变化动态及目标市场的需求特点。只有根据市场环境变化和目标市场需要制订的营销组合，才是最优组合。

2) 动态性。市场营销组合不是固定不变的静态组合，而是变化无穷的动态组合。企业必须适应市场环境和消费需求的变化，随时调整营销组合因素，使之与市场环境保持一种动态的适应关系。

3) 复合性。营销组合是一个复合系统，具有复合结构。它不仅包括了4个基本要素，而且每个要素之间又各自包括了若干个次一级乃至更次一级的因素，从而形成各个层次因素的次组合，使市场营销各级组合因素之间相互组合，协调发展，共同为实现企业营销目标发挥作用。

4) 整体性。市场营销组合是企业根据营销目标制订的整体策略。整体性是各个因素整体发挥效益的结果，其中各个因素发生的作用并不是简单相加的关系。各个因素之间有着千丝万缕的联系，只有充分发挥各个因素的作用并使各个因素之间相互衔接与配合，彼此互补，互为促进，才能使市场营销组合因素之间发挥整体功能，使营销活动效果达到最优。

(3) 市场营销组合的作用　市场营销组合以系统理论为指导，把影响市场营销效果的各个可以控制的因素组织起来，给企业决策者提供科学地分析和运用各种经营手段的思路和方法，有助于实现企业市场营销整体效果最优化。市场营销组合在市场营销活动中居于重要地位，具有十分积极的作用。

1) 市场营销组合是制订企业市场营销战略的基础。营销战略对企业的生存和发展具有十分重要的意义，是为企业实现其长期营销目标而设计的行动计划。一般营销战略过程包括：分析市场形势；把握营销机会；确定营销目标；制订营销组合；执行和管理营销计划。企业的市场营销战略通常由企业营销目标和营销组合诸多因素组成，在制订营销战略时，为实现营销目标，企业既要强调营销组合诸因素的协调配合，又要根据产品和市场的特点，充分发挥企业优势，重点运用某一个或某两个营销组合因素，形成企业的最佳营销组合战略。营销组合是营销战略的基础，是保证企业营销目标得以实施的条件。

2) 市场营销组合是企业市场营销的基本手段。在现代市场观念的指导下，为了更好地满足客户的需要，企业必须根据目标市场的特点，对市场进行细分，确定适当的营销组合，使企业市场营销的各因素、各环节符合客户的需要，通过协调配合，共同发挥作用，最大限度地满足客户需要，从而最有效地达到企业营销目标。

3) 市场营销组合是企业赢得竞争的有力武器。营销组合是市场竞争策略的重要内容，成功的市场竞争策略是企业在对客户、竞争者、企业资源分析的基础上形成的。因此，依据企业的竞争策略制订相应的营销组合，可以使企业提供的产品和服务比竞争对手更适合消费者需要，赢得市场竞争的胜利。市场营销组合策略正是强调企业发挥自己的优势，根据自身的资源条件、市场环境的变化、市场竞争的格局以及产品和市场的特点，灵活地运用营销组合的各个因素，既突出重点，又有整体配合，从而获得竞争中的有利地位。

4）市场营销组合是企业协调企业内部各部门工作的纽带。市场营销组合是一个整体营销活动，它不仅要求营销组合诸因素的协调配合，还要求企业内部各部门增强整体观念，形成一个整体工作系统，彼此相互协调、相互配合，共同满足目标市场的需要，努力实现企业的整体目标。

4. 管理市场营销活动

一个好的、有效的汽车营销组织要具有灵活性、系统性和信息迅速传递的准确性；针对环境或市场的变化，能迅速地调整自己，做出正确的反应，把握市场机会；企业的各个部门——营销、研究与开发、生产、财务、人力资源等都能够相互配合，相互协调，通过满足客户需要，共同完成企业的整个营销目标，成为一个整体系统，将市场的信息反馈迅速、准确地传递到各部门，以确保营销的组织工作顺利进行。

企业的营销活动受市场环境的影响，市场环境是企业营销活动的制约因素，对企业的生存和发展有着极其重要的影响。市场营销环境包括微观环境和宏观环境，微观环境直接影响与制约着企业的营销活动，主要因素包括：企业内部环境；企业外部的供应商、营销中介、竞争对手、客户、公众等。这些因素与企业有着直接的影响和联系，微观环境又称为直接营销环境。宏观环境间接地与企业的营销活动发生相互作用和影响，在特定场合，也会直接影响企业营销活动，主要因素包括人口、经济、政治与法律、社会文化、科学技术、自然和资源等。宏观环境也称为间接营销环境。

市场营销环境对企业营销活动的影响，具有复杂多样性、不确定性和不可控制的特点。而企业的营销活动则依赖于市场营销环境才得以正常进行。营销管理者虽然可以控制企业的大部分营销活动，但必须注意营销策略对环境的影响，不得超越环境的限制；营销管理者虽然能分析、认识营销环境提供的机会，但无法控制所有有利因素的变化，更无法有效地控制竞争对手；由于营销策略与环境之间的关系复杂多变，营销管理者无法直接把握企业营销决策实施的最终结果。另外，企业营销活动所需的各种资源，需要从环境许可的条件下取得，企业生产与经营的各种产品，也需要获得消费者或用户的认可与接纳。

虽然企业营销活动必须与其所处的外部和内部环境相适应，但营销活动决非只能被动地接受环境的影响，营销管理者应采取积极、主动的态度能动地去适应营销环境。从宏观环境而言，企业可以通过不同的方式增强适应环境的能力，避免来自环境的威胁，有效地把握市场机会。在一定条件下，企业也可运用自身的资源，积极影响和改变环境因素，创造更有利于企业营销活动的空间。菲利普·科特勒的"大市场营销"理论提出，企业为成功地进入特定的市场，在策略上运用能控制的方式或手段，影响造成营销障碍的人或组织，争取有关方面的合作与支持，使之改变做法，从而为企业从事营销活动创造一个宽松的外部环境。这种能动的思想不仅对开展国际市场营销活动有重要的指导作用，对国内跨地区的市场营销活动也有重要意义。从微观环境而言，直接影响企业营销能力的各种参与者，事实上都是企业营销管理部门的利益共同体。成功的企业营销活动，应为客户、供应商和营销中间商带来利益，并造福于社会公众。即使是竞争者，也存在互相学习、互相促进的因素，在竞争中，有时也会采取联合行动，甚至成为合作者。

营销管理的任务是调整市场的需求水平、时间、构成和特点，使需求与供给相协调，以实现互利的交换，实现组织目标。因此，企业营销管理的实质是需求管理，它不但要适当安排营销组合，使之与外部不断变化的营销环境相适应，而且要创造性地适应和积极地改变环境，创造或改变目标客户的需要。只有这样，企业才能发现和抓住市场机会，因势利导，在激烈的市场竞争中立于不败之地。

学习单元3　汽车企业市场营销计划

1. 营销计划

（1）营销计划的内容　营销计划是企业为了达到某种目标，对企业与营销活动有关的人力、物力和财力等企业资源事先所做的安排和说明。

不同类型企业的营销计划有所不同，在其格式、内容上有一定的差别，但大多数企业的营销计划所包含的内容基本相同，大致包括以下几个方面。

1）计划提要。计划提要的作用是对市场营销计划的要点、目标、策略做简要的概括，以使高层主管很快掌握计划的核心内容。

2）营销环境分析。这部分内容主要提供对市场、竞争、产品、分销等各营销因素及宏观环境因素的综述，即对企业市场处境的分析。主要有：

① 外部环境分析。它包括国家政治经济的形势与发展、人口、技术因素、社会文化因素等的发展趋势。

② 内部环境分析。它说明企业的市场规模、分销渠道状况、市场占有率、年增长率情况、人员状况、客户需要和购买行为方面的趋势。

③ 产品情况分析。它是指对产品组合中每个产品的市场范围和价格、销售额、利润、增长率等方面进行量化分析，确定实现目标。

④ 竞争情况分析。要发现主要竞争对手，就竞争对手的规模、目标、市场占有率、产品品质、营销策略以及任何有助于了解他们的意图和行为做出预见性的分析。

3）风险与机会分析。以市场营销为基础，对企业的素质、能力、市场营销目标及内外环境因素进行综合分析，找出企业面临的有利因素和不利因素，分析企业的优势和劣势，其目的是找机会、避风险、减风险、求效益。

4）拟订目标。在分析中一般有两类目标要确定，一是财务目标，用于确定一个稳定的长期投资收益率和利润；二是营销目标，在分析企业经营现状，预测威胁和机会，并进行综合平衡的基础上，制订在本计划期内要达到的营销目标。营销目标主要有市场占有率、销售额、利润率和投资效益等，它是实现财务目标的途径。

5）制订营销策略。营销策略是提供实现市场营销目标的主要营销手段和方法。营销策略包括目标市场的选择、营销因素组合、营销费用及目标市场定位策略。

6）行动方案。营销策略必须通过具体的安排来实施。例如怎样做，何时开始，何时完成，由谁负责，需要多少成本等。这些都要按时间顺序列成一个详细且可供实施的行动方案。

7）财务预算。企业根据行动方案编制一个支持该方案的预算，使之成为调整生产和安排销售活动的重要依据。

8) 执行计划过程的控制。计划的最后一部分是对计划过程的检查和控制，这是用来监督和检查整个计划的进度，应包括一些应变措施，通过信息反馈，判断所采取的措施是否有效，及时修正计划或改变行动方案，以适应市场不断变化的需要和计划中可能遇到的问题，保证计划顺利实施和营销目标的实现。

(2) 营销计划的作用 营销计划的作用主要表现在：

1) 详细说明预期的经济效益，明确企业的发展方向，促使企业目标一致、行动一致，在相对稳定的内外部环境因素下，保证高效正常地按照既定目标运转。

2) 有助于按照计划进行决策和进行方案的选择，协调各项工作，化解阻碍实现预期目标的项目和活动。

3) 促使企业管理科学化，并以系统的方式对未来做出预测和反应。

4) 描述企业所要执行和完成的任务，明确规定各有关人员的职责，确保有步骤、有目标地完成任务，以提高企业的效率。

5) 有利于企业监测整个营销活动和效果，协调各部门的关系并取得进一步的巩固和发展。

6) 增加市场开发机会，不断检查修订企业运营状况的基准。

2. 市场营销组合和计划的实施

(1) 市场营销组合的实施 市场营销组合应当系统地制订产品、分销、价格和促销策略。这是企业市场营销活动中可以控制的 4 个因素，也是企业市场营销的 4 个阶段，它们相互依存、相互影响、相互制约。在开展营销活动，运用营销组合策略时，不能孤立地考虑某一因素或手段，而要对它们进行综合考虑、整体规划、合理编配、优化组合，把营销组合策略的制订作为一个系统工程，使各种营销因素密切配合，发挥出系统功能，实现最佳的市场营销效果。

营销组合的运用应因时、因地、因市场而宜，同一汽车企业不同的产品面临的消费需求和市场竞争情况也不相同，因而必须采取不同的营销组合策略；同一产品在不同的时间、不同的地点进行销售也会有不同的市场反应，因而也必须采取不同的营销组合。只有这样企业才能开展有针对性的营销活动，实现营销目标。

在市场营销活动中，营销组合必须以客户为中心，符合市场需要。营销组合的"4 个 P"要以满足客户的需要为目的，以适当的产品、适当的价格、适当的促销、在适当的时间和适当的地点满足适当客户的需要。

(2) 市场营销计划的实施 市场营销计划的实施是指为了实现战略营销目标而把营销计划转变为营销行动的过程。

在市场营销过程中，将市场营销计划转化为市场营销业绩的"中介"因素，是市场营销计划的实施。不能实施，再好的计划也只是"纸上谈兵"。因此，市场营销计划必须与长远规划保持一致，它是企业战略目标中一个重要的组成部分。

1) 市场营销计划过程。市场营销计划过程的重点是迫使企业构想产品或服务的未来发展，认识市场的现实条件，制订实现未来理想的行动计划。

市场营销计划的实施过程是将营销计划转变为具体行动的过程，即调动企业的全部资源，投入到营销活动中去，并保证完成计划规定的任务，实现既定目标。市场营销计划与企业其他计划，如生产计划、财务计划、利润计划、技术措施计划、物资供应计划等有关计划综合平衡，相互衔接。计划的实施过程分为：

① 分析营销现状。它是指评价企业当前营销业绩、目标、市场环境和战略，对企业情况进行全面分析，发现可供企业利用的机会，对市场营销进行展望。

② 确定营销目标。营销目标是营销计划的核心，主要包括销售额、销售利润和市场占有率等。根据当前市场环境分析战略要素，确定符合企业目标的市场营销目标。

③ 选择目标市场。目标市场是企业产品销售或服务的对象，选择目标市场，主要取决于与目标市场相关的企业目标、目标市场的潜在机会、企业自身的能力等，明确企业自身的优势和劣势。目标市场的正确与否，直接影响到目标实现的可能性。

④ 制订营销组合战略。营销组合是指企业为了满足目标的需要，综合运用企业可控制的各种营销策略和手段的组合，制订实现市场营销目标的方案，确定实现市场营销目标的方法。

⑤ 实施市场营销战略计划。企业应建立有效的组织，合理配置资源，设置内部支持系统，明确完成目标的时间和进度。

⑥ 预算与控制。企业应制订可行的营销预算，预测市场计划的成本，建立监督机制和反馈系统，持续不断地监控市场环境变化，检查目标的正确性和适宜性，不断反馈市场最新信息，及时完善和修订计划，或改变行动方案，以适应新的情况。

2）市场营销计划的实施。市场营销计划实施过程中涉及相互联系的内容：

① 制订行动方案，为了有效实施市场营销计划，市场营销部门及有关人员需要制订详细的行动方案。必须明确市场营销计划的关键性环境、措施和任务，并将任务和责任分配到个人或小组。方案还应包括具体的时间表，即每一项行动的确切时间。

② 调整组织结构。在市场营销计划的实施过程中，组织结构起着决定性的作用。它将计划实施的任务分配给具体的部门和人员，规定明确的职责和信息沟通路线，协调企业内部的各项决策和行动。组织结构要与计划的任务相一致，根据企业战略、市场营销计划的需要，适时改变、完善组织结构。

③ 形成规章制度。为了保证市场营销计划能够落在实处，企业必须设计相应的规章制度。

④ 协调各种关系。为了有效实施市场营销战略和计划，行动方案、组织结构、规章制度等因素必须协调一致，互相配合。

在营销计划的控制和实施过程中，应采取较实用的滚动式计划法和应变计划法。

滚动式计划法的特点是远近结合，近细远粗，逐年滚动。即将计划分为若干个时期，根据一定时期的实施情况和环境变化，对以后各个时期计划的内容进行适当的修改、调整，并向前推进一个新的实施期，使营销计划既保持严肃性，又具有适应性和现实性。这种方法有利于保持前后工作的衔接协调，也可使营销计划能够适应市场的变化，增强对外部环境的适应能力。

应变计划法也称为应急计划，当客观情况发生重大变化，原计划失去作用时，企业为适应外部环境变化而采用备用计划的方法。

只有通过制订详细的执行计划，规定和协调各部门及人员的活动内容，编制详细周密的项目时间表，明确各部门经理及每一位员工的职责，充分调动每一个人的积极性，使员工的才能得到极大地发挥，才可能使一项好的营销计划得以顺利实施，并取得预期效果。高效的营销团队要寻求个人目标与团队目标的有力结合，提高企业员工的认同感和凝聚力，树立现代营销观念，协调营销过程中的利益关系。

一个企业的成功与否，首先取决于环境提供的机会、目标、战略、组织结构和制度等要素之间的协调。环境的变化产生了机会，企业通过分析外部环境，尤其是识别机会和威胁，明确企业发展的经营目标，并决定实现目标的战略，制订计划，建立执行战略和计划的组织结构，设计有关制度，保证有效地实施战略、达成目标。

3. 市场营销控制

(1) 市场营销控制的意义

1) 营销控制是企业进行有效经营的基本保证，来自于对竞争者的产品和市场的监控。随着市场营销环境的动态变化和市场竞争的加剧，营销控制愈加显得重要。企业在整个经营过程中，有许多部门、很多人员参加，在计划实施过程中任何一个环节、部门或具体人员出现了偏差和问题，都可能会影响整个营销战略和营销计划的执行。因此，企业要找到对市场营销实施的效果和效率产生重大影响的因素，需要对整个营销计划做动态的控制，及时纠正偏差和进行调整，以确保计划目标的实现。

2) 营销控制有助于及早发现问题，避免可能发生的事故，采取更有利于企业增收节支的管理方法，充分挖掘企业的潜力。例如，美国克莱斯勒汽车公司在推出主要面向年轻人的野马牌轿车后，发现有许多中年人，甚至老年人也非常喜欢这种轿车，公司及时调整原有的计划和策略，使野马牌轿车的销售量巨幅增加。

3) 营销控制还具有监督和激励作用。企业通过控制成本，检查和监督企业的销售和利润目标是否顺利完成；调动员工的积极性，符合营销目标任务的要求，以取得预期效果；确定产品、地区、市场、客户群、渠道、市场定位的获利能力。

(2) 市场营销控制的方法　市场营销控制包括年度计划控制、盈利性控制、效率控制和战略控制。

1) 年度计划控制。年度计划控制主要检查市场营销活动的结果是否达到了年度计划的要求，并在必要时采取调整和纠正措施。年度计划控制的内容是对销售额、市场占有率、费用率等进行控制。年度计划控制的目的是检查和监督年度计划所规定的销售、利润和其他目标是否顺利完成。主要任务是：分解年度计划指标，跟踪实施情况，对出现的偏差进行分析，提出改进措施，必要时可以根据客观变化情况修订目标。控制过程分为4个步骤：确定年度计划中的月份目标或季度目标；监督市场营销计划的实施情况；对实施情况进行分析，如果市场营销计划在执行过程中出现偏差，要找出其原因；采取必要的补救或调整措施，缩小计划与实际之间的差距。

为了检查环境的执行情况，管理部门可采取五种主要的控制工具，即销售分析、市场占有率分析、营销费用率分析、财务分析和客户态度分析。

① 销售分析。销售分析是衡量并评估实际销售额与计划销售额之间的差距。这种差距的衡量有两种主要方法：销售差距分析，主要用于衡量造成销售差距的不同因素的影响程度。微观销售分析，即分别从产品、销售地区及其他有关方面分析未能完成预期销售额的原因。

汽车企业不仅要对总的销售情况进行分析，而且要对各细分市场和各产品的销售情况进行分析，找出造成销售差距的真正原因。

② 市场占有率分析。企业的销售分析虽然能够评估企业的情况，但是无法真实地反映

企业产品的市场。因此，企业还要分析市场占有率，揭示企业同竞争者之间的相对关系。市场占有率分析是指对企业在整个市场竞争中的地位所做的判断和评价。企业市场占有率上升，表明企业营销业绩的提高，在市场中处于有利地位，反之则说明企业在竞争中失利。

市场占有率有3个，总体市场占有率，即普遍意义上的市场占有率；服务市场占有率，是其销售额占企业服务市场的百分比；相对市场占有率，是指本企业产品的市场占有率与本行业中最大对手的市场占有率之比。分析市场占有率，要结合市场机会来考虑。市场机会大的企业，其市场占有率一般应高于市场机会小的竞争者，否则其效率就有问题。

③ 营销费用率分析。营销费用率分析就是对营销费用与销售额的比率进行分析。营销费用占销售额比率是检查与销售有关的费用，以确定企业在达到销售目标时的费用支出。年度计划控制要求在实现销售目标时，各项营销费用不超过预算标准，关键在于对营销费用率的控制。如果实际成本费用与计划相比升幅过大，企业应找出原因，采取有效措施予以控制；如果实际成本费用过低，企业也要予以关注，是计划定得过高营销成本下降，还是由于营销工作人员没有按照计划实施，要根据具体情况予以纠正。

④ 财务分析。财务分析是对影响企业的净值投资效益率的各项主要因素的分析。汽车企业为了改进净值收益率，可以增加资产的净利润比率或增加资产对净值的比率。

⑤ 客户态度分析。客户态度分析是一种定性的营销控制手段，企业通过建立专门机构，用以追踪客户、中间商以及营销系统中其他参与者的态度变化，进而监控这些态度对销售产品的影响作用。

汽车企业的客户态度分析主要是采取服务质量典型调查的方式，对用户进行网络访问、电话定期访问、邮寄问卷，收集消费者的意见和建议等，通过客户的反应态度评价企业的营销业绩，比企业内部的各种自我分析更有意义。

2）盈利性控制。盈利性控制一般由财务部门负责，目的是检查不同的销售领域。企业的盈利情况直接关系到企业的发展，同时它也是企业营销活动的综合反映，通过检查不同地区、细分市场和分销渠道的盈亏情况，及时发现问题及计划制订和执行中的错误，采取纠正措施，减少经济损失。

① 营销成本控制。营销成本是指与营销活动有关的各项费用支出。营销成本直接影响企业的利润，因此企业不仅要控制销售额和市场占有率，同时要控制营销成本。营销成本的费用包括：直接推销费用、推广费用、仓储费用、运输费用及其他营销费用。对营销成本的控制，企业可以按照销售地区、产品系列、类型分别进行控制。

② 盈利能力控制。盈利能力控制。就是通过对财务报表和数据的处理，将获得的利润分摊到产品、地区、渠道、客户等方面，从而衡量出每一个因素对企业最终盈利的贡献大小，获利水平大小。盈利能力控制的目的，在于找出妨碍获利的因素，以便采取相应的措施，排除或削弱不利因素的影响。

3）效率控制。效率控制包括：

① 销售队伍的效率。具体包括每个销售人员每天平均的销售访问次数；每次销售访问平均所需的时间、平均收益、平均成本、费用及订单数量；每个时期的新客户数量，丧失老客户的数量；销售成本占总成本的百分比等。

② 广告效率。汽车销售企业至少应该做到以下统计：每一种媒介、每1000人次的广告成本；客户对每一种媒介注意、联想和阅读的百分比；客户对广告内容、方法、效果的意

见；广告前后对品牌、产品的态度；受广告刺激而引起的询问次数；每次访问的成本。

企业管理部门可以采取若干步骤改进广告效率，运用较好的产品定位工作，确立广告目标，预测信息，利用计算机指导广告媒介的选择，寻找较好的媒介以及进行广告效果测定等。

③ 促销效率。具体包括各种各样的激发客户兴趣和适用的方式、方法及其效果，每次促销活动的成本，对整个市场营销活动的影响。企业应该观察不同促销手段的效果，并使用最有成本效果的促销手段。

④ 分销效率。分销效率有助于企业积极寻找经营的经济性。分销效率主要通过对企业分销系统的结构、布局及改进方案，存货控制，仓库位置及运输方式进行分析和改进，以达到最佳配置并寻找最佳运输方式和途径。

4）战略控制。战略控制的目的是确保企业营销战略和计划与动态化的市场营销环境相适应，促进企业协调稳定发展。战略控制是对企业整体营销工作的检查和监督，它包括了营销活动中所有方面的工作，是一项复杂而又细致的评估工作。

由于营销环境变化很快，原有的目标、政策、战略和措施往往容易失去作用。因此，企业在营销战略实施过程中，必然会出现战略控制问题。在新的市场营销环境中，企业必须根据营销环境的变化，及时调整、修改原有的计划，使实际销售工作与战略方案尽可能一致，或在控制中通过不断评审和信息反馈，对战略不断进行修正。

（3）市场营销控制的过程　市场营销控制的步骤是：

1）确定控制对象，即销售成本、销售收入和销售利润等。

2）设置控制目标，控制销售收入和销售成本。

3）建立衡量尺度，企业的销售目标决定了它的控制衡量尺度，如目标销售收入、利润率、市场占有率、销售增长率等。

4）确定控制目标，控制目标即为衡量标准定量化，设立目标必须考虑到产品、地区、竞争所造成的差别。

5）评估执行情况，将执行标准与实际结果进行比较，找出问题的所在。

6）分析偏差原因，对实施过的计划决策过程中的问题进行分析研究，寻找问题的症结。

7）采取纠正措施，汽车企业查明计划与实际执行情况产生偏差的原因，应采取相应的纠正措施，确保营销目标的实现。

营销案例

"奔驰"之路

1886 年，德国的卡尔·本茨研制出由发动机发动和加速的马车式三轮汽车，标志着世界上第一辆汽车的诞生。同年，哥特里普·戴姆勒完成了首辆以汽油为燃料的四轮车试车工作。奔驰汽车厂和戴姆勒汽车厂相继成立。1926 年两厂合并后，叫戴姆勒-奔驰汽车公司，中国翻译简称奔驰公司。现在，奔驰汽车公司除了以高质量、高性能豪华汽车闻名之外，也是世界上著名的大客车和重型载重汽车的生产厂家。

奔驰公司是世界上资格最老的汽车厂家，也是经营风格始终如一的厂家。从 1926 年至今，公司不追求汽车产量的扩大，而只追求生产出高质量、高性能的高级别汽车产品。在世界十大汽车公司中，奔驰公司产量最小，但它的利润和销售额却名列前五名。奔驰的最低级别汽车售价也有1.5万美元以上，而豪华汽车则在10万美元以上，中间车型也在4万美元左右。在中国香港市场，一辆奔驰500SL汽车，售价高达165万港币。

奔驰的载重汽车、专用汽车、大客车品种繁多，仅载重汽车一种，就有110多种基本型，奔驰也是世界上最大的重型车生产厂家，其全轮驱动3850AS载重汽车最大功率可达368kW，拖载能力达220t，1984年奔驰公司投放市场的6.5～11t新型载重汽车，采用空气制动、伺服转向器、电子制动防抱死装置，使各大载重汽车公司为之震动。

奔驰公司总部设在德国斯图加特，雇员总数为18.5万人。1991年，世界著名咨询公司——美国旧金山的兰道形象咨询公司，在调查美、日、西欧一万名消费者后，评选出世界上在消费者中最有影响的十大驰名商标，排名前三的是：可口可乐，美国可口可乐饮料公司；索尼，日本索尼电器株式会社；奔驰，德国奔驰汽车公司。奔驰汽车成为世界汽车第一品牌。1992年12月28日，德国《世界报》经过调查数国万名消费者后再次评选出世界十大驰名商标，它们的排列顺序与1991年美国兰道形象咨询公司评选结果的顺序一样，再次印证了奔驰汽车无可企及的实力。1994年，美国兰道形象咨询公司排列出世界50大驰名商标，奔驰汽车是唯一进入前十名的汽车公司。

奔驰汽车在全球享有较高的声誉，消费者几乎遍布世界每一个角落。奔驰车以其优美的形象，优良的服务质量，深得消费者的推崇。拥有一辆奔驰车，被视为财力和地位的象征，成为显示身份及资信的最好凭证。许多国家元首和知名人士都以奔驰汽车作为自己的交通工具。"开宝马，坐奔驰"成为人们的口头禅。那么，奔驰汽车公司是如何打造出世界名牌第一车的呢？

1. 始终如一的高定位

在汽车行业众多的品牌中，定位观点是各不相同的。宝马车强调的是"驾驶的乐趣"，沃尔沃强调"耐久安全"，马自达强调"可靠"，SAAB主打"飞行科技"，丰田主打"跑车外形"，菲亚特主打"精力充沛"，而奔驰的定位则是"高贵、王者、显赫、至尊"，奔驰汽车的电视广告中较出名的系列是"世界元首使用最多的车"。为了始终如一保持元首座驾的地位，奔驰公司只生产高性能高级别汽车产品，不追求汽车产量的扩大，而只追求生产出高质量的汽车。

在价格定位上，也选取了高价位，与日本车的价格相比，一辆奔驰车的价格可以买两辆日本车。价值定价成为奔驰公司最重要的制胜武器。无怪乎消费者为了得到身份与地位的心理满足感而不惜重金。

2. 公平、尽责的企业精神

一个企业要做大做强，并在全球汽车企业日益激烈的竞争中立于不败之地，就必须形成自己的企业精神。作为一个拥有百年历史的著名汽车品牌，奔驰以"公平、尽责"作为自己的企业精神。"公平"是指公平竞争、公平经营。这是每个企业必须遵循的游戏规则，梅赛德斯-奔驰公司也是在产品质量、花色品种、技术水平、市场销售和售后服务等各方面凭借自身的实力来力争上游。"尽责"是指在汽车行业尽到自己作为一个著名品牌的责任，不仅为了自己的经济利益，也要为社会所认同，成为同类企业仿效的楷模。在这样一种企业精神的指导下，奔驰公司的经营理念突出表现为满足消费者的快乐感和承担社会责任。随着科技、社会、经济和市场的发展，人们的生活水平提高了，人们更进一步追求汽车外观优美、内部豪华、驾驶舒适，从而彰显自身价值。因此，奔驰将能满足消费者自身的快乐感作为经营理念的一部分，并随着时间的推移，重视程度和投入不断增加。同时，奔驰公司把对环保问题的关切作为其诉求重点，体现出一个企业对社会的责任心和应尽的义务。长期以来奔驰公司十分重视环保技术的研究，研制节能和保护环境方面的新型汽车。一般汽车公司是以美国环保法规为最终标准，多数的商品开发也以满足美国的标准为前提，但奔驰公司除了这些之外，另外制订了一套比美国标准还严格的品质管理规定。"使你加入节约能源及环境保护的工作"就是奔驰汽车广告的口号。

3. 精益求精的汽车质量

奔驰公司一向将高品质看成是取得用户信任和加强竞争能力最重要的一环，讲究精工细作，强调"质量先于数量"，要"为做得更好、最好而奋斗"，除了由计算机控制的质检系统检查外，还有一个占地8.4万 m^2 的试验场，场里有各种不同路面的车道、障碍物等。每年要用100辆崭新的汽车，做各种破坏性试验测试，如以时速35mile去冲撞坚固的混凝土厚墙等。

高品质、可靠性、安全性、先进技术、环境适应性是奔驰造车的产品标准，凡是公司所推出的汽车均需达到五项理念的标准，缺少其中任何一项或未达标准者均被视为缺陷品。

"奔驰600"高级轿车的广告曾一诺万金："如果发现奔驰车发生故障，中途抛锚，将获赠1万美金。"这充分体现出奔驰公司对品质和服务质量的追求。

100多年来，创造第一流的产品，一直成为奔驰汽车公司的经营宗旨。在整个生产经营过程中，从产品的构思、工艺的设计，样车的研制，批量的生产直至售后的服务，精益求精的原则一直贯彻始终。

为保证产品质量，奔驰公司真正做到不合格的零部件坚决不用，不合格的成品坚决不出厂。在奔驰公司中，从上到下形成了一个质量控制、监督网。在其工厂中，搞生产的工人有1/7是进行质量控制和检验的，单一个发动机就要经过42道检验。

随着专业化协作的加强，许多零部件是由协作厂提供的，而零部件的质量直接影响汽车的质量。为此，奔驰公司严把关。辛德尔芬根分厂每天组装1600辆汽车，检查协作厂商所提供零部件的工作人员有1300多名。规定一箱里如果有一个零部件不合格，就全部退掉。由于长期坚持这一制度，协作厂商也都自觉努力提高产品质量。

汽车的质量要求主要表现为行驶安全、坚固耐用、乘坐舒适、外形美观。在这一目标上，20世纪50年代奔驰公司研制出世界第一个安全车身。发生车祸时，车身不会被撞瘪，转向盘在撞击后能自动靠拢，以确保驾驶者的人身安全；60年代研制出ABS，用电子控制器控制轮胎，紧急制动时不致因路面情况复杂而翻车；70年代末，他们又研制出转弯灵活，既快又稳，而且在高速急转和较大倾斜角度操作的情况下都不会翻车的"190"型小轿车，推出后深受用户欢迎。

正是苛刻和精细的要求，才打造出来有口皆碑、备受青睐的汽车品牌。

4. 以人为本，满足客户的个性需求

在以消费者为中心的营销时代，客户满意促销方兴未艾。它是指从客户的需要出发，从产品结构、产品质量、销售方式、服务项目、服务水平等方面为客户服务，满足客户的各种不同的需要，使客户完全满意。

一般的客户满意促销都是售后的，而奔驰公司从生产车间就已经开始。厂里在没有成形的汽车上挂有一块块的牌子，写着客户的姓名、车辆型号、式样、色彩、规格和特殊要求等。不同色彩，不同规格，乃至在汽车里安装什么样的收录机等千差万别的要求，奔驰公司都能一一给予满足。据统计，奔驰车共有3700种型号。任何不同的需要都能得到满足。

5. 安全第一

据德国《图片报》2014年4月11日报道，联合国的最新统计数据显示，全世界每年因交通事故死亡的人数超过了100万，汽车的安全问题尤其突出。奔驰公司一向重视交通安全问题，并以此作为大力宣传的卖点。它首创的吸收冲击式车身，SRS安全气囊等安全设计被汽车工业界引为标杆，并导致各汽车大厂竞相投入研究开发的行列。

翻开奔驰公司的历史，从20世纪50年代开始，它就致力于安全问题的研究。1953年，奔驰公司发明的框形底盘上的承载式焊接结构使得衡量车身制造的标准朝着既美观又安全的方向迈出了第一步。在600型的基础上，奔驰公司又研制出"安全客舱"：载客的内舱在发生交通事故时不会被挤瘪，承受冲击力的是发动机箱和行李箱这两个"缓冲区"，为了不让转向盘挤坏驾驶人，转向柱是套管式的，可以推拢到一起；每一部小轿车上，从车身到驾驶室部件，共有136个零部件是为安全服务的。

由于人们在危急时刻往往惊慌失措，无法采取恰当的应急措施。所以如果在危险降临前的瞬间，汽车能做出"本能反应"，就可以进一步降低人身伤害的风险。为此，德国奔驰汽车公司于2002年开发出了一种预警保护系统，能使乘客在意外发生时受到一定程度的保护。

这种预警保护系统能在汽车失控并可能导致车祸前的几秒钟里，关闭打开的汽车天窗，收紧安全带，调整座椅靠背，使乘客的身体保持一定的稳定，保证安全气囊有效发挥作用。

奔驰公司不仅关注避免车祸发生和减少损失，车祸发生前的宝贵几秒钟时间在安全设计中也被很好地利用。在这种预警系统中，驾驶人安全带上的电子盒可以随时检查位于车轮、操纵系统和制动踏板附近的感应器传来的数据，并通过一种特殊的计算方法分析这些数据，以便对意外发生的可能性做出判断。当车辆紧急制动或打滑，车祸风险较高时，预警系统便会启动，使座椅背竖起，令椅背上支撑头的部位微微前倾。与此同时，安全带束紧器启动，以避免乘客在紧急制动时受到太大的冲击。这种系统还可以在车轮打滑时缩小乘客向两侧晃动的距离，以保证人与侧气囊之间的必要距离。这样，一旦车祸发生，侧气囊就能发挥作用。如果车祸没有发生，这套系统还会恢复到初始状态。

除了汽车的电子稳定程序、防滑制动系统以及制动辅助系统等主动式安全配置，车祸发生时安全气囊和安全带可为乘客提供最后的防护。而这种系统可把上述保护系统和装置结合起来，提供整体安全保护。据分析，这套系统可以在车辆迎头相撞中使乘客头部和胸部所受的冲击力降低20%。

奔驰预警保护系统还能够自动关闭汽车的侧窗。此外，奔驰公司的专家还计划使这种保护系统与雷达感应器和照相机相结合。这样，该系统不但能判断车祸的可能性，还能预测车祸的种类和严重程度。

奔驰公司除了在技术上始终将安全作为重中之重以外，在自身形象宣传上也与此紧密贴合，如2003年奔驰公司支持的儿童安全绘画比赛等。

6. 关注环保

尽管汽车给人们的生活带来很多的便利，遗憾的是，汽车加速了环境的污染。汽车发动机的发动增加了城市的噪声；汽车排出的废气污染了人们呼吸的空气……环境污染成为汽车的两大克星之一（另一个是能源危机）。行家们预言，未来的汽车是环保汽车，比如利用电能的电车，石油、太阳能、煤、核能、水力、风力都可以用来发电，这就使得汽车能源不局限于某一种能源，又可彻底地消除噪声与废气的污染。

奔驰公司把对环保问题的关切作为其诉求重点，长期以来重视环保技术的研究，研制节能和保护环境方面的新型汽车。石油危机发生后，奔驰公司着力研究汽车代用能源，如乙烷、甲烷、电子发动或混合燃料发动装置。

7. 周到的售后服务

为了解除客户购车后的后顾之忧，奔驰公司建立了强大的售后服务网络。在德国本土，奔驰公司设有1700多个维修站，雇有五六万人做维护和修理工作。在公路上平均不到25km就可以找到一家奔驰车维修站。国外的维修站点也很多，据统计，它的轿车与商业用车在世界范围内共有5800个服务网点，提供保修、租赁和信用卡等服务。国内外搞服务工作的人数竟然与生产车间的职工人数大体相等。

奔驰车一般每行驶7500km需要换机油一次，行驶15000km需检修一次，这些服务都可以在当天完成。从急送零件到以电子计算机开展的咨询服务，奔驰公司的服务效率令客户满意和放心。售后服务质量优秀是良好销售量的保障。产品售出后，奔驰公司时刻保持与车主的联系。奔驰汽车销售到哪里，售后服务网络就建立到哪里，以确保每一辆汽车都得到良好的照顾。

零配件短缺是世界许多汽车维修行业遇到的共同难题，充足的零配件供应是提高维修质量和效率的保障。奔驰公司每一家维修厂都有专门的零件部，并设有一定面积的零件仓库，储存一定数量的常用零件。如遇到特殊需要则可直接与德国原厂零配件部门联系，空运急需的零件品种。

奔驰为售后产品的维护制订了一整套规范和措施。车辆出厂后即装运到达客户所在地，由客户亲自验车，然后开至当地奔驰授权的维修中心进行交车前检测。维修人员按照规定程序进行调整，使其达到最佳的行驶状态，最后交车给客户。同时，将驾驶需要注意的问题告知客户，并提醒客户下次维修维护的时间，以确保车辆驾驶安全。

如果车辆在途中发生意外故障，开车的人只要就近向维修站打个电话，维修站就会派人来修理或把车辆拉到附近不远处的维修站去修理。无处不在的售后服务，使奔驰车主绝无半点烦恼。

8. 培养品牌的忠诚者

2003年，加价销售成了中国汽车销售市场最具特色的现象之一。一些热销车型在北京等各大城市存在1万~4万元甚至高达8万元的加价销售现象。

加价销售虽然能让汽车厂或经销商在短时期内得到利益，但从长远看，既损害了汽车制造商的品牌，也损害了汽车经销商的品牌，更损害了广大消费者的利益和国家的利益，是典型的杀鸡取卵式的行为。

汽车品牌的培养是长期积累的过程，绝非一时的炒作就能成就的。俗话说，"可以欺骗一时，不能欺骗一世"。

消费者花辛苦钱买了一辆加价的汽车，一方面心里不会痛快；另一方面，消费者对汽车质量和服务的心理需求会更高，一旦出现质量和服务问题，对消费者的伤害会更深。汽车营销成功的关键是要抓住终端用户，使每个汽车消费者都成为自己品牌的宣传者和终身用户。当前，中国绝大多数家庭的轿车消费都是第一次，很难想象，第一次买车就被狠宰一刀的消费者会对购买的汽车品牌有忠诚度，更难培养出国外那种全家人一辈子都购买同一品牌汽车的忠诚客户。

奔驰公司刚推出新款SLK车型时也是供不应求，排队排到一年以后。但无论是奔驰公司，还是奔驰经销商，加价销售的现象根本就不存在。其结果是，奔驰SLK车型树立了良好的品牌形象，同时奔驰公司和经销商又拥有了更多的忠实消费者，取得了品牌、经销商和消费者的多赢。

同时，奔驰公司瞄准未来，心理争夺战竟从娃娃开始做起。每个来取货的客户驱车离去时，奔驰公司都赠送一辆可作孩子玩具的小小奔驰车，使车主的下一代也能对奔驰车产生浓厚的兴趣，争取一代代都成为奔驰车的客户。这样，客户对奔驰品牌的忠诚就世代地继承下来，从小喜爱奔驰车的幼童渐渐地被培养为终生喜爱奔驰车的客户。

9. 强化职工培训

奔驰公司在德国国内设有52个培训中心，培训范围包括新招学徒工的基本职业训练、企业管理的培训和在职职工的技术提高。受基本职业训练的年轻人常年维持在6000人左右。公司在招收青年学徒工时优先挑选本厂职工的子弟，原因是这些年轻人从小就受到家庭技术的熏陶。这些青年职工一般要具有9年或10年制的中专毕业的文化程度。进入公司后，还要培训三到三年半，经考试合格后才能正式参加工作。培训期的要求非常严格，学员必须学会做钳工、锻打、手工翻砂造型、焊接、热处理和开机床等，特别注意培养学徒工的良好操作习惯，树立重视产品质量的观念。

公司的职工以及从工长到经理等管理人员的定期轮流脱产培训，保证了公司的业务经营"在同世界竞争时取得最好的经济效果"。

奔驰品牌的个性正如其创始人所讲的："我们的车是由工程师们提供的精湛的工艺凝结。"今天，无论在地球上的任何一个角落，只要你看到车头前有一个三叉星徽标志的奔驰牌汽车，它都诠释着这样一种品牌价值：个人成就的外在象征；安全和舒适的结合；经典和恒久的统一。

复习思考题

1. 企业战略的概念及其意义是什么？
2. 市场营销组合的内涵和特点是什么？
3. 举例说明，如何分析和评价市场机会。
4. 目标市场策略有哪些？选择时应考虑的因素是什么？
5. 何谓市场营销组合，它的主要特点和作用有哪些？

6. 何谓市场营销计划？如何制订市场营销计划，实施计划需要注意哪些问题？
7. 说明市场营销控制的意义和方法。

【拓展学习】

一汽解放暖心护航2.0——互助正能量领航计划

2023年9月4日，"一汽解放暖心护航2.0——互助正能量领航计划"正式上线，同步在"卡友地带"设立解放品牌互助专区，为卡友提供线上、线下一体的救助帮扶。

1. 货车驾驶员（俗称卡车司机）**：传递社会正能量**

以车谋生，四海为家，这是中国1700万卡车司机生活的缩影，他们有一个为人熟知的名字——卡友，而另一个被忽视名字叫做"正能量"。无论春夏秋冬，不惧严寒酷暑，兄弟有难，有求必应是卡友的承诺；危难之时，迎难而上是卡友的担当。

卡车生产企业与卡车司机情同鱼水，有着天然的、不可分割的联系。作为"国车长子"、中国商用车领军企业，一汽解放始终牢记央企责任，以不变的初心和延续的使命担当，致力于成为"中国第一、世界一流"的绿色智能交通运输解决方案提供者，促进社会更加繁荣。在前进的道路上，一汽解放为关爱卡车司机群体奔走疾呼，发动社会各界力量参与到卡友关爱救助中，传递社会正能量。

2. 暖心护航2.0：为互助之路护航

2023年9月4日，解放暖心护航计划迎来全新升级，"一汽解放暖心护航2.0——互助正能量领航计划"重磅发布，在卡友地带APP同步设立解放品牌互助专区，为解放用户提供线上、线下一体的救助帮扶，鼓励和倡导更多卡友加入到互帮互助"大家庭"。

其中，"线上互助激励计划"是"2.0计划"的重要组成部分之一。当卡友遇到问路、问运价等问题时，通过卡友地带APP进行线上问答，由其他卡友进行解答和帮助。凡在解放品牌互助专区参与线上及电话帮助，且被求助人认可的回答，即为"有效帮助"。卡友通过累积"有效帮助"次数，可以获得相应惊喜及福利，并收获不同等级的虚拟荣誉勋章！全国排名前100名的卡友，将获得解放颁发的荣誉证书。

"一汽解放暖心护航2.0——互助正能量领航计划"是解放品牌社会责任感的重要体现，也是对全国热心卡友高尚情操的点赞。通过线上咨询、线下救援联动，一汽解放将全程为参与线上帮助和线下救援的正能量卡友"互助之路"保驾护航！

学习情境 3　汽车市场营销环境

【学习目标】

1. 能够分析市场营销微观环境。
2. 能够分析市场营销宏观环境。
3. 掌握汽车企业适应营销环境变化的策略。
4. 培养善于观察的能力。

学习单元 1　分析市场营销环境的目的

所谓营销环境是指对企业的市场和营销活动产生影响和冲击的不可控制的行动者和社会力量。根据营销环境中各种力量对企业市场营销活动的影响，可把市场营销环境分为微观环境和宏观环境两大类。

（1）**微观环境**　微观环境是指环境中直接影响企业营销活动的各种不可控制的行动者，如客户、供应商、竞争者和社会公众。

（2）**宏观环境**　宏观环境是指环境中间接影响企业营销活动的不可控制的较大社会力量，如政治、法律、经济、人口、技术和文化等。在某些情况下，它也能对企业营销活动产生直接影响。

在进行营销环境分析和消费者购买行为分析时，应该集中关注文化因素，其原因一是文化构成营销的宏观环境，二是文化因素对消费者购买行为产生影响。营销环境分析要与中华优秀传统文化相结合。

大量的营销实践说明：即使在经济衰退时期，企业也常常可以捕获到一些新的市场机会，其中还有相当一部分企业通过自己出色的营销活动，创造了不同寻常的业绩。在经济繁荣时期，市场环境也可能给企业带来一些新的威胁，即有一些企业难免摆脱倒闭的厄运。也就是说，不断变化的市场环境，既给企业的市场营销提供机会也可能带来威胁。同一环境的变化，对某些企业是机会，对另一些企业则可能是威胁。营销管理者的任务就在于了解把握营销环境的变化趋势，适应环境的变化，提高应变市场的能力，趋利避害地开展市场营销活动，使企业更好地生存和发展。

为此，分析市场营销环境的目的就在于：

1）通过对市场环境的分析研究，了解把握市场环境变化发展的趋势。

2）努力运用企业可以控制的营销手段，及时调整市场营销策略，以适应不可控环境因素的变化，提高市场应变能力。

3）从市场环境的变化中，发掘新的市场机会，捕捉市场机遇，牢牢把握市场时机，更好地发展企业。

4）及时发现环境给企业带来的威胁，采取积极措施，避免或减轻威胁给企业造成的损失。

随着经济全球化趋势的发展，国际汽车市场环境因素出现了一些新的变化，包括：

1) 全球交通、通信、金融交易等快速发展，推动了汽车工业的国际贸易和投资。
2) 经济区域化合作的加速，经济自由贸易区的建立，如欧盟、北美自由贸易区的建立，加速了区域内的经济合作。
3) 互惠贸易形式在国际贸易中的比例增加。
4) 一些国际化的生活方式迅速传播，汽车文化已经在全球普遍形成。
5) 跨国界的经济合作与发展已经超过了公司在本国的发展，造就了很多国际化的汽车跨国大企业。
6) 国际性的大型汽车企业的并购和重组。
7) 国际性的汽车品牌的出现。

我国国内汽车市场在以上大背景下，也正处于良性的发展环境中。

学习单元2　市场营销微观环境分析

企业必须在很多竞争者的包围和进攻下开展营销活动，同时，社会公众对某些产品和营销活动的态度也深刻地制约着企业的行为，这些个人、群体和组织构成了企业营销的微观环境。

1. 供应商

供应商是向企业及其竞争对手供应各种所需资源的工商企业和个人。供应商供应的原材料价格的高低、交货是否及时、数量是否充足等，都会影响产品的成本、售价、利润和交货期。因此，营销管理人员必须对供应商的情况有比较全面的了解和透彻的分析。一般说来，按照与供应商的对抗程度，可以把供应商分为两类：作为竞争对手的供应商（寄生关系）；作为合作伙伴的供应商（共生关系）。

对供应商管理的目的就是确定在哪些条件下对哪些原料可以通过自行生产来解决，而哪些原料需要通过外购来解决。

（1）作为竞争对手的供应商　一般说来，对供应商的管理意味着实现输入成本的最优化，也就是说，企业主要关心原料的价格和数量并设法维持一种强有力的与供应商讨价还价的能力。例如，当一个企业在做自行生产还是在开放的原料市场上购买所需资源的决策时，它实际上关心的是以哪种形式投资更可获利。

因此，把供应商作为竞争对手的观念实际上是倡导这样一种原则：尽可能地减弱他们的讨价还价能力，以获得更大的收益。在这种情况下，下列一些做法将有利于企业维持与供应商的关系并能保证原材料的有效供应。

1) 寻找和开发其他备选的供应来源，以尽量减少对任何一个供应商的过分依赖和降低其原料成为企业单位产品成本的重要部分的可能性。
2) 如果企业仅有一两个供应商，可以通过积极地寻找替代品供应商而减弱他们与企业讨价还价的能力（如用塑料容器代替玻璃容器）。
3) 向供应商表明企业有能力实现后向一体化，也就是说，企业有潜力成为供应商的竞争者而不仅仅是一般的客户。另外，如果企业具有自我生产的经验，那么就有助于了解供应商的制造过程和原材料成本方面的信息，从而使企业在讨价还价中处于有利地位。

4) 选择一些相对较小的供应商，使企业的购买量在其总产量中占较大比重，即增加供应商对企业的依赖性。

(2) **作为合作伙伴的供应商**　企业把供应商作为竞争对手来考虑，往往引起一些消极的后果，为了获得原材料或者其他物料的稳定供应，维持质量的一致性，保持与供应商长期而灵活的关系，企业最好把供应商作为自己的伙伴，并在此基础上考虑自己的营销活动。这种合作模式首先产生于日本，它的主要特点是企业在管理供应商过程中更多地采用谈判，而不是讨价还价，力图维持与供应商长期和互利的关系。为实现上述目标，可以考虑以下几种方案：

1) 可以考虑与供应商签署长期合同而不是采用间断式的购买方式从供应商那里获得原料，这对稳定将来的供应关系有很大的帮助，它所带来的优势是使供应商拒绝向竞争者提供货物。在许多情况下，供应商也喜欢签署长期合同。签署长期合同并不一定像人们抱怨的那样会使企业丧失灵活性。事实上，一个经过充分准备的长期合同需要考虑将来发生的偶然事件（如需求变化、产品线扩张等），以及在这些偶发事件中合同双方各自的期望。此外，签署长期合同也有助于企业更好地对库存、运输、供货的数量、组合以及供应商的地位进行规划，而这些正是战略思维所要考虑的问题。

2) 说服供应商积极地接近客户，尤其是当企业处于下游生产过程，也就是更接近于终端用户时，帮助供应商了解客户可能是有益的，它有助于供应商更有效地为企业提供服务。

3) 分担供应商的风险。例如，企业可以与供应商密切协作以改进原料制造工艺和质量，这样做有可能降低供应商的成本。在特殊情况下，企业甚至应向供应商投资以促进其对新技术的采用和生产能力的扩大。在必要的情况下，企业也可以与供应商联合或组成合资企业，并通过共同研究和开发来进入新的市场。

虽然上述模式对于帮助我们认识不同的供应商是有益的，但在实际情况下，可能并没有哪一家供应商的行为完全与其中某一种模式相吻合，但无论对于哪种类型的供应商，营销管理人员都应该培养一种对他们进行理智分析的能力。应该指出：尽管目前营销人员在客户和市场研究方面已变得相当成熟，同时关于竞争者和竞争态势的分析也已逐步完善，但比较起来，对供应商的分析仍处于幼儿期。在对供应商进行分析时，主要应该了解以下信息：

1) 备选供应品的来源、组合、适用性以及确定可接受替代品供应商的可能性。

2) 了解企业所购物品在供应商收入中所占的百分比，它是企业对供应商是否重要的一种度量。

3) 供应商与企业目前所在行业前向一体化的兴趣、能力和成为竞争对手的可能性。

4) 供应商与竞争对手协议的项目及条件。

无疑，只有在全面了解和深入分析供应商的基础上，企业才能做出适当的购买决策。

(3) **精益生产使供需双方关系更为紧密**　精益生产是以丰田汽车公司为代表的新的资本生产方式。其主要特征是有对市场变化进行快速反应能力，同一条流水线可以生产不同的产品，能适时供应，有具备多技能和团队精神的劳动力，有对生产过程不断改进的动力与能力。精益生产的思想本质是"一切从实际出发"，因为世界的本质是物质，物质决定意识。故想问题、办事情要一切从实际出发，主观要符合客观，而不能把主观意识凌驾于客观实际之上，随心所欲，为所欲为。为了降低生产成本，减少库存，节约作业时间，提高产品质量,许多现代化的企业都实行了精益生产。美国通用汽车公司与上海汽车集团合资生产别克和赛欧汽车的工程中,就带了这种观念。精益生产使企业与供应商的关系体现了下面一些要求。

1) 正点生产。正点生产的目标是质量 100% 合格和零库存。它意味着原材料送达用户工厂的时刻与该用户需要这种材料的时刻正好衔接。它强调供应商与用户的生产同步。这样一来,作为缓冲作用的库存就没有任何必要。有效地实施正点生产将可以降低库存,提高产品质量、生产能力及应变能力。

2) 严格的质量控制。如果买方从供应商处接收到优质商品并无须检验时,就更能发挥正点生产最大限度地节约成本的作用。这意味着供应商应实行严格的质量控制,如统计过程控制和全面质量控制。

3) 稳定的生产计划。为了让原材料在需要时正点运到,工业用户必须向供应商提供自己的生产计划。

4) 单一供货来源与供应商的前期合作。正点生产是指买卖双方的组织机构密切合作,以便减少各种费用。企业认识到供货方是这方面的专家并请他们设计生产程序。这意味着企业买主把长期的订货合同仅仅给予一家可以信赖的供应商。只要供应商可以按时交货并且能够保证质量,合同几乎是自动续订的。

5) 频繁和准时的交货。每天固定时间交货也是唯一防止库存增加的办法。现在越来越多的工业用户开始强调交货期,而不再强调装运期,不再强调如果不能按时装运,则要给予惩罚。上述特征帮助企业买方与企业售方的关系日趋密切。由于买卖双方在投资的时间、厂址的选择和通信的连接转换成本很高,其主要目标是谋求整个合作的最大效果,而不是追求某一次交易的最大效益。

2. 营销中介单位

所谓营销中介单位是协助企业推广、销售和分配产品给最终消费者的企业和个人,它们包括中间商、实体分配公司、营销服务机构和金融机构。

中间商在企业的营销活动中起着十分重要的作用,它帮助企业寻找客户并直接与客户进行交易,从而完成产品从生产者向客户的转移。除非企业建立自己的销售渠道,否则,中间商的销售效率及任何变动对产品从生产领域流向消费领域都会产生巨大的影响。企业应该保持与中间商的良好关系,互相协调。协调的目的是把中间商的活动纳入企业整体营销活动体系中去,这也是企业营销渠道的主要内容。关于中间商的类型、作用和如何选择中间商将在以后的章节中讨论。

实体分配公司主要包括将货物运往下一个目的地前专门储存和保管商品的仓储公司和负责把货物从一地运往另一地的运输公司。在我国,汽车企业可能更多地采用中间商和实体分配公司相结合的方式销售产品,也就是中间商除分配产品外,还同时负责储存和运输。但无论采用哪种方式销售商品,企业都要考虑储存成本、运输费用、安全性和交货期等因素。

市场营销服务机构是指调研公司、营销咨询公司、广告公司以及各种广告媒体,这些机构协助企业选择目标市场,并帮助推销产品。目前我国专门的市场调研和营销咨询公司数量非常有限,大多数情况下,企业都是自己进行调研或者与大学或管理咨询公司合作开展这方面的工作。关于广告的作用和设计将在以后的章节中予以介绍。

金融机构包括银行、信贷公司、保险公司等。它们负责为企业和客户之间的交易融通资金并对企业的营销活动施以显著的影响，因此，企业应该与金融机构建立良好的合作关系，这在我国目前一定时期内资金短缺条件下尤为重要。

3. 客户

客户是企业产品或劳务的购买者，是企业服务的对象。客户可以是个人、家庭，也可以是组织机构（包括其他企业和转售商）和政府部门。它们可能与企业同在一个国家也可能在其他国家和地区。

对于一个企业来说，最令其不安的莫过于客户采取了企业所不期望的行为，如许多客户突然开始购买竞争者的产品，要求企业提供更好的服务或更低的价格等。那么，在上述情况下，企业应做出怎样的反应以避免失去最好客户的风险呢？答案自然应该是制订一个妥善的计划以赢回失去的客户和满足他们的要求。

客户分析的目的在于了解客户为什么选择企业的产品或服务。是因为价格低，质量高，快速送货，可靠的服务，有趣的广告还是因为推销人员能干？如果企业不能精确地知道哪些东西吸引客户以及他们的选择将来可能如何变化，那么，企业最终将失去市场上的优势地位。有效的客户分析应包括下列几个步骤。

(1) 收集有关客户的全面信息，并仔细地加以研究

1）企业的客户是个人、家庭还是组织？
2）购买本企业产品的目的。
3）选择本企业产品的原因。
4）产品对用户的最终适用性（如技术上的要求是否适合客户的产品或工艺）。
5）要求特性（服务、质量和功能）。
6）客户的统计学特点。
7）客户的购买方法。
8）地理位置。

(2) 明确企业需要在哪些方面增进对客户的了解　一旦初步选定了所要服务的客户群体，下一步就是仔细地考察企业在对客户的认识上仍存在着哪些空白，它们往往成为随后数据收集和分析的焦点。它们包括：

1）产品满足了客户的哪些需求？
2）客户还有哪些要求未得到满足？
3）客户对企业产品和技术的熟悉程度如何？
4）谁是购买决定者和参与者？
5）客户的购买标准是什么？
6）客户群体的范围和增长程度。

(3) 决定由谁和如何来分析所收集的信息　在这一过程中，至关重要的是将有关信息在企业各部门内广泛交流，同时要求市场、销售和研究开发部门的管理人员明确客户分析的特殊意义，以及他们各自应采取哪些新的行动。企业高层管理人员应该判断企业的计划是否真正符合客户的需要。总之，客户分析的目的在于帮助企业做出一些实际可行的决策，而不是将一大堆数据和报告束之高阁。

4. 竞争者

一般说来，为某一客户群体服务的企业不止一个，企业的营销系统是在一群竞争对手的包围和制约下从事自己的营销活动。这些竞争对手不仅来自本国市场，而且也来自其他国家和地区；竞争不仅发生在行业内，行业外的一些企业可能通过替代品的生产而参与竞争，所以，对竞争者进行分析是成功地开展营销活动的一个重要方面。

竞争者分析的内容相当广泛，大体包括以下几个方面，对这些问题的了解有助于认识竞争者并制订相应的变通战略。

(1) 产品研究与开发　了解竞争者的产品研究和开发策略是否与其产品生命周期阶段相适应，无论从绝对意义上还是相对意义上都是重要的。在产品生命周期的早期，产品研究和开发具有较高的投资风险，同时竞争对手可能还没有想出客户需要的特点是什么。因此，企业营销人员应着重分析其实验、制造和正确判断的能力。

随着行业进入成长阶段，产量开始缓慢增加，这时应特别注意竞争对手研究与开发的规模，并与本企业做对比。显然，对实力不同的企业，即使用于研究和开发的费用同样多，但对它们基础的冲击是大不相同的。

在产品生命周期的后期，产品研究与开发对企业的影响更为复杂，所以应特别注意竞争对手是否正在重新设计产品以减少成本；是否正在扩大技术并服务于新的市场，以及是否正在对产品采取一定的修补以维持其竞争地位。

(2) 产品制造过程　可以根据成本、质量、灵活性和可靠性等变量来评价竞争对手所设计的制造过程的有效性。一般说来，在产品生命周期的早期，消费者选择的主要依据是质量和灵活性，而在成熟期则主要考虑产品的成本和可靠性。

(3) 采购　外购货物在总成本中占有很大比例的行业或者当供应商非常强大时，分析竞争者的购买方式是非常重要的。在做这种分析时，所需了解的关键问题依赖于所购买货物的性质。例如对于原材料，关键问题是竞争者是否利用了长期合同、数量折扣和接近供应商，并因而降低了成本；对于劳动力，关键问题是竞争者是如何组织的，是否利用了国际市场上的劳动力，为了获得有技能的和非技术性的劳动力，是否采用了不同的策略，除此之外，还应了解竞争者在哪里购买了何种产品以及购买条件（合同、价格）是什么。

(4) 市场　企业营销人员应该分析和评价竞争者是如何选择目标市场和满足客户需要的；同时要了解它们在目标市场的销售量、产品组合、广告费用和促销项目等，尤其需要明确竞争者市场计划中的要素是什么，以及它们之间是否互相适应。最后还要了解竞争者为了保持竞争优势，为目前和潜在的消费者做了些什么。

(5) 销售渠道　在技术比较稳定和适用性较好的成熟行业，销售渠道往往成为企业能否成功地进行营销的关键。在这些行业必须细心地估价竞争者的销售渠道的成本、规模和质量。在一些特殊行业，不仅要评价竞争者销售渠道对客户需要的敏感性，而且要评价其寄售商和销售人员的专业知识水平。

(6) 服务　企业营销人员应该细心地评价竞争对手在修理能力、服务、培训、零配件的适用性等方面为客户提供优质服务的能力和意向，其中包括服务人员的数量和背景、服务项目的数量、服务人员和销售人员之间的关系以及服务在竞争战略中的作用。

(7) 财务管理　对某些竞争者来说，良好的财务系统往往是执行其总体战略的关键部门，因此，企业营销人员应该分析竞争对手的现有资产、债券、债务和红利的管理方式并与本企业加以比较。

(8) 个性和文化　在竞争分析领域，普遍强调收集和分析有关竞争对手的财务、制造、市场方面的定量数据，尽管这些信息对揭示竞争对手的能力是重要的，但它们通常并不能说明竞争对手将如何利用这些能力。因此，企业营销人员应该重视对竞争对手个性和文化的分析，这不仅有助于了解它的思维方式，而且有助于更好地预测其将来的动向和对企业所坚持的不同战略将做出怎样的反应。例如，通过对竞争对手目标的分析，可以了解其个性和可能坚持的战略。一个承诺不解雇人员的企业在需求下降的市场上将难以实现低成本战略；一个追求高增长目标的企业在价格上很可能比强调利润的企业更富有进攻性。分析竞争对手的投资历史可以帮助企业了解其基本原则和习惯；通过对竞争对手在其他行业的战略的研究，可以估计它在有兴趣的行业的战略。例如，它是一贯倾向于高价还是低价，它经常以怎样的方式扩张；在研究和开发上，它是领先者还是追随者。此外，通过对竞争对手在过去时期内一些实践的分析也可以在很大程度上揭示其思维方式是坚强的还是懦弱的。例如，它是否很快地丢弃不获利的业务，或者虽已失败却仍向这种业务投资；它的主要财力资源是用于现有业务，还是致力于新的发展。

对竞争者个性和文化的分析还包括对其组织结构和管理人员的分析，如它的所有权、理事会的组成和主要管理者的个人情况等。一般说来，个人持股的竞争者常常有较低的利润目标，这往往使企业难以和它们竞争。理事会的组成有时能够说明其管理方式。例如，以内部理事（在企业中有管理职位）为主的理事会倾向于注意生产，而外部理事则可能更多地强调财务收益。主要管理者个人的经历对竞争对手的行为也有重要的影响，他们往往倾向于采用自己在其他企业和业务活动中所采用过的成功的战略和方法。

概括说来，对竞争对手的分析包括两个方面：其一是它的行为；其二是它的个性和文化。有关前者的事实和数据告诉企业竞争对手是否能够开展竞争，而后者则说明竞争者喜欢如何竞争，它是企业分析竞争对手的最终目标。

学习单元3　市场营销宏观环境分析

市场营销宏观环境是指能够影响整个微观环境和企业营销活动的广泛性因素——人口环境、自然环境、经济环境、科技环境、政策与法律环境以及社会文化环境。一般来讲，企业对宏观环境因素只能适应，不能改变。宏观环境因素对企业的营销活动具有强制性、不确定性和不可控制性等特点。

微课：宏观环境

1. 人口环境

人口环境（Demographic Environment）是指一个国家和地区的人口数量、人口质量、家庭结构、人口年龄分布及地域分布等因素的现状及其变化趋势。这些因素对汽车产品的市场规模、产品结构、消费层次、购买行为等具有决定性的作用。

目前世界人口环境的主要特点是：

1）世界人口迅速增加。
2）发达国家的人口出生率下降，儿童减少。
3）许多国家人口趋于老龄化。

4）许多国家的家庭规模在变化。

5）西方国家非家庭住户在迅速增加。美国非家庭住户有 3 种：①单身成年人住户；②两人同居者住户；③集体住户。

6）人口流动性大。人口流动具有两个主要特点：①从农村流向城市；②从城市流向郊区。

7）有些国家的人口由多民族构成。

人口数量的增长并不意味着消费需求的增长，并不表示市场容量的扩大，除非这些人口具有充足的购买力和购买欲望。

同时，不同国家和地区的人口组成也各不相同。一般按年龄将人口分成 6 个群体：学龄前（7 岁前）、学龄儿童（7~12 岁）、少年（13~19 岁）、青年（20~40 岁）、中年（40~60 岁）、老年（60 岁以上）。墨西哥是一个年轻人占很大比例的国家，而日本则是世界上老龄人口比例最大的国家。在老龄化的社会，方便、安全、舒适的汽车容易赢得市场，而在年轻化的国家，高速、时尚、个性化的汽车更容易受到青睐。

根据国家统计局关于我国内地城市家庭财产人口分布统计，可以使汽车企业根据自身产品特点和价格定位，找到最具有消费潜力的我国家庭分布人群。

由于人种和性别的差异，不同民族、不同性别的人会在身高、臂长等人体结构上有各种各样的差别。在设计汽车时，如何更好地从人机工程学的角度出发，在近似成本的情况下，真正做到客户满意的最大化和最优化，是每个营销管理者不能忽视的。比如，亚洲人和欧洲人的身材特点就有很大的区别，可能适合东方人的汽车对德国人来说车内空间就显得太狭小；男性和女性对车的基本要求也会不同。

国内绝大多数女性用车都集中在 5 万~10 万元的微轿和经济型轿车范围内，价位、档次更高的中级轿车市场却凸显女性用车市场的空缺。不少颇具实力的中青年女性成功人士抱怨，找不到合适她们的专用座驾。她们认为现在市面上的中档车基本都定位于男性或中性，女性车基本上都是入门级微型车和经济型车，不适合有一定社会地位的人。

汽车市场营销人员在分析研究人口环境时，应当注重区别人口环境对国际、国内两个汽车市场的不同影响。例如对西方发达国家而言，由于汽车，尤其轿车已经作为耐用消费品广泛地进入家庭，对于这样的汽车市场，营销者就应更加重视研究目标市场的人口环境特点，以便展开正确的营销活动。对国内汽车市场而言，营销者必须注意到我国人口众多，生活水平日益提高，人们对交通的需要迅速增加且诉求不同的事实。因而，汽车企业应加强对我国人口环境因素具体特点的研究，以充分做好各项营销准备，进而创造不断变化的营销机会。

2. 自然环境与汽车使用环境

（1）自然环境　自然环境是指影响社会生产的自然因素，主要包括自然资源和生态环境。自然环境对汽车企业市场营销的影响是：①自然资源的减少将对汽车企业的市场营销活动构成一个长期的约束条件。由于汽车生产和使用需要消耗大量的自然资源，汽车工业越发达，汽车普及程度越高，汽车生产消耗的自然资源也就越多，而自然资源总的变化趋势是日益短缺。②生态环境的恶化对汽车的性能提出了更高的要求。生态与人类生存环境总的变化趋势也是日趋恶化，环境保护将日趋严格，而汽车的大量使用又会产生环境污染，因而环境保护对汽车的性能要求将日趋严格，这对企业的产品开发等市场营销活动将产生重要影响。

汽车企业为了适应自然环境的变化，应采取的对策包括：①发展新型材料，提高原材料的综合利用。例如，第二次世界大战以后，由于大量采用轻质材料和新型材料，每辆汽车消耗的钢材平均下降10%左右，自重减轻达40%。②开发汽车新产品，加强对汽车节能、改进排放新技术的研究。例如，汽车燃油电子喷射技术、主动和被动排气净化技术等都是汽车工业适应环境保护的产物。③积极开发新型动力和新能源汽车。例如，国内外目前正在广泛研究电动汽车、燃料电池汽车、混合动力汽车以及其他能源汽车等。

20世纪70年代，美国汽油价格的上升影响了对小型汽车的需求。当时，汽油价格有两次暴涨：一次是1973年，石油输出国组织（OPEC）对美国实行禁运；另一次是1979年，由于伊朗国王被推翻导致该国石油供应瘫痪。汽油价格从1973年的每加仑0.27美元攀升至1981年的每加仑1.40美元。美国人如何节约使用汽油呢？从家到办公室的距离不会缩短，而人们还得上班。美国人找到的一个解决办法是，当他们要换新车的时候，购买更省油的小型汽车。

自从汽车出现，就一直受到车用燃油的影响。历史上的石油危机都对汽车生产营销产生了重大的影响。日本汽车企业就利用在20世纪70年代出现的石油危机，通过开发省油、轻便、经济的轿车，迅速扩大了市场份额，抢占了市场先机，确立了产品优势，为日本汽车工业一跃成为世界汽车大国奠定了基础。同时，汽油与柴油供给比例、燃油品质都影响了汽车产品结构和营销决策。

我国面对日益短缺的石油和相对过剩的粮食，将在全国全面推广使用乙醇汽油，如果能有针对性地开发适应性更好的发动机和汽车，将会有一定的市场需求。

（2）汽车使用环境　汽车使用环境是指影响汽车使用的各种客观因素，一般包括自然气候、地理、车用燃油、公路交通、城市道路交通等因素。

1）自然气候。自然气候包括大气的温度、湿度、降雨、降雪、降雾、风沙等情况以及它们的季节性变化。自然气候对汽车使用时的冷却、润滑、起动、充气效率、制动等性能以及对汽车机件的正常工作和使用寿命产生直接影响。因而汽车企业在市场营销的过程中，应向目标市场推出适合当地气候特点的汽车，并做好相应的技术服务，以使用户科学地使用本企业的产品和及时解除用户的使用困难。

凯越的发动机和变速器，出自澳大利亚霍顿汽车公司、德国采埃孚集团等知名企业，还经历了严酷的本土化试验，证明其适合中国差异悬殊的气候与广袤疆域，才最终打上别克品牌。凯越先后到地温70℃以上的新疆吐鲁番做抗热爆燃试验，到海拔4500m以上的西藏德庆做抗高原动力性试验，以及到零下30℃以下的黑龙江黑河做抗寒冷起动试验等，挑战并且征服了恶劣环境的极端考验。

2）地理因素。这里所指的地理因素主要包括一个地区的地形地貌、山川河流等自然地理因素和交通运输结构等经济地理因素。

地理因素对汽车企业市场营销的影响有：①经济地理的现状及其变化，决定了一个地区公路运输的作用和地位的现状及其变化，它对企业的目标市场及其规模和需求特点产生影响。②自然地理对经济地理尤其对公路质量（如道路宽度、坡度长度、平坦度、表面质量、坚固度、隧涵及道路桥梁等）具有决定性影响，从而对汽车产品的具体性能有着不同的要求。因而汽车企业应向不同地区推出性能不同的汽车产品。例如，汽车运输是西藏自治区交通运输的主要方式，针对西藏的高原、多山、寒冷的地理气候特点，有些汽车公司推出了适合当地使用条件的汽车,而其他公司的汽车产品却因不能适应当地使用条件,难以经受使用考验。

3)车用燃油。车用燃油包括汽油和柴油两种成品油。它对汽车企业营销活动的影响有:①车用燃油受世界石油资源不断减少的影响,将对传统燃油汽车的发展产生制约作用。例如,20世纪在两次石油危机期间,全球汽车产销量大幅度下降。②车用燃油中汽油和柴油的供给比例影响到汽车工业的产品结构,进而影响到具体汽车企业的产品结构。例如,柴油短缺对发展柴油汽车就具有明显的制约作用。③燃油品质的高低对汽车企业的产品决策具有重要影响。譬如燃油品质的不断提高,汽车产品的燃烧性能亦应不断提高。

车用燃油是汽车使用环境的重要因素,汽车企业应善于洞察这一因素的变化,并及时采取相应的营销策略。例如,日本各汽车企业在20世纪70年代就成功地把握住了世界石油供给的变化趋势,大力开发小型、轻型、经济型汽车,在两次石油危机中赢得了营销主动,为日本汽车工业一跃成为世界汽车工业的强国奠定了基础。而欧美等国的汽车企业因没有把握好这一因素的变化,以致在日后的市场竞争中处于被动地位。

4)公路交通。公路交通是指一个国家或地区公路运输的作用,各等级公路的里程及比例,公路质量,公路交通量及紧张程度,公路网布局,主要附属设施如停车场、维修网、加油站及公路沿线附属设施等因素的现状及其变化。

公路交通对汽车营销的影响有:①良好的公路交通条件有利于提高汽车运输在交通运输体系中的地位。公路交通条件好,有利于提高汽车运输的工作效率,提高汽车使用的经济性等,从而有利于汽车的普及;反之,公路交通条件差,则会减少汽车的使用。②汽车的普及程度增加也有利于改善公路交通条件,从而对企业的市场营销创造更为宽松的公路交通使用环境。

5)城市道路交通。城市道路交通是汽车尤其轿车使用环境的又一重要因素,它包括城市的道路面积占城市面积的比例、城市交通体系及结构、道路质量、道路交通流量、立体交通、车均道路密度以及车辆使用附属设施等因素的现状及其变化。这一使用环境对汽车市场营销的影响,与前述公路交通基本一致。但由于我国城市的布局刚性较大,城市布局形态一经形成,改造和调整的困难很大,加之人们对交通工具选择的变化,引发了对汽车需求的增加,中国城市道路交通的发展面临巨大的压力。因而该使用环境对汽车市场营销的约束作用就更为明显一些。有关方面现正着手考虑通过建立现代化的城市交通管理系统、增加快速反应能力和强化全民交通意识等手段,提高城市交通管理水平。同时,国家和各城市也将更加重视对城市交通基础设施的建设,改善城市道路交通的硬件条件。随着我国城市道路交通软、硬件条件的改善,城市道路交通对我国汽车市场营销的约束作用将得以缓解。

3. 科技环境

科技环境(Science-technological Environment)是指一个国家和地区整体科技水平的现状及其变化。科学与技术的发展对一个国家的经济发展具有非常重要的作用。

科技环境对市场营销的影响如下:

1)科技进步促进综合实力的增强,国民购买能力的提高给企业带来更多的营销机会。

2)科学技术在汽车生产中的应用,改善了产品性能,降低了产品成本,使得汽车产品的市场竞争能力提高。而今,世界各大汽车公司为了满足日益明显的差异需求,汽车生产的柔性多品种乃至大批量定制(Mass Customization)现象日益明显,这都是现代组装自动化、柔性加工、计算机网络技术发展和应用的结果。再从汽车产品看，汽车在科技进步的作用下，已经经历了原始、初级和完善提高等几个发展阶段，汽车产品在性能、质量和外观设计等方面获得了长足的进步。

3）科技进步促进了汽车企业市场营销手段的现代化，推动了市场营销手段和营销方式的变革，极大地提高了汽车企业的市场营销能力。企业市场营销信息系统、营销环境监测系统以及预警系统等手段的应用，提高了汽车企业把握市场变化的能力；现代设计技术、测试技术以及试验技术，加快了汽车新产品开发的步伐；现代通信技术、办公自动化技术，提高了企业市场营销的工作效率和效果等。

在轿车的整个开发过程中，全面采用计算机辅助技术，将轿车开发的造型、设计、计算、试验直至制模、冲压、焊装、总装等各个环节中的计算机模拟技术联为一体的综合技术，称为轿车虚拟开发技术。

采用虚拟开发技术，将一代样车在计算机中成形，可以省却许多费时耗工的实体样车制造和试验过程，及早发现解决样车性能和生产工艺过程中的问题。虚拟开发技术是对传统开发技术的重大革命，它在降低开发成本、缩短开发周期、提高开发质量方面具有极大的优势和潜力，是汽车工业竞争取胜的关键技术。

激烈的市场竞争要求汽车工业在更短的开发周期中，推出高质量、低价格的产品。轿车产品开发技术的创新，成为汽车工业在市场竞争中求发展的关键环节。

降低开发成本、缩短开发周期、提高开发质量，这3个指标构成一个奇异的魔方三角。在传统开发技术前提下，追求任何一个指标都会牵动另两个指标。汽车企业唯一的出路是采用和发展新的开发技术，对传统轿车开发程序进行大胆的变革。

4. 经济环境

经济环境（Economic Environment）包括那些能够影响客户购买力和消费方式的经济因素。具体包括消费者现实居民收入、商品价格、居民储蓄以及消费者的支出模式等。

（1）消费者实际收入状况　消费者收入包括工资、奖金、退休金、红利、租金、赠给性收入等，但由于受通货膨胀、风险储备、个人税赋因素的影响，实际收入经常低于货币收入。实际收入只是货币收入扣除通货膨胀、风险储备、税收因素影响后的收入。可能成为市场购买力的消费者收入还有可支配的个人收入（Disposable Personal Income）与可随意支配的个人收入（Discretionary Income）之分。前者是指货币收入扣除消费者个人各项税款（所得税、遗产税）以及交给政府的非商业性开支（学费、罚款等）后可用于个人消费、储蓄的那部分个人收入，这是影响消费者购买力和消费者支出的决定性因素；后者则是指再扣除消费者个人基本生活用品支出（食物、衣服等）和固定支出（房租、保险费、分期付款、抵押借款等）后的那部分个人收入。因此，企业市场营销人员必须注意经常分析消费者收入的变动状况以及消费者对其收入的分配情况。一般情况下，可随意支配的个人收入主要用于对奢侈品的需求。

（2）消费者储蓄与信贷状况　在消费者实际收入为既定的前提下，其购买力的大小还要受储蓄与信贷的直接影响。从动态的观点来看，消费者储蓄是一种潜在的未来的购买力。在现代市场经济中，消费者的储蓄形式有银行存款、债券、股票、不动产等，它往往被视为现代家庭的"流动资产"，因为它们大都可以随时转化为现实的购买力。在正常状况下，居民储蓄同国民收入成正比变动，但在超过一定限度的通货膨胀的情况下，消费者储蓄向实际购买力的转变就极易成为现实。消费者信贷是指消费者以个人信用为保证先取得商品的使用权，然后分期归还贷款的商品购买行为。它广泛存在于西方发达国家，是影响消费者购买力和消费支出的另一个重要因素。在西方国家，消费者信贷主要有4种形式：①日常用品的短期赊销；②购买住宅时的分期付款；③购买耐用消费品时的分期计息贷款；④日益普及的信用卡信贷。因此，研究消费者信贷状况与了解消费者储蓄状况一样，都是现代企业市场营销的重要环节。

（3）消费者支出模式的变化　所谓消费者支出模式，其内容是指消费者收入变动与需求结构变动之间的关系。其变化状况主要受恩格尔定律的支配，即随着家庭收入的增加，用于购买食物的支出比例将会下降，用于住宅、家务的支出比例则大体不变，而用于服装、交通、娱乐、保健、教育以及储蓄等方面的支出比例会大大上升。除此以外，消费者支出模式的变化还要受两个因素的影响，一个是家庭生命周期，另一个则是消费者家庭所处的地点。显然，同样的年轻人，没有孩子的丁克家庭与普通家庭的消费方式差异较大。家庭所处的位置也会构成家庭支出结构的差异，居住在农村与居住在城市的家庭，其各自用于住宅、交通以及食品等方面的支出情况也必然不同。从经济学的角度来看，居民收入、生活费用、利率、储蓄和借贷形式都是经济发展中的主要变量，它们直接影响着市场运行的具体情况。因此，注意研究消费者支出模式的变动趋势，对于企业市场营销来说，具有重大意义，它不仅有助于企业未来时期内避免经营上的被动，而且还便于企业制订适当的发展战略。

5. 政策与法律环境

营销学中的政治与法律环境，又叫政治环境（Political Environment），是指能够影响企业市场营销的相关政策、法律以及制定它们的权力组织。市场经济并不是完全自由竞争的市场，从一定意义上说，市场经济本质上属于法律经济。因而在企业的宏观管理上主要靠经济手段和法律手段。政治与法律环境正在越来越多地影响着企业的市场营销。

政治与法律环境对市场营销的影响表现在以下几方面：

（1）法律对工商业的限制和保护

1）法律对工商业的限制。近几年来，全世界各国有关工商业的立法稳步增长，覆盖竞争、公平交易行为、环境保护、产品安全、广告真实性、包装与标签、定价及其他重要领域。

发达国家在企业市场营销方面的立法主要有3种类型：

① 保护企业相互之间的利益，维护公平竞争的立法。这种立法的目的是要说明何为不公平竞争，以及如何防止不公平竞争。国际上较为著名的此类法律有：美国1890年通过的旨在禁止垄断行为的《谢尔曼反托拉斯法》；1914年通过的旨在反对不正当竞争的《联邦贸易委员会法》；1936年通过的旨在禁止价格歧视的《帕特曼法》；1950年通过的有关企业兼并的《反吞并法》等。

② 保护消费者利益免受不公平商业行为损害的立法。这种立法的核心在于防止企业以欺骗性广告或包装招徕客户，或以次品低价引诱客户的行为，否则将对其进行法律制裁。美国等发达国家此类立法尤多，如《消费者公平信贷法》《消费品定价法》《广告法》等。

③ 保护社会公众利益的立法。它是指为保护环境、防止经济发展与生活水平反向变化

现象出现，以及避免企业在生产过程中造成的负担，制定的旨在约束企业行为的立法。这方面的立法有各种专门的国际公约，各国也有具体的立法，如美国的《国家交通安全法》《国家环境政策法》等。

无论法律的具体类型如何，都会对企业的市场营销活动构成某种约束。从这种意义上说，企业的市场营销人员必须掌握关于环境保护、消费者利益和社会利益方面的法律。一般说来，早期的法律重心多为保护竞争，而现代法律的重点则已经位移到了保护消费者。把握这一点对于企业开展市场营销业务尤为重要。不过，在企业立法方面一直存在着一个国际性的争论，即何处才是管制成本与管制利益的均衡点。而且，立法的公正性与执法的公正性根本不是一回事，这是法律经济学上的难题，也是市场营销活动中所要经常面对的问题。

另外，立法与执法是相同意向的前后相连的两个过程，它们的承载主体各不相同。例如，美国的执法机构主要有：联邦贸易委员会、联邦药物委员会、食品与药物管理局、联邦动力委员会、民用航空局、消费品安全委员会、环境保护局、消费者事务局等。显然，这些机构的行为状况对企业的市场营销行为与营销过程的影响作用不会完全相同。但这里却存在着一个具有国际普遍性的难题，即在立法机构与执法机构之间，真正熟知营销业务的人员在水平上并不完全对等。因此企业市场营销人员如果缺乏与其打交道的技巧，往往极易丧失机会与市场。

2) 国家政策和法律对工商业的保护。法律和政策将随着新的经济形势的变化而不断变化。企业管理人员在制订产品及其营销计划的时候，必须注意这些变化。

2020年11月2日，国务院办公厅印发《新能源汽车产业发展规划（2021—2035年）》，其中提到的发展愿景是："到2025年，我国新能源汽车市场竞争力明显增强，动力电池、驱动电机、车用操作系统等关键技术取得重大突破，安全水平全面提升。纯电动乘用车新车平均电耗降至12.0千瓦时/百公里，新能源汽车新车销售量达到汽车新车销售总量的20%左右，高度自动驾驶汽车实现限定区域和特定场景商业化应用，充换电服务便利性显著提高。

力争经过15年的持续努力，我国新能源汽车核心技术达到国际先进水平，质量品牌具备较强国际竞争力。纯电动汽车成为新销售车辆的主流，公共领域用车全面电动化，燃料电池汽车实现商业化应用，高度自动驾驶汽车实现规模化应用，充换电服务网络便捷高效，氢燃料供给体系建设稳步推进，有效促进节能减排水平和社会运行效率的提升。"

（2）社会规范和商业道德对市场营销的影响　形成文字的法律法规不可能覆盖所有可能产生的市场弊端，而现有法律也很难全部执行。而且，除法律和规章以外，企业也要受社会规范和商业道德的约束。大量出现的商业丑闻使人们重新重视商业道德问题。因此，许多行业和专业贸易协会提出了关于道德规范的建议，许多公司制定了关于复杂的社会责任问题的政策和指导方针。

另外，公众利益团体，如那些保护消费者利益方面的团体，如消费者协会、动物保护委员会、妇女权益委员会等迅速崛起，他们会游说政府官员、呐喊、左右舆论导向，给企业的市场营销活动带来极大的影响。如果企业营销人员缺乏相应的沟通技巧，就难免给原有的目标市场造成威胁。

6. 社会文化环境

社会文化环境（Cultural Environment）是指一个国家、地区或民族的传统文化（如风俗习惯、伦理道德观念、价值取向等）。它包括核心文化和亚文化。核心文化是人们持久不变的核心信仰和价值观，它具有世代相传，并由社会机构（如学校、教会、社团等组织）予以强化和不易改变等特点。亚文化是指按民族、经济、年龄、职业、性别、地理、受教育程度等因素划分的特定群体所具有的文化现象，它根植于核心文化，但比核心文化容易改变。

社会文化环境对汽车营销的影响有：①它影响着人们的行为（包括购买行为），对企业不同的营销活动（如产品设计、造型、颜色、广告、品牌等）具有不同的接受程度。例如，某些性能先进、国际流行款式、深受外国人喜爱的"溜背式"轿车，在推向中国市场时却遇到了销售不畅的麻烦，其原因就在于中国的集团消费者认为它"不气派"，生意人认为其"有头无尾"（不吉祥）。结婚者认为其"断后"（断"香火"），等等。总之，这种车型被认为"不符合国情"，致使有关企业不得不为改变上述文化观念，花费大量促销费用。又如，北方某公司曾成功地利用南方人爱"发"的心理特点，对"××大发"汽车的促销宣传取得了显著效果。以上两例从正反两方面说明了社会文化对企业市场营销的重要影响。②亚文化的发展与变化，决定了市场营销活动的发展与变化。例如，在20世纪60年代以前，由于受第二次世界大战和战后物质相对贫乏的影响，人们的心理还非常庄重、严肃，世界汽车也多以深颜色（如黑色）为主。之后，由于世界汽车工业的重心向日本转移（日本人多喜欢白色），而且人们也开始追求自由自在的生活，世界汽车的流行色也变得以轻快、明亮的色泽（如白色、银灰色）为主。但另一方面，营销者也可以利用亚文化的相对易变性，充分发挥主观能动作用，引导亚文化向有利于本企业市场营销的方向变化。

总之，社会文化环境影响着企业的营销活动。同时，营销活动对社会文化环境也有一定的能动作用。

学习单元4　汽车企业适应营销环境变化的策略

1. 企业对抗环境变化的策略

对企业市场营销来说，最大的挑战莫过于环境变化对企业造成的威胁。而这些威胁的来临，一般又不为企业所控制，因此企业应做到冷静分析、沉着应付。面对环境威胁，企业可以采取以下三种策略。

1）对抗策略。这种策略要求尽量限制或扭转不利因素的发展。比如，企业通过各种方式促使或阻止政府或立法机关通过或不通过某项政策或法律，从而赢得较好的政策法律环境。显然企业采用此种策略时必须要以企业具备足够的影响力为基础，一般只有大型企业才具有采用此种策略的条件。此外，企业在采取此种策略时，其主张和所作所为，不能倒行逆施，而应同潮流趋势一致。例如，20世纪七八十年代，日美两国贸易摩擦日趋激烈。日本生产的汽车、家用电器以其轻便、省油、质量可靠源源不断打入美国市场，而美国的农产品却遭到日本贸易保护主义的威胁，不能自由进入日本。美国政府为了冲破这种环境威胁，向有关国际组织提出诉讼，迫使日本取消对美国农产品的限制，最终实现了农产品对日本出口的自由化。

2）减轻策略。此种策略适宜于企业不能控制不利因素发展时采用。它是一种尽量减轻营销损失程度的策略。一般而言,环境威胁只是对企业市场营销的现状或现行做法构成威胁,并不意味着企业就别无他途,俗话说"天无绝人之路""东方不亮西方亮"。企业只要认真分析环境变化的特点,找到新的营销机会,及时调整营销策略,不仅减轻营销损失是可能的,而且谋求更大的发展也是可能的。美国的列维斯特劳斯公司在20世纪70年代末花费了1200万~1400万美元,想通过奥运会将列维服装作为"美国的国服",并做了大量的广告宣传。但由于美国在苏联出兵阿富汗后拒绝参加1980年在莫斯科举行的奥运会,给列维公司造成了很大的环境威胁。在这种情况下,列维公司及时改变了营销策略,把大量的费用用于国内市场广告宣传,并改变了广告内容。结果,使公司将环境威胁转化为环境机会。

3)转移策略。这种策略要求企业将面临环境威胁的产品转移到其他市场上去,或者将投资转移到其他更为有利的产业上去,实行多角经营。例如KD方式转移生产、产品技术转移等都是转移市场的做法。但转移市场要以地区技术差异为基础,即在甲地受到威胁的产品,在乙地市场仍有发展前景。企业在决定多角经营(跨行业经营)时,必须要对企业是否在新的产业上具有经营能力进行审慎分析,不可贸然闯入。闻名世界的美国杜邦公司最早生产经营的只是炸药。但随着市场的发展,单一的炸药生产给杜邦公司造成了严重的市场环境威胁。杜邦公司认真地分析了市场情况后,在维持原有炸药生产的基础上,逐渐将生产范围扩大到了化工、电子、医药、精密仪器等领域,产品多达1800多种,使杜邦公司跻身于美国十大跨国公司行列。

总之,当企业在遇到威胁和挑战时,营销人员,尤其是管理者,应积极寻找对策,率领全体职工努力克服困难,创出光明前景才是企业家的风采。在生活和工作中,我们都会遇到艰难的挑战。有些困难难以克服,但养成永不放弃的姿态,能帮助我们更好地应对各种难题。

2. 企业调节市场需求的策略

调节市场需求的水平、时间和特性,使之与供给相协调,是营销管理者的重要任务。现代市场营销理论总结出多种调节市场需求的方法。

1)扭转性经营。即采取适当的营销措施,改变用户对本企业产品的信念和态度,把否定需求改为肯定需求。此策略适合于用户对本企业产品存有偏见或缺乏了解等情况下采用。

2)刺激性经营。即设法引起用户的注意和兴趣,刺激需求,扩大需求规模。此策略一般适合于企业成功的新产品在推向市场时采用。

3)开发性营销。当用户对现有产品已感到不满足,希望能有一种更好的产品取代时,即意味着某种新产品就有了潜在需求,企业应尽快推出适合用户需要的新产品,将用户的潜在需求变为现实需求。

4)维持性营销。当某种产品目前的需求水平与企业期望的需求水平基本吻合,出现更大规模需求的可能性不大时,宜采用此策略,即维持营销现状,不再对此产品做更大的投资。

5)限制性营销。当产品呈现供求不平衡时,企业可以通过宣传引导、提价等措施,以抑制部分需求;当产品供过于求时,企业可以加强促销,以扩大需求,必要时还必须减少产品的供给,实行限制性营销。

有人说市场营销管理的实质就是需求管理,这说明了调节市场需求对企业市场营销的重要性,它体现了企业市场营销的高超技艺。

1970年,美国发布了限制汽车排放废气的"马斯基法",而丰田早在1964年就把省油和净化技术列为自己的技术发展战略,并一直进行相应的技术研究。为了研制废气再循环装置和催化转换器,丰田在当时的 7 年间投入了 1 万亿日元的资金和 1 万人的力量。仅废气处理系统就开发出丰田催化方式、丰田稀薄燃烧方式、丰田触媒方式 3 种,并很快在"追击者"高级轿车上安装了这些装置,从而在这一技术领域把美国企业远远甩在了后边。同时,丰田还与其他日本汽车厂家一起开发了节约燃料 25%~30% 的省油车,以后又开发出了防止事故发生和发生事故后保证驾驶人员安全的装置。这对受石油危机冲击后渴望开上既经济又安全轿车的美国人来说,无异于久旱逢甘露。5 年间,在其他厂家的汽车销售直线下滑的情况下,丰田在美国的销售量却增加了 2 倍。

3. 环境分析的具体方法

企业只有不断地适应各种营销环境的变化,方可顺利地展开营销活动。为此,企业除了在技术上应建立预警系统,监视环境变化以及加强营销环境变化的预测外,还必须掌握分析环境变化的具体方法,从而主动调整营销策略,使企业的营销活动不断地适应营销环境的变化。对企业而言,并非所有的营销机会都具有相同的吸引力,也不是所有的环境威胁都产生相同的压力。因而企业对于每种营销环境的变化给企业带来的机会或环境威胁,应从数量上或程度上予以分析,运用比较的方法,找出和抓住最有吸引力的营销机会。避开最严重的环境威胁,这种分析方法就是环境分析。

环境分析的具体方法可以通过选择"潜在吸引力(或危害性)"和"成功可能性(或出现威胁的可能性)"两个指标进行。根据这两个指标的具体特点去评价某种环境变化的具体特点。如果某种环境变化对企业营销机会的"潜在吸引力"大,而企业营销活动的"成功可能性"也大,表明该种环境变化将对企业的营销活动非常有利,企业应当抓住这样的机会。反之,如果某种营销环境变化对企业营销活动的"潜在危害性"大,而这种"出现威胁的可能性"也大,即表明该种环境变化将对企业的营销活动产生非常不利的影响,企业应及时调整营销策略,甚至改变营销战略,以避开或减轻营销环境变化对企业营销活动的威胁。

弄清自己的营销机会和环境威胁,是取得营销业绩和谋求企业发展的基本前提。如果综合地考察企业面临的营销机会和环境威胁,企业在营销环境的变化过程中所处的地位和类型可能是:①理想企业;②风险企业;③成熟企业;④困难企业。

显然,理想企业所处的环境最好,困难企业所处的环境最差。对于进入新的历史时期的我国汽车企业而言,大型汽车企业(集团)更多的可能属于风险企业,而某些中小型企业,尤其那些经营思想不端正、市场营销能力差的企业,则更多的可能属于困难企业。因此,各汽车企业对自己所处的地位和类型应保持清醒的认识。

4. 企业适应营销环境变化的措施

为了适应环境变化,企业必须在营销实践中找到一些行之有效的措施。具体措施如下。

1)加强市场营销计划的弹性。富有弹性的市场营销计划,有利于发挥营销计划的先导作用,使企业在实施营销计划时能够适应环境的变化。因此,企业在制订营销计划时应做到:

① 企业要在制订好市场营销基本计划的基础上,再建立一套或几套应急计划方案。

② 企业要建立滚动性营销计划。

③ 计划指标要有合理的上限和下限幅度。同时,企业在制订计划和决策的早期阶段,应使计划和决策既处于大体形成,又处于实验性状态,以备突发事件来临后游刃有余。

2）重视后备资源的建设。如上所述，企业在制订应急计划后，还应落实应急措施和办法，积蓄打赢应急战的力量。

3）提高控制水平。它包括企业提高对流动资金、生产物资、生产指挥和中间商等市场营销重要因素的控制水平。

4）建立快速应变的组织保证体系。企业在组织领导体制上要有"统一指挥、个人负责"的指挥系统，完善企业内部的信息流通机制以加强各部门的协调配合，提高整个组织的灵活性和协调性。

营销案例

美国汽车工业的危机

1903年秋，美国有100多家汽车生产商，其中27家的销量占总销量的70%以上。而在20世纪60年代，美国销售量位于前三名的汽车生产商的销量就占了总销量的88%。20世纪初出现的那些汽车生产商，有的破产了，有的退出汽车行业，其余的则被主导厂商兼并或收购。

汽车工业在20世纪60年代面临的最严重问题是环境污染和安全。为了减少污染，政府对汽车排放的废气加以控制，汽车设计也随之变化。在安全方面，由于公众对汽车安全的要求，汽车公司很快就增加了安全带。

1973年，这种相对乐观的状况发生了急剧变化。这一年，石油输出国组织（OPEC，欧佩克）——主要是中东的一些国家，联合起来减少石油供给，制造石油短缺，并使油价上涨。在1973年后期的十分紧张的几周里，欧佩克实际上停止了石油出口。当时的美国汽车一般比日本和欧洲的汽车更大、更重。这是很容易解释的：美国人的收入要高些，他们能够购买更大的车和支付所耗的汽油钱。再者，日本和欧洲对汽油的税比较重，从而鼓励消费者购买更小、更省油的车。

因而，美国工业对欧佩克的行动导致的较高的油价缺乏准备。而其他国家，尤其是日本，由于其汽车较小、便宜、省油，从而处于极其有利的地位。在20世纪70年代，美国汽车的进口几乎翻了一番，即从1970年的15%增加到1980的27%，并且在80年代和90年代仍然保持较高的水平。显然，日本厂商提供了美国消费者所需要的产品，但这对于美国汽车工业却是灾难性的：利润下降，工人失业。

复习思考题

1. 企业为什么要进行营销环境分析？
2. 如何分析企业的营销宏观环境？它由哪些要素组成？
3. 如何分析企业的营销微观环境？它由哪些要素组成？
4. 精益生产在企业与供应商的关系上表现了什么？
5. 怎样识别公司的竞争地位？

【拓展学习】

红旗品牌重塑消费者"美学"认知

红旗品牌"多维生成——艺术作品邀请展"与"极致梦幻——新高尚美学艺术与设计展",作为2019年长春国际汽车博览会的重要、独立组成部分,在长春国际会展中心1号院亮相。

这个展览由长春市政府、一汽集团、一汽红旗造型设计院、中国国家画院、中国美术学院等共同承办。

"新高尚美学"是由红旗品牌发起的一场美学运动,致力于通过对中华优秀传统文化的研究理解,融合当代艺术审美及未来趋势,使工业产品通过设计,用艺术哲学展现给广大用户,在艺术与设计领域创造有内涵、有意义,既体现在物质层面,也体现在精神层面的风尚美学。

"新高尚美学"是红旗将自身的设计品牌化的一次尝试。在自主品牌中,这是史无前例的。

新红旗品牌正在一步步市场化,从推出首款经济型的轿车,到推出首款SUV,再到推出首款纯电动汽车;从100家4S店落地,到名人代言、与故宫合作,再到马拉松营销,我们看到了一个开始真正面对市场的红旗品牌。

学习情境 4　汽车市场与用户购买行为

【学习目标】

1. 了解汽车市场的特点。
2. 了解私人购车用户的购买行为。
3. 了解组织购车用户的购买行为。
4. 了解汽车中间商市场与零部件市场。
5. 培养绿色低碳的意识。

学习单元 1　汽车市场概述

1. 市场的分类

市场营销是针对一些具体的用户或特定的市场进行营销活动，汽车市场营销就是针对拥有汽车或有欲望拥有汽车的这个市场进行营销活动。要了解汽车市场这个特定市场的特殊需求规律和营销特点，就必须了解同种类型的一般市场。整体市场是由不同类型的市场构成的，可以从不同的角度划分许多种。

1）按商品交换的地理区域可将市场划分为国际市场和国内市场。这种分类有利于研究不同流通地域的市场特征，实施不同的营销策略。

2）按商品流通环节的不同可将市场划分为批发市场、零售市场。这两类市场在流通中的地位不同，销售批量和销售对象有别，具有各自的经营方法。

3）按经营商品的特点不同可将市场划分为消费资料市场、生产资料市场、资金市场、技术市场、信息市场、劳务市场等。这种分类便于了解不同类型的产品或劳务本身在产、供、销等方面的一系列特点，从而有利于研究专业化的经营。

4）按购买者及其不同购买目的可将市场划分为消费者个人市场、组织用户市场。这类分类便于对消费者需求和购买行为进行分析研究，从而有针对性地开展促销活动，为购买者提供最佳服务。根据汽车产品的特征，通常采用这种划分方法进行分析。例如，汽车既可供个人、事业单位、政府部门消费，也可供运输生产、转卖、租赁等。

2. 汽车的使用特点和用户类型

（1）**汽车的使用特点**　汽车本身是一种有形商品，但其使用特点又明显不同于一般生产资料和消费资料等有形商品。这种特殊性体现在以下两个方面。

1）**汽车既是一种生产资料，又是一种消费资料**。从使用角度看，汽车产品的用途大致有以下两种：

① 作为生产资料使用。例如，各类生产型企业利用自己拥有的汽车，进行原材料、配套件、在制品以及产成品的运输等。由于这类运输活动构成企业生产活动的一部分，因而汽车属于一种生产资料。国民经济基本建设单位、公共工程建设单位等集团组织，也将汽车作

为其必不可少的设施装备使用，汽车也是其生产资料的一部分。对从事公路专业运输、出租汽车运输、城市公共交通、汽车租赁、旅游业务等经营或营运活动的单位和个人来说，汽车是作为经营资料使用的，它是运输服务的物质载体，像这种作为经营资料使用的汽车，也可看作是生产资料。所以，可以说绝大部分载货汽车、专用汽车、特种汽车、自卸汽车和一部分客车及轿车均是作为生产资料在使用的。

② 作为消费资料使用。汽车用作消费资料的一种表现是它属于一种集团消费资料。例如，用于满足各类企事业单位、各级各类政权机关、非营利性组织团体等公务及事业活动需要的轿车以及用于解决职工上下班的通勤客车等，都属于集团消费资料。很大一部分轿车及客车、某些载货汽车均是作为集团消费资料在使用。汽车用作消费资料的另一种表现是它作为一种生活耐用消费品，进入广大居民家庭消费领域。此时，汽车（轿车、微型客车等）作为消费资料，主要用于私人代步，满足消费者个人出行的需要。

2）汽车是一种最终商品。从产品的加工程度看，汽车本身属于产成品。无论是作为生产资料使用的汽车，还是作为消费资料使用的汽车，都是最终可以直接使用的产品。在这一意义上，汽车与那些作为原材料、中间产品、生产协作件等形态的生产资料存在差别。

汽车的上述使用特点，决定了汽车用户的广泛性，也决定了汽车的购买行为既有与一般消费资料和生产资料等商品相似的一面，又有不同的一面，值得汽车营销者进行研究。

(2) 汽车用户的类型　汽车用户有着明显的广泛性。依据各种用户在购买模式或购买行为上的共同性和差异性，汽车用户可以分为这样几种类型。

1）私人消费者。私人消费者是指将汽车作为个人或家庭消费使用，解决私人交通的用户，他们构成汽车的私人消费市场。目前，这一市场是我国汽车市场增长最快的一个细分市场，其重要性已经越来越受到各汽车厂商的关注。

2）集团消费者。集团消费者是指将汽车作为集团消费性物品使用，维持集团事业运转的集团用户，我国通常称为"机关团体、企事业单位"，他们构成汽车的集团消费市场。这一市场是我国汽车市场比较重要的一个细分市场，其重要性不仅表现在具有一定的需求规模，还常常对全社会的汽车消费起着示范性作用。这类用户主要包括各类企业单位、事业单位、政府机构、司法机关、各种社团组织以及军队等。

3）运输营运者。运输营运者是指将汽车作为生产资料使用，满足生产、经营需要的组织和个人，他们构成汽车的生产营运者市场。这类用户主要包括：具有自备运输机构的各类企业单位；将汽车作为必要设施装备的各种建设单位；各种专业的汽车运输单位和个人等。目前，这一市场在我国汽车市场上也占有重要位置，特别是对某些车型而言，它是这些车型的主要市场。

4）其他直接或间接用户。以上3种用户以外的各种汽车用户及其代表即为其他直接或间接用户，主要包括以进一步生产为目的的各种再生产型购买者，以进一步转卖为目的的各种汽车中间商。由这类购买者构成的市场，对于汽车零部件企业或以中间性产品（如汽车的二、三、四类底盘）为主的企业而言，是非常重要的。

以上各类汽车用户，从总体上也可以大体分为消费者个人和集团组织两大类，前者构成汽车的消费者市场，后者构成汽车的组织市场。也就是说，组织市场是指工商企业为从事社会生产或建设等业务活动，以及政府部门和非营利性组织为履行职责而购买汽车产品所构成的市场，即组织市场是以某种组织为购买单位的购买者所形成的市场，是消费者市场的对称部分。就卖方而言，消费者市场是"个人"市场，组织市场是"法人"市场。

学习单元2　私人购车用户的购买行为

1. 私人购车用户购买行为特点与分类

（1）私人购车用户购买行为特点　汽车产品不同于服装和日用品，本身具有消费品和生产品的双重特征。研究汽车营销的市场行为，必须同时研究私人消费者市场行为和组织市场行为。私人消费汽车市场由汽车的消费者个人构成，它是组织市场乃至整个经济活动为之服务的最终市场，对汽车私人消费市场的研究是对整个汽车市场研究的基础。当然，现代市场营销学对普通消费者市场研究的许多成果，在研究汽车私人消费者市场时可以参考借鉴，但由于汽车商品本身的使用特点、产品特点及价值特点与一般商品有很大区别，因而还必须研究其特殊的市场特点。

1）消费需求的伸缩性。一方面，汽车的个人消费需求具有较强的需求价格弹性，即价格的变动对汽车的个人需求影响很大。另一方面，这种需求的结构可变。当客观条件限制了这种需求的实现时，它可以被抑制，或被转化为其他需求，或最终被放弃；反之，当条件允许时，个人消费需求不仅会得以实现，甚至会发展成为流行性消费。

2）消费需求的多样性。由于各个消费者在个人收入、文化观念、年龄、职业、兴趣、爱好等方面的差异，自然会有千差万别的兴趣和爱好，从而使个人购买者的需求表现出多样性。有的人注重汽车的安全性，有的人追求汽车的动力性，有的人买车为了上下班代步，有的人则为了节假日旅游之用。就这种意义而言，汽车企业如果能够为消费者提供多种多样的汽车产品，满足消费者多样化的需求，则会为企业争取更多的营销机会。

3）消费需求的可诱导性。汽车是专业技术性比较高的产品，大多数个人购买者缺乏足够的专门知识，企业可以通过营销活动的努力，制造某种消费氛围或强化广告宣传的促销手段来转移或改变人们的消费需求。甚至，可以通过营销活动创造出消费需求。例如，中国人的传统观念认为轿车应该是"有头有尾"的三厢车，比较排斥两厢车。而如今，汽车企业通过引导、调节和培养该细分市场需求，逐步使中国消费者接受了两厢车的概念，两厢车的市场占有率也提高了。

4）消费需求的替代性。需求替代性表现在某种商品销量上升，其他商品销量下降，即不同品牌商品之间具有竞争性。比如，如果二手汽车市场相对繁荣的话，不可避免地会使一手汽车的销售量下降。现今，个人消费者在购买汽车时面临的选择越来越多，往往会货比三家，只有那些能充分满足消费者需求，并具有特定的吸引力，在同类商品中具有较高性价比的汽车产品才会最终促使消费者的购买。

5）消费需求的发展性。人们对汽车产品的需求会随着社会生产力的发展和人民生活水平的改善而不断提高，会经历从简单到复杂、由低级向高级发展的过程。最初人们只要求汽车可以代步，在现代，受各类生活方式、消费观念、生存环境的变化和影响，消费者对汽车的安全、节能和环保等性能的要求越来越高，汽车上的新配置和新技术也越来越多。

6）集中性和广泛性。一方面，由于私人汽车消费与个人经济实力关系密切，在特定时期内，经济发达地区的消费者或者收入相对较高的社会阶层，对汽车（或某种车型）的消费比较明显，需求表现出一定的集中性。另一方面，高收入者各地都有（尽管数量上的差异可能较大），而且随着经济的发展会不断增多，所以需求又具有地理上的广泛性。

（2）私人购车用户购买行为的分类　研究汽车的个人购买行为时，一般需要从不同角度进行相应的分类，但较为普遍的分类方法是以购买态度为基本标准。因为购买态度是影响个人购买行为的主要因素。按照这种标准划分，汽车的私人购买行为可分为理智型、冲动型、习惯型、选价型和时髦型等几种。

1）理智型。这是指以理智为主做出购买决策的购买行为。具有这类行为特点的消费者，其购买思维方式比较冷静，在购买商品前一般要经过深思熟虑，通常要做广泛的信息收集和比较，充分了解商品的类型，在不同的品牌之间进行充分的调查，慎重挑选，反复权衡比较，不会受到周围环境和言论的影响。也就是说，这类消费者的购买过程比较复杂，通常要经历信息收集、产品和品牌评估、慎重决策和购后评价等各个阶段，属于一个完整的购买过程。现阶段，我国的私人汽车消费者的购买行为多属于这种类型。因为汽车价值高，且结构复杂，专业性较强，多数普通消费者是初次购买汽车的用户，掌握汽车知识较少。对于这类客户，营销者应制订策略帮助客户掌握产品知识，借助多种渠道宣传产品优点，发动营销人员乃至客户的亲朋好友对客户施加影响，简化购买过程。

2）冲动型。冲动型的购买者，在购买商品时容易为某商品的某一个特性，如外观、包装、式样甚至是企业的广告宣传、购买氛围等所吸引，从而在缺乏必要的考虑、比较时，就做出了购买决定。这类客户通常是情感较为外向，随意性较强的客户，一般为年轻人，具有较强的资金实力，容易受别人诱导和影响而迅速做出购买决策的购买行为。也就是说，这类消费者的购买过程比较短，客户较少进行反复比较挑选。

而且具有冲动性购买行为的消费者通常会在做出购买选择后表示后悔，认为自己所买的产品具有某些缺陷，或同其他产品比较后发现别的产品有更多的优点而产生失落感，可能会要求退货、换货或对企业产生某种怀疑，尤其在仅支付定金的情况下，更容易出现购买意向的反复波动。对于这类冲动型消费者，营销者要提供较好的售后服务，通过各种途径经常向客户提供有利于本企业和产品的信息，使客户相信自己的购买决定是正确的。

3）习惯型。习惯型的购买者通常对于所购买的商品有充分的了解，形成特殊的信任，而且不会轻易改变所选的品牌。这类购买行为较少受广告宣传和时尚的影响，其需求的形成，多是由于长期使用某种特定品牌并对其产生了信赖感，从而按习惯重复购买。一些为大众所熟悉并赞赏的耐用品和奢侈品的品牌，容易受到人们的信任，从而形成习惯性购买。这类消费者容易成为某一种品牌的忠诚用户，所以这种购买行为实际上是一种"认牌型"购买行为。但对于销售员来讲，这些客户很难通过他们的推销活动而改变原先的计划。

4）选价型。选价型购买者对商品价格变化较为敏感，往往以价格作为决定购买决策的首要标准。选价型购买行为又有两种截然相反的表现形式，一种是选高价行为，即个人购买者更乐意选择购买高价优质商品，如那些豪华轿车购买者多是这种购买行为。另一种是选低价行为，即个人购买者更注重选择低价商品，多数工薪阶层的汽车用户以及二手车的消费者主要是这种购买行为。对这类消费者要注意介绍不同价格商品的质量区别，并引导客户购买优质高价商品。

5）时髦型。时髦型客户容易受外界环境的影响或社会风尚的变化而引起购买行为。持有这类购买态度的客户，与冲动型客户一样，受感情的驱使，想象力特别丰富，审美感觉灵敏，对汽车的选型、色彩及知名度都极为敏感，力图通过自己所购买的商品实现引人注目或者借此提高自己的身份和地位等目的，即往往带有炫耀目的。

汽车既是一种具有代步作用的耐用品，又具有某些类似高档时装、珠宝首饰等奢侈品的特征，尤其在社会经济飞速发展、人们生活水平不断提高、汽车新技术日新月异的背景下，人们越来越重视汽车的造型设计是否符合审美需求、颜色是否代表时尚、汽车配置是否先进等。女性消费者的消费行为多属于这种购买行为。对这类消费者，营销人员应该结合当下的时尚主题，重点介绍汽车的流行趋势、时尚元素、外观造型、色彩等。

2. 影响私人购车用户购买行为的因素分析

汽车消费者不是在真空里做出自己的购买决策，他们的购买决策在很大程度上受到文化、社会、个人、心理等因素的影响。各类因素的影响机理是：文化因素通过影响社会因素，进而影响消费者个人及其心理活动的特征，从而形成消费者个人的购买行为。

（1）文化因素　文化是人类欲望和行为的最基本的决定因素。文化是人们所共有的由后天获得的各种价值观念和社会规范的综合体，一般由全体社会成员所共有的基本的核心文化以及具有不同的价值观念、风俗习惯的亚文化组成。

核心文化是人们持久不变的核心信仰和价值观，具有世代相传的特点。亚文化是从社会群体内分化出的许多较小群体所具有的独特生活方式、道德标准和行为规范等。亚文化包括民族亚文化、宗教亚文化、地理亚文化，即在一个宗教内部，或在一个民族内部，或在一定的地理区域，由于各种因素的影响，人们的价值观念、审美观、风俗习惯等会表现出不同的特征，这就是亚文化。

文化因素之所以影响购买者行为，其原因有：①社会文化对于购买行为的影响通常是间接的，不同文化背景下的消费者会出现不同的偏好。②消费者的文化水平会直接影响消费者的购买行为。受教育程度高的消费者在选择汽车时可能会更重视汽车的功能、安全性能等，而不是仅关心价格。③文化自身所具有的广泛性和普及性使消费者个人的购买行为具有攀比性和模仿性。所以，营销者在选择目标市场和制订营销方案时，必须了解各种不同的文化对于企业产品的影响，了解购买者对企业产品的实际兴趣阶段。

（2）社会因素　社会因素通常有3类，它们分别是相关群体、家庭和角色地位。

1）相关群体。相关群体是指那些能够直接或间接影响消费者个人消费行为的群体。一般可分为3类：

① 紧密型群体。这类是影响消费者行为的主要群体，是指与购买者个人关系密切、接触频繁、影响最大的群体，如家庭、邻里、同事等。

② 松散型群体。这类是影响消费者行为的次要群体，是指与购买者个人关系一般、接触不大密切，但仍有一定影响的群体，如职业协会、学会和其他社会团体等。

③ 崇拜型群体，即购买者个人并不是这些群体的成员，但却仰慕该类群体某些成员的名望、地位，而去效仿他们的消费模式与购买行为。这类群体的成员主要是各种社会名流，如文艺体育明星、政界要人、学术名流等。典型的像对明星的崇拜。

2）家庭。家庭是社会上最为重要的消费者购买组织，购买者的家庭成员对购买者行为影响很大。譬如个人购买者的价值观、审美情趣、个人爱好、消费习惯等，大多是在家庭成员的影响与熏陶下形成的。

西方学术界通常把家庭所处的阶段，划分为9个时期。

① 单身期。它是指离开父母后独居的青年时期。
② 新婚期。它是指新婚的年轻夫妻，无子女阶段。
③ "满巢"一期。它是指子女在 6 岁以下，处于学龄前儿童阶段。
④ "满巢"二期。它是指子女在 6 岁以上，处于已经入学的阶段。
⑤ "满巢"三期。它是指结婚已久，子女已长成，但仍需抚养的阶段。
⑥ "空巢"一期。它是指子女业已成人分居，夫妻仍有工作能力的阶段。
⑦ "空巢"二期。它是指已退休的老年夫妻，子女离家分居的阶段。
⑧ 鳏寡就业期。它是指独居老人，但尚有工作能力的阶段。
⑨ 鳏寡退休期。它是指独居老人，已经退休的阶段。

对汽车营销而言，面临的家庭阶段主要是处于"满巢"期的各类客户。而且，处于不同阶段的家庭，其需求特点是不同的。例如，收入较好的年轻夫妻可能会倾向于选择时尚、美观的高档车，而一旦有了孩子，因为考虑到孩子日后的教育问题，他们的预期收入就会降低，对汽车档次的选择就会下降，而较关注汽车的内部空间。

3) 角色地位。一个人在同一个时期往往扮演着不同的角色，每一个角色又与一定的社会地位相对应。因而，个人购买者在购买商品时，其需求及其购买行为要考虑与其角色和地位相一致。

(3) 个人因素　通常，在文化、社会各方面因素大致相同的情况下，仍然存在着个人购买行为差异极大的现象，其中的主要原因就在于个人购买者之间还存在着年龄、职业、经济状况、生活方式和个性等个人情况的差别。

1) 年龄。消费者的需求和购买能力，往往会因年龄不同而发生变化。处于不同年龄阶段的同一个人，审美观、价值观会不同，从而表现出不同的购买行为。例如，年轻人喜欢接受新事物，喜欢标新立异，因此目标客户群是年轻人的汽车在广告宣传、促销策略上也要注意迎合年轻人的心态，要求新、求异。

2) 职业。职业往往决定一个人的地位和角色，对于人们的需求和兴趣有着重大影响。比如，企业家、政府官员大都喜欢购买深颜色汽车，而艺人则喜欢红色或色彩鲜艳的汽车。通常，企业的营销人员在制订营销计划时，必须分析营销所面对的个人购买者的职业对象，在产品细分许可的条件下，注意开发适合于特定职业消费需要的产品。

3) 经济状况。经济状况实际上决定的是个人和家庭的购买能力。它对于企业营销的重要性就在于，有助于了解个人购买者的个人可支配收入变化情况，以及人们对消费开支和储蓄的态度等。当企业对经济发展形势估计有误时，则应按实际经济状况重新调整企业营销策略，如重新设计产品、调整价格，或者减少产量和存货，或者采取一些其他应变措施。

4) 生活方式。生活方式是一个人在生活中所表现出来的有关其活动、兴趣和看法的生活模式。具有不同生活方式的消费者对商品或品牌有各自不同的偏好，从而也会形成不同的消费需求。在企业与消费者的买卖关系中，一方面个人购买者要按照自己的爱好选择商品，以符合其生活方式；另一方面企业也要尽可能提供合适的产品，使产品能够满足消费者个人生活方式的需要。

5) 个性和自我观念。个性是一个人特有的心理特征，它会导致一个人对其所处的环境做出相对一致和持续不断的反应。一个人的个性，会通过自信、支配、自主、顺从、交际、保守和适应等性格特征来表现。企业依据个性因素细分市场，可以为其产品更好地赋予品牌个性。

同时，在现实社会中，每个人都在追求自我形象塑造，这会驱使消费者有意、无意地寻求与其自我形象相一致的产品、品牌，如某人认为自己很有事业心，很有才干，那么他就可能对其自我观念相适应的中高档商务车感兴趣。对于汽车企业来说，了解个人购买者的这些特征，可以帮助企业确立正确的符合目标消费者个性特征的产品品牌形象。

（4）心理因素　个人购买者购买决策通常还要受心理过程的影响，包括：动机、感知、学习、信念和态度，它们各自在购买过程中具有不同作用。

1）动机。社会心理学认为，人类的行为受动机的支配，而动机则是由需求引起的。当个人的某种需求未得到满足，或受到外界刺激时，就会引发某种动机，再由动机引发行为。在这种意义上动机其实就是在一定程度上的需求。个人购买者的动机所支配的是个人购买者的购买行为，弄清个人购买者动机生成的机理，对于企业市场营销具有重要意义。

微课：马斯洛需求层次理论

美国著名心理学家马斯洛的"需求层次论"（图 4-1）在分析个人购买者动机生成机理中具有重要的地位。这一理论的基本内容有：一是人类是有需求与欲望的，随时等待满足，至于需求的状况，主要决定于已实现的欲望。已满足的需求不会形成动机，只有那些未满足的需求才构成行为动机。二是人类的需求是分层次的，共 5 个层次：生理需求、安全需求、社会需求、尊重需求和自我实现的需求。这 5 个需求呈现出从低级到高级的演进特征，只有当低级的需求得到满足后，才会产生更高级的需求，而需求程度的大小则与需求层次的高低成反比。

马斯洛需求层次理论强调人类需求的多样性和层次性，表明人性是多维、复杂的，这有助于我们

图 4-1　马斯洛需求层次

更全面地理解人类行为和动机，避免简单地看待人性。马斯洛需求层次理论强调个体需求与社会环境的紧密联系，这提示我们在关注个体发展的同时，要关注社会环境的改善，以实现个体和社会的和谐发展。马斯洛需求层次理论认为，自我实现是人类需求的最高境界，体现了个体追求人生价值的过程，这告诉我们要思考人生的意义和价值，以及如何实现个体的全面发展。

值得注意的是，马斯洛的需求层次理论所反映的是人类社会的一般现象，并不能适用于每一个人。而且人们在满足需求时会出现跳跃现象，即当低层次需求尚未满足时，就出现对高层的需求。应用这一理论对汽车市场营销是有价值的。因为消费者在既定收入条件下，首先要满足的是基本的生理需求。汽车是高档消费品，只有在收入达到一定程度时，才会出现对其的需求。企业就必须了解目标市场的收入状况，以及他们尚未满足的需求有哪些，从而开发适合其需要的汽车产品。

购买动机虽源于需求，但商品的效用才是形成购买动机的根本条件。如果商品没有效用或效用不大，即使具备购买能力，购买者也不会对该商品产生强烈的购买动机。反之，如果效用很大，即使购买能力不足，购买者可能筹措资金也要购买。

商品的效用是指商品所具有的能够满足用户某种需求的功效。就汽车功效而言，不同车型、不同品种的汽车具有不同的功效。但同样的汽车，对不同的购买者和不同用途来说，其

功效也是不同的。例如，对运输经营者来说，汽车的功效在于能够获取经济效益，这种经济效益是指在汽车使用期内，在扣除成本和税费之后的纯收益，收益越大则功效越大，因而低档轿车的功效可能就比中高档轿车大。而对三资企业的商务活动而言，轿车的功效在于作为代步工具，且应体现企业形象，因而中高档轿车的功效就比低档轿车大。这表明，同样的轿车品种对不同的购买者，具有不同的功效。严格地说，消费者购买受商品"边际效用"的影响。边际效用越大，购买动机就越强。

所谓的边际效用，是指购买者对某种商品再增加一个单位的消费时，该种商品能够为购买者带来的效用增量。客观上，随着消费数量的增加，商品的边际效用存在着递减现象，这就是"边际效用递减法则"。这一法则可以用图 4-2 表示。

例如，一个家庭在购买了第 1 辆轿车后，便会感觉到它为家庭带来的功效很大；当再购买第 2 辆轿车后，就会感觉到第 2 辆轿车为家庭所带来的功效，就不如第一辆的大；当再购买第 3 辆轿车时，这个家庭会感觉到其实第 3 辆车是可以不用购买的，甚至还会觉得它存放困难，还要为它的防盗、维护担心。这表明，随着这个家庭购买轿车数量的增加，轿车带来的边际效用是逐步减小的。这一法则对任何商品的消费都是起作用的。

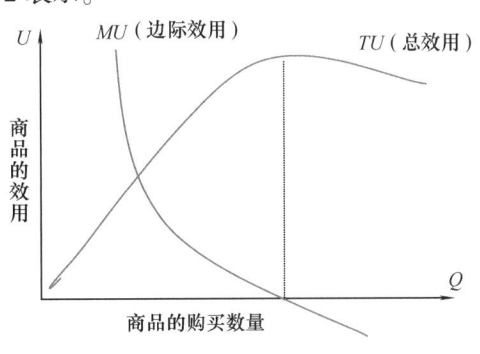

图 4-2 边际效用递减法则

2）感知。感知是指人们通过自己的身体感觉器官而对外界刺激物所做的反应。对于同一个刺激物，人们会产生不同的知觉，通常认为，人们会经历 3 种感知过程，即选择性注意、选择性曲解、选择性记忆。

① 选择性注意。人们对日常生活中感觉到的事物，并不会都产生注意，只有对少数的事物会格外关注。人们通常会注意与当前需要相关的刺激物和正在期待的刺激物，以及和其他刺激物有明显差别的刺激物。因此，汽车企业从事营销活动时，必须善于突破选择性注意设下的屏障，才能有效地达到营销目的。例如，在每届车展上各个汽车企业总是使尽招数来安排现场布置，这就是研究了选择性注意，想方设法地将自己的产品和宣传在众多的汽车企业中脱颖而出，从而引起参观者的注意，留下印象，以激发参观者的购买欲望。

② 选择性曲解。人们对于注意到的事物，往往会结合自己的经验、偏好、当时的情绪、情境等来理解，就会出现与创作者预期的结果相背离的结果。这种按照个人意愿曲解信息的倾向就是选择性曲解。对于这种曲解，汽车企业只能进行适当的引导，应当特别重视对于企业信誉和产品名牌的创立。

③ 选择性记忆。在生活中，人们容易忘掉大多数信息，会倾向于保留那些能够支持其态度、信念的信息，这就是选择性记忆。因此，在购买行为上则表现为只记住自己所喜爱的品牌。

掌握选择性注意的规律，可以使汽车企业的信息更有效地避免被消费者选择性忽略掉，以促进其认识过程奠定基础。选择性曲解、选择性记忆则提醒汽车企业，必须注意到消费者的感知所形成的"过滤网"，对其认识过程有重大作用。

3）学习。当消费者有购买某一种商品的意向，尤其是购买汽车这样的耐用消费品时，往往会收集有关该商品的资料，加以对比；当其购买该商品后，会根据自己使用后的感受对该商品做出评价。这一整个的过程就是学习的过程。消费者所得的经验、印象会作为以后购买商品的参考。对这种现象通常可以用"刺激—反应"学习模式，如图 4-3 表示。

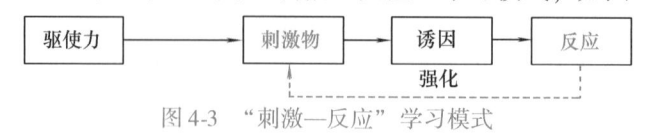

图 4-3 "刺激—反应"学习模式

"刺激—反应"学习模式表明，驱使力是指消费者个人产生购买行为的推动力，它来源于未得到满足的需要；刺激物是指能满足个人购买者需求的整体产品；诱因是指能诱发个人购买行为的所有因素，如家庭成员的建议、广告宣传等。反应是指消费者为满足需要所采取的购买行为；强化则是指消费者的购后评价，主要指对刺激物的反应和评价。如果所购物品的满足程度较高，则会形成正向强化，会形成重复购买；如果所购物品满足程度较低甚至完全没有得到满足，则会形成负向强化，不仅不会形成重复购买，多数情况下还会通过口头宣传而影响其他人的购买行为。

"刺激—反应"学习模式表明，个人购买者的购买行为是驱使力、刺激物、提示物、反应和强化五种要素相互作用的结果。所以，企业的市场营销工作必须能够有效地引导个人购买行为，重点应放在以下几个方面：①准确把握本企业的整体产品（刺激物）与潜在购买者的驱使力关系，运用产品差异化策略设计别具一格的整体产品，以吸引个人购买者的注意力，刺激其购买欲望。②善于及时有效地向个人购买者提供启发需求的提示物，强化促销策略，诱发个人实施购买行为。③做好强化工作，加深个人购买者对企业及产品的良好印象，创造重复购买，扩大企业的知名度。

4）信念和态度。信念是从实践和学习中得来的，是指一个人对某些事物所持有的描述性思想。例如，我们常常认为奔驰车象征着成功人士；福特代表着踏实的中产阶级；宝马则体现车主的运动与活力。这些认识就是人们对这些汽车品牌的信念。购买行为中的信念，有的是建立在对名牌产品的信任基础上，有的可能是建立在某种偏见或讹传的基础上。而不同的信念又可导致不同的购买态度，如名牌商品会使个人购买者争相选购，而新品牌则往往遭到消费者怀疑。一般地，改变个人购买者的态度是较为困难的，因而在企业的营销过程中，企业应当力求使自己的产品适应个人购买者的现有态度。

态度是指一个人对某些事物或观念长期持有的是非观、好恶观。态度一旦产生，也很难改变，并表现出一致性的模式。一般，企业不要试图改变消费者的态度，而应当考虑如何改变自己的产品或形象，以迎合消费者的态度。当消费者已经对某种品牌产生良好的印象时，企业应当努力维持或提升这个形象，不能出现有损形象的事件，以免消费者出现否定该产品的态度。例如，我国的汽车购买者具有一个明显的特征，即某个地区的购买者对每种车型一般只倾向于一个品牌，这也表明同一地区的购买者对某种产品具有相似的信念和态度。

3. 私人购车用户的购买决策

购买者的决策过程一般可分为五个阶段，如图 4-4 所示：

图 4-4 购买决策过程

(1) 确认需要 任何购买行为都是由动机支配的,而动机有时又由"需要"所引起,因此,需要是购买过程的起点。当消费者感到一种需要并准备购买某种商品以满足这种需要时,购买决策过程就开始了。这种需要,可能是由内在的生理活动引起的;也可能是受外界的某种刺激引起的,如看到周围人都开汽车了,自己也想购买;或者是由内外两方面因素共同作用的结果。在这一阶段,汽车营销者主要通过造就特定的外部环境,刺激消费者对需要的感受,并努力做好两项工作:一是积极发掘与企业、产品及其品牌有关的驱使力,使其产生强烈的内在刺激力量;二是有效地策划刺激、强化需要。企业需要善于规划刺激,运用刺激物,根据目标市场的规律,顺利引发和深化消费者对需要的认识。

(2) 收集信息 如果唤起的需要很强烈,可满足需要的商品易于得到,消费者就会希望马上满足他的需要。但在多数情况下,消费者的需要并非马上就能获得满足。他必须积极寻找或搜集信息,以便尽快完成从知晓到确信的心理过程,做出购买决策。消费者获取信息的来源一般有以下四个:

1) 个人来源。即从家庭、朋友、邻居和其他熟人得到信息。

2) 商业来源。即从广告、售货人员介绍、商品展览或陈列、商品包装和说明书等得到信息。

3) 公众来源。即从报刊、电视等大众传播媒介的宣传报道、消费者组织的有关评论和官方公布的材料中得到信息。

4) 经验来源。即通过自己参观、实验和实际使用商品获得经验。

在这一阶段中,市场营销者既要千方百计地做好商品广告宣传,吸引消费者的注意力;又要努力搞好商品陈列和说明,使消费者迅速获得对企业有利的信息。

(3) 评估选择 消费者得到的各种有关信息,可能是重复的,甚至是互相矛盾的,因此还要进行分析、评估和比较,逐步形成对市场上能够满足其需要、欲望的产品、品牌的不同看法,最后决定购买与否。这是决策过程中的决定性一环。例如,某人要买汽车,搜集了有关资料,比较各品牌特点:某品牌价廉、省油、维修方便,但功能略少;某品牌知名度高、配置新,但价高、费油、配件昂贵,各有利弊,权衡利弊后方能做出购买决定。

消费者的评估选择过程,有以下几点值得营销者注意:第一,产品性能是购买者所考虑的首要问题;第二,不同消费者对产品的各种性能给予的重视程度不同或评估标准不同;第三,消费者心中既定的品牌信念(品牌形象)与产品的实际性能,可能有一定差距;第四,消费者对产品的每一属性都有一个效用函数;第五,多数消费者的评选过程是将实际产品同自己理想中的产品相比较。

据此,营销者可采取如下对策,以提高自己产品被选中的概率:

1) 修正产品的某些属性,使之接近消费者理想的产品。

2) 改变消费者心目中的品牌信念,通过广告和宣传报道努力消除其不符合实际的偏见。例如,某种产品确实是物美价廉,而有些消费者却以为价廉的一定不如价高的质量好;某国产汽车已经达到或超过进口汽车水平,而有些消费者却总是迷信进口货,认为该国产汽车不如进口汽车好。因此,营销者要在这些方面进行广泛的宣传,改变消费者的偏见。

3) 改变消费者对竞争品牌的信念。当消费者对竞争品牌的信念超过实际时,企业可通过比较性广告,改变消费者对竞争品牌的信念。

4）通过广告宣传。企业应改变消费者对产品各种性能的重视程度，设法提高自己产品占优势性能的重要程度，引起消费者对被忽视的产品性能（如省油、易于维修、配件价格低等）的注意。

5）建立"理想产品"概念。消费者所期望从产品中得到的满足，市场上实际出售的各个品牌，未必完全符合其"理想"。消费者只能在"理想产品"概念的前提下，做某些修正，考虑最接近"理想"的品牌。

(4) 购买决策　通过评估选择，消费者会对其备选范围内的各个品牌形成一定的偏好顺序。但是这种偏好和最终的购买决策之间仍然会出现不统一。其他人的态度，以及消费者自身对于未来情况的预测，都可能改变其最终的决策。购买决策通常有3种情况：一是消费者认为商品质量、款式、价格等符合自己的要求和购买能力，决定立即购买；二是认为商品的某些方面还不能完全满意而延期购买；三是对商品质量、价格等不满意而决定不买。

消费者的购买决策是许多项目的总抉择，包括购买何种产品、何种牌号、何种款式、数量多少、何时购买、何处购买、以什么价格购买、以什么方式付款等。

购买决策是消费者购买行为过程中的关键阶段，营销者在这一阶段，一方面要向消费者提供更多更详细的商品信息，以便使消费者消除各种疑虑；另一方面要通过提供各种销售服务，方便消费者选购，促进消费者做出购买本企业产品的决策。

(5) 购后感受　购后感受是消费者对已购商品通过自己使用或通过他人评估，对满足自己预期需要的反馈，重新考虑购买了这种商品是否正确选择，是否符合理想等，从而形成的感受。这种感受一般表现为满意、基本满意和不满意3种情况。消费者购后感受的好坏，会影响到消费者是否重复购买，并将影响到他人的购买问题，对企业信誉和形象影响极大。消费者的满意程度，取决于消费者对产品的预期性能与产品使用中的实际性能之间的对比。就是说，如果购后在实际消费中符合预期的效果，则感到基本满意；超过预期，则很满意；未能达到预期，则不满意或很不满意。实际同预期的效果差距越大，不满意的程度也就越高。

根据这种观点，营销者对其产品的广告宣传必须实事求是，符合实际，以使购买者感到满意。有些营销者对产品性能的宣传甚至故意留有余地，以增加购后的满意感。

购买者购后感受是企业产品是否适销的一种极为重要的反馈信息，它关系到这个产品在市场上的命运。因此，企业要注意及时收集信息，加强售后服务，采取相应措施，进一步改善消费者购后感受和提高产品的适销程度。

学习单元3　组织购车用户的购买行为

1. 组织市场的分类和特点

(1) 组织市场的分类　组织市场的购买者包括以下几个：

1）企事业集团消费型购买者。这类购买者包括企业组织和事业单位两大类型。其中，企业组织是社会的经济细胞，是从事产品或服务生产与经营的各种经济组织，其特点是自负盈亏、照章纳税、自我积累和自我发展。事业单位是从事社会事业发展的机构，是为某些或全部公众提供特定服务的非营利性组织，其特点是接受财政资助或得到政策性补贴，也可以在规定范围内向其服务对象收取一定费用。事业单位主要包括学校、医院、红十字会、卫生保健组织、新闻出版机构、图书馆、博物馆、文艺体育团体、基金会、福利和慈善机构等。

2）政权部门公共需求型购买者。这类购买者包括各种履行国家职能的非营利性组织，是指服务于国家和社会，以实现社会整体利益为目标的有关组织，具体包括各级政府及其下属部门、保卫国家安全的军队、保障社会公共安全的各类警察组织、管制和改造罪犯的监狱、负责立法的各级人大（含政协）机关，在我国还包括各级设有独立机构的党委组织等。这些部门的特点是其运行经费全部来自各级财政的行政经费支出或军费支出。

3）运输营运型购买者。这类购买者是指专业从事汽车运输服务的各类组织或个人，具体包括各种公路运输公司、旅游运输公司、城市公共汽车运输公司、城市出租汽车运输公司、具有自备运输的大型企业或某些行业系统的专业运输部门、各种私人运输经营户等。

4）再生产型（含部分再转卖型）购买者。再生产型购买者包括采购汽车零部件的企业或汽车中间性产品（如汽车的二、三、四类底盘）进行进一步加工、生产制造出整车的汽车生产企业，如各种主机生产企业、重要总成装配厂家、各种特种车专用车生产厂家等。再转卖型购买者是指各种从事汽车流通的中间商组织，他们是汽车厂家分销渠道上的成员。

5）装备投资型购买者。这类购买者包括那些将汽车作为装备投资，把汽车用作生产资料的各类组织，主要是各种基本建设单位、农业生产和林业生产单位，其特点是汽车主要限于基本建设工地、农场或者林区范围内使用。

(2) 组织市场的特点　与向消费者出售商品或服务相比，在向组织市场出售的过程中要牵涉更多的项目和金钱。与个人购买市场相比，组织市场的特点表现在以下几方面：

1）购买者的数量少。一般，集团组织市场的购买者要比消费者市场的购买者少得多。组织市场上，一家汽车企业的潜在客户是所有企业和组织，而消费者市场上，其潜在客户可以是所有人，人的数量显然比企业和组织的数量大。

2）购买规模一般较大。许多汽车组织市场的购买数量都很大。一个消费者一般一次只买一辆汽车，而一家运输公司一次就可能购买几辆甚至几十辆的汽车。

3）供求双方关系密切。正因为组织市场客户的购买规模大，所以他们通常愿意和那些在技术规格和交货要求上与自己密切合作的汽车企业成交。因此，供求双方常常需要保持较为密切的联系，这样能保证稳定货源，节省采购成本。

4）购买专业性强。消费品市场上的购买者往往对汽车产品的专业技术性能并不熟悉，而组织市场上的购买者通常为受过专业训练的人，他们了解汽车的技术特征，能较全面地比较和选择符合本组织需求的汽车产品。因此，汽车企业的营销者应多从产品功能、技术和服务的角度介绍本企业的优势，尽量提供详细的技术资料和特殊服务。

5）有些组织购买者的地理位置较为集中。例如，再生产型购买者和设备投资型购买者在地理位置上就比较集中，这是社会生产布局或长期形成的生产格局决定的，这种地理布局通常难以在短期内发生根本性改变。

6）需求具有派生性。需求的派生性或衍生性是组织市场区别于消费者市场的显著特征之一。派生性是指组织对汽车产品的需求最终来源于组织面向的客户对汽车产品的需求。消费者的需求就是原生需求，没有消费者的原生需求就没有组织用户的派生需求。

7）需求的波动性较大。集团组织购买者对汽车的需求要比个人购买者的需求具有更大的波动性。根据现代社会生产的供应链管理原理，存在一种"牛鞭效应"或者需求的"加速原理",即处于供应链下游企业的需求变化,会因为供应链上的企业层放大或缩小,最终导致供应链上游企业销售的剧烈波动。此外,可能受到整个经济形势的影响,组织市场的需求也会产生较大波动。例如宏观经济形势不好,政府会削减财政开支,将直接减少政府机构和部分事业单位的汽车需求,同样企业和运输部门也会因为经营状况下降而减少或者推迟汽车购买,最终形成汽车的集团组织市场需求大幅减少。

8) 短期的需求弹性较小。需求弹性是指由于产品价格变动而引起的其市场需求的相应变动率。组织市场上汽车产品的需求弹性较小是指大多数组织购买者的需求受价格变化的影响小,特别是短期内需求受价格变动的影响不大。例如,汽车再生产者由于其制造工艺不可能在短时期内进行重大变革,不会因为汽车零部件或中间性产品的价格上涨而减少购买,也不会因为价格下跌而增加购买。有的组织购买者面临的选择机会不多。例如,地方政府或行业公会规定本地的组织用户只能选购本地产汽车,排挤外地产品;或者由于产品的特殊性,供应商数目有限等,这些原因都使得需求弹性减小。

9) 购买的行为方式比较特殊。组织购买行为的特殊性体现在:

① 直接购买。集团组织购买者往往直接从生产企业采购所需的产品,而不通过中间商环节,尤其是采购汽车这样的价格昂贵、技术复杂的大宗商品。

② 互惠采购。它是指在供应商与采购者之间互相购买对方的产品项目时,互相给对方提供优惠,实施互惠采购。这样建立了稳固的产销关系,使彼此的产品都有了销路。

③ 租赁。租赁作为企业融资的一种方式,已经越来越受到重视。一些集团组织用户由于资金紧缺或短期内用车需求大增的情况下,会倾向于采用租赁汽车的方式来继续经营,而非直接购买汽车。

10) 影响购买决策的人员众多。同个人购买者的购买决策相比较,集团组织购买的一个重要特征就是集体决策,在整个购买过程中参与的人员众多,主要有以下几类。

① 使用者。使用者往往就是具体操作、驾驶汽车的人,使用者对所购汽车产品的品牌、性能、配置等决策有着重要的影响。

② 影响者。影响者是指企业内部和外部能够直接或间接影响购买决策的人员,如采购部门的经理、技术人员、企业的咨询机构等。

③ 采购者。采购者是指企业中具体负责采购的人,主要是采购部门及其采购员。他们负责联系、选择汽车供应商,参加谈判。较复杂的采购工作中,采购者还包括组织、企业的高层管理人员。

④ 决策者。决策者是指有权最终决定购买与否的人,通常是组织、企业的最高领导者。

⑤ 控制者。控制者是指控制企业外界信息流向的人,诸如秘书、接待员、接线员、门卫等,其作用是阻止推销人员与使用者、决策者取得联系。

当然,并不是所有的企业采购任何产品都必须涉及以上几类的参与者,企业采购产品的价值大小、技术高低都将影响参加购买决策的人员多少。汽车产品由于技术性强、价格高,一般参与决策的人较多,采购中心的规模也较大。对汽车营销人员而言,当面对组织市场时,首先应当明确组织市场的参与购买者,并且要注意查明谁是真正具有决定权力的人,以便以其需要为目标有效地促成交易。

(3) 组织购买行为类型

1) 直接重购。直接重购是指组织用户按照以往的一贯性需要,按原有订货目录和其他基本要求，继续向原有的供应商重复购买一直在采购的产品，变动不大，可能只有数量上的调整。因此，这种采购类型花费的人力较少，集团组织的采购人员做出购买决策的依据是过去的经验，是对供应商以往的满意程度。由于这种购买行为所涉及的供应商、购买对象、购买方式等均为往常惯例，因而无须做出太多的新的采购决策，它属于一种简单的购买活动。

直接重购的优点是有利于稳定供需双方关系，原有的供应商不必重复推销，而能致力于保持产品和服务的质量，从而简化了购销手续、节省了购买者的时间。但对于新的供应商来说，这无疑加大了其进入该市场的难度，因而其营销活动应注意先从零星的小额交易打开缺口，再逐渐扩大市场占有率。

2）修正重购。修正重购是指组织用户为了某种目的而需要改变产品规格、型号、价格、交货条件等，甚至更换供应商。这种购买类型下的采购行为比直接重购复杂，它要涉及更多的购买决策人员和决策项目。

修正重购有助于刺激原供应商改进产品和服务质量，大大提高生产率，降低成本，保持现有的组织用户；同时还给新供应商提供了竞争机会。

3）新购。新购是指组织用户首次购买其所需的产品和服务。由于是第一次购买，买方对所购的产品没有使用经验，因而其购买决策会比较复杂，通常要收集大量的信息，建立一整套的标准，详细比较和选择供应商以及产品品牌。一般，新购的产品金额越大，风险就越大，采购决策的参与者就会越多，制订采购决策所需的信息就越多，决策所花费的时间也就越长。

2. 影响组织购车用户购买行为的因素分析

同消费者市场一样，组织购买行为也会受到各种因素的影响，主要影响因素可以区分为四种类型：环境因素、组织因素、人际因素、个人因素，见表4-1。

表4-1 影响组织购买行为的主要因素

环境因素	组织因素	人际因素	个人因素
经济环境	目标	利益	年龄
科技环境	政策	地位	受教育程度
政治环境	程序	权威	个性
竞争环境	结构	群体关系	收入
文化环境	制度		

（1）环境因素　环境因素是指组织用户周围环境的因素，诸如一个国家的经济发展前景、技术变化情况、市场竞争态势、政治形势等。如果预期经济前景不佳、市场需求不振，组织购买者就不会增加投资，甚至会减少投资，减少原材料采购量和库存量，降低产量；还有我国对事业单位公务用车的标准做出了硬性规定。例如，《国管局关于印发〈中央国家机关所属事业单位公务用车管理办法（试行）〉的通知》（国管资〔2023〕221号）第九条规定：

"（一）用于机要通信的工作用车配备价格12万元以内（不含车辆购置税，下同）、排气量1.6升（含）以下的轿车或者其他小型客车。

（二）业务用车和用于应急等公务的工作用车以及其他按规定配备的车辆，配备价格18万元以内、排气量1.8升（含）以下的轿车或者其他小型客车。

确因情况特殊，可以适当配备价格25万元以内、排气量3.0升（含）以下的其他小型客车、中型客车，或者价格45万元以内的大型客车。

（三）特种专业技术用车配备标准由行政主管部门会同财政部按照保障工作需要、厉行节约的原则确定，报国管局备案。

公务用车配备新能源轿车的，价格不得超过18万元。

上述所称小型客车、中型客车、大型客车等，依据中华人民共和国公共安全行业标准 GA 802—2019《道路交通管理 机动车类型》界定。"

（2）组织因素　组织因素即指一个组织用户本身的因素，诸如购买者内部采购部门自身的目标、政策、程序、结构、制度等方面的设置状况。营销者还应当关注采购部门在企业组织结构中的变化趋势。

（3）人际因素　人际因素是指组织购车用户内部各机构不同的人员之间的关系。营销者要善于了解组织用户的人际关系状况，如采购中心的构成情况、有多少人参与购买决策，他们分别是谁，分别对决策行为有什么影响力，他们的选择和评价汽车的标准是什么等，并通过利用这些因素促成交易。

（4）个人因素　个人因素是指组织用户内部参与购买决策的有关人员所具有的自身特点，诸如年龄、受教育程度、个性因素等，也就是消费者市场上影响购买行为的个人因素在组织市场上依然会起作用，这就使得组织用户在最终做出购买决策时会受个人购买经历、品牌偏好、供应商印象等的影响。因此，营销者要了解个人因素，以便采取"因人而异"的营销措施。

3. 组织购车用户的购买决策

（1）组织购车用户购买决策过程　购买决策的过程生产资料的购买者和消费资料的购买者一样，也有决策过程，但没有一个统一的格式支配所有生产资料购买者的实际购买过程。一般认为，生产资料用户的购买过程分为八个阶段。

1）提出需求。提出需求是生产者购买决策过程的起点。需求的提出，既可以由内部刺激引起，也可以由外部刺激引起。内部刺激，如汽车企业决定推出某种新汽车，因而需要采购生产这种汽车的零部件和新配置；或因零部件存货水平开始下降，需要购置零部件；或因发现过去采购的原材料质量不好，需要更换供应者等。外部刺激诸如商品广告，营销人员的推销等，使采购人员发现了质量更好、价格更低的产品，促使他们提出采购需求。

2）确定需求。确定需求是指确定所需产品的数量和特征。标准产品的采购，一般由采购人员直接决定，而复杂产品的采购，则需由企业内部的使用者和工程技术人员共同来确定产品的一般特性，包括可靠度、耐用性、价格等。

3）产品规格。产品规格是指由专业技术人员具体详细地说明所需汽车产品的品牌、排量及其他技术参数，供采购人员做参考。

4）寻找供应商。购买者可以查找汽车企业名录、利用计算机搜寻、打电话请其他公司推介以及参观车展等来挑选服务周到、产品质量好、声誉好的供应商。

5）征求建议。对所寻找到的供应商要充分了解，广泛征求各方面的建议，为最终选择供应商做好准备。

6）选择供应商。有些企业为了避免过分依赖某一个供应商，最后确定的供应商不限于一个，而是通过几个供应商的竞争来促使他们改进服务质量。比如购买者最后确定了三个供应商，分别向他们采购所需产品的60%、30%和10%，这样可以使3个供应商展开竞争，进一步做好供应工作。

7) 签订定购合约。当供应商选定后，采购中心便开订货单给选定的供应商，在订货单上列举技术参数、需要的数量、交货日期等。现在许多企业日趋采用"一揽子合同"，即和某一供应商建立长期的供货关系，这个供应商承诺只要购买者需要购买时，供应商就会按原定的价格条件及时供货。这种"一揽子合同"对供求双方都带来了方便。对采购者而言，不但减少了多次购买签约的麻烦和由此增加的费用，也减轻了库存的压力——由于这一"合同"，实际上购买者将存货放在了供应商的库里。如果需要进货时，只需用计算机自动打印或电传一份订单给供应商。因此"一揽子合同"又称为"无库存采购计划"。就供应商而论，他的产品有了固定的销路，减轻了竞争的压力。

8) 绩效评价。产品购进后，采购者还会及时向使用者了解其对产品的评价，考察供应商的履约情况，并根据了解和考察的结果决定今后是否继续采购某供应商的产品。

这八个阶段并非适用于所有购买类型，其中对于新购业务来说，一般包括这八个采购阶段，属于完整的采购过程；直接重购只需经过两个阶段，修正重购可能经过某些阶段，也可能不必经过某阶段。修正重购和直接重购两种决策过程都属于不完整的采购决策过程，见表4-2。

表4-2 采购决策过程的主要阶段

购买步骤	新购买	修正购买	直接购买	购买步骤	新购买	修正购买	直接购买
提出需求	是	可能	否	征求建议	是	可能	否
确定需求	是	可能	否	选择供应商	是	可能	否
产品规格	是	是	是	签订定购合约	是	可能	否
寻找供应商	是	可能	否	绩效评价	是	是	是

(2) **组织的购买方式** 组织在采购过程中，常常要选择合适的购买方式。常见的购买方式有以下两种。

1) 公开招标选购。这种招标方式常被用于政府采购、再生产者配套采购、重大工程项目建设单位装备采购等场合。

采用招标方式，集团组织会处于主动地位，供应商之间会产生激烈的竞争。供应商在投标时应注意以下问题：

① 自己产品的品种、规格是否符合招标单位的要求。非标准化产品的规格不统一，往往成为投标的障碍。

② 能否满足招标单位的特殊要求。许多集团组织在招标中经常提出一些特殊要求。例如，提供较长时间的维修服务，承担维修费用等。

③ 中标欲望的强弱。如果企业的市场机会很少，迫切要求赢得这笔生意，就要采取降价策略投标，如果企业还有更好的市场机会，只是来尝试一下，则可以适当提高投标价格。但无论如何，报价均要求在合理的范围内，恶意的低价竞争不一定能够中标，因为招标单位对价格一般进行过调查，有一个标底价。过分远离这个价格，招标单位都可能淘汰投标单位。

通常，招标单位会对投标单位进行资质审查。例如，汽车再生产者对零部件或中间性产品的配套采购，就要对各个拟投标的供应商进行资格审查，看其产品质量是否能够通过本企业质量部门或产品试验部门的质量认定，考察其是否具有必要的融资能力等。所以供应商在投标前应了解招标单位的决策过程,事先做好必要的准备工作。

2）议价合约选购。它是指集团组织的采购部门同时和若干供应商就某一采购项目的价格和有关交易条件展开谈判,最后与符合要求的供应商签订合同,达成交易。汽车产品的大宗订单、特殊需求订单一般均采取此种购买方式。

学习单元4　汽车中间商市场与零部件市场

1. 汽车中间商市场

汽车中间商是指介于汽车生产企业与消费者之间,参与汽车商品的流通、促进买卖行为发生和实现的个人和经济组织。中间商是商品经济、合理流通的必要条件,它一头连接着生产者,一头连接着商品的最终消费者,具有平衡市场需求、扩散商品和集中商品的功能,在商品流通中发挥着重要的作用。中间商类型主要包括以下几种。

（1）批发商　批发商是以批发后再销售为目的,实现产品或劳务在空间和时间上的转移的中间商。根据其是否拥有商品的所有权可分为两种类型：独立批发商、商品代理商。

1）独立批发商。独立批发商是指批量购进并批量销售的中间商。它拥有商品的所有权并以获取批发利润为目的,其购进对象通常是生产者或其他批发商,售出对象多为零售商。

2）商品代理商。商品代理商是指接受委托人的委托,替委托人推销商品的中间商。他们不拥有商品所有权,以取得佣金为目的,促进买卖的实现。

（2）零售商　零售商是将产品和服务销售给最终消费者的中间商,具有形式多样、数量庞大、分布广泛的特征。汽车零售商按其经营的范围可分为专营零售商、兼营零售商和零售代理商。

1）专营零售商。专营零售商是只经营单一品牌汽车产品的零售商。我国各地的汽车专卖店都属于这类。

2）兼营零售商。兼营零售商是经营多家品牌汽车产品的零售商。

3）零售代理商。零售代理商不拥有汽车产品的所有权,仅从销售代理商处取得代理权或者销售代理商设立的零售机构,如汽车销售代理处、代理店等。

2. 汽车零部件市场

汽车零部件市场主要分为主车配套市场和社会维修配件市场两个组成部分。主车配套市场是由整车厂家向其配套的零部件企业采购汽车零部件而构成的产业市场；社会维修配件市场是由社会车辆在使用过程中因为维修而产生的对汽车零部件的需要而构成的市场。主车配套市场和社会维修配件市场虽然属于两个不同的市场,但二者也有很强的联系。首先,对于某个具体的零部件企业而言,其产品如果打入主车配套市场,那么其社会维修配件市场的需求就可能得以巩固和扩张,因为维修网点和汽车用户在心理上一般要求更换原厂配件。因此,占领主车配套市场就不仅仅是增加了一个大客户的问题,而是间接关系到其社会维修配件市场能否保持源源不断的需求。其次,主车配套厂家采购的零部件,一部分用于装车的需要,另一部分用于满足其售后服务网络的需要,显然整车厂家服务网络在维修市场上的服务占有率的提高,有利于增加整车厂家的配套采购,却可能会减少零部件企业面向社会维修市场的配件销售。

汽车零部件的类别、品种繁多,不同的零部件具有的市场特性差别很大。例如,汽车的车桥、车轮、发动机缸体等零部件的市场需求，主要来自整车厂家的生产配套，配套需求占据这类零部件的主要市场份额。反之，汽车易损件，如火花塞、缸套、轴瓦等零部件的市场需求主要来自社会维修市场。维修配件市场的需求量远远大于主机配套的需求量。由于这个原因，汽车零部件的市场营销比较复杂，不可能表现出单一的营销模式。也就是说，对此种零部件很有效的营销方式，却不一定适合于另一种零部件的营销。这就要求营销者必须根据其产品的具体市场特点，研究其需求规律，确立适当的营销战略和策略。

营销案例

小张选车的故事

小张身边的朋友和同事纷纷购买了爱车，小张也开始动心。小张是上海的白领，35岁，月收入上万元；工作地点离家较远，加上交通拥挤，来回花在路上的时间要3h，她的购车需求越来越强烈。但是小张对车一无所知，只有过坐车的体验，直觉上就是喜欢漂亮的白色、流畅的车型和几盏大而亮的灯。

先拿到驾照再说。小张开始上驾校学车。这期间她开始关注汽车的品牌以及别人对各种汽车的评价。"我拿到驾照，就去买一部1.4L自排的Polo。"一位MBA同学对Polo情有独钟。虽然小张也蛮喜欢这一款小车的外形，但她有过坐Polo 1.4L的体验，那一次是4个女生上完MBA课，一起坐辆Polo出去吃午饭，遇到上坡时还不得不关闭了空调才爬上高高的坡。想起爬个坡便要关上空调，实实在在地打击了小张对Polo的热情，虽然有不少人认为Polo是女性的首选车型。

驾校的师傅是驾车方面的专家。"宝来，是不错的车"，师傅说他了解过身边人的用车体会，包括自己，都认为在差不多的价位上，开一段时间，还是德国车好，宝来不错！小张的上司恰恰是宝来车主，小张尚无体验驾驶宝来的乐趣，但后排的拥挤却已先入为主了。想到自己的先生人高马大，宝来的后座不觉成了胸口的痛。如果有别的合适的车，宝来仅会成为候选吧。

不久，一位与小张差不多年龄的女邻居，在小区门口新开的一家海南马自达专卖店里买了一辆福美来，便自然地向小张做了详细介绍。小张很快去专卖店看，她被展厅里的车所吸引，销售员热情有加，特别是有一句话深深地打动了她："福美来各个方面都很周全，反正在这个价位上别的车有的配置福美来都会有，只会更多。"此时的小张还不会在意动力、排量、油箱容量等抽象的数据，直觉上清清爽爽的配置，配合销售人员正中小张心怀的介绍，令小张在这一刻已锁定海南马自达了。她乐颠颠地拿着一堆资料回去，福美来成了小张心中的首选。银色而端正的车体在小张的心中晃啊晃。

小张回家征求先生的意见。先生说，为什么放着那么多上海大众和通用公司的品牌不买，偏偏要买"海南货"？它在上海的维修和服务网点是否完善？两个问题马上动摇了小张当初的方案。小张不死心，便想问问身边驾车的同事对福美来的看法。"福美来还可以，但是日本车的车壳太薄"，宝来车主有着多年的驾车经验，他的一番话还是对小张有说服力的。小张有种无所适从的感觉。随着阅读的试车报告越来越多，小张开始明确自己的目标了，8万~15万元的价位，众多品牌的车都开始进入小张的视野。此时的小张已开始对各个车的生产厂家，每个生产厂家生产哪几种品牌，同一品牌的不同的发动机的排量与车的配置，基本的价格都已如数家珍。上海通用的别克凯越与别克赛欧，上海大众的超越者，一汽大众的宝来，北京现代的伊兰特，广州本田的飞度1.5，神龙汽车的爱丽舍，东风日产的阳光，海南马自达的福美来，天津丰田的威驰，各款车携着各自的风情，在马路上或飞驰或被拥堵的时时刻刻，向小张亮着自己的神采。小张常用的文件夹开始附上了各款车的排量、最大功率、最大转矩、极速、市场参考价等一行行数据，甚至4S店的配件价格也在上面。经过反复比较，小张开始锁定别克凯越和本田飞度。

特别是别克凯越，简直是一款无懈可击的靓车啊！同事A此阶段也正准备买车，别克凯越也是首选。小张开始频频地进入别克凯越的车友论坛，并与在上海通用汽车集团工作的同学B联系。从同学的口里，小张增强了对别克凯越的信心，也知道了近期已另有两位同学拿到了牌照。但不幸的是，随着对别克凯越论坛的熟悉，小张很快发现，费油是别克凯越的最大缺陷，想着几乎是飞度两倍的油耗，在将来拥有车的时时刻刻要为这油耗花钱，小张的心思便又活了。还有飞度呢，精巧，独特，省油，新推出1.5 VTEC发动机的强劲动力，活灵活现的试车报告，令她忍不住想说就是它了。何况在论坛里发现飞度除了因是日本车系而受到抨击外没有明显的缺陷。正巧这一阶段广州本田推出了广本飞度的广告，小张精心地收集着有关广本飞度的每一个文字，甚至于致电广本飞度的上海4S店，追问其配件价格。客服人员耐心地回答令飞度的印象分又一次得到了提高。

到此时，小张对电视里各种煽情的汽车广告却没有多少印象了。由于工作、读书和家务的关系，她实在没有多少时间坐在电视机前。而地铁里的各式广告，按道理是天天看得到，但受上下班拥挤的人群的影响，小张实在是没有心情去欣赏。只是纸上得来终觉浅，周边各款车的直接用车体验对小张有着一言九鼎的说服力，小张开始致电各款车的车主了。

朋友C已购了别克凯越，问及感受，说很好，凯越是款好车，值得购买。同学D已购了别克赛欧，是小张曾经心仪的SRV，质朴而舒适的感觉，小张常常觉得宛如一件居家舒适的棉质恤衫。同学说："空调很好的呀，但空调开后感觉动力不足"。朋友E已购了飞度1.3，她说飞度轻巧，省油，但好像车身太薄，不小心用钥匙一划便是一道印痕，有一次去装点东西感觉像"小人搬大东西"。周边桑塔纳的车主，Polo的车主，等等，都成为小张的"采访"对象。

最后究竟花落谁家呢？小张的梦中有一辆车，漂亮的白色，流畅的车型，大而亮的灯，安静地立在小张的面前，等着小张坐进去。小张知道，她已有了一个缩小了的备选品牌范围。但究竟要买哪一辆车，希望这个"谜底"不再遥远……

复习思考题

1. 私人购车用户购买行为特点是什么？
2. 汽车消费用户的购买行为特点是什么？
3. 汽车消费者购买行为的类型有哪些？

4. 汽车消费者具体的购买动机有哪些？
5. 汽车市场有何特点？汽车市场用户类型有哪些？
6. 影响私人购车用户购买行为的因素有哪些？
7. 影响组织购车用户购买行为的因素有哪些？

【拓展学习】

中国新能源汽车"驶"向全球，中国经济向"绿"而行

2023 年 8 月 17 日，外交部发言人汪文斌主持例行记者会。

有记者提问："据报道，穆迪分析称，得益于电动汽车需求激增及中国电动汽车生产成本优势，中国有望于 2023 年底前成为全球最大汽车出口国，发言人对此有何评论？"

发言人汪文斌表示，中国新能源汽车"驶"向全球，是中国经济向"绿"而行的亮丽风景线。

近年来中国持续推动经济社会发展转型升级，书写高质量发展新的绿色答卷。2023 年上半年，中国全国可再生能源新增装机 1.09 亿 kW，占新增装机总量的 77%，全国可再生能源装机达到 13.22 亿 kW，历史性超过煤电。2023 年 7 月份新能源汽车、太阳能电池产量分别同比增长 24.9% 和 65.1%，充电桩产量同比增长 26.6%。

学习情境 5　汽车市场调研与预测

【学习目标】

1. 掌握汽车市场调研方法和步骤。
2. 能够进行市场调研问卷设计。
3. 能够进行市场预测。
4. 培养实事求是的思想。

学习单元 1　汽车市场调研概述

1. 市场调研的概念和作用

市场调研也称市场调查（国外又称营销调研），它是指为了解决某一特定的市场营销问题而进行资料的搜集、整理、分析，对市场的状况进行反映或描述，并取得结论的一种系统的、有目的的活动与过程。此活动和过程应在详细占有材料的基础上，通过交换、比较、反复，进行去粗取精、去伪存真、由此及彼、由表及里的思考、分析、综合，得出规律性认识，找到解决问题的正确办法。

美国市场营销协会对市场调研的定义：市场调研是一种通过信息将消费者、客户和公众与营销者连接起来的职能。

市场调研是企业经营的一项经常性工作，是企业增强经营活力的重要基础，它的作用有：

1）市场调研是销售人员了解市场环境，掌握市场动态，开发潜在客户的重要手段。

2）市场调研为企业的经营决策提供信息平台，有利于企业在科学的基础上制订营销战略与计划。

3）有利于发现企业营销活动中的不足，保持同市场的紧密联系和改进营销管理。企业通过市场调研还可以及时掌握竞争对手的动态，掌握企业产品在市场上所占份额大小，针对竞争对手的策略，对自己的工作进行调整和改进。

4）有利于企业进一步挖掘和开拓新市场，开发新产品，发挥竞争优势。

2. 汽车市场调研的内容

（1）汽车市场营销环境调研　汽车市场环境调研一般多在企业投资决策阶段展开。汽车市场营销环境调研如调查政策法律、规定、竞争状况等宏观和微观方面的内容。

（2）汽车企业营销组合策略调研　营销组合由产品、定价、分销渠道和促销方式 4 方面组成。调研要定期从这 4 个方面开展。

1）汽车产品调研。汽车产品调研包括汽车销售服务能力、汽车实体、汽车生命周期的调研。汽车销售服务能力包括：供货渠道；销售和售后服务的质量和方便性；维修设备的先进程度；维修工人的技术水平等。汽车实体调研是对汽车本身各种性能的好坏程度做出调研，包括汽车的类型、配置、内饰、性能和产品外观认可程度等的调研。汽车生命周期的调研在汽车的不同生命周期所调研的内容也不同，如在投入期调研的主要内容是：消费者购买此款车的购买动机，对价格的承受力，需求程度和优势所在等。

2）汽车产品价格调研。汽车产品价格调研主要包括以下内容：目标市场不同阶层客户对产品价格的承受能力；竞争车型的价格水平及销售量；提价和降价带来的反应；目标市场不同消费者对产品的价值定位；现有定价能否使企业盈利、盈利水平在同类企业中居于什么样的地位。

3）销售渠道调研。销售渠道调研解决的主要问题是采用何种方式更有利于企业扩大销量，为更多的消费者所了解和认可。例如，汽车销售过程中最常见的流通渠道或分销渠道的情况；现行经销渠道中最成功的方式；经销商的一般库存量与进出货渠道；产品到达客户手中每一环节的折扣有多大等。

4）促销调研。促销调研的内容包括汽车广告宣传、公关活动、现场演示、优惠活动等。例如，在广告制作前要为制作适应目标客户的广告而进行调研，广告制作发布后，需针对广告效果进行调研。促销活动要调研试行促销后销售量、市场占有率的变化等。

(3) 汽车企业竞争对手调研　"知己知彼，百战不殆"。我国汽车市场正处于"群雄逐鹿"、竞争日益激烈的时期，既有国内外大大小小的传统汽车厂家的市场争夺，又有互联网公司强势进入新能源汽车市场。做好竞争对手调研是自身企业发展的重要一环。竞争对手可以分为现实竞争对手和潜在竞争对手。调研内容包括：在竞争中主要的竞争对手有哪些，他们对市场的控制力有多大，消费者对主要竞争产品的认可程度；市场容量以及竞争对手在目标人群中占有的市场份额有多大；市场竞争激烈程度如何；与企业是直接竞争还是间接竞争；竞争对手的销售能力和市场计划；竞争对手对经销渠道的控制程度和方法；竞争对手所售的车型和服务的优势和劣势在哪些方面；消费者还有哪些要求尚未在竞争产品上体现出来；市场竞争的焦点与机会等。

(4) 目标客户情况调研　目标客户情况调研主要内容包括：

1）汽车消费需求量。消费需求量直接决定市场规模的大小，影响需求量的因素是货币收入及适应目标消费人群两个方面。估计市场需求量时，要将人口数量和货币收入结合起来考虑。

2）消费结构调研。消费结构是客户将货币收入用于不同商品的比例，它决定了客户的消费投向，对消费结构的调研包括以下部分：人口构成；家庭规模和构成；收入增长状况；商品供应状况以及价格的变化。

3）客户购买心理和购买行为调研。企业通过客户购买心理和购买行为调研来了解客户所思所想和购买行为的特征，使销售人员以积极主动的方法去影响客户消费全过程，从而扩大销售。

4）潜在市场的调研。其主要目的是发现潜在目标市场。调研渠道可以是驾驶学校、已有用户、目标群体、汽修场所等。

(5) 汽车售后服务调研　汽车售后服务调研包括：维护修理的水平与质量调研；客户满意程度调研；客户关系维系方法与效果调研；维修企业管理水平与管理能力的调研等。

3. 汽车市场调研的类型

根据市场调研课题的不同，汽车市场调研可以分为以下四种类型。

(1) 探索性调研　当企业对需要调研的问题所涉及的范围和内容尚不清楚时，就应采用探索性调研作为试探，以便进一步调研。例如，某汽车企业近一段时期产品销售量下降，不知道是什么原因，一时弄不清，是产品质量不好？价格偏高？服务不好？还是市场上出现了新的竞争性产品？对这些问题，企业可以先对一些用户、中间商或企业生产经营人员进行试探性调研，从中发现销售下降的主要原因，确定继续调研的方向。探索性调研是为了发现问题。

（2）描述性调研　它是针对需要调研的问题，采用一定的方法，对问题进行如实的记录，了解有关这一问题的实际情况和影响的因素。这种调查研究是通过实际的资料，了解和回答"何时？""何地？""谁？""如何？"等方面的问题。多数的市场调研都属于描述性调研，如对汽车市场需求的潜在量、市场占有率、促销方法和销售渠道等的研究。根据描述性调研的资料，找出一些相关因素，为进一步进行因果性调研和预测性调研提供资料。因此，描述性调研的资料对统计推论是十分有用的。它解决社会现象"是什么"的问题。

（3）解释性调研　它是在描述性调研已收集资料的基础上，研究各因素的因果关系。在市场调研中，经常会遇到一些要回答"为什么"的问题，例如，为什么该品牌的汽车产品的销售量会下降？为什么消费者在同类汽车中比较喜欢其他品牌的？这一类问题要求找出问题的原因和结果。因此，解释性调研是解决"为什么"的问题。

（4）预测性调研　它是通过收集、分析和研究过去和现在的各种市场情况资料，运用预测方法，研究和估计未来一定时期内市场上某种汽车的需求量和变化趋势。这种调研已属于市场销售预测的范围。这种调查是为了解决"会怎么样"的问题。

学习单元2　市场调研的方法和步骤

1. 市场调研的方法

（1）调研对象的选取方法　调研对象的选取方法可分为普遍调研与抽样调研。

1）普遍调研。对千差万别的个体所组成的总体进行全面的、普遍的调研研究称为普查。普查（总体统计）由于受到人、财、物和时间的限制不可能有大量的资料，因此大量的社会调研都是抽样调研。当然抽样调研与普查的结果会有一定的差别，这种差别称为抽样误差，但是通过科学的手段可以将误差控制在一定的范围内，同时，普查由于调查范围广、人力多，使得因为工作环节与层次过多而导致的工作差错也会增多，而抽样调研则可以最大限度地减少这种错误。

2）抽样调研。抽样调研是从研究对象的总体中选择一部分代表加以调研，然后用所得的结果推论和说明总体特征。这种从总体中选择一部分代表的过程就是抽样。抽样调研具有很多优点，如节省经费、时效性强、准确性高等。

那么在什么情况下采用抽样调研呢？在不能也不适宜采用普查方式的情况下，在不必采用普查方式的情况下采用抽样调研。比如，我们要了解某品牌汽车的耐碰撞能力，不可能把所有生产出的汽车全都碰撞一遍，只能采用抽样的方法，在已经生产出的汽车中随机抽取一部车或者几部车进行检验。

① 抽样调研的设计。抽样调研的设计一般包括3项内容：

一是确定抽样对象。抽样对象是指对哪些人进行调研。例如，要想了解家庭购买汽车的决策过程，究竟应调研丈夫、妻子还是其他家庭成员，只要购买者、使用者、决定者和影响者不是由一人承担，调研人员就需要确定抽样对象。

二是确定样本大小。样本大小是指调研人数的多少。大样本当然比小样本提供的结果更可靠，但大样本的调研成本高，而且往往没有必要。只要抽样程序正确，即使样本不足总体的 1%，也同样能提供可靠的调研结果。

三是确定抽样方法。

② 抽样调研的抽样方法。抽样方法主要有两类。

一是随机抽样。它是指在调研对象总体中随机抽取一定数目的样本进行调研。这种调研总体中每一个单位都有被选作样本的机会。抽取样本的方式有：

A. 简单随机抽样。简单随机抽样是最基本的概率抽样，又称纯随机抽样。简单随机抽样是对总体中的所有个体按完全符合随机原则的方法（随机数表）抽取样本的方法，它保证了总体中的每一个个体都有同等的被抽取的概率。

B. 分层随机抽样。分层抽样也称类型抽样或分类抽样。分层抽样是先对总体单位按某种特征（如年龄、性别、职业等）分层，然后每一层都按照一定的方法随机抽取部分单位构成样本的一种抽样形式。

C. 等距离随机抽样。等距随机抽样又称系统抽样或机械抽样，即将调研总体中所有单位按一定标志顺序排列、编号，计算出抽样距离，然后按相等的距离或间隔抽取样本。

D. 分群随机抽样。它是在当总体的所在基本单位自然组合为或被划分为若干个群后，从中随机抽取部分群并对抽中群内全部基本单位进行调查的一种抽样组合形式。

E. 多阶段抽样。多阶段抽样对基本调查单位的抽选不是一步到位的，至少要两步，它是多种抽样方法的结合。

二是非随机抽样。它是指按照调研者主观设定的某个标准抽取一定数目的单位进行调研，并不是每一个单位都有机会被选为样本。非随机抽样有四种具体方法：

A. 方便抽样。方便抽样又称偶遇抽样，是指在一定时间内、一定环境里所能遇到的或接触到的人均选入样本的方法。

B. 判断抽样。即研究者依据主观判断选取可以代表总体的个体作为样本，这种样本的代表性取决于研究者对总体的了解程度和判断能力。

C. 配额抽样。即首先对总体进行分组，然后由调研人员从各组中任意抽取一定数量的样本。

D. 滚雪球抽样。它是指先从几个适合的样本开始，然后通过它们得到更多的样本，这样一步步地扩大样本范围的抽样方法。

（2）市场调研的具体方法　市场调研的具体方法包括：

1）文案调研法。文案调研法又称间接调研法，是指通过搜集各种历史和现实的第二手资料，从中摘取与市场调研课题有关的情报，在办公室内进行统计分析的调研方法。这种方法主要是通过调研人员向有关方面索取资料，或从网络中搜寻，或通过剪报、摘录等方式获得。

其资料来源主要有：

① 汽车企业本身积累的资料，如企业的销售额、利润、竞争对手情况、业务记录、统计报表、工作总结等。

② 国家机关公布的国民经济发展计划、统计资料、政策、法令、法规等，以及一些内

部文件。

③ 各行业协会、联合会提供的资料。

④ 国内外公开出版物，如报纸、杂志、书籍及图书刊登的新闻、报道、消息、评论、调研报告等。

⑤ 各研究单位、学会、专业情报机构和咨询机构提供的市场情报和研究结果。

⑥ 企业之间交流的有关资料。

⑦ 全国或地方不定期举办的展览会、交易会等。

文案调研法的特点是花费时间少，费用低，但得到的是第二手资料。通过文案调研法获取的有用信息会产生重要作用。例如：日本公司要进入美国市场，就查阅了美国的有关法律和进出口贸易法律条款。由此得知，美国为限制进口，保护本国工业，在进出口贸易法律条款中规定：美国政府收到外国公司商品报价单，一律无条件地提高50%。而美国法律中对于本国商品的定义是："美国制造的零件所含的价值必须占该商品总价值50%以上的商品。"日本公司针对这些规定，谋划出一条对策：生产一种具有20种零件的商品，在本国生产19件零件，在美国市场上购买一件零件，这一零件价值最高，其价值比率在50%以上。商品在日本组装之后再运到美国销售，就成为美国国内的产品，可以直接和美国公司竞争了。

2）访问法。访问法是将所拟调研的事项，以当面，电话，书面或其他方式向被调研者提出询问，以获得所需资料的调研方法。具体方式有面谈调研、电话调研、邮寄调研、置留问卷调研、日记调查、计算机辅助电话访问（CATI）等。

① 面谈调研。它是指调查人员同被调查人员面对面接触，通过有目的的谈话取得所需资料的方法。面谈调研有个别面谈和集体面谈（座谈会）两种。这种方法具有回收率高、信息真实性强、搜集资料全面的优点；但所需费用高，调研结果易受调研人员业务水平和态度的影响。

按照访问的地点和访问的形式，又可以分为入户（或单位）访问和拦截访问。

入户访问是指调研人员到被调研者的家中或工作单位进行访问，直接与被调研者接触；然后利用访问式问卷逐个问题进行询问，并记录下对方的回答，或是将自填式问卷交给被调研者，讲明方法后，等待对方填写完毕或稍后再回来收取问卷的调研方式。

这种调研方法的优点是：当面听取被调研者的意见，并观察其反应。问卷回收率较高，如彻底执行可达100%。调研人员可从被调研者的住所及其家居环境，推测其经济状况。缺点是：调研成本较高，调研结果正确与否受调研人员技术熟练与否及被调研者诚实与否的影响甚大。

拦截访问是指调研人员通过在某个场所（如商业区、商场、街道、医院、公园等）拦截在场的一些人进行面访调研。这种方法常用于商业性的消费者意向调研中。例如，在汽车城的前台拦截客户询问他（她）们对各种汽车品牌的偏好以及购买习惯、行为等。

商场拦截访问的好处在于效率高，因为是被调研者向调研者走来，而不是调研者寻找被调研者。但是无论如何控制样本及调研的质量，收集的数据都不会对总体有很好的代表性。这是拦截访问的最大问题。

② 电话调研。它是指调研人员选取一个被调研者的样本，然后拨通电话，询问一系列的问题。调研人员（也叫访员）用一份问卷和一张答案纸，在访问过程中用铅笔随时记下答案。调研人员集中在某个场所或专门的电话访问间，在固定的时间内开始面访工作，现场

有督导人员进行管理。这种调研方法的优点是可在短时间内调研多数样本，成本甚低；缺点是不易获得对方的合作，不能询问较为复杂的内容。

③ 邮寄调研。它是指调研人员将预先设计好的问卷或表格邮寄给被调研者，请他们按要求填好后再邮回的一种调研方式。

这种调研方法的优点：调研成本低；抽样时可以完全依据随机抽样法抽取样本，因此抽样误差低。其缺点包括：收回率通常偏低，影响调研的代表性；因无访问员在场，被调研者可能误解问卷意义。

④ 置留问卷调研。它是指调研人员将设计好的问卷送交被调研者，等填写好后，再由调研人员定期收回。这种方法吸收了面谈调查和邮寄调查的一些长处，调查人员可当面消除被调查者的思想顾虑和填写调查表的某些疑问，被调查者又有充分的时间独立思考回答问题，并可避免受调查人员倾向意见的影响，因而能减少调查误差，提高调查质量和调查表的回收率。

⑤ 日记调查。它是指调研人员对连续进行调查的固定样本单位，发给登记簿或账本，由调查者逐日逐项进行记录，并由调查人员定期加以整理汇总的调查方法。日记调查能如实反映被调查单位的经济活动情况，所搜集的资料比较系统可靠，便于对不同时期不同单位之间的情况进行对比分析。

⑥ 计算机辅助电话访问（CATI）。在发达国家，特别是在美国，集中在某一中心地点进行的计算机辅助电话访问比传统的电话访问更为普遍。

计算机辅助电话访问使用一份按计算机设计方法设计的问卷，调研人员通过电话向被调研者进行访问。通过计算机拨打所要的号码，电话接通之后，调研人员就读出CRT屏幕上显示出的问答题并直接将被调研者的回答（用号码表示）用键盘记入计算机的记忆库之中。

3）观察法。观察法是由调研人员到各种现场进行观察和记录的一种市场调研方法。在观察时，调研人员既可以耳闻目睹现场情况，也可以利用照相机、录音机、摄像机等设备对现场情况做间接的观察，以获取真实的信息。观察法的类型有：

① 直接观察法。即到出售有关产品的商店、商场、展销会或消费者家中，观察并记录商品的实际销售情况，同行业同类产品的发展情况，新产品的性能、用途、包装、价格等情况。

② 实际痕迹测量法。即通过对某种行为留下的实际痕迹来观察调查情况。目前汽车销售商大都兼营汽车修理，为了解在哪个电台上做汽车广告效果好，他们就观察记录来修理的汽车里，收音机的指针停放在哪个电台上，把记录的结果做一统计，就可以知道，汽车用户最常听哪个电台，则在这些电台上投放汽车广告的效果就最好。

③ 行为记录法。一般将录音机、录像机、照相机等电子仪器装在现场，被调查对象的行为会如实地被记录下来。

此法在以下调研中经常应用：

一是客户动作调研。例如当设计新店铺时，应先研究吸引客户的最佳方式，此时应进行客户动作观察。

二是交通量调研。为研究某一街道之商业价值或改善交通秩序，调研某一街道的车辆以及行人流量或方向时，可采用此法。

观察法的主要优点是因被调研者没有意识到自己正在接受调研，一切动作均表现自然，准确性较高。其缺点是观察不到内在因素，有时需要做长时间的观察才能得出结果。

4）实验法。实验法是指先在一定的小范围内进行实验，然后再研究是否大规模推广的市场调研方法。它起源于自然科学的实验求证法，具体做法是：从影响调研对象的若干因素中先出一个或几个因素作为实验因素，在其他因素处于不变的条件下，了解实验因素变化对调研对象的影响。实验完成后，还需用市场调研方法分析这种实验性的推销方法或产品是否值得大规模的推行。在展销会、试销会、订货会等场合，均可采用这种方法进行市场调研。

对于汽车商品，在改变品质、设计、价格、广告、陈列方法等因素时，可应用本调研法，先做一小规模的实验性改变，以调研客户反应。这种调研方法的优点是使用的方法科学，具有客观性价值；缺点是实验的时间过长，成本高。

5）网络调研法。网络调研法是指在互联网上针对特定营销环境进行简单调研设计、收集资料和初步分析的活动。利用互联网进行市场调研（简称网络调研）有两种方式，一种是利用互联网直接进行问卷调研等收集一手资料，这种方式称为网络直接调研；另一种方式是利用互联网的媒体功能，从互联网收集二手资料。由于越来越多的传统报纸、杂志、电台等媒体，还有政府机构、企业等纷纷上网，使得网络成为信息海洋，信息蕴藏量极其丰富，关键是如何去伪存真、去粗取精，发现和挖掘有价值信息。第二种方式一般称为网络间接调研。

网络市场调研的实施可以充分利用互联网的开放性、自由性、平等性、广泛性和直接性的特性，使得网络市场调研具有传统的一些市场调研手段和方法所不具备的一些独特的特点和优势。主要表现在以下几个方面：

1）及时性和共享性。网络调研是开放的，任何网民都可以进行投票和查看结果，而且在投票信息经过统计分析软件初步自动处理后，可以马上查看到阶段性的调研结果。

2）便捷性和低费用。实施网络调研节省了传统调研中耗费的大量人力和物力。

3）交互性和充分性。网络的最大好处是交互性，因此在网络调研时，被调研对象可以及时就问卷相关问题提出自己更多的看法和建议，可减少因问卷设计不合理导致调研结论有所偏差。

4）可靠性和客观性。实施网络调研，被调研者是在完全自愿的原则下参与调研，调研的针对性更强，因此问卷填写信息可靠、调研结论客观。

5）无时空、地域限制。网络市场调研是24小时全天候的调研，这就与受区域制约和时间制约的传统调研方式有很大不同。

6）可检验性和可控制性。利用互联网进行网络调研收集信息，可以有效地对采集信息的质量实施系统的检验和控制。

网络市场调研在使用时需要注意安全性问题及隐私权保护问题。

《第51次中国互联网络发展状况统计报告》显示：2022年全年，遭遇个人信息泄露的网民比例最高，为19.6%；遭遇网络诈骗的网民比例为16.4%；遭遇设备中计算机病毒的网民比例为9.0%；遭遇账号被盗的网民比例为5.6%。网络上存在众多的危及网络调查信息安全的因素，作为电子邮件发送的调查问卷，可能由于被调查者对垃圾文件的厌恶和对病毒文件的恐惧，看也不看就从被调查者的电子信箱中被"永久删除"，使调查问卷的回收率达不到设计要求。

随着网络调查的发展，网络隐私权保护问题也凸现出来。网络隐私权是指个人对其在网络上活动、储存、传递的个人资料所具有的支配权,这种权利是应该受到保护的。因此通过互联网直接进行问卷调研时,要特别注意科学、合理设计问卷,降低数据安全风险。要求在接受调研、调查任务时,对需要了解的情况和收集的数据进行全面评估,如需收集敏感信息,须进行脱密处理。如设置问卷编号,实施精准投放,问卷号码和自己掌握的调查样框要一一对应,以此代替对手机号码、单位名称等敏感信息的收集,切实降低数据、信息泄露风险。

2. 市场调研的步骤

市场调研一般可分为调研准备、调研实施和结果分析3个阶段,主要步骤包括:

(1) 明确市场调研的目的　在市场调研之前,首先要弄清楚为什么要调研(认清背景)?想要知道什么(确认目的)?得到结果以后有什么用途(衡量价值)?例如,调研的目的是为了企业制订市场营销的战略规划,还是为了改进企业市场营销的活动效果等。如果调研的目标和指导思想不明,调研肯定是盲目的,调研效果就会欠佳。

例如:某汽车专营店所售车型出现销售额增长停滞,有压库现象,故考虑制订新的促销策略。但是,对于这个构想是否恰当,公司管理者面临几个问题:

其一,因为公司刚进入汽车行业,内部资料搜集不够,无法提供分析。

其二,车型出现销售额增长停滞,是因为经济衰退?消费者偏好转变?促销手段不得力?还是销售人员销售策略出现偏差?竞争对手实力增加?假如:是竞争对手实力增加的话,以何种指标来判断呢?"消费者认为本公司产品市场落伍""新增加了经销商,导致市场空间缩小""竞争车型的广告设计较佳""售后服务有问题"等。

市场营销人员对这些测定指标沟通后,决定对竞争者和促销手段展开调研,以正确了解汽车市场消费趋势,进而决定是否改变营销策略,或者保持现状。

因此,此项消费者购买调研之重点在于:

1) 寻找最合适的测定指标,测定该车型处于什么样的竞争阶段?
2) 竞争对手的分布与经营状况。
3) 本调研应采取叙述性调研或假设检定调研?或者两者兼具?
4) 哪一种促销策略更适合目标消费群?

(2) 选择调研机构或者成立工作小组　市场调研工作可以选择企业自行调研和委托专业调研机构完成两种形式。专业的市场调研机构大致有三种类型:综合性市场调研公司,咨询公司,广告公司的调研部门。如果选择企业自行调研还必须成立调研领导小组。调研工作小组的职能就是具体完成调研工作,其组成人员可能包括企业的市场营销、规划(或计划)、技术研究、经营管理、财务或投资等多方面的人才,这些人员的来源既可能是企业内部,也可能是企业以外的单位或组织(诸如相应的研究机构等)。而领导小组成员一般包括工作小组组长(课题负责人)以及主要参加部门的相应负责人。

(3) 状态与问题分析　状态与问题分析是指在调查之前,详细了解委托方或自身的各种实际状况和所处的社会经济环境,在此基础上,分析企业现实所面临的问题,从而确定调查什么,什么已经有了研究结果,哪些是没有了解充分的等,并在此基础上,提出问题与假设,提出命题、概念、指标、变量等。

(4) 确定调研手段与抽样方法　在状态与问题分析之后,通过对研究假设的分析,确定所采用的调查手段及相应的抽样方法。比如,如果在状态与问题分析时发现,企业对于消费者对产品的态度与需求情况不清楚，应该选择问卷法和访问法；如果发现企业对竞争产品的策略不明，可以选择观察法和访问法；如果是企业仅仅对产品的价格不了解，可以采用实验法等。

（5）制订调研方案和调研程序　这是着手调研的第一步。调研小组应根据调研的总体目标进行目标分解，做好系统设计，制订调研方案，并制订工作计划与阶段目标。例如：消费者对车型态度的相关资料；消费者对本车型与其他竞争车型界定价值的看法；本公司的电视广告与广告在消费者心目中的评价的相关资料等。调研计划一般由摘要、调研的目的、调研的内容与范围、调研的方针与方法、调研进度和调研预算6部分组成。

每次汽车市场调研都需要支出一定的费用，因此在制订计划时，应编制调研费用预算，合理估计调研的各项开支。在进行预算时，调研计划制订者应考虑调研项目、参加人或公司两个方面，要认真核算、合理估计，尽可能考虑全面，以免影响进度。市场调研预算一般包括总体方案策划费、抽样方案设计、调研问卷设计费、印刷费、调研实施费（包括调研员培训、差旅费、礼品、劳务费等）、数据统计分析费、办公费用、咨询费等。

以上步骤，均属调研准备活动，必须做得充分、细致。做好这些工作是保证调研效果的前提，具有非常重要的意义。

（6）进行实际调研　这是营销调研的正式实施步骤。为了保证调研工作按计划顺利进行，如属必要应事先对有关工作人员进行培训，而且要充分估计出调研过程中可能出现的问题，并要建立报告制度。课题组应对调研进展情况了如指掌，做好控制工作，并对调研中出现的问题及时采取解决或补救措施，以免拖延调研进度。以上方面比采取派调研人员出外调研方式更为重要。在这一步骤内，调研者还必须具体确立收集调研信息的途径，因为有些问题可以利用二手资料。当需要进行调研获取第一手资料时，应具体确定被调研对象或专家名单，对典型调研应具体确立调研地点或其他组织名单。

企业应对调研的过程进行有效的监督与考核，以保证调研工作的合理性、时效性。对调研人员工作表现的考核，应注意结合工作成果大小提出具体的标准，如在询问、记录、资料整理、分析等活动中发生错误的次数。考核调研人员的工作表现要注意稽核工作进度来进行，而不要等工作结束后才进行。

（7）整理分析调研资料　调研者应对调研得到的资料及被调研者的回函，分门别类地整理和统计分析，应审查资料之间的偏差以及是否存在矛盾。因为被调研者的知识、专业存在差别，对同一问题的回答往往不一致，甚至截然相反，此时就应分析矛盾的原因，判断他们回答的根据是否充分等。此外，课题组还应从调研资料中优选信息，总结出几种典型观点或意见。

整理资料是一项烦琐而艰辛的工作，因而调研者必须坚持耐心、细致的工作作风；同时，要注意有条不紊地进行和提高效率。现在一般采用计算机等先进手段辅助信息处理。

（8）提出调研报告　调研报告是营销调研的最终结果。调研报告编写的程序应包括主题的确立、材料的取舍、提纲的拟定和报告的形式。在编写调研报告时，要注意紧扣调研主题，力求客观、扼要并突出重点，使企业决策者一目了然，避免或少用专门的技术性名词，必要时可用图表形象说明。根据问题需要，可能还要求对关键问题做连续调研以了解其变化情况，或者为了巩固调研成果和验证调研材料真实性，也需进行一段时间的追踪调研。凡有此种情况，都不能认为写出调研报告就是营销调研的终结。

（9）追踪　调研结束后，要针对调研的内容进行追踪调研，以确定调研结果的真实性和有效性，同时还要调研没有解决的问题，进行补充调研。

学习单元3　市场调研问卷设计

1. 问卷设计的基本要求

调研者在编制调研问卷时应符合以下要求：①尽量减轻被调研者的负担。凡是那些与调研目的关系不大或可隐含得到答案的问题均可省去，那些让被调研者需要反复回忆、计算或查找资料方能回答的问题也应避免。否则，被调研者可能会对调研置之不理。②问题要具体，用语要准确，让被调研者选择的主要答案应尽量完备。③调研题目不应具有诱导性，不应让被调研者受工作人员态度倾向的影响。④问题必须是被调研者有能力回答和愿意回答的问题。⑤问题应简单明了，并注意问题间的逻辑顺序，同一方面的多个问题应连续列出，符合人们的一般思维过程。⑥问题要与被调研者身份与知识水平相适应。例如，对专家可使用专业术语，而对一般群众则应使用通俗语言。⑦交代必要的填写说明及其他事项，如调研活动的背景、目的等，以让被调研者理解和支持调研活动。否则，调研活动就难以得到被调研者的积极配合，调研效果也就较差。

2. 问卷设计的构成

在调研主题确定以后，如采用问卷的形式获取所需的资料，就要把调研目标分解成更详细的题目，同时还要针对调研对象的特征进行设计，如调研对象是企业、消费者还是老客户。一般的调研问卷由以下几个部分组成。

（1）**卷首语**　卷首语是给被访者的一封短信。它的作用在于说明调研者的身份、调研内容、调研目的、调研意义、抽样方法、保密措施和表示感谢等。例如：

> 您好！
> 　　欢迎您填写这份调研问卷。我们××公司准备在我市筹建一汽丰田4S店，针对一汽丰田品牌和建店情况进行这次调研，请把您的真实情况和想法提供给我们。本问卷不记姓名，答案无所谓对错。您的回答将按照国家统计法予以保密。
> 　　占用您的时间，向您表示衷心的感谢！同时送上一个小礼品。

（2）**问卷说明**　问卷说明是用来指导被访者填写问卷的说明。主要包括：填答方法、要求、注意事项等。例如：

> 填表说明：
> 　1) 请在每一个问题后适合自己情况的答案号码上画圈，或者在____处填上适当的内容。
> 　2) 问卷每页右边的数码及短横线是上计算机用的，你不必填写。
> 　3) 若无特殊说明，每一个问题只能选择一个答案。
> 　4) 填写问卷时，请不要与他人商量。

（3）**被调研者的基本情况**　例如：

> 被访者姓名、家庭地址、通信方法、电话号码、年龄、性别和月收入等，一般来讲，如果被访者不愿意透露，可以免填。

（4）**主要问题**（调研问卷的核心内容）　此部分内容将在"3. 问卷问题设计的注意事

项"中详细介绍。

(5) **调研过程记录** 调研过程记录,可以放在问卷的最前面,也可以放在问卷的后面,主要是记录调研员的姓名、督导员的姓名、在调研过程中有无特殊的情况发生、被访者的合作情况等。这部分内容不要让被访者看到。调研过程记录的一般的体例为:

> 调研员姓名:
> 督导员姓名:
> 调研过程中有无如下情况发生:
> 在调研过程中有其他人在场(是什么人)。
> 在调研过程中有客人来访,但没有打断调研。
> 在调研过程中有客人来访,中断过调研(多少时间)。
> 在调研过程中被访者对调研内容或语言有不明白的地方。
> 在调研过程中被访者有顾虑。
> 其他(请详细说明)。
> 在调研过程中被访者的合作情况:
> A. 合作 B. 一般 C. 不合作

3. 问卷问题设计的注意事项

问题是问卷的核心部分,是对各个具体问题的答案,提供了研究、理解和预测有关现象、行为或态度所需的资料。在设计问题时,通常要考虑问题的内容、类别、格式、措辞和顺序。

(1) **问题有封闭式和开放式两类** 封闭式问题有一组事先设计好的答案供调研对象选择。这类问题比较容易提问、回答、处理和分析。但是,对于这类问题的回答受到了设计者的思维定式的影响和限制。

> 例如:对于购买私人汽车您认为是否应有适当的限制?
> A. 是   B. 否   C. 看情况而定
> 开放式问题不提供事先设计好的答案供调研对象选择。
> 例如:您对私人购车有何看法?
> (   )

(2) **问题的表述** 问题的表述方式在答卷调研中,对调研结果有绝对的影响,以下是值得注意的几个方面:

1) 问句表达要简洁,通俗易懂,意思明确,不要模棱两可,避免用一般或经常等意思的语句。

> 例如问:"您最近经常驾驶汽车吗?"这里"最近"是指"近一周"还是"近一月""近一年";"经常"是指间隔多久,意思不明。
> 问:"您会购买捷达轿车吗?"这一问句实际上将买汽车和喜欢的品牌放在一起,让人不易回答。
> 问:"购车时您首要考虑的是汽车的输出功率吗?"这一问题有专业术语,消费者可能不理解。

2) 问题要单一，避免多重含义。

例如问："您认为我公司的维修技术和服务质量怎么样?"维修技术和服务质量是两个问题，消费者不好作答。

3) 要注意问题的客观性，避免有诱导性和倾向性的问题，以免使答案和事实产生误差。

例如问："捷达车结实耐用，维修方便，您是否喜欢?"应该问："您用的是××牌子的汽车吗?"

4) 避免过于涉及个人隐私。

例如问："您今年几岁?""您结婚了吗?"转换为"您是哪一年出生的?""您先生从事何种工作?"

5) 问题要具体，避免抽象和笼统。问题太抽象和笼统会使被调研者无从答起。

例如问："您认为当前汽车行业的发展趋势怎样?"这一问题过于笼统，涵盖的调研范围可以是全国，也可以是指省，也可以是各种汽车车型的未来发展趋势，被调研者很难回答。

6) 调研语句要有亲切感，并考虑到答卷人的自尊。

例如：
A. 买不起　　B. 款式不好　　C. 使用率不高　　D. 不会驾驶
这种提问方式易引起反感，可以调整为：您暂时不买小轿车的原因是：
A. 价格不满意　B. 款式不合适　C. 使用率不高　　D. 准备买

(3) 问题的顺序　问题的顺序应当注意以下几点：
1) 第一个问题必须有趣且容易答复，以引起被调研者的兴趣。
2) 重要问题放在重要地方。
3) 问卷中问题之间的间隔要适当，以便答卷人看卷时有舒适感。
4) 容易回答的问题在前面，慢慢引入比较难答的问题。
5) 问题要一气呵成，且应注意问题前后连贯性，不要让答询人情感或思绪中断。
6) 私人问题和易引起对方困扰的问题，应最后提出。
7) 为了解被访问者的答题可靠与否，在访问结束时不妨将问题中重要者再重新抽问。
8) 问卷要简短，为避免被访者太劳累，一般以15min内全部答完为宜。

(4) 问题与答案的设计　封闭式问题在市场调研问卷中占有重要地位，因此在答案设计中要注意掌握以下原则：一是答案的互斥性。它是指同一个问题的若干个答案之间是相互排斥的，不能有重叠、交叉、包含的情况，这样才能保证答案的特定含义，使调研者不会混乱。二是答案的完备性。所排列的问题答案应是所提出问题的全部可能，不能有遗漏。这种情况一般多出现在多选题中，有时很难把所有的答案列出。对此我们通常在列出主要问题选项后，再列"其他"一项备选。三是问题的设计要考虑调研对象的实际情况，答案的划分要符合客观事实。

问卷设计可有以下几种方法：
1) 填空法。多用于几个字或一个数字就能回答的简单问题。

例如：您现有的轿车用了（　　）年。

2）二项选择法。它的回答项目非此即彼，简单明了。这种问题的形式一般为：
您是否已购买家用轿车？
　　A. 是　　B. 否

这类问题的答案通常是互斥的，调研结果统计得到"是"与"否"的比例，由于回答项"是"与"否"之间没有任何必然的联系，因此得到的只是一种定性分析，说明不同回答所占比例，比例大的部分影响力和重要性比较大。

3）多项选择法。有些问题为了使被调研者完全表达要求、意愿，还需采用多项选择法，根据多项选择答案的统计结果，得到各项要案重要性的差异。
例如：您买家用轿车是因为：
　　A. 经济条件允许　　B. 自己开着玩，个人喜好　　C. 上下班驾驶，代步工具
　　D. 气派，赶时髦　　E. 周围邻居或熟人都有　　F. 为了旅游，出行方便
　　G. 其他（具体写出）

4）等距离量表法。研究同质间的不同程度差别，通常用"很好""较好""一般""较差""差"一类的回答来表述。例如：
您是否想买一辆家用轿车？
　　A. 很想买　　B. 想买　　C. 不一定　　D. 不想买　　E. 不会买
又如，您觉得当前家用轿车的价格如何？
　　A. 很贵　　B. 贵　　C. 适中　　D. 便宜

5）顺位法。这种方法就是列举出若干项目，以决定其中较重要的顺序方案。例如：
您所知道的家用轿车品牌有哪些？
　　A. 桑塔纳　　B. 捷达　　C. 富康　　D. 奇瑞风云　　E. 别克
　　F. 飞度　　G. 凯越　　H. 其他
您最喜欢哪两种？
　　A. 首先（　　　　）B. 其次（　　　　　　　　）

4. 问卷的应用

（1）**设计调研问卷**　调研者要通过调研问卷进行市场调研，首先要认真对待问卷的设计，要注意问卷的严谨、全面和有利于被调研者作答。

（2）**确定调研对象的数量，发放调研问卷**　根据问题的需要和调研的范围来选择确定调研对象，但考虑由于问卷的回收率和有效率的影响，因此，调研对象的单位数应大于研究数。

例如：计划调研300份，预计回收率为60%，有效率为85%，则调研对象单位数为：300/60%×85%≈588份。
发放调研问卷一般可采用邮寄、专业网站公布、送发等几种方式，一般送发问卷回收率较高。

（3）**回收和审查调研问卷**　对于遗漏项太多或漏选关键项太多的资料，可作废处理；还可用时，一般将漏项用空白表示或以其他代号表示；对含义模糊的答复，根据情况，要么作废，要么参考前后几个问题的回答来判断。

学习单元4　市场预测

1. 市场预测的概念和分类

（1）市场预测的概念　市场预测就是在市场调研基础上，利用科学的方法和手段，对未来一定时期内的市场需求、需求趋势和营销影响因素的变化做出判断，为营销决策服务。

汽车市场运行规律比较复杂，市场需求经常出现波动，这就为汽车营销工作带来了很多困难。因而在加强研究汽车市场运行规律的基础上，做好预测工作对于提高市场营销水平具有重要的现实意义。市场预测大致包括市场需求预测、市场供给预测、产品价格预测、竞争形势预测等。对企业而言，最主要的是市场需求预测。

预测方法大体可分为两大类：一类是定性预测方法；另一类是定量预测方法。人们在实际预测活动中，往往结合运用两种方法，即定量预测必须接受定性分析的指导。只有如此，才能更好地把握汽车市场的变化趋势。

（2）市场预测的分类

1）按预测的程度和范围划分。按预测的程度和范围划分，市场预测可分为宏观市场预测和微观市场预测。

宏观市场预测是对整个国民经济的总体市场进行预测，是对各种影响市场环境的社会经济的总体发展变化进行估计，如国民经济增长速度、国家财政金融和对外贸易政策、居民收入和支出的变化、科学技术发展状况等。宏观市场预测通常是由国家有关部门进行，企业可通过有关途径获得。

微观市场预测是指行业或企业对产品生产经营变化趋势，某类或某种产品的市场需求做出的估计。例如，企业对本行业或本企业产品的需求情况预测、生产能力预测、销售预测、潜在用户预测等。微观市场预测是企业确定生产目标和进行营销决策的重要依据。它可指示市场未来的发展趋势，帮助企业确定经营方向，增强企业的应变能力。

2）按预测期限划分。按预测期限划分，市场预测可分为短期、中期和长期预测。

短期预测是指计划年度内的市场预测。预测期一般为 0.5~2 年。这种预测主要是为企业的日常经营管理及编制年度生产经营计划服务。中期预测是指预测期为 2~5 年以内的市场预测。这种预测主要是为企业的中期计划服务。长期预测是指预测期在 5 年以上的长期预测，主要为企业制订长期规划、选择战略目标提供决策信息。

3）按预测的性质划分。按预测的性质划分，市场预测可分为定性预测、定量预测和综合预测。

定性预测是以有关人员的直觉和经验，对预测对象目标运动的内在机理进行质的判断。定量预测是运用预测理论和有关的数学模型，对预测对象目标运动的质的规律进行量的描述。综合预测就是把定性和定量方法结合起来使用，而对预测对象目标运动的质的规律所做出的描述。

2. 市场预测的步骤

市场预测的一般步骤如图 5-1 所示。

（1）确定预测目标　进行预测首先要解决为什么预测的问题，即通过预测要解决什么问题，达到什么目的。这时还应规定预测的期限和进程，划定预测的范围。

确定预测目标 → 收集信息资料 → 选择预测方法 → 写出预测结果报告 → 分析误差，追踪检验

图 5-1　市场预测的一般步骤

（2）**收集信息资料**　它是指围绕预测目标，收集信息资料。预测所需资料包括：与预测对象有关的各种因素的历史统计数据资料和反映市场动态的现实资料。其中，市场调研资料是一个重要的信息来源。

（3）**选择预测方法**　市场预测应根据预测目标和占有的资料，选择适当的预测方法。预测的方法与模型很多，各有其预测对象、范围和条件，应根据预测的问题的性质、占有资料的多少、预测成本的大小，选择一种或几种方法。

（4）**写出预测结果报告**　要及时将预测结果写成预测结果报告。报告中，表述预测结果应简单、明确，对结果应做解释性说明和充分论证，包括对预测目标、预测方法、资料来源、预测过程的说明，以及预测检验过程和计算过程。

（5）**分析误差，追踪检验**　预测是对未来事件的预计，很难与实际情况完全吻合，因而要对预测结果进行判断、评价，要进行误差分析，找出误差原因及判断误差大小，修改调整预测模型得出的预测数量结果，或考虑其他更适合的预测方法，以得到较准确的预测值。

3. 市场预测方法

市场预测方法有很多，按预测的方式不同，可分为定性预测方法和定量预测方法两大类。

（1）**定性预测方法**　定性预测分析也称为判断分析法。它是凭借人们的主观经验、知识和综合分析能力，通过对有关资料的分析推断，对未来市场发展趋势做出估计和测算。

1）集体意见法（图 5-2）。这种方法是集中企业的管理人员、业务人员等，凭他们的经验和判断共同讨论市场发展趋势，进而做出预测的方法。具体做法是：预测组织者首先向企业管理人员、业务人员等有关人员提出预测项目和期限，并尽可能地向他们提供有关资料。有关人员应根据自己的经验、知识进行分析、判断，提出各自的预测方案。这种方法的优点是简单易行，成本也较低，但其最大缺点是受到预测人员的知识和经验的限制。

确定预测目标 → 选择预测专家 → 提供信息 → 预测实施 → 综合意见 → 得出结论

图 5-2　集体意见法的预测步骤

2）德尔菲（Delphi）法（图 5-3）。德尔菲法亦称专家小组法。它是 20 世纪 40 年代由美国的兰德公司首创和使用的，50 年代以后在西方发达国家广泛盛行的一种预测方法。这种方法是按规定的程式，采用背对背的反复征询方式，征询专家小组成员的意见，经过几轮的征询与反馈，使各种不同意见渐趋一致，经汇总和用数理统计方法进行收敛，得出一个比较统一的预测结果供决策者参考。

德尔菲法是市场预测的一个重要的定性方法，应用十分广泛，在征询专家们的意见时，最好采用调研表的方式，由专家们填写。表格应简单清楚，先简单介绍预测目的，然后提出

各种预测问题。问题不宜过多，一般应限制在 20 个以内。请专家于限定时间内寄回表格。预测主持者将各种不同意见进行综合整理，汇总成表，再分送给各位专家，请他们对各种意见进行比较，修正或发表自己的意见。一般经过这样 3~5 轮的反复征询，各位专家的意见就较为趋向统一。

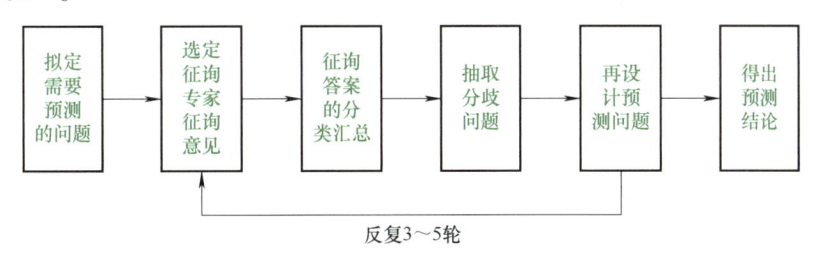

拟定需要预测的问题 → 选定征询专家征询意见 → 征询答案的分类汇总 → 抽取分歧问题 → 再设计预测问题 → 得出预测结论

反复3~5轮

图 5-3　德尔菲法的预测步骤

这种方法的特点是专家互不见面，因此避免了屈服于权威或屈服于多数人意见的缺点，各预测成员可以独立完成。但这种方法的时效性较差，不易控制。

3）类推法。这种方法是应用相似性原理，把预测目标同其他类似事物加以对比分析，推断其未来发展趋势的一种定性预测方法。它一般适用于开拓市场，预测潜在购买力和需求量以及预测增长期的商品销售等，而且适合于较长期的预测。

4）转导法。转导法亦称经济指标法。它是根据政府公布的或调研所得的经济预测指标，转导推算出预测结果的市场预测方法。这种方法是以某种经济指标为基础进行预测，不需要复杂的数学计算，因而是一种简便易行的方法。

(2) 定量预测方法　定量预测方法也叫统计预测法。它是根据掌握大量数据资料，运用统计方法和数学模型，近似地揭示预测对象的数量变化程度及其结构关系，并据此对预测目标做出量的测算。应该指出，在使用定量预测方法进行预测时，要与定性预测方法结合起来，才能取得良好的效果。

1）时间序列法。时间序列法是从分析某些经济变量随时间演变规律着手，将历史资料按时间顺序加以排列，构成一组统计的时间序列，然后向外延伸，预测市场未来发展趋势。这种方法是利用过去资料找出一定的发展规律，将未来的趋势与过去的变化相类似地进行预测。

2）因果预测法。因果预测法就是演绎推论法。它利用经济现象之间的内在联系和相互关系来推算未来变化，根据历史资料的变化趋势配合直线或曲线，用来代表相关现象之间的一般数量关系的分析预测方法。它用数学模型来表达预测因素与其他因素之间的关系，是一种比较复杂的预测技术，理论性较强，预测结果比较可靠。由于需要从资料中找出某种因果关系，所以需要历史资料较多。

3）市场细分预测法。市场细分预测法是指分析人员对产品使用对象按其具有同类性进行划分类别，确定出若干细分市场，然后对各个细分市场根据主要影响因素，建立需求预测模型。例如对我国轿车市场预测可按下述结构进行细分预测，如表 5-1 所示。

表 5-1　我国轿车市场预测表

市场划分	主要影响因素	需求预测模型
县级以上企事业单位	单位配车比	（单位数）×（配车比）
县级以下企事业单位	单位配车比	（单位数）×（配车比）

(续)

市场划分	主要影响因素	需求预测模型
乡镇企业	经济发展速度	需求量 = f(乡镇企业产值)
出租旅游业	城市规模及旅游业发	Σ(各类城市人口数) × (各类城市每人配车比)
家庭私人	人均国民收入	需求弹性分析

(3) 汽车市场预测实践应注意的几个问题　预测人员在实际进行预测活动时，应注意以下问题：

1) 政策变量。汽车市场受国家经济政策和非经济政策的影响很大。在进行汽车市场预测时，政策变量常常影响到模型曲线的拐点和走势，影响到曲线的突变点。即使在根据历史观察值建立的模型中考虑了政策突变的影响，也并不意味着包括了未来政策突变对预测结果的影响。富有挑战性的是，这种影响对预测结果的可信度具有决定性影响。

政策变量虽然不是很好把握，但并不是不可预知的。政策的制定总有其目的性，它往往是针对某些经济或社会问题制定的，最终目的总是要促进经济和社会的稳定发展。从这个意义上讲，政策是可以预知的，只要预测人员加强对经济运行和政策的研究，便可以通过对未来经济运行的预知达到政策预知的目的。尽管由于存在较多不确定因素，对政策的预测要比对经济的预测困难得多，企业可以通过建立预警系统，加强对营销环境的监测，从大体上把握政策变化。

2) 预测结果的可信度。前述各种模型中，只有回归模型提供了可信度结论，而其他模型都没有给出结果的可信度。当对预测结果做组合处理后，最终预测值也没有也不可能给出可信度。这个困难尚有待预测科学本身的发展，但在实践中却不可因此而裹足不前。

3) 预测的方案。实际预测活动中应尽量给出多个预测方案，以增加决策的适应性，避免单方案造成的决策刚性。

4) 拟合度与精度。拟合度是指预测模型对历史观察值的模拟程度。一般地讲，对既定历史数据总可以找到拟合程度很高的模型。但预测人员也不应过分相信拟合度越高，预测结果就准确的神话。预测准确性的高低属于精度问题，拟合度高不一定精度也高，当然模型的拟合度太差也是不妥当的。

5) 预测的期限。预测按预测时间可分为长期预测和中短期预测。一般来讲，对短期预测较好的模型，不一定对长期预测也较好；反之亦然。对这两类预测从精度上讲对短期预测精度的要求应高于长期预测。

6) 预测模型。现在有将预测模型复杂化、多因素化的趋势，虽然这种发展趋势一般有利于提高预测的精度，因为这包括了更多因素的影响。但有时复杂模型不一定比简单模型的预测精度好，而且因素过多，对这些因素的未来走势也不易判断。

7) 数据处理与模型调整。如果某个模型的预测误差较大，人们通常采取对原始数据做平滑处理和修改模型的方法去解决。这种对原始数据进行平滑处理的方法实际上是在回避矛盾，掩耳盗铃。数据异常总有其原因，预测人员应首先对此加以研究，以便在预测活动中考虑到这些原因的影响。

8) 实际与想象。很多预测人员在预测活动开始时，就对预测对象的未来发展做了想象并以此想象来不断地修正预测结果。其实这是一种本末倒置的做法，尤其是中间预测值的取舍以及组合处理时,应力求避免这一易犯的错误。

(4) 预测实践的未来发展　前述的定性与定量的预测方法,并不是相互排斥的,而是相辅相成的。一般地说,定性预测有利于把握事物发展的质,定量预测有利于把握事物发展的量。预测实践应综合运用两种预测方法,定量预测必须接受定性分析的指导,这是由于:①现实是复杂的,任何模型都无法全取代之。②预测涉及许多不稳定的影响因素,了解和掌握这些因素的不稳定信息,预测员的经验,甚至直观感觉是十分重要的。否则单纯地采用由历史数据识别的模型进行类推测,可能会导致数学模型的滥用。③定量预测模型本身也经常用到经验和定性知识,如虚拟量的引用、权重分配及观察点数目的选择等。

总之,对于变化规律不稳定的经济指标的预测,在模型的识别、建立、运行、修正、结果的判断与调整过程中,定性分析和专家的经验都起着十分重要的作用。

从预测工程目前的发展动态来看,在美国主要发展了基于知识信息的决策支持系统(Decision Support System,DSS),它们一般都包含了预测功能。在我国,一些学者主张发展我国的 DSS,提倡直接引用一些经验知识研究大系统问题,预测研究正在向预测专家系统、干预模型预警指标分析等高层次的定量与定性的综合预测发展。

由此可见,预测必须能够随着事件的发展,根据专家的理论和经验,不断吸收新的数据,补充新的情况。修正运用数学模型,建立除了包含传统程序和数据系统外,还必须包括面向知识和经验的知识库系统,组成以人工智能为基础的,采用现代科技新成果等各方面知识的专家系统,由预测人员灵活地运用专家系统进行辅助预测,将是今后进行预测的主要途径。

4. 汽车市场预测的主要内容

汽车企业进行市场预测的内容很多,概括起来主要有以下几个方面。

(1) 市场需求预测　这是根据有关资料对汽车产品未来的需求变化进行细致的分析研究,掌握需求的内在规律,对其发展趋势做出比较正确的估计和判断。市场需求预测根据人口的变化,国民物质文化生活水平提高的程度、社会购买力的增减,以及国民爱好习惯、消费结构的变化等因素,分析市场对产品的需求,既包括对产品数量的需求,同时也包括对产品质量、造型、规格、价格等方面的要求。主要有以下几种。

1) 产销趋势的中长期预测,这是把重点放在企业的长期经营方向上,侧重于根据科学技术的发展,深入研究影响产销的技术因素,并结合市场竞争、资源条件等的变化,制订企业的产品发展计划。

2) 产销趋势的短期预测。产销趋势的短期预测要求以本企业产品的原材料来源、成本、价格等为依据,与同行业同类产品比较,做出近期内市场需求对本企业产销影响的预测,以指导本企业做出相应的对策。

3) 单品种专题预测。这主要是对本企业新产品投入市场后的销售状况和产品在价格、质量、造型、装潢等方面的反应进行研究和分析,提出改进和扩大新产品产销的建议。由于有关因素会直接或间接地影响需求变化,所以对引起需求变化的一些因素也应进行预测,如国民购买力、企业及事业单位购买力、社会发展、产品销路及经济发展等。

(2) 市场占有率预测　市场占有率是指在一定的市场范围内,企业某种产品中的销售量或销售额与该市场上同类产品的总销量或销售额之间的比率。即:

市场占有率 = 企业某种产品销售量(或销售额) ÷ 市场上同类产品的总销量

(或销售额) × 100%

市场需求预测主要是对市场在一定时期内对某种产品品种需求量的发展变化趋势的预测，市场占有率预测是对某种产品的某厂牌需求量或最好销量的预测。对于市场需求预测，主要考虑的是市场环境发展变化对需求量的影响，而市场占有率预测着重考虑的是产品本身的特性和销售努力对销售量的影响。

(3) 生产情况的预测　在了解市场需求和市场占有率的同时，汽车企业必须深入了解自己和竞争对手的生产情况，了解市场上所有汽车产品的生产能力和布局，资源、能源等条件的情况，以及汽车产品的数量、质量和性能等，并且预测其发展变化趋势。

调研方案示例

某市一汽丰田4S店市场调研方案

一、调研目的
1. 了解本公司品牌汽车市场情况。
2. 分析影响各车型销售的原因。
3. 加强企业与使用客户、潜在客户的感情沟通。
4. 本公司的售后服务状况。

二、研究内容
(一) 市场情况
1. 公司所售车型的社会保有量、市场份额情况；潜在消费者首选车型的比例和规格；对同类车型性能的比较；同类产品价格比较。
2. 所售车型的知名度，及其所处的地位；本公司的社会知名度及所处地位。
3. 影响汽车购买的因素：经济环境、服务质量、影响源（媒体与舆论）、竞争对手分布。

(二) 广告情况
企业、产品广告的接触率；广告评价；广告形式内容途径的改进意见。

(三) 售后服务
售后服务的技术；售后服务的质量；需要改进的建议。

(四) 基本情况
性别、文化程度、年龄、职业、个人收入。

三、调研方式
1. 售后服务现场调查。
2. 购车用户电话或上门拜访。
3. 驾驶学校、出租公司访查。
4. 问卷为主调研。

四、样本情况
1. 城市样本：××市。
2. 集体样本：从全市中随机抽取3所驾驶学校，两家汽车出租公司。
3. 老客户样本：从购车客户中调查50~100人。

4. 潜在客户样本：目标消费群随机抽取 50~100 人。

5. 经销商样本：同车型竞争对手两家；竞争车型 3~5 家。

五、调研日程

调查准备：3 月 1 日前完成。

制定计划：3 月 2 日—10 日。

实施计划：3 月 11 日—4 月 1 日。

数据整理：4 月 2 日—10 日。

报告写作汇总：4 月 11 日—21 日。

提交：4 月 25 日。

六、调研经费

1. 问卷设计调查经费小计：2000 元。

问卷费：400 元；调查费：600 元；礼品费 400 元；公关费：300 元；分析处理费：300 元。

2. 访谈会经费小计：1000 元。

招待费：400 元；礼品费：300 元；公关费：200 元；场租费：100 元。

3. 管理费小计：300 元。

4. 经费总计：3300 元。

调研问卷：

您好！

欢迎您填写这份调研问卷。我们××公司针对一汽丰田品牌进行这次调研，请您把真实的情况和想法提供给我们。本问卷答案无所谓对错。请在相应的空格内打"√"。您的回答将按照国家统计法予以保密。

占用您的时间，向您表示衷心的感谢！同时送上一个小礼品。

1. 您的性别是

□男　　□女

2. 您的年龄是

□18~22 岁　　□23~30 岁　　□31~40 岁　　□41~50 岁　　□50 岁以上

3. 您的最高学历是

□初中及以下　　□高中　　□中专、技校　　□大专　　□本科　　□研究生及以上

4. 您的个人月收入（包括各种来源）

□1000 元以下　　□1001~2000 元　　□2001~3000 元　　□3001~5000 元　　□5000 元以上

5. 您的职业状况是

□政府部门管理人员　　□国有企业管理人员　　□外企、私企员工　　□外企、私企管理人员　　□事业单位（学校、医院）工作人员　　□事业单位管理人员　　□专业人士（医生、律师、记者等）　　□文艺体育类工作者　　□学生　　□其他

6. 您现在是否已有汽车？

□有　　□没有

7. 如果您买汽车的话您会买哪种车？

□轿车　　□越野车　　□商务车　　□其他

8. 请问你有几年驾龄？
☐正在考驾照　☐一年　☐3～5年　☐5年以上

9. 您所能承受的汽车价位在
☐3万～5万元　☐5万～10万元　☐10万元左右　☐10万～15万元　☐15万元以上

10. 您在购车时关注的车辆信息是
☐安全性　☐经济性　☐环保性　☐性价比　☐舒适性

11. 影响您购车的因素是
☐造型　☐油耗　☐品牌　☐价格　☐性能　☐其他

12. 您通过何种途径了解到我们一汽丰田汽车的信息？
☐报纸　☐电视　☐广播　☐广告　☐展销会　☐网络　☐朋友介绍

13. 您购买汽车最看重的因素是
☐价格　☐品牌　☐性能　☐外观　☐内饰配置精美　☐安全性好　☐内部空间宽敞　☐售后服务水平　☐配置

14. 您最喜欢的汽车颜色是
☐红　☐黑　☐白　☐银　☐墨绿　☐浅黄　☐金色　☐浅绿　☐其他

15. 您最担心购车后会出现什么问题（单选）？
☐车辆质量　☐售后服务　☐安全性　☐其他

16. 您知道我们4S店的地址吗？
☐知道　☐不知道

17. 您买家用轿车是因为
☐经济条件允许　☐自己开着玩，个人喜好　☐上下班驾驶，代步工具　☐气派，赶时髦　☐周围邻居或熟人都有　☐为了旅游，出行方便　☐其他（具体写出）

18. 您所知道的家用轿车品牌有哪些？
☐威驰　☐捷达　☐锐志　☐卡罗拉　☐别克　☐飞度　☐普锐斯　☐其他
您最喜欢哪两种？
A. 首先（　　　　）B. 其次（　　　　　　）

19. 您之所以买这款车是因为（可多选）
☐价格实惠　☐维修方便　☐有一定知名度　☐别无选择　☐朋友介绍　☐其他

20. 您一般会在什么情况下换车？
☐车辆报废　☐经济条件允许　☐看个人兴趣　☐有合适的新车型

21. 您目前开的这款车性能如何？
☐很好　☐较好　☐好　☐一般　☐差

22. 您知道一汽丰田的哪些品牌（可多选）？
☐威驰　☐皇冠　☐锐志　☐卡罗拉　☐普锐斯　☐普拉多　☐陆地巡洋舰

23. 您在选择购车地点时，首要因素是
☐离家近　☐价格最低　☐服务质量高　☐有实力　☐有熟人的销售企业　☐其他

24. 您喜欢的付款方式是
☐现金　☐转账支票　☐分期付款　☐消费信贷

25. 您认为应该从何种渠道投放广告效果更好?
   □电视 □网络 □电台 □报纸 □专业杂志 □其他
26. 您进行汽车维护时,首先考虑的是
   □服务质量 □技术水平 □维护设备 □交通便利 □其他
27. 您认为售后服务还需在哪些方面改进(可多选)?
   □技术 □服务质量 □环境设施 □服务规范化 □配件价格 □其他
28. 您认为哪种销售人员值得信赖?
   □稳重 □灵活 □专业 □能言善辩 □其他
29. 您是从何种渠道知道我公司的(可多选)?
   □电视广告 □报刊 □熟人介绍 □网络 □其他途径
30. 您对我公司提供的服务满意吗?
   □很满意 □满意 □一般 □不满意 □不知道
感谢您的合作,祝您全家愉快,谢谢!

复习思考题

1. 汽车市场调研的主要内容和类型有哪些?
2. 汽车市场调研的方法有哪些?
3. 汽车市场调研主要经过哪些步骤?
4. 汽车市场预测的方法有哪些?
5. 某公司准备在某市筹建一家上海大众4S店,试进行调研方案的设计。

【拓展学习】

没有调查就没有发言权
——五菱宏光MINIEV的成功在于科学调研

为什么说五菱宏光MINIEV并不是一款完美的产品?

首先,五菱宏光MINIEV续驶里程并不占优势,并且不支持快充。2.88万元的轻松版、3.28万元的自在版续驶里程为120km,慢充6.5h;悦享版本是3.88万元续驶里程为170km,慢充9h;而江淮iEV5/6E、奇瑞小蚂蚁续驶里程均超过了300km,还支持快充。

其次,很多人以为五菱宏光MINIEV消费人群定位是年轻人的第一辆车或者农村老年人,但这一款车实际上是把用户出行半径限定在了60~80km内,并且必须装有家用的充电桩,而都市以及高楼大厦里居住的年轻人是没有条件彻夜充电的,这就使得其主力消费人群依然是小城市或农村以及城乡接合部的人群,这款车只有接送小孩、做小生意以及往返上班才能使用。

最后,这辆车是小型汽车,需要驾照,MINIEV的操作逻辑和一般汽车并没有区别,例如D位前进、R位后退、拉驻车制动器手柄停车等,很多农村老年人文化程度不高,通过驾照考试的人并不多，这使得购车门槛比想象中要高。

但是上述限制因素并没有阻挡五菱宏光 MINIEV 在市面上的销量势如破竹，这其中的逻辑就需要细细进行品读了。五菱宏光 MINIEV 有以下几个特点。

（1）**新能源汽车有史以来最低价格** 五菱汽车的价格通常在 4.28 万元至 10 万元之间，而五菱宏光 MINIEV 价格是 2.88 万元至 3.88 万元之间，属于五菱汽车中最低入门价。而江淮 iEV5/6E 汽车的价格是 5.45 万元至 7.55 万元，奇瑞小蚂蚁的价格是 6.68 万元至 7.88 万元，这款车的续驶里程达到 300km，是可以享受国家补贴的。而这样的价格对于老百姓来说较贵，只要再加上一两万元就可以直接选购吉利帝豪、奇瑞瑞虎这样的 A 级车了。而五菱宏光 MINIEV 直接牺牲续驶里程、快充，也没有考虑国家补贴，从老百姓购车"低价就是刚需"维度出发，降低了购买汽车的门槛，从而一举成为微型车里面的出圈品牌。

（2）**可以直接上绿牌、上保险、跑高速的正规汽车** 五菱宏光 MINIEV 为什么能够秒杀市面上各种接送孩子的"老头乐"车型，并与这些车拉开本质差距？根据相关调查，目前一般老年代步车价格在 6000 元至 15000 元之间，但是续驶里程只有 50~70km，这意味着出行半径大概是 30km 以内，且蓄电池只能慢充，质保只有 1 年左右。五菱宏光 MINIEV 的续驶里程是 120km 或 170km，其"三电"系统有 8 年或 20 万 km 的质保，而且五菱宏光 MINIEV 可以上绿牌；此外，五菱 MINIEV 本身有行驶证、机动车辆登记证书，还可以投保交强险以及机动车第三者责任保险、机动车损失保险等，车虽小，但属于国家正规汽车。

（3）**五菱宏光 MINIEV 本身是"麻雀虽小五脏俱全"** 五菱宏光 MINIEV 座椅较高、视野开阔，一般中等身材的 4 个成年人可以坐下，后方座椅放倒可以增加储物空间，加 400 元可以购买到支持五五分后排的车型；顶配和次顶配车型有液晶显示屏、冷热空调以及倒车雷达。由于电动汽车没有发动机的抖动、噪声和顿挫，行驶品质是优于燃油汽车的，因此五菱宏光 MINIEV 行驶质感并不差，其最高车速可以达到 100km/h，行驶速度并不慢。另外，由于其车身小，方便停车，对很多新手驾驶人来说相当友好。

在营销学之中消费者满意度是一个 QSP 组合，即一个产品的价值包含质量（Quality）、服务（Service）与价格（Price）三个核心要素，一个商品在价格比其他同类产品更高的情况下，如果服务和质量明显胜出，依然可以卖得更好；而一个商品在质量和服务与其他商品大体持平的情况下，如果在价格上远低于同类产品，那么将获得明显的市场优势。五菱宏光 MINIEV 与其他国产汽车相比最大的优势在价格远低于竞品，而又能够通过五菱的产品线、经销商服务体系来实现相对稳定的量产以及与市场持平的服务质量。

MINIEV 的案例说明，不要试图去满足用户的全部需要，而要着力满足用户一个核心的需求。要准确把握需求，必须要做科学的市场调研，要听取第一线消费者的心声，走近消费者，实事求是。

学习情境6　寻找市场机会和定位

现代市场营销非常重视 STP 策略，即市场细分（Market Segmenting）、选择目标市场（Market Targeting）和市场定位（Market Positioning）。生产什么样的产品，满足哪一部分客户需求，其前提是对市场进行细分并选择相应的目标市场。

一个完整的目标市场营销要经过三个主要步骤，即市场细分化、目标市场选定和市场定位。

【学习目标】

1. 了解汽车目标市场策略。
2. 了解汽车市场定位和进入策略。
3. 了解汽车企业营销竞争策略。
4. 培养制造业高端化、智能化、绿色化发展理念。

学习单元1　市场细分概述

1. 市场细分的概念

所谓市场细分，就是营销者通过市场调研，依据消费者的需要与欲望、购买行为和购买习惯等方面明显的差异性，把某一产品的整体市场划分为若干个消费者群的市场分类过程。

市场细分有利于企业分析、发掘新的市场机会，形成新的富有吸引力的目标市场。运用市场细分可以发现市场上尚未满足的需求，这种需求往往是潜在的，不易被发现的，而运用市场细分的手段，就便于发现这类需求，从而使企业抓住市场机会。日本铃木公司在打开美国市场时，通过细分市场，发现美国市场上缺少为 18~30 岁的年轻人设计的省油、实用的敞篷汽车，因此推出了小型轿车"铃木武士"。

市场细分有利于提高企业的竞争能力，扬长避短，发挥优势。通过市场细分，有利于发现目标消费者群的需求特点，从而使产品富有特色，使企业在市场竞争中具有优势。汽车行业是竞争相当激烈的一个行业，国内市场上几乎每一种车型都有类似的产品作为其竞争对手，但如果细分市场选择正确，也可以使企业在一定程度上具有竞争优势。例如，1992 年，通用汽车公司为使其凯迪拉克汽车减少竞争压力，恢复以往的销售势头，曾做过一次市场调查，列出其在美国高档车市场上的竞争对手：福特公司的林肯，奔驰公司的梅赛德斯-奔驰，以及宝马、尼桑等车型。但通用汽车公司并没有将劳斯莱斯作为自己的竞争对手。这是因为劳斯莱斯自上市以来一直采用全手工制作，从产品的性能、售价，到企业的宣传和形象，都决定了劳斯莱斯在豪华车中的王者地位，至今和任何品牌的豪华车都不存在竞争关系。

在从事产品营销的过程中，对于整个市场，任何一个企业的资源和能力都是有限的。企业必须将整体市场细分，确定自己的目标市场，才能集中优势力量与市场需求相结合，不断开拓新的市场。

市场细分为有效地制订最佳营销策略提供了基础。市场细分是选择目标市场和进行市场定位的前提和基础，而企业营销策略的制订都是针对所要进入的目标市场的，离开目标市场的特征和需求的营销活动是无的放矢，不切实际的。

2. 市场细分的标准

（1）按地理和气候因素来细分　寒冷地区的汽车用户，对汽车的保暖、暖风设备更加关注，对汽车的防冻和冷启动效果、汽车的防滑安全措施有较高的要求；炎热潮湿地区的汽车用户，对汽车的空调制冷、底盘防锈、漆面保护等有较高要求；平原地区的汽车用户，希望汽车底盘偏低，悬架软硬适中，高速行驶稳定性好；而丘陵山区的汽车用户更关注车辆的通过能力、爬坡能力和操纵性能等。

（2）按人口因素来细分　汽车企业可以因性别、年龄、收入、职业、教育、家庭、种族、宗教信仰等的差异而形成的对汽车产品的不同需求，从而细分汽车市场。

（3）按心理因素来细分　不同的生活方式、性格和偏好等心理因素方面的差异促成了消费者不同的消费倾向。例如，简约的生活方式或奢华的生活方式，外向的性格或内向的性格，偏向于追求名牌或对品牌较为随意等形成了对汽车档次、品牌、价格、功能、款式和色彩方面的差异性需求。

（4）按行为因素来划分　行为因素是指消费者购买汽车的理由、追求的利益、使用状况和使用率、汽车待购阶段、对产品的态度等。汽车消费者行为因素体现在为什么要购买，是用来代步，还是商用，还是用来出游，抑或是几者兼备；是追求实用，还是追求时尚；是即刻购买，还是持币待购等消费类型。

3. 市场细分的方法

（1）单因素法　单因素法是指企业仅依据影响需求倾向的某一个因素或变量对一产品的整体市场进行细分。如图 6-1 所示，按用途将汽车市场细分为轿车、客车、越野车、货车和专用车等子市场。

（2）双因素法　双因素法是指企业依据影响需求倾向的两个因素或变量对一产品的整体市场进行综合细分。如图 6-2 所示，根据功能和价格两个因素对汽车市场进行细分。

（3）多因素法　多因素法是指企业依据影响需求倾向的两个以上的因素或变量对一产品的整体市场进行综合细分。该方法适用于市场对某一产品需求的差异性是由多个因素或变量综合影响所致的情况。

图 6-1　依用途因素对汽车市场的细分

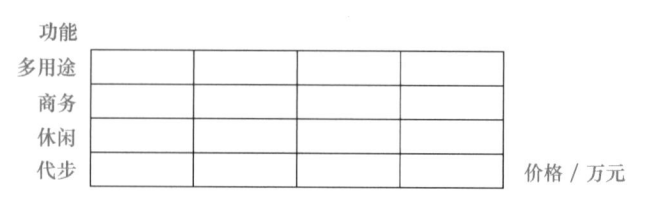

图 6-2　依功能和价格因素细分汽车市场

（4）系列因素法　系列因素法是指企业依据影响需求倾向的多种因素或变量对一产品的整体市场由大到小、由粗到细地进行系统性的逐级细分。该方法适用于影响需求倾向的因素或变量较多，企业需要逐层逐级辨析并寻找适宜的市场部分的情况。

企业在进行市场细分时，能否视具体情况和实际需要使用适当的因素、变量及方法直接影响着市场细分工作的质量和效率，因此市场营销人员在对市场实施细分之前，必须对有关问题进行认真的考虑。

学习单元2　汽车目标市场策略

1. 目标市场覆盖策略

汽车企业在完成市场细分后，就必须评价各种细分市场，决定为多少个细分市场服务，并根据客观和主观条件选择好目标市场，其目的就在于实现部分或完全市场覆盖。一般情况下，汽车企业可以通过以下两种方式实现市场覆盖。

（1）**无差异性目标市场策略**　实行无差异性目标市场策略的企业，把整个市场作为一个大目标，不考虑细分市场间的区别，针对消费者的共同需要，制订统一的生产和销售计划，以实现开拓市场，扩大销售的目的。

采取无差异性目标市场策略的优点是，大量生产、储运、销售而使得产品平均成本低，并且不需要进行市场细分，可节约大量的调研、开发、广告费用。这一策略适用于一些本身不存在明显细分市场的产品，但是对于大多数像汽车这样具有明显差别的商品是不适用的，即使采用也只能在短期生效。第二次世界大战后美国的整车制造厂，如通用、福特汽车公司基本上都生产大型轿车，长时间实行无差异性目标市场策略，结果几家公司之间竞争激烈，销售受到限制。另一方面，石油危机的爆发使得对小型轿车的需求突然增加，这就为日本汽车占领美国市场打开了大门。

无差异性目标市场策略的采用有两种情况，一是在完全垄断市场上，产品由一个企业独家垄断，消费者对产品没有选择的余地。但在今天的消费品市场中，几乎已经不存在完全垄断市场。二是消费者对产品或服务的需求同质，没有差异或差异不明显，如电力和燃气市场。

（2）**差异性目标市场策略**　实行差异性目标市场策略的企业，通常是把整体市场划分为若干细分市场作为其目标市场。针对不同目标市场的特点，分别制订出不同的分销计划，按计划生产营销目标市场所需要的商品，满足不同消费者的需要。

汽车市场是具有明显差异性的异质性市场，因此，差异性目标市场策略是当今汽车企业共同的选择，而且差异性的划分越来越细致，市场越分越小。一汽大众汽车的产品演进就体现了市场越分越细、越来越小的特点（表6-1）。

表6-1　一汽大众轿车市场细分

第一代	第二代	第三代	第四代
捷达	捷达王	宝来	速腾
普通型	捷达都市先锋	基本型	基本型
警务用车	柴油捷达 SDI	豪华型	舒适型
出租用车	奥迪 A6	奥迪 A4	运动型
旅行轿车			豪华型

第一代的捷达是适合当时刚刚起步的中国轿车市场的车型，从推出至今获得了巨大的成

功。奥迪 A6 的推出弥补了一汽大众乃至中国汽车市场缺少高档车的缺陷。宝来轿车属于紧凑型轿车，后续推出的速腾轿车是在宝来基础上向上的延伸，再到后来的中级车迈腾、经济型掀背轿车高尔夫，这样通过 20 多年的发展，一汽大众汽车公司实现了从低端轿车到高端轿车的市场覆盖，取得了巨大的成功，这就是通过差异性目标市场策略实现完全市场覆盖的体现。

采用差异性目标市场策略的优点是：小批量、多品种、生产机动灵活，针对性强。但是由于品种多，销售渠道和方式以及广告宣传的多样化，产品改进成本、生产制造成本、管理成本、存货成本就会大大增加。决定采用差异性目标市场策略之前，要认真研究所选择的目标市场是否可以进入并具有一定的容量。因此，采用这个策略时，要避免对市场的过度细分，那样会增加成本，减少盈利率。

2. 目标市场的选择方法

汽车企业对目标市场进行科学评估后，就必须选择进入哪些市场并提供相应的服务。它直接关系着企业某一大类产品的内部结构、市场营销组合的具体安排等问题。企业选择目标市场的方法主要有以下 5 种，如图 6-3 所示。

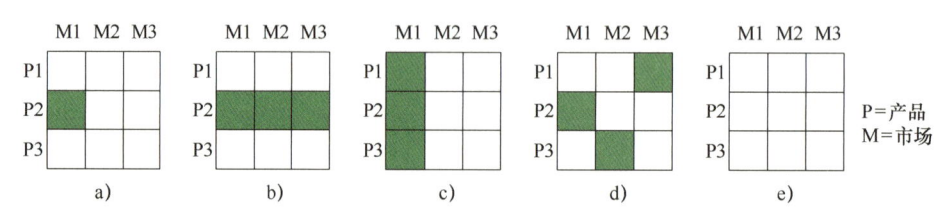

图 6-3 五种目标市场选择方法
a）产品—市场集中化 b）产品专业化 c）市场专业化 d）选择性专业化 e）全面进入

（1）产品—市场集中化 这种策略是指企业决定只生产一种类型的标准化产品，并且只将其供应给产品整体市场的某一个客户群，满足其一种特定的需要。较小的企业通常采用这种策略。

（2）产品专业化 这种策略是指企业决定生产一种类型的系列产品，并将其供应给产品整体市场的各个客户群，满足其对一种类型产品的各不相同的需要。在实践中，这种策略往往是实施第一种策略的企业实行产品开发、市场开发策略后形成的结果。

（3）市场专业化 这种策略是指企业决定生产多种不同类型的产品，只将其供应给产品整体市场的某一个客户群，满足其多种需要。这种策略通常是经营能力较强的企业试图在某一细分市场上取得较好的适应性和较大的优势地位而采取的策略。

（4）选择性专业化 这种策略是指企业决定有选择地同时进入产品整体市场的几个不同的市场部分，并有针对性地向各个不同的客户群提供不同类型的产品，以满足其特定的需要。这一般是生产经营能力较强的企业在几个市场部分均有较大吸引力时所采取的策略。

（5）全面进入 这种策略是指企业决定全方位地进入产品整体市场的各个市场部分，并有针对性地向各个不同的客户群提供不同类型的系列产品，以满足产品整体市场各个市场部分的各种各样的需要。这主要是大企业为在一种产品的整体市场上取得领导地位而采取的策略，它往往是市场专业化策略或选择性专业化策略演化的结果。

在运用上述目标市场选择方法时，企业一般是先进入最有吸引力且最有条件进入的市场部分，只是在机会和条件成熟时才酌情有计划地进入其他市场部分，逐步扩大目标市场范围，多数汽车企业的发展目标是全面覆盖市场。

学习单元3　汽车市场定位和进入策略

1. 汽车市场定位的概念

汽车产品在市场上品牌繁多，各有特色，而广大用户又都有着自己的价值取向和认同标准，企业要想在自己的目标市场取得竞争优势，就必须在充分了解用户和竞争对手两方面情况的基础上，确定本企业产品的市场位置，树立产品特色，这个过程即是市场定位。由此可见，汽车市场定位就是指汽车企业以何种产品形象和企业形象出现，达到给目标客户留下深刻印象的效果。

产品形象和企业形象是指用户对产品和企业形成的印象，比如大家经常所说的"物美价廉""经济实惠""技术先进"等都属于产品形象的范畴。国内外大公司都十分重视市场定位，精心地为其企业及每一种汽车产品赋予鲜明的个性，并将其传给目标消费者。例如，吉利、荣威、奇瑞、长安、上汽名爵等品牌的汽车，其市场定位是中低收入人群，其价格一般低于10万元；速腾、朗逸、卡罗拉、轩逸、帕萨特、凯美瑞等品牌汽车，其市场定位是中高等收入的城市人群，其价格一般在10万～30万元之间；奥迪、宝马、奔驰等品牌汽车，其市场定位是高收入人群，价格一般在30万元左右或以上。当然，上述所列的仅仅是市场定位中价格的因素。对于除价格因素外的功能因素、质量因素、销售渠道因素和促销因素等也可以进行同样的分析。

在汽车行业众多的品牌中，定位观点是各不相同的。同是高档汽车，宝马车强调的是"驾驶的乐趣"，富豪强调"耐久安全"，马自达的"可靠"，绅宝（SAAB）的"飞行科技"，丰田（TOYOTA）的"跑车外形"，菲亚特的"精力充沛"，而奔驰的定位则是"高贵、王者、显赫、至尊"，奔驰的电视广告中较出名系列是"世界元首使用最多的车"。

可见，企业产品市场定位要解决的问题是：①客户真正需要什么。②企业把自己的产品定在目标市场上的何处。③目标市场上竞争者的产品处于什么位置。

2. 汽车市场进入策略

市场进入的策略类型包括以下四种。

（1）产品差别化策略　产品差别化策略的根本是通过提高客户的认可效用来提高产品价值。如果客户能够感知到一种产品的独特性，总会有一部分客户愿意为此支付较高的溢价，即从产品质量、产品特色等方面实现差别的战略。企业常常寻求产品特征的方法是实现产品的差别化，如丰田的品质、本田的外形、日产的安装、三菱的发动机等都是非常富有特色的。

1）比附进入策略。这种定位方法就是攀附名牌，比照名牌来给自己的产品定位，以借名牌之光而使自己的品牌生辉。例如，沈阳金杯客车制造公司"金杯海狮，丰田品质"的定位就属此类。

2）属性进入策略。这是指根据特定的产品属性来定位，如本田在广告中宣传它的低价，宝马在促销中宣传它良好的驾驶性能等。

3）利益进入策略。这是指根据产品所能满足的需求或所提供的利益、解决问题的程度来定位，如"解放卡车、挣钱机器"即属此定位。

4）针对竞争对手的进入策略。这是指对某些知名而又属司空见惯类型的产品做出明显的区分、给自己的产品定一个相反的进入位置。

5）市场空白进入策略。企业寻找市场尚无人重视或未被竞争对手控制的位置，使自己推出的产品能适应这一潜在目标市场的需要的定位策略。例如长城汽车2018年推出新能源欧拉品牌时，在定位上就采用了这一策略，在市场上大部分的A00级纯电动SUV都聚焦在7万元左右或者以下的情况下，欧拉定位在7万~15万元的A00级和A0级SUV上，开拓了空白市场，获得了很大的成功。

6）性价比进入策略。这是指结合对照质量和价格来定位，如物有所值、高质高价或物美价廉等定位。例如，一汽轿车的红旗明仕的市场定位"新品质、低价位、高享受"即属此类。

（2）服务差别化策略　在传统观念中，汽车销售是企业经营工作的"终点"，只要产品卖出去就万事大吉了。如今，许多汽车生产厂家都认识到：卖车不是卖产品，而是卖服务；服务应贯穿于汽车产品的售前、售中及售后的每个环节；产品营销是落实"以客户为中心"的企业经营方针的"起点"，是为客户提供服务的开始。正是由于观念的转变，所以服务营销模式受到了广泛重视。近年来，各汽车企业都紧紧围绕服务营销的理念提出了各自的产品定位战略方针。通过服务差别化提高客户的总价值，从而击败竞争对手。在对汽车等技术密集型的产品市场定位中，实行服务差别化战略是非常有效的。

例如，东风汽车公司实施了以"关怀每一个人，关爱每一部车"为营销理念的用户关爱工程，并从打造"商用车第一品牌"的战略高度建立了"东风客户管理中心"（即CRM）。这个受到国家经贸委关注的客户管理中心，实施了由建档管理向用户回访管理的转变，对建档用户进行了100%的回访，及时、准确地为用户提供了有针对性的个性化服务。第一汽车集团公司的解放品牌2002年以"用户第一"为宗旨，对营销网络进行了整合，推动了由"市场营销"向"关系营销"的转变，由"主动服务"向"感动服务"的转变和由"企业效益第一"向"用户价值第一"的转变。

（3）人员差别化策略　人员差别化策略是通过聘用和培训比竞争对手更优秀的人员以获取差别化优势的战略。实践证明，市场竞争归根到底是人才的竞争，一个有优秀领导和勤奋员工组成的企业不仅能保证产品质量，而且还保证了服务的质量。人员的素质通常包括人员的知识、技能、责任心、品质和沟通能力等方面。

（4）形象差别化策略　形象差别化策略是指汽车企业在产品的核心部分与竞争者无明显差异的情况下，通过塑造不同产品形象以获取差别的战略。例如，奇瑞汽车在2003年推出的新车型"QQ"就在当时以新奇的车型外观、内饰和配置进入微型轿车市场，受到一众年轻人的喜爱。

学习单元4　汽车企业营销竞争策略

1. 企业的竞争者分析

"知己知彼"是市场竞争的重要原则。一个企业参与市场竞争，不但要了解谁是自己的客户，而且要弄清谁是自己的竞争对手。通过对行业竞争环境的分析表明，企业的营销工作仅仅做到"客户满意"是远远不够的。有效的营销战略和计划同样需要对竞争者做充分的了解。企业必须经常将自己的产品、价格、分销渠道和促销策略与竞争对手进行比较。这样,企业才能确定竞争者的优势与劣势,从而使企业能够发动更为准确的进攻,以及在受到竞争者攻击时能及时做出较强的防卫。为此,企业至少要了解有关竞争者的几件事:谁是我们的竞争者?他们的目标是什么?他们的优势与劣势是什么?怎样选择竞争对手?

(1) 识别企业的竞争者 企业识别竞争者似乎是一项简单的工作,如通用汽车清楚地知道福特是其主要竞争者。但是,一个企业实际的和潜在的竞争范围可能是非常广泛的,而企业往往会患"竞争者近视症",只看到当前最接近的竞争者,对潜在的竞争者没有给予足够的注意,而潜在的竞争者常常会给企业带来更大的威胁。

1) 竞争者的类型。按产品的替代观念,从由窄到宽的角度来界定,一个企业的竞争者可以分为以下四种类型,或称之为四个层次:

① 品牌竞争者。品牌竞争者是指以相似的价格向同样的客户提供类似产品及服务的企业,这是狭义的竞争者,品牌几乎是区别产品的唯一因素。例如,被别克公司视为主要竞争者的是福特、丰田、本田、雷诺和其他中档价格的汽车制造商,但它并不把梅赛德斯汽车与宝马汽车看成是自己的主要竞争者。

② 行业竞争者。行业竞争者是指同一行业生产不同档次、型号产品的企业。例如,丰田把其他所有汽车制造商视为自己的竞争对手。

③ 形式竞争者。形式竞争者是指以不同产品提供相同服务的企业。例如,本田公司认为自己不仅在与汽车制造商竞争,还在与摩托车、自行车的制造商竞争。

④ 通常竞争者。通常竞争者是指以不同的产品争取同一消费者购买的企业。此种竞争又称为"预算竞争"或"广义竞争者"。例如,通用汽车公司认为自己在与所有的主要耐用消费品、国外度假和房地产领域的公司竞争。

2) 竞争者的辨认。总的来说,我们可以从行业竞争观念和市场竞争观念来辨认企业的竞争者。

① 行业竞争观念。一个行业是由一组生产相同产品或密切可替代产品的企业组成的,如汽车行业、石油行业、纺织行业等。所谓密切可替代产品是指具有高度需求交叉弹性的产品,即在同一行业内,一种产品的价格变化会敏感地引起另一种产品需求变化的产品。如果日本汽车价格提高而人们转向美国汽车时,这两者是互为替代品。可以认为,同一行业中替代性最强的企业最容易成为直接的竞争对手。所以,企业的经营者们应清楚,要想在本行业内卓有成就,就必须充分了解同行业的竞争伙伴,识别出同行业中自己最主要的竞争者。

② 市场竞争观念。除了从行业的角度看公司外,我们也可转换不同的角度去识别企业的竞争者,通常,汽车制造商会把其他的汽车制造商看作竞争对手,这是很自然的。但从客户需求的角度来看,客户真正需要的是"行"的快捷工具,这种需要可由自行车、摩托车、汽车、火车、飞机、轮船等予以满足。汽车完全可以被其他功能相同并且更好的产品替代,从而构成对汽车生产商的威胁。因此,从市场需求的观念来考虑,竞争者将是所有那些力求满足相同客户需要,或服务于同一客户群的企业。

(2) 判断竞争者的目标 在辨别了企业的主要竞争者及他们的策略后,紧接着要回答的问题是:每个竞争者在市场上追求什么?每个竞争者的行为推动力是什么?即要了解竞争者的目标。竞争者的目标可以有总目标与分层目标、近期目标和远期目标等,这就要求企业采用动态的、具体分析的方法来判断竞争者的目标。其中，要注意以下几点区别：

1）在不同情况下对同一目标的重视程度有所不同。例如，有的企业仅仅是为实现目标利润指标，尽管通过其他策略和努力会产生更多的利润，但只要达到指标，它们就可能会放弃这种努力，这是比较容易对付的竞争对手。另一些企业则会以实现最大化的利润为目标，它们将为此尽最大的努力，选择其相应的策略行动。

2）在目标组合中的侧重点有所不同。判断竞争者的目标，不但要全面了解其利润、市场占有率、销售增长率、企业形象等各种目标，更重要的是识别其目标的重点，当某一企业的重点目标遭受攻击时，它便会做出强烈的反应。

3）确定企业目标的因素有所不同。企业的目标是根据多种因素确定的，如公司规模、地位、专业化程度等。大型跨国公司的实力雄厚，它们总是谋求在世界范围内获取最大化的利润，而它们的子公司除了为母公司的总目标服务外，还要体现合资者和东道国的利益。此外，一个企业可以是专业公司，也可以是多行业的混合型公司；可以是总公司的核心成员，也可以是其次要成员，它们都会有自己特定的目标。就"避实就虚"的原则而言，对实力相对较小、次要成员、多行业的公司采取竞争行动较为有利。

（3）**评估竞争者的优势与劣势**　"扬长避短"是市场竞争的重要原则之一，这就要求企业能准确地掌握竞争者的优势与劣势，其中包括销售额、市场占有率、利润率、销售增长率、投资收益、现金流量、新的投资、生产能力的利用情况等。收集有关竞争者的这些情报资料是一件相当困难的事，但还是要为此做出努力，因为它能对竞争者的优势与劣势进行较为准确的估计，帮助企业做出向谁挑战、怎样挑战的决策。表6-2的市场调查结果，可以帮助企业进行评估分析。

表6-2　客户对竞争者评估比较表

企业	产品知名度	产品质量	价格合理性	售后服务	推销人员
甲	良	优	优	良	优
乙	优	优	中	良	优
丙	中	一般	良	优	良

表6-2说明，甲企业的总体状况良好；乙企业的优势明显，但其价格与售后服务方面并不理想；丙企业在各方面基本处于劣势。运用此表进行评价比较是一种静态的分析方法，在现实中能够表现企业优势与劣势的各种因素往往是在不断变化的，因此企业还要注意进行追踪调查，以便根据变化了的情况做出竞争决策。

（4）**选择竞争者**　企业必须选择竞争者，以便有效地进攻和回避风险。因此，为了更好地获得竞争对手的信息，制订具有战斗力的竞争策略，企业往往要设立专门的竞争情报系统收集信息。在获得了充分的竞争信息之后，企业的经营人员就能够较为容易地制订其竞争策略，并能更好地认识到在市场中可与谁进行有效的竞争。不过，企业决定与哪个竞争者进行最有力的竞争，还要以客户价值分析作为保证。客户价值分析将揭示企业与各种竞争者的相对优势和劣势，以确立企业自身所处的位置。客户价值分析的主要步骤是：

1）识别客户价值的主要属性。主要属性是指客户在选择产品和购货时，希望得到何种功能和何种经营水平。

2）评价不同属性重要性的目标额定值。企业可以通过询问客户等方式，由客户对各种不同属性按其重要性大小进行评定和排列顺序。

3）对企业和竞争者在不同属性上的性能进行分等或重要度评估。企业也需要通过采取询问客户的方式对各竞争者在各个属性方面的性能进行评估。当然，理想的情况是，本企业应该在客户评价最好的属性方面性能最优，而在客户评价最差的属性方面性能较低。

4）与特定的主要竞争对手比较。对每个属性，研究某一特定细分市场的客户如何评价企业的绩效。如果企业所提供的产品在所有重要的属性方面都超过了竞争者，企业便可制订较高的价格以获得更多的利润，也可定价相同而获得较高的市场份额。

5）监测不断变化中的客户需求。尽管客户的评价在短期内是比较稳定的，但当技术和特性发生变化及客户面对不同的经济气候时，他们有可能起变化。该企业如果欲在战略上成功，它必须对客户价值和竞争者形势与地位做出重新研究。

有了客户的价值分析，企业更可以集中力量与竞争者展开市场竞争。

2. 竞争策略的选择

企业在对主要的竞争者进行了全面和充分的分析之后，便开始制订竞争策略，以便运用自己的竞争优势赢得市场。实践证明，没有哪一种策略会适合所有的企业，不同的竞争优势会有不同的竞争策略，这取决于企业自身的具体情况。所以，企业必须认清自己在本行业的真实位置，并以此为基础，制订有效的竞争策略。

（1）**基本竞争策略** 基本竞争策略是指导企业生产经营和市场竞争全局的计划和策略。从竞争手段的角度来看，可把竞争策略定义为：企业计划在一段较长的时期内采用的主要竞争手段。在现实的市场竞争中，有许多竞争手段可供选择，其中有的竞争手段又互相联系、不可分割，但也有主次之分，因此可把主要竞争手段视为竞争策略，其他则为辅助的竞争手段。基本竞争策略有以下4种方式。

1）高质量竞争策略。高质量竞争策略是指企业致力于树立高质量的企业形象，以高质量的产品为竞争手段，并希望在竞争中以高质量超越竞争对手。在实施这一竞争战略时，需要解决的主要问题在于怎样认识和塑造产品和品牌形象为高质量。

当前，我国经济已由高速增长阶段转向高质量发展阶段。其中，企业高质量发展是高质量发展的必然要求，也是企业应对世界之变、时代之变、历史之变的战略选择。中国汽车工业在实现高质量发展的道路上蹄疾步稳，截至2022年底，连续8年稳居全球新能源汽车产销规模第一。新能源汽车为中国汽车产业转型升级、高质量发展提供了全新"赛道"。

2）低成本策略。低成本策略是指企业以低成本作为主要的竞争手段，企图使自己在成本方面比同行业的其他企业占有优势地位。企业如何实现低成本是实施这一竞争战略的关键。总体上说，企业应发挥规模经济的作用，使生产规模扩大、产量增加，从而降低单位产品固定成本。另外，企业在扩大生产规模的同时，还要争取做到以较低的价格取得生产所需的原材料和劳动力，使用先进的机械设备，增加产量，提高设备利用率、劳动效率和产品合格率，加强成本与管理费用的控制等。例如，日本丰田汽车公司在20世纪70年代一直采取此种策略，不断地提高了丰田汽车在国际汽车市场上的竞争地位。

低成本策略对于汽车行业中以生产普通车型为主的汽车商尤为有价值，因为对于同样关心性价比的普通车型的买主来说，价格往往起更大的作用。总成本领先的汽车生产商可以通过游刃有余的降价来提高性价比，以争取更多客户和更大的市场份额。

3）差异优势策略。企业以某些方面的独到之处为主要竞争手段，希望在与竞争对手的差异比较中占有优势地位，因此便形成了差异优势策略。这里所指的"差异"是广义的。例如：产品的性能、质量、款式、商标、型号、档次、产地，生产产品所采用的技术、工艺、原材料以及售前售后服务、销售网点等方面的差异。企业只要在其中某一方面或某几方面与竞争者有所不同，并对潜在客户具有较大的吸引力，就能取得优胜地位。例如，日本丰田公司向美国市场推出的灵活、省油、驾驶方便的小型汽车，就充分显示出差异的优势。对于某些产品如汽水、啤酒等难于表现实质性差异时，企业可通过品牌、广告宣传等竞争因素来创造心理性差异，使客户偏爱、信赖本企业的品牌，从而形成差异优势。

4）集中优势策略。集中优势策略要求企业致力于为某一个或少数几个消费者群体提供服务，力争在局部市场中取得竞争优势。上述差异优势策略是立足于企业的能力，使产品、经营差异化，集中优势策略则是根据客户需求的差异性把整体市场进行分割。所谓"集中"，就是企业并不面向整体市场的所有消费者推出产品和服务，而是专门为一部分消费者群体（局部市场）提供服务。

(2) **市场领导者竞争策略**　所谓竞争策略，是指企业为实现竞争战略，依据自己在行业中所处的地位，而采用的与竞争形势相适应的各种具体行动方式。市场领导者是指某一行业中拥有最大的市场占有率，在价格变动、新产品开发、分销覆盖面和促销强度等方面都起主导作用的某一大企业，如汽车行业的大众汽车公司、软饮料行业的可口可乐公司、快餐行业的麦当劳公司等。这类企业为继续保持其霸主位置，都会围绕着扩大市场需求、维护现有市场占有率和提高市场占有率等策略目标来采用具体的竞争策略。在市场竞争中，市场领导者往往会成为市场挑战者的攻击对象。因此，维护市场占有率也就成为市场领导者的一个重要的策略目标，即使它们不发动攻击，至少也应自我保护，防御竞争对手的进攻。所以，处于统治地位的企业想要继续保持第一位的优势，应当采取强有力的行动：一是设法扩大市场总需求；二是运用恰当的防御和进攻策略，保持现有的市场份额；三是努力扩大市场占有率。

对于汽车行业来说，大众汽车公司在汽车行业中影响重大，其在2023年世界500强汽车企业中排行第一，但并非是绝对的领导者，因为汽车市场是一个成熟的垄断竞争型市场，大众之外的其他几家如丰田、通用、福特、梅赛德斯-奔驰等汽车业巨头企业也有问鼎汽车行业的实力。当前世界汽车市场竞争十分激烈，谁不能及时适应市场的发展和需求，谁就会后退和落伍，不管其原来有多么辉煌。世界汽车市场的份额排序随时都可能发生变化。

(3) **市场挑战者竞争策略**　在行业中名列第二名或名次稍低的企业可称为市场挑战者。他们虽然位次于领导者企业，但在行业中势力仍可以是非常大的，如福特、丰田等公司。对这些市场挑战者而言，也要解决防御的问题，但它们主要是市场竞争的进攻者，其攻击对象主要有：一是市场领导者；二是同等规模的企业；三是中小企业。对于市场挑战者来说，必须进行正确的攻击策略分析。可供选择的进攻策略有以下四种：

1）正面进攻。正面进攻是指挑战者集中力量直接攻击竞争对手的长处、市场和产品，而不是向它的弱点攻击。

2）侧翼进攻。侧翼进攻是指进攻者以自己的相对优势去攻击竞争对手的薄弱环节。上述正面进攻是攻击竞争对手的长处，而侧翼进攻则是攻击竞争对手的短处，体现了"扬长避短、避实击虚"的竞争原则。采用这一策略的条件是：进攻者的实力较小，所夺取的市场具有较大的潜力，竞争对手不会采取报复行动。侧翼进攻仅攻击对手的薄弱环节，这正好体现了"发现需求并满足它"的现代市场营销观念。而且,侧翼进攻的成功概率远远大于正面进攻,是一种最有效和经济的策略形式。

3)包围进攻。包围进攻是指进攻者以更深的产品线或更广的市场来围攻竞争对手的阵地。侧翼进攻是占领竞争对手的次要市场或无法覆盖的市场,包围进攻则是企图通过"闪电"般的攻击,夺取竞争对手的一块市场。实施包围进攻策略的进攻者的实力必须远远超过竞争对手,它应具有雄厚的财务、强大的分销体系和研究开发能力,否则,力不从心的包围进攻就可能演变为实际上的正面进攻,最终导致失败。包围进攻可采用产品围攻和市场围攻两种策略类型。产品围攻是指进攻者推出大量品质、款式、功能、特性各异的产品,加深产品线来压倒竞争对手。市场围攻是指进攻者努力扩大销售区域来攻击竞争对手。

4)迂回进攻。迂回进攻是进攻者避免与竞争对手正面冲突,而向较容易进入的市场发动进攻。但迂回进攻则是不针对特定的竞争对手和现有市场的最间接的进攻策略,其策略意图是避免在现阶段与竞争对手发生冲突,企图绕过过分拥挤的现有竞争市场来寻找开拓发展的新天地。

上述挑战者的进攻策略显得十分概括,在实践中,挑战者必须把几个特定的战略组成一个总体战略。适用于进攻竞争者的特定的营销战略有:价格折扣战略、廉价品战略、名牌产品战略、产品扩散战略、产品创新战略、改进服务战略、分销创新战略、制造成本降低战略、密集广告促销战略等。

(4) **市场追随者竞争策略** 市场追随者是指那些模仿市场领导者的产品、市场营销因素组合的企业。市场挑战者是企图通过竞争行动来夺取领导者的市场,甚至存有争得市场领导地位的野心;市场追随者则不是以击败或威胁领导者为目标,而仅仅是模仿领导者的行动,依附于领导者,从中取得高额利润。在市场竞争中,居于次位的企业紧紧追随市场领导者,有时会比向市场领导者发动挑战获得更多的收益。

(5) **市场利基者竞争策略** 市场利基者是指那些在被大企业忽略或不屑一顾的小市场,从事专门化经营的小企业。几乎每个行业中都有许多小企业为市场的某些部分提供专门服务。这些小企业因缺少竞争实力而尽量避免与大公司冲突。他们往往占据着市场的小角落,通过专门化为那些被大企业忽略或放弃的市场进行有效的服务。对于小企业来说,关键在于找到理想的市场补缺点,寻找那些既安全又能获利的细小市场。

一般说来,一个理想的补缺点应具有以下几个特征:该补缺点有足够的规模和购买力,企业为之服务可盈利;该补缺点有成长的潜力,有足够的发展空间;该补缺点对于强大的竞争者来说,它们没有兴趣;企业要有市场所需要的技能和资源,可有效地为补缺点服务;企业能够靠自己建立的客户信誉,保卫自身的地位,对抗大公司的攻击。所以,小企业要成为一个成功的市场利基者,就必须是服务于某一小市场的专家,并在该市场实施专业化策略。

营销案例

丰田汽车公司市场进入策略

丰田汽车公司是世界十大汽车工业公司之一,日本最大的汽车公司,创立于1933年,现在已发展成为以汽车生产为主,业务涉及机械、电子、金融等行业的庞大工业集团。

(1) 进入汽车市场 丰田公司早期以制造纺织机械为主,1933年创始人丰田喜一郎决定进入汽车市场,在纺织机械制作所设立汽车部,从而开始了丰田汽车公司制造汽车的历史。1935年,丰田AI型汽车试制成功,第二年即正式成立汽车工业公司。

(2) 占领国内汽车市场 在涉足汽车领域初期丰田采取了产品专业化的市场进入策略,对客户需求考虑的不是十分全面,仅生产固定的几种车型。在20世纪30年代至40年代期间该公司发展缓慢,到了第二次世界大战之后,丰田通过引进欧美技术,在美国的汽车技术专家和管理专家的指导下,很快掌握了先进的汽车生产和管理技术,并根据日本民族的特点,创造了著名的丰田生产管理模式,并不断加以完善提高,大大提高了工厂生产效率。

20世纪60年代开始实行选择性专业化市场策略,此时丰田公司在汽车领域已羽翼渐丰,丰田根据自己的实力和市场的需求有选择性地进入不同的细分市场。在家用经济型轿车领域推出了全球著名的"花冠"牌轿车,累计至90年代生产了1000多万辆。在中档轿车市场推出了"丰田""马克"等品牌车,在高级轿车领域推出了"皇冠""克雷西达"等品牌轿车,同时在客货汽车领域推出了"黛纳"牌客货两用汽车。20世纪70年代是丰田汽车公司飞速发展的黄金期,年产汽车达到200多万辆,通过市场细分逐步占领国内汽车市场。

(3) 进入国际市场 20世纪80年代之后,丰田汽车公司开始了它全面走向世界的国际战略。进入国际市场初期丰田采取的是产品—市场集中化的策略。例如,在高端轿车领域,丰田公司于1989年对北美和欧洲市场推出了"雷克萨斯"牌豪华汽车。它是针对"经济实力高、社会地位高,追求高品质生活,将汽车作为身份地位象征的客户"这一目标市场。而且在竞争策略上也采取了丰田的一贯做法,即采用高质量、低成本的基本竞争策略。经过10多年的发展"雷克萨斯"已发展成为丰田的子品牌在世界上享誉盛名。

(4) 全面覆盖 "不想当将军的士兵不是一个好士兵",从"车到山前必有路,有路就有丰田车"的广告中就可看到丰田公司的终极目标:市场全面覆盖。丰田汽车公司十分注重研究客户对汽车的需求,在它的发展各个不同历史阶段创出不同的名牌产品,而且以快速的产品换型击败欧美等竞争对手。同时注重走国际化路线,它先后在,美国、英国、中国以及东南亚建立独资或合资企业,并将汽车研究发展中心合建在当地,实施当地研究开发设计生产的国际化战略。

经过几十年的发展,丰田汽车公司的产品已经覆盖了除重型车外的绝大部分市场,2006年的产量突破900万辆大关,与世界第一大汽车公司通用汽车的产量仅差16万辆,丰田汽车公司已成为汽车行业的领导者,丰田汽车在市场开发、市场竞争方面取得的成功,可以给国内的汽车企业以很大的启迪。

复习思考题

1. 什么是市场细分?市场细分的标准是什么?
2. 市场细分的方法有哪些?试举例说明。
3. "细分市场越细越好"的说法对吗?为什么?
4. 阐述汽车目标市场的覆盖策略和选择方法。

5. 什么是汽车市场定位？市场进入的策略有哪些？
6. 试分析企业的竞争者。
7. 怎样选择汽车企业的竞争策略？

【拓展学习】

上汽集团率先成为中国首个新能源汽车、海外市场"双百万辆企业"

2022年，上汽集团销售整车530.3万辆，连续17年保持国内第一，并率先成为中国首个新能源汽车、海外市场"双百万辆企业"。

"新三驾马车"持续跑出"加速度"。2022年，上汽自主品牌销售278.5万辆，在总销量中占比达到52.5%，上汽乘用车销量达83.9万辆，创历史新高。上汽新能源汽车热销107.3万辆，同比增长46.5%，稳居全球第一阵营，自主品牌、合资品牌新能源车销量均实现高速增长。其中，上汽乘用车销售新能源车24.3万辆，同比增长50%；上汽大通销售新能源车3.7万辆，同比增长72.1%；上汽大众销售新能源车9.9万辆，同比增长72.7%；上汽通用销售新能源车4.9万辆，同比增长81.9%；上汽通用五菱销售新能源车62.2万辆，同比增长35.9%。上汽海外市场销量达到101.7万辆，同比增长45.9%，连续7年蝉联国内车企榜首，现在海外每卖出3辆"中国车"，就有1辆是"上汽造"，欧洲成为上汽首个"十万辆级"海外区域市场。"中国单一品牌海外销量冠军"MG品牌保持"四连冠"，在澳大利亚、新西兰、墨西哥、泰国、智利等近20个国家跻身单一品牌TOP 10；国家工信部高度认可的"中国汽车工业首款全球车"MG4 Electric（国内定名为MG MULAN），目前已在近30个欧洲国家上市，每月新增订单超过1万个。上汽大通MAXUS海外累计销量突破22万辆，在澳大利亚、新西兰、英国等发达国家的销量占比超过80%。

"新赛道"四大战略项目加快推进。智己汽车迈出上汽自主品牌高端化发展新步伐，"新世界驾控旗舰"智己L7实现批量交付，以超过38.8万元平均售价和鲜明的"极致驾控"标签，在35万元以上高端智电赛道中脱颖而出。中大型豪华SUV智己LS7启动预售，目前订单超过7000个。飞凡汽车首款旗舰车型"极智高阶纯电SUV"飞凡R7，平均订单金额超过32万元，凭借"智舱屏霸""智驾卷王"等领先配置，成功跻身中大型纯电SUV"第一梯队"。上汽友道智途"5G+L4"智能重卡，完成10万个标箱年度运输任务，累计运营测试总里程超过440万千米，达到国际商用车行业领先水平。东海大桥高速场景下队列跟驰"减员化"运营测试项目，实现"5车编组、中间3车真无人"技术验证落地。上汽享道L4级Robotaxi，搭载上汽人工智能实验室自研的量产车规级自动驾驶2.0解决方案，全面融合智造、智驾、智舱最新技术，目前在上海、苏州、深圳批量落地，探索"新城"商业模式，已累计为用户提供超过12万次自动驾驶出行服务，用户满意度高达98.8%。

展望未来，上汽将进一步向高端化、绿色化、智能化转型升级，推动"七大技术底座"在整车产品上加快落地，向用户型高科技企业全面转型，努力为上海打造具有全球竞争力和影响力的汽车创新高地和产业高地做出新的贡献。

学习情境 7　汽车产品策略

【学习目标】

1. 了解产品的整体概念与产品组合。
2. 了解产品生命周期理论及其应用。
3. 了解汽车新产品的开发策略。
4. 了解发展新能源汽车的意义。

学习单元 1　产品的整体概念与产品组合

1. 产品的整体概念

通常我们把产品分成消费品和工业品，而对汽车来说，主要分为乘用车和商用车。从营销的角度讲，什么是产品？营销学对产品的理解是广义的，广义的产品概念具有两方面特点：一是并不是具有物质实体的才是产品，凡是满足人们需要的一切东西（实物、服务、主意）都是产品；二是从企业的角度看，产品包括物质实体以及随同物质实体出售时一起提供的服务，即产品＝实体＋服务。人们对汽车产品的理解，传统上常常仅指汽车的实物产品，从广义来说，它是指向汽车市场提供的能满足汽车消费者某种欲望和需要的任何事物，包括汽车实物、汽车服务、汽车保险、汽车品牌等各种形式。简而言之，人们需要的汽车产品＝需要的汽车实物＋需要的汽车服务。

现代市场营销理论认为，汽车产品包括核心产品、实体产品和外延产品 3 个层次，如图 7-1 所示。

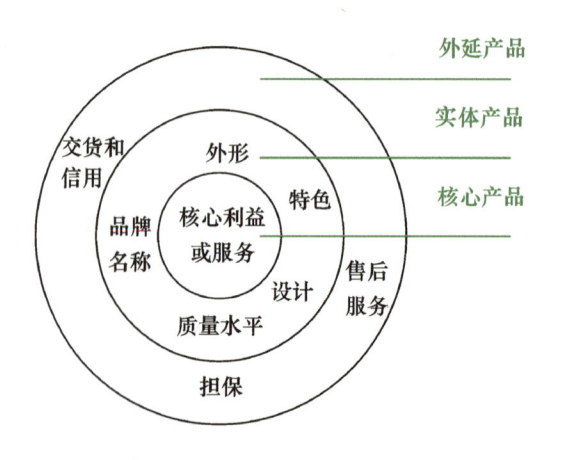

图 7-1　汽车产品的整体概念

第一个层次是核心产品。这又称为汽车实质产品，是指汽车消费者购买某种产品时所追求的利益，是客户真正要买的东西，因而在产品整体概念中也是最基本、最主要的部分。对汽车来说，如为了能运输货物、奢华、炫耀、体验生活和代替步行等。这就是汽车产品的核心内容。汽车营销活动所销售的是汽车产品的基本效用或利益，而非汽车产品的表面特色。因为汽车消费者之所以愿意付出一定的代价购买该汽车产品，正是基于此。

第二个层次是汽车实体产品。它又称为汽车基础产品，是指汽车核心产品借以实现的基本形式。所谓形式，是向市场提供的实体或劳务的外观。任何汽车产品都具有实体，汽车产品的外观是指汽车产品出现于市场时具有可触摸的实体和可识别的面貌，并不仅指是否具有外形。汽车市场营销认为汽车实体产品包括汽车的质量水平、外观特色、汽车造型、汽车品牌、汽车消费者期望得到舒适的车厢、导航设施、安全保障设备等。

第三个层次是汽车外延产品。它又称汽车附加产品，是指汽车消费者购买汽车核心产品和汽车实体产品时所能得到的汽车附加服务和利益，即消费信贷、储运、装饰、维修、维护等。对汽车营销来说，主要是厂商提供的售前服务、售中服务和售后服务。

2. 汽车产品组合

(1) *汽车产品组合的概念*　汽车产品组合（Product Mix），也称为产品品种搭配（Product Variety Collocation），是指一个汽车企业生产和销售的所有汽车产品线和汽车产品品种的有机组合方式，即全部汽车产品的结构。

汽车产品组合通常由若干汽车产品线（汽车产品系列）组成。所谓汽车产品线，是指密切相关的汽车产品的系列，这些汽车产品能满足类似的需要，销售给同类汽车消费群，而且经由同样的渠道销售出去，销售价格在一定幅度内变动。汽车产品线（产品系列）又由若干汽车产品品种组成。汽车产品品种指汽车企业生产和销售汽车产品目录上开列的具体汽车产品名和汽车型号。

(2) *产品组合的类型*　我们就以上汽集团（上汽大众品牌和上汽通用别克品牌）的汽车产品组合为例，讨论汽车产品组合的广度、深度、长度、相关性的概念，见表7-1。

汽车产品组合的广度是指汽车企业生产经营的汽车产品系列（线）的数量，包含的产品线越多，广度就越宽。

汽车产品组合的深度是指每一汽车产品系列（线）所包含的汽车产品项目的多少。包含的产品项目越多，深度就越大。

汽车产品组合的长度是指汽车产品组合中的汽车产品品种总数。上汽集团一共有几十余种的汽车产品，汽车产品组合的长度为几十余种。

汽车产品组合的相关性是指各条产品线在最终用途、生产条件、细分市场、分销渠道、维修服务或者其他方面相互关联的程度，又称组合相容度。不同的产品组合相容度不同。

汽车产品组合具有广度性组合和深度性组合两种类型。汽车超市和汽车专营店所体现的就是这两种不同的组合类型，见表7-2。

表 7-1 上汽集团汽车产品组合广度和产品线深度

产品组合广度	上汽大众									上汽通用别克					GL8
	Polo	桑塔纳	凌度	全新帕萨特	辉昂	途观L	途安	新威然	ID4X ID6X	威朗	君威	君越	昂科拉PLUS	昂科威	GL8
产品线深度	纵情乐活版	风尚版	热辣版	商务版	豪华版	潮创限定版	风尚版	商务版		乐逸版	超享版		乐趣版	两驱精英型	陆上公务舱舒适型
	全景乐享版	舒适版	炫辣版	精英版	尊贵版	两驱智享版	舒适版	豪华版		乐享版	纵享版		智趣版	两驱豪华型	陆上公务舱享型
	炫彩科技版		酷辣版	星空精英版	旗舰版	两驱舒享版	跨界版	尊驰版		猎风版	智享型			四驱运动型	陆上公务舱尊贵型
	潮酷智尊版		超辣旗舰版	星空豪华版		两驱R-Line越享版	跨界豪华版	尊贵版		疾风版				五座豪华型	陆上公务舱智慧尊贵型
				尊贵版		两驱R-Line旗舰版		旗舰版						五座四驱豪华型	陆上公务舱尊贵型福祉版
				星空尊贵版		四驱R-Line越享版 7座									
						四驱R-Line旗舰版 7座									ES陆尊

表7-2 汽车产品组合类型

组合场所	组合因素			
	组合广度	组合深度	组合长度	组合相容度
汽车超市	宽	浅	长	差
汽车4S店	窄	深	短	好

(3) **产品组合策略** 对汽车制造厂商来说,需要推出多款车型来满足不同客户群体的需要,当然希望每一款车型都能赚钱,可是,现实往往事与愿违。这就需要汽车企业对产品进行组合。

产品组合策略就是企业根据市场环境、企业能力和企业目标,对产品组合的广度、深度和相关性进行决策,在多种可能中选择有利于本企业发展的最佳产品组合。尽管产品组合的广度、深度和相关性,与企业的销售量和利润大小不存在必然的比例关系,但是一个汽车企业为了获得最大的销售和利润,确定一个最佳的汽车产品组合是十分重要的。

产品组合的决策过程应成为优化产品组合的过程,通过这一过程必须使产品组合的方式更有利于企业的利润目标实现。常见的汽车产品组合策略有:

1) 扩大汽车产品组合策略。具体实施方法如下。

① 扩大汽车产品组合。它是指汽车企业在生产设备、技术力量所允许的范围内,既有专业性又有综合性地发展多种品种。扩大汽车产品组合的广度可以充分利用企业的人力和各项资源,使汽车企业在更大的市场领域中发挥作用,并且能分散汽车企业的投资风险。上海大众在扩大汽车产品线广度上的思想是:普桑——桑塔纳2000——桑塔纳3000——帕萨特(领驭)——Polo(劲取、劲情);广州本田在本田雅阁成功的基础上,推出了商务车奥德赛,接着推出低价位的飞度、思迪;上海通用在别克热销之后,又成功地推出经济型赛欧轿车及销量连续排名第一的别克凯越。

② 加深汽车产品组合深度。从总体来看,每个汽车公司的汽车产品线只是该行业整个范围的一部分。例如宝马公司的汽车在整个汽车市场上的定价属于中高档范围。加深汽车产品的组合深度,可以占领该行业同类汽车产品更多的细分市场,迎合更广泛的消费者的不同需要和爱好。上海大众在帕萨特轿车基本型的基础上,研制开发豪华型车和舒适型车,就是其加深汽车产品组合深度的例子。加深汽车产品组合深度有以下三种方式:

A. 向下扩展。向下扩展是指许多公司的汽车产品最初定位为高档汽车产品,随后将汽车产品线向下扩展。

B. 向上扩展。在市场上定位于低档汽车产品的公司可能打算进入高档汽车产品市场。

C. 双向扩展。定位于市场中端的公司可能会决定向上、向下两个方向扩展汽车产品线。

③ 加强汽车产品组合相容度。一个汽车企业的汽车产品尽可能地相关配套,如汽车和汽车内饰、汽车涂料等。加强汽车产品组合的相容度,可提高汽车企业在某一地区某一行业的声誉。

但扩大汽车产品组合往往会分散经销商及销售人员的精力,增加管理困难,有时会使边际成本加大,甚至由于新产品的质量性能等问题,而影响本企业原有产品的信誉。

2) 缩减汽车产品组合策略。该策略也同样有缩减汽车产品组合广度、深度、相容度三种情况。例如,美国通用汽车公司放弃著名的品牌奥兹莫比尔汽车,还有上海大众引进生产的高尔夫汽车，但由于在中国的销量一直不好，不得不停产。汽车采取缩减策略有以下好处：

① 可集中精力与技术，对少数汽车产品改进品质、降低成本。

② 对留存的汽车产品可以进一步改进设计、提高质量，从而增强竞争力。

③ 使脱销情况减少至最低限度。

④ 使汽车企业的促销目标集中，效果更佳。

采取该策略会使汽车企业丧失部分市场，增加汽车企业经营风险。因此，一个汽车企业对于某种汽车产品，在决定是否淘汰之前，应慎之又慎。

3）高档汽车产品策略与低档汽车产品策略。

① 高档汽车产品策略。它是指在一种汽车产品线内增加汽车产品项目，以提高汽车企业现有汽车产品的声望。上海大众为桑塔纳 2000 型加装 ABS、2VQS 发动机、电子防盗等多项国内首次采用的先进装置；面对激烈的竞争，2007 年帕萨特领驭上市 1 年多后，为了增加帕萨特领驭的销量，上海大众在领驭车上增加汽车定位导航设备（GPS），这样既可增加原汽车产品的销量，又可逐步推动高价汽车产品的销售。有些汽车企业使用高档汽车产品策略时，开始着力于扩大原有廉价汽车产品的销售，过了一段时间就取消廉价汽车产品，注重推销新产品。

② 低档汽车产品策略。它是指在高价汽车产品线中增加廉价汽车产品项目，目的是利用高档名牌汽车产品的声誉，吸引购买力较低的客户，使其慕名来购买廉价汽车产品。

这两种策略都有一定的风险。因为无论是在廉价汽车产品系列中增加高档汽车产品，还是在高档汽车产品系列中推出低档汽车产品，都可能引起汽车消费者的混淆。例如，采取高档汽车产品策略的汽车企业如要改变企业在消费者心目中的形象，是很不容易的；而采用低档汽车产品策略的汽车企业，如果处理不当，往往会损害企业原有名牌产品的声誉。

4）汽车产品异样化和汽车产品细分化策略。汽车产品异样化和汽车产品细分化均属扩大汽车产品组合策略。

汽车产品异样化是指在同质市场上，汽车企业强调自己的产品与竞争产品有不同的特点，以避免价格竞争。尽管两种汽车产品在动力、安全等性能上没有差别，但是可以采用不同的设计、不同的造型等，尽可能地显示出与其他产品的区别，争取在不完全竞争市场上占据有利地位。采用该策略的实质，在于同质汽车产品的"异样化"，而不是将同质汽车产品"异质化"。因此只能使自己的产品与竞争产品稍有异样，而不能过于独特，以免失去吸引力，丧失原有的市场。

汽车产品异样化实质上是要求汽车消费者需求服从生产者的意志。而汽车产品细分化的原则是从汽车消费者的需求出发，而且承认汽车消费者的需求是不同的，因此，它充分体现了市场营销观念的要求。

学习单元2　产品生命周期理论及其应用

1. 产品生命周期理论

产品生命周期是指从一种产品自开发成功并进入市场销售，在市场上由弱到强，又由胜转衰，再到被市场淘汰为止所经历的全部时间过程，这里所指的寿命不是指产品的使用寿命，而是指产品的市场寿命。一般来说，典型的产品的生命周期可分为四个阶段，即导入期、成长期、成熟期和衰退期，如图7-2所示。

产品生命周期的各阶段在市场营销中所处的地位不同，具有不同的特点：

（1）**市场导入期** 市场导入期是指产品投入市场试销的初期阶段。在此阶段，汽车消费者对汽车新产品不够了解，所以生产、销售量低，风险、成本费用高，利润低，有时甚至亏损，企业通常无利可图。

（2）**市场成长期** 市场成长期是指产品经过试销，产品的知名度日益扩大，销售额迅速增加，利润显著增加，消费者对汽车新产品有所了解，产品销路打开，销售量迅速增长的阶段。在此阶段，产品定型，大批量投入生产；分销途径已经疏通，成本大幅度降低，利润增长；同时，竞争者也开始加入。

（3）**市场成熟期** 市场成熟期是指产品的市场销售量已达饱和状态的阶段。在这个阶段，销售量虽有增长，但增长速度减慢，开始呈下降趋势，大部分销售额属于替换性购买，竞争激烈，在销售额增长速度逐步下降的时候推销费用呈上升趋势，利润相对下降。这一阶段持续的时间比前两个阶段长的多。当销售量持平，制造商和中间商两者的利润开始下滑，主要原因是激烈的价格竞争。

为了实现产品差异化，有些企业扩张产品线增加新产品，其他企业则提供新的改良品牌产品。在成熟期后阶段，成本高或无差异优势、利润微薄的厂商没有足够的客户或利润将会选择退出市场。

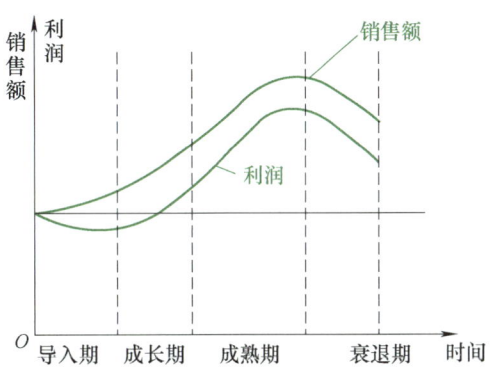

图7-2 产品生命周期

（4）**市场衰退期** 市场衰退期是指产品已经陈旧老化被市场淘汰，新产品逐渐取代老产品的阶段。在这个阶段，销售量下降很快，新产品已经出来，老产品淘汰，逐渐退出市场。在这一阶段中，企业因利润太少或无利可图而停止该产品的生产和经营，该产品的市场寿命周期也就结束了。

对大多数产品来说，衰退期是不可避免的。

各种档次、各种类型的汽车产品不同，其汽车产品生命周期及其经历各阶段的时间长短也不同。有些汽车产品生命周期可能只有3～5年，有些汽车产品生命周期可以长达几十年，每种汽车经历生命周期各阶段的时间也不尽相同。有些汽车产品经过短暂的市场导入期，很快就达到成长、成熟阶段；而有些汽车产品的导入期经历了许多年，才逐步为广大汽车消费者所接受。比如有的生产厂家推出的"房车"，即内部食、宿、玩设施一应俱全，适合各地旅游的旅游车，因各种营销因素的影响，其导入期非常漫长，广大消费者需要较长时间来接受。

各种汽车产品虽有生命周期，其形状近似正态分布曲线，这只是反映变化趋势的基本模式。实际上，许多汽车产品开始需求量上升，但后来趋于平衡；有的汽车产品，市场对其性能、造型很敏感，呈现出周期性上下波动。同时并不是所有的汽车产品都一定要经过四个阶段，有的汽车产品一进入市场，处于导入期即被淘汰，成为夭折的"短命"产品；也有某些属于成长期的汽车产品，由于营销失策而未老先衰，还有的汽车产品一进入市场就达到成长阶段等。例如,亨利·福特设计的 T 型车秉承福特千方百计降低成本的原则,从投入市场到停产一共经历了 20 年的时间;而福特公司 1957 年 9 月推出的埃德塞尔车,1959 年 11 月就被迫停产,其寿命周期只有短短两年时间。

2. 市场生命周期

当我们谈及产品的生命周期,其实说的是该产品在特定市场的生命周期。有些产品可能在某些市场受欢迎(成长期或成熟期),但在其他市场则未必。例如,由于城市管理的压力,微型面包车在城市发展大受限制,使轻型客车在城市物流这个市场需求快速增长;与此同时,由于 MPV、城市 SUV 和大中型客车的上下挤压,这样一来使得轻型客车在客运市场过快地进入成熟期。

在区域市场上,某些产品在某些国家属于成长期或成熟期,但在另一个国家可能是未知产品,可能处于导入期或者是成长期。例如,钢圈辐射型轮胎在美国出现之前在西欧已经是成熟产品了。同样,前面所提到的大众的高尔夫(Golf)在中国市场也遭遇尴尬。

最近几年来,每年推出很多新车型,各种车型之间的替代作用更加明显,每一款车型的市场生命周期也大大缩短。在国际市场上,一款车型的市场生命周期通常是 5~8 年,但在中国这个新兴市场上,一款新车推出 3 个月后就有可能成为老车型,面临降价的命运。如何延长车型的市场生命周期,对每个厂家的营销部门都是一个值得研究的问题。

2005 年之后,二手车市场迈入快速发展的阶段。一个新的现象是,越来越多的新款车型进入二手车大军。一位二手车销售商对记者说:"有一个普遍规律是,二手车市场上近年来推出的新车型中,哪款车型越多,就说明其质量越差,市场生命周期越短。"

其实,中国汽车市场上不乏市场生命周期长的老款车,如桑塔纳、捷达等。

3. 产品生命周期各阶段的营销策略

在产品生命周期的不同阶段,营销策略及利润量也不相同。企业可以通过确定其产品所处的阶段或将要进入的阶段制订更好的市场营销计划。

(1)产品导入期的市场特点与营销策略

1)导入期市场营销的主要特点。

① 汽车产品刚进入市场试销,尚未被用户接受,因此,销售额增加缓慢。

② 生产批量小,试制费用大,制造成本高。

③ 为了向市场介绍产品,广告及其他推销费用的支出也很高。

④ 由于产量少,成本高,同时生产上的技术问题尚未完全解决,以及广告费用的昂贵,这时期产品的售价常常偏高。

⑤ 由以上几个特点可知,此时企业的利润往往是负值,产品在这个时期的亏损只能由其他产品的盈利来弥补。

2)产品导入期的市场营销策略。在此阶段,营销策略应突出一个"准"字。即市场定位和营销组合要准确无误,符合汽车厂商和市场的客观实际。在产品导入期主要是向客户介绍汽车,新产品获得成功前,往往要经历培养购买群体和营销消费环境这一艰难开发市场过程。

消费者刚接触新汽车时对价格的敏感性与他们长期的价格敏感性之间没有联系。大多数消费者对新汽车产品的价格敏感性相对较低,此时没有其他的品牌和以往的经验做对比,他们倾向于把价格作为质量的标志。在产品导入期可采取以下方法开拓市场:

① 通过让利来推销新车。汽车标价与客户实际支付的价格不一定必须一致,企业可以通过价格优惠来吸引客户购买。

② 直销。对消费者不熟悉、技术性强的汽车,往往通过直销人员来推销。企业对直销人员要进行培训,让他们学习如何了解客户的需要及如何满足其需求,学习怎样向客户介绍汽车的新功能。创新汽车的某些功能非常复杂,对营销人员的要求也较高。有些汽车企业招聘一些高学历、综合素质高的营销人员,更专业地推销汽车,并做好售后服务。

③ 通过分销渠道促销。有些新汽车产品不值得厂家直销,或者由于经验、资金、人员不足等多方面原因,不便于厂家直销,一般可通过分销渠道间接销售。但是培养客户、降低分销风险的问题,并不随着把汽车交给分销商而消失,一方面企业必须鼓励或说服分销商来积极努力地促销其汽车产品;另一方面,汽车经销商和生产厂商是双赢的关系,双方必须从对方的角度来考虑问题,共同想办法把汽车推销给消费者。

(2) 产品成长期的市场特点与营销策略

1) 成长期的市场特点。

① 消费者对新产品已经有所了解、熟悉,销售量增长很快。

② 由于大批同类竞争者的加入,市场竞争加剧。

③ 产品已定型,技术工艺比较成熟。

④ 建立了比较完善的营销渠道。

⑤ 产品的市场价格慢慢下降。

⑥ 为了适应竞争和市场扩张的需要,企业的促销费用水平基本稳定或略有提高,但占销售额的比率下降。

⑦ 由于促销、广告费用分摊到更多销量上,单位生产成本迅速下降,企业利润迅速上升。

2) 产品成长期的市场营销策略。营销策略的核心是尽可能地延长汽车产品的成长期。为做到这一点,营销的重点应放在一个"好"字上,即保持良好的汽车产品质量和售后服务质量,切勿因产品销售形势好就急功近利,粗制滥造,片面追求产量和利润。具体来说,可采取如下措施:

① 根据客户需求和其他市场信息,不断提高质量,增加新功能和新特色;发展新款式、新型号,增加配置。

② 积极开拓新的细分市场,增加新的分销渠道。

③ 广告宣传的重点,应从建立产品知名度转向促进客户购买,并进一步创名牌上。

④ 选择适当的时机降低售价,以吸引更多的对价格敏感的潜在客户购买汽车,抑制竞争。

(3) 产品成熟期的市场特点和营销策略

1) 成熟期的市场特点。成熟期又可以分为以下 3 个时期。

① 成长成熟期:此时期各销售渠道基本呈饱和状态,增长率缓慢上升。

② 稳定成熟期:由于市场饱和,消费平衡,产品销售稳定。销售增长率一般只与购买者人数成比例。

③ 衰退成熟期:销售水平显著下降,原有客户的兴趣已开始转向其他产品的替代品。全行业产品出现过剩,竞争加剧,一些缺乏竞争能力的企业将渐渐被取代,新加入竞争者少。

2）产品成熟期的市场营销策略。这个阶段的营销策略，应突出一个"争"字，即争取稳定的市场份额，延长产品的市场寿命。可供选择的基本策略有以下3种：

① 市场多元化策略。即开发新市场，寻求新客户。

② 产品差异化策略。即改进产品的品质或服务后再投放市场。它又包括两方面，一是提高产品质量，如提高汽车的动力性、经济性、操纵稳定性、舒适性、制动性和可靠性等，创名牌、保名牌。此种策略适合于企业的产品质量有改善余地，而且多数买主期望提高质量的场合。二是增加产品的功能。如提高轿车的观瞻性、舒适性、安全性和动力性等，使小型车高级化等措施，都有利于增加产品品种，扩大客户选择余地，使客户得到更多的效用。

③ 营销组合改良。它是指通过改变定价、销售渠道及促销方式来延长产品成熟期。

（4）产品衰退期的市场特点与营销策略

1）衰退期的市场特点。

① 产品的需求量和销量急剧下降，价格已下降到最低水平。

② 多数企业无利可图，被迫退出市场。

③ 留在市场上的企业逐渐减少产品附带服务，削减促销预算等，以维持最低水平的经营。

2）产品衰退期的市场营销策略。在此阶段，营销策略应突出一个"转"字，即有计划、有步骤地转产新产品，这对企业来讲将是价格昂贵的。因此，对大多数企业来说，在产品衰退期一般有3种策略选择：一是紧缩策略，将资源紧缩到自己力量最强的汽车销售上。例如被人们誉为车坛"常青树"的桑塔纳轿车进入衰退期后，上海大众把主要资源放在生产桑塔纳3000、帕萨特、Polo等热销车型上。二是收割策略，通过定价获得大量现金收入。三是巩固策略，加强自己的竞争优势，通过降价打败弱小的竞争者，占领他们的市场。比如一汽大众的捷达不断推出改款、变换配置来巩固自己的市场占有率。

如果企业决定停止经营衰退期的产品，还应当慎重决策，是彻底停产放弃还是把该品牌出售给其他企业，是快速舍弃还是渐进式淘汰；而且应注意处理好善后事宜，应继续安排好后期配件供应，维修技术支持，以保证在用老产品的使用需要。否则，企业形象将会受到损害。

通过上面的分析，我们可以将产品生命周期各阶段的基本特点及营销策略总结一下，见表7-3。

表7-3　产品生命周期各阶段基本特点和营销策略

项目	阶段			
	导入期	成长期	成熟期	衰退期
销售额	低	迅速上升	最高	下降
单位成本	高	平均水平	低	低
销售利润	无	上升	高	下降
客户	创新者	早期接受者	中间主要接受者	落后者
竞争者	很少	增多	数量稳定开始下降	数量下降
营销策略	建立知名度	提高市场占有率	争取利润最大	实现产品更新换代

学习单元3　汽车新产品开发策略

1. 新产品和新产品开发

汽车新产品是指企业在新技术的支持下，通过重新设计或对原有产品的改进设计，制作出性能、用途、外形等发生变化的产品。它包括以下六种类型。

（1）全新产品　全新产品是指采用新原理、新技术、新材料、新设计、新工艺而研制成的具有新结构、新功能的汽车产品。该新产品在全世界首先开发，能开创全新的市场。比如智能汽车。2012年8月，谷歌宣布其研发的无人驾驶汽车已经在计算机的控制下安全行驶了30万mile（1mile≈1.609km）。谷歌无人驾驶汽车依靠激光测距仪、视频摄像头、车载雷达、传感器等获得环境感知和识别能力，确保行驶路径遵循谷歌街景地图预先设定的路线。其装置价格昂贵，大约需30万美元，难以大规模推广应用，其本质符合军用智能车的技术特点。与IT企业不同，沃尔沃、奥迪、奔驰、宝马、丰田、日产、福特等汽车巨头均选择了更具实用性的民用智能车技术路线。这种新产品一般需要经历相当长的开发时间才会出现，是第一次进入市场，它们的出现往往会改变人们的生产方式和生活方式。绝大多数汽车企业都不易提供这种新产品。

（2）改进型新产品　这种新产品是指使用各种改进技术，对现有汽车产品，改良其性能、结构和外形，提高其质量，以求得规格型号的多样性，款式颜色有新的特点和突破。这种新产品与老产品十分接近，有利于消费者迅速接受，开发也不需要大量的资金，失败的可能性相对要小。比如近几年宝马公司相继推出新7系、5系、3系宝马轿车就是在原来的7系、5系、3系的基础上经过技术改进后推出的改进新产品。宝马新5系结合了创新的技术以及质量轻量化的车身结构，它延承了宝马的运动风格，具有良好的动态特性。在内部空间上，也要比老款5系大了许多。由于采用新的轻量化全铝合金底盘以及车身结构，使得新5系比老款质量轻了65kg。在装备上，宝马新5系有全铝悬架系统、第2代iDrive技术、自动前照灯以及主动转向、动态悬架控制和主动巡航（CCS）等。

新款的皇冠3.0、帕萨特领驭、08款广州本田雅阁等，都是在原有的基础上改进的。再例如在汽车上安装ABS、EBD、EDL、ASR、ESP系统或全球定位系统（GPS）等。一般说来，这类汽车新产品与原有的汽车产品差别不大，开发比较容易，而且进入市场后，比较容易为汽车消费者接受；但是，较易仿效，竞争激烈。

（3）模仿型新产品　企业对国内外市场已有的汽车进行模仿生产，称为本企业的新产品。例如，双环汽车模仿宝马X5。以前，国内不少企业在走模仿之路。相对于自主开发，模仿的风险要小，因为被模仿的产品一般是得到市场认可的。此外，模仿的开发周期短，仿品的设计最快可以在3个月内基本完成，而自主开发设计，目前国外最快也要1年左右，具有创造性和突破性的开发，时间更长，还面临着政策和资金的问题。

（4）形成系列型新产品　它是指在原有的产品基础上开发的新产品，从而与企业原有产品形成系列，扩大产品线，增加产品的目标市场。例如，在同一车身基础上配置不同排量的发动机；装手动档变速器（MT）、自动档变速器（AT）、手自一体变速器（MAT）或无级变速器（CVT）；把两厢车改为三厢车或把三厢车为改为两厢车等。这种新产品与原有产品的差别不大，所需开发的投资小，技术革新程度也不高。例如，宝来轿车上市时只有四款车型，分别是 1.8L 手动档、1.8L 自动档、1.8T 手动档、1.8T 自动档。上市半年后，又推出了 1.6L 手动档、1.6L 自动档两款新车型，与原来四款形成系列，极大地增加了宝来在市场上的竞争优势。

（5）降低成本型新产品　汽车企业通过扩大生产规模、利用新技术、改进生产工艺或提高生产效率，降低原产品的成本，但保持原有成本不变或将一些新的部件应用于老产品，使其某些性能得到提高。从本质上说，这种新产品还是老产品，只是价格发生了较大变化。

（6）重新定位型新产品　企业的老产品进入新的市场而被称为该市场的新产品。比如，德国大众的高尔夫轿车本身是一个老产品，但首次投放中国市场，在中国市场就是新产品。

以上六类汽车新产品，其"新"只是相对意义上的。这种"新"是由汽车消费者所确认的，只要汽车消费者认为某种汽车产品具有其他汽车产品所没有的特点，能给自己带来某种新的效用或利益，这种汽车就是"新产品"。

2. 汽车新产品开发的方式

汽车企业进行新产品开发时，必须解决的一个重要问题是采取什么方式开发新产品。一般而言，有四种方式开发新产品。

（1）独立开发　这是指企业依靠自己的力量研究开发新产品。这种方式可以紧密结合企业的特点，并使企业在某一方面具有领先地位，但独立开发需要较多的开发费用。

（2）引进　这种方式是指利用已经成熟的制造技术，借鉴别人已经成功的经验来开发新产品。采用这种方式不仅可以缩短开发新产品的时间，节约开发费用，而且可以促进技术水平和生产效率的提高。但要注意引进技术与企业自身条件的适应性，如早期合资的上海大众、神龙富康、上海通用、一汽大众、广州本田、北京现代、北京奔驰等。

（3）开发与引进相结合　这种方式就是在新产品开发的方式上两条腿走路，既重视独立开发又重视技术引进，两者有机结合，互为补充，会产生更好的效果，如华晨宝马、奇瑞汽车、上汽荣威等，这种情况在我们国家比较常见。

（4）联合开发　联合开发除了企业与科研机构、大专院校的联合外，更多的是企业之间的"强强联合"。这种方式有利于充分利用社会力量，弥补企业开发能力的不足。

当今世界汽车工业进一步向着高科技方向发展，汽车企业新产品开发需要巨额投资，风险大、失败率高。例如，美国福特汽车公司曾推出一种新车，由于营销失败，损失数亿美元。各汽车公司为减少新产品开发的风险，除了大量利用人类已有的研究成果外，汽车公司纷纷走上了联合开发的道路，甚至借助政府的力量。这种联合有助于企业节省开发经费，集中财力提高本国汽车工业的竞争水平，有助于吸收和学习对方产品开发的先进思想，弥补开发力量的不足和缩短产品的开发周期。譬如震惊世界的汽车巨头戴姆勒-奔驰和克莱斯勒合并，日产和雷诺合并等，实现强强联合，达到双赢。

除联合开发途径外，汽车企业的新产品开发还有多种途径。企业还可通过技术市场获得部分或全部新产品。企业究竟应采取何种方式开发新产品，并无统一定式，各个企业应结合自己的企业规模、技术能力、发展战略以及新产品的具体情况等因素选择合理的新产品开发方式。必须指出的是，尽管新产品开发的形式具有多样化的特点，但对那些希望形成较强的市场营销能力的汽车企业来说，拥有足够的产品自主开发能力更为重要，它对于当前的中国汽车工业具有非常现实的意义。

营销案例

上汽的自主品牌之路

上汽汽车制造有限公司（简称上汽汽车）于 2006 年 2 月 22 日正式成立。

这是一个历史性时刻。此时距第一辆"凤凰"轿车 1958 年 9 月的诞生已近 50 年，距 1991 年 11 月生产上海牌轿车的上海轿车厂被夷为平地也有了近 15 年的光阴。

为了和大众合资，上汽被迫放弃了自己的品牌——"上海"，但上汽的自主品牌之梦始终未断。

2005 年，上汽收购了 MG 罗孚，得到了两张技术图样，为后来的产品开发奠定了基础。再加上通用泛亚的全力支持，上汽已经完成了推出自有品牌的技术、人才准备。

在综合考量之后，上汽决定，推出一个带有英国血统的全新品牌——荣威。

接下来，上汽集团对产品的目标消费群进行了定位：他们是中产阶层，社会中坚力量，有主见，相信自己的眼光，懂得欣赏美好的东西，有学识，追求个性化生活但含蓄不张扬，他们更加注重品牌的文化内涵。据此，新品牌的消费群体被锁定为"社会进取族群"，产品则定位为性能卓越、贵气优雅的中高档汽车。

在品牌标识方面，荣威的团队选择了象征中国文化中权威概念的华表，在东西方都象征王者和勇敢形象的狮子，在 Logo 上，字母 R 赫然在列，以表示荣威和 Rover 的渊源。整个 Logo 使用红、黑、金作为主色调，最终上汽使用了荣威（Roewe）作为品牌名称。

荣威是一个典型的"拿来主义"的杰作：车型、技术来自收购，早期的管理团队来自上海通用前高层，品牌血统定位为英伦风情，研发、营销团队大多来自合资公司。

品牌定位：高端切入，先叫好再叫座。

权衡利弊并总结了华晨在高端市场的失败教训之后。上汽毅然决定选择了高端切入，再利用品牌势能向下延伸。

经过精心运筹，荣威品牌的首款产品——荣威 750 于 2006 年 10 月亮相，次年 3 月正式上市，该车定位甚至高于凯美瑞和雅阁这两个 B 级车之王，最先推出的 2.5 车型售价为 21.78 万~25.88 万元。此后推出的 1.8T 车型才将价格下限拉至 17.28 万元。

高端切入固然可以确立品牌优势，但巨大的销量压力也随之而来。直至荣威 550 面世，局面终于有所改观。2008 年 6 月，荣威 550 上市。与荣威 750 相比，荣威 550 更加时尚："数字化轿车"成为该车全新的卖点，面对的市场更加广阔。果然，荣威 550 上市后，该车的销量便开始一路走高，荣威 750 制造的"高端品牌效应"在荣威 550 身上获得了良好的回报。利用两款产品的"高低搭配"，荣威冲破了从叫好到叫座的难关。

在荣威 550 上市后，荣威营销团队的手法突然转变：开始大肆进行与时尚元素的"跨界营销"。例如，上汽与上海时装周的合作，堪称 2008 年的经典之作，完成了自主品牌首次真正意义上的跨界合作。

此后，荣威寻找"右座美女"时尚美女评选活动再次通过跨界合作的方式吸引大量眼球。此次活动既能令人大饱眼福，又能享受速度、体验激情，将时尚与汽车融合得天衣无缝。如果将美女比为"色"，爱车比为"马"，那么它们所代表的绝不仅仅是美女与车，而是品位和品质的象征。

不仅如此，荣威 550 还开创了国内首个网上 4S 店，让用户足不出户，只要点击鼠标便可了解550的全貌。这大大吸引了年轻用户的关注。

随后，上汽步入快车道：

2010年4月，荣威350上市。

2011年4月，荣威W5上市。

2011年6月，英国长桥MG6三厢下线。

2011年9月，MAXUS大通V80上市。

2011年10月，荣威新750Hybrid混合动力轿车上市。

2012年4月，荣威950亮相北京车展。

2012年11月5日，荣威E50新能源车上市。

2015年3月13日，上海汽车集团股份有限公司与阿里巴巴集团合作。

2016年7月，上汽与阿里巴巴联合发布的全球首款互联网汽车——荣威RX5上市。

2013年，上汽自主品牌乘用车年销量突破20万辆，但后两年又出现回落。对于坚持高端自主技术路线的上汽自主品牌，20万辆似乎成了一道坎。2016年上汽自主品牌跨上全年销量30万辆的新台阶。十年磨剑，上海的自主品牌汽车迎来久违的爆发式增长。

2016年年初，上汽集团董事长、党委书记陈虹提出，力争在2020年，实现自主品牌年销100万辆的目标。

2016年7月份上市新车——荣威RX5互联网汽车。这款上汽集团与阿里巴巴联合打造的SUV，10月份单月销量突破2万辆，在国内所有中外SUV销量榜中排名第八。

"自主品牌不缺车型，但缺明星车型，本质是缺核心能力。"汽车行业分析人士认为，上汽自主品牌这轮增长，就是由一款爆款新车"引燃"，明星产品同时又提升了品牌的整体影响力，推动"滚雪球"式的增长。从绝对数字看，上汽自主品牌要实现100万辆的"大目标"，还有很长一段路。但跳出数字，从增长势头和增长模式看，上汽已经朝着"大目标"，驶上了高速公路。

上汽自主品牌的十年坚守和如今的逆袭，就是上海制造挑战难题、践行供给侧结构性改革的典型案例。

过去十年，荣威和名爵两个在上海土生土长的国企自主品牌一度面临严峻挑战：一面是合资品牌向下挤压，另一面是国内品牌的低价竞争。上汽自主品牌在寒冬中仍坚持着"中高端"的产品和技术路线，对于这场"逆袭"，行业内外，深感振奋。上汽集团总裁陈志鑫在回忆上汽自主品牌打造过程时表示："自主创新之路非常艰苦，道路充满曲折，我们既不能照搬照抄合资企业的技术和模式，也不能关起门来自己搞。只有在开放条件下集成全球优势资源来自主创新。"

上汽自主品牌在起步时研发工程师不到700人，如今已有3500人的规模。上汽在全球招聘技术研发人才，在英国设立了研发中心，在硅谷设立投资公司捕捉前瞻技术。有了底气，上汽人更有信心让自主品牌跻身国内第一阵营。

从市场表现看，上汽互联网汽车是在短时间内爆发，但成为爆款，背后却经历了长时间的打磨。一方面，上汽与阿里巴巴合作历时两年，推动汽车与互联网的跨界融合成为现实；另一方面，上汽自主品牌在过去十年里孜孜以求努力积累技术和经验，努力完善产品体系，努力研发高效环保的动力系统，改善车型设计，为产品迭代提供强有力支撑。

技术创新，加上体制机制改革，让上汽找到了自主品牌创新增长的内在动力。于是，在第一款互联网汽车正当红之时，荣威i6、名爵ZS等第二代互联网汽车产品已经发布，国内汽车领域独一无二的产品和技术升级路线图已然清晰。

复习思考题

1. 什么是汽车产品的整体概念？
2. 什么是产品组合？其类型有哪些？
3. 对于汽车企业来说，如何确定一个最佳的汽车产品组合？
4. 什么是产品的生命周期理论？在不同的产品生命周期阶段，应采用何种营销策略？
5. 什么叫汽车新产品？它包括哪些类型？
6. 汽车开发新产品的常用方法有哪些？
7. 试阐述新产品开发的过程。

【拓展学习】

大力发展新能源汽车的意义

新能源汽车是近年来发展的重点，人们越来越关注新能源汽车的发展。当前，环境保护与每个人紧密相关，也是现代化的关键途径。新能源汽车是指采用全新的能量源代替传统汽车燃油的一种车辆，包括纯电动汽车、插电式混合动力（含增程式）汽车、燃料电池汽车等。新能源汽车的发展对社会、经济、环境等方面都具有重要的意义。

首先，新能源汽车可以解决能源短缺和环境污染的问题。传统汽车排放的尾气对环境和人类健康有着严重的影响，而新能源汽车采用的新能源不仅可以降低污染物排放，还可以减少矿物能源的消耗，解决了能源短缺的问题。这对于维护生态平衡和人们健康起到了非常积极的作用。

其次，新能源汽车可以推动科技进步和产业升级。新能源汽车涉及很多新技术的应用，如动力蓄电池、电子控制、智能驾驶等，这些技术的应用对于整个汽车产业的发展和升级有着极大的推动作用。同时，新能源汽车的推广和应用也是科技创新的动力，在技术创新和产业转型方面都有着重要的意义。

再次，新能源汽车可以促进经济发展和就业增加。新能源汽车的生产需要大量的人力、物力和财力，这将刺激相关产业的发展，包括蓄电池材料、电子元器件、电机、电控系统等，从而带动汽车产业和相关产业的蓬勃发展，促进经济增长和就业增加。

最后，新能源汽车是实现能源消费和环境保护的重要手段。传统燃油汽车消耗大量的矿物能源，而新能源汽车采用的能源主要是电能，这对于矿物能源消费的控制和环境保护有着重要的积极作用。新能源汽车的发展是能源消费革命和环保革命的具体落实，是推动未来社会绿色发展的主要手段。

综上所述，新能源汽车的发展不仅是汽车行业发展的必然趋势，也是社会、经济和环境可持续发展的重要保障。未来，随着科技的不断进步和政策的推动，新能源汽车的应用将越来越广泛，为可持续发展做出更大的贡献。

学习情境 8　汽车价格策略

价格是商品价值的货币表现，它随着商品的价值量、供求关系和价格政策的变化而变化。价格是活泼的、运动的，它受价值规律和供求规律所支配，随时可以发生变动。价格策略是指根据营销目标和价格原理，针对生产企业和经销企业以及市场变化的实际，在确定产品价格时所采取的各种具体对策。

价格机制能够指导市场经济活动按照一定规律向前发展。因此，定价是一门科学，是一种艺术。

【学习目标】

1. 掌握价格基本理论。
2. 掌握汽车价格构成。
3. 掌握汽车产品定价方法。
4. 掌握汽车产品定价策略。
5. 培养新发展理念和爱国主义精神。

学习单元 1　价格基本理论

价格在我们的生活中无所不在，它是市场营销组合中唯一能产生收入的因素。所有的营利性组织和许多非营利性组织都必须给自己的产品或服务制订价格。价格理论是西方微观经济学的核心。微观经济学对经济问题的研究，就是从分析价格开始的，因为解决社会资源的最优配置，就是通过市场运行中价格机制的调节作用来实现的。这里所说的价格，是指需求和供给相互作用而形成的均衡价格。需求和供给以及它们和价格的相互影响，构成市场运行的重要因素，是微观经济学研究的起点。

在不同的历史时期和不同的经济条件下，价格形成的理论基础也有所不同。在简单商品生产的条件下，价格是以价值为基础的。由于社会化大生产的高度发展和商品市场竞争的结果，产品利润转化为平均利润，商品的个别价值转化为价值，进而转化为生产价格。

"现代营销学之父"菲利普·科特勒在《市场营销导论》中就价格（Price）的含义从两方面进行了分析。狭义上说，价格是对产品或服务所收取的金钱；广义上说，价格是指消费者用来交换拥有或使用产品或服务利益的全部价值量。价格是营销组合中唯一能创造收益的因素，也是营销组合中最灵活的因素之一。

20 世纪 40 年代初，由于计量经济学的发展，高等数学与经济学相结合，应用线性规划法计量出的"影子价格"，不但能用于经济管理，而且能作为价格形成的理论基础。产品的价格是其价值的货币表现，并且是由社会必要劳动时间所决定的。产品的价格是价值的外在表现，是一个具体的、确定的货币量，而价值则是模糊的、不确定的、内在的，价格围绕价值上下波动。汽车产品在市场上的价格往往随供求关系的变化而变化，所以这种波动是由汽车产品供求关系引起的；而汽车产品的价格反过来又常常可以调节汽车市场的供求关系。因此，汽车产品的价格直接关系着汽车产品受市场接受的程度，影响着汽车市场的需求量、销售量和企业利润的多少。它涉及生产者、经销者、用户等多方利益，因此，确定汽车产品价格是市场营销过程中一个非常重要、非常敏感的环节。

1. 影响汽车产品价格的主要因素

价格是一个变量，它受到诸多因素的影响和制约，汽车产品价格的高低主要是由汽车产品中包含的价值量的大小决定的。一般来说，我们可以把这些因素区分为企业的内部因素和外部因素。内部因素主要有生产成本、定价目标、产品特点，以及分销渠道和促销策略等；外部因素主要有市场需求情况、竞争情况、政策环境、社会心理和货币流通情况等。给汽车产品定价时必须综合考虑这些因素的影响，并且还要根据这些因素选择定价策略。

企业要进行科学合理的定价，首先必须分析影响汽车产品价格的基本因素。而制约汽车产品价格的因素是多方面的，主要包括以下几个方面。

（1）生产成本　成本是商品价值的基本部分。汽车产品的生产成本是指汽车企业为研究开发、生产和销售汽车产品所支付的全部实际费用以及企业为其产品承担风险所付出的代价的总和。如果其他条件不变，汽车产品的成本越高，则定价越高；成本越低，则定价越低。如果说市场需求决定了汽车产品价格的最高上限，那么成本就决定了汽车产品价格的最低下限。在竞争激烈的汽车市场上，企业要想用降价的方法来提高汽车产品的竞争力，就必须首先降低汽车产品的生产成本，只有成本降低，才能使汽车产品降价具备可靠的经济基础。如果市场价格不变，成本越低则产品价格竞争力就越强，利润就会提高，成本越高则利润就越低。可以看出，降低产品生产成本是企业提高其利润的一项重要措施。随着汽车工业的发展，降低产品生产成本已成为目前我国汽车工业的一个重要课题。

（2）产品供求因素　汽车产品的价格与供求的关系十分密切。一方面，市场价格对汽车产品的供求起调节作用。通常在自由竞争的市场条件下，产品本身的价值量保持不变，如果供求平衡，汽车产品的价格就会基本稳定；当某种汽车产品的价格上涨时，就会刺激汽车生产企业扩大生产与供应，同时也能吸引新的资本投入该汽车产品的生产，从而增加产品的供应数量；反之，当价格下跌时，会引起汽车产品供应量的减少。另一方面，汽车产品的供求关系也直接影响到汽车产品的定价。在供过于求时，企业往往只能采用保本或微利定价法，甚至要采用变动成本定价法；在求大于供时，企业可以以最大利润或合理利润进行定价。由此可见，供求状况是汽车产品定价时必须考虑的重要因素，企业应及时了解汽车产品在市场上的供求状况，适时地采取提高价格或降低价格的措施，以刺激汽车产品的生产或汽车市场的需求，从而扩大产品的销售。

价格是由供求关系决定的，是市场经济的核心调节机制之一，是市场优胜劣汰的主要手段。2023年第一季度车市的"价格战"仅是表象，它反映了当前汽车市场供给过剩与需求不足的矛盾。2022年底，中国汽车流通行业年会以及之后的多个场合，中国汽车流通协会多次呼吁和明确表达了对市场的判断：产能释放过度与需求相对不足之间的矛盾会是2023年中国汽车市场的主要矛盾。

（3）市场竞争因素　市场经济的最显著的特点就是自由竞争。市场需求和生产成本只是决定了产品的可能价格范围，但它并不一定适应市场竞争的需要，只有合理的价格才是直接参与市场竞争的有效方式。西方经济学家把竞争按其程度分为完全竞争、完全垄断、垄断竞争和寡头垄断4种状态，不同的竞争状态下，产品的价格不同。

1）完全竞争。它是指同种产品有多个营销者，他们都以同样的方式向市场提供同类的标准化的产品，他们的产品供应量都只占市场买卖总量的极小份额，任何一个企业都不可能单独左右该种产品的市场价格。产品价格在多次交易中自然形成，各个经销商都是价格的接受者而不是决定者，企业的任何提价或降价行为都会招致对本企业产品需求的骤减或利润的不必要流失。在完全竞争状态下，产品定价应随行就市。

2）垄断竞争。它是指同种产品有多个营销者，虽然他们都以同样的方式向市场提供同类的产品，但是他们中只有极少数的企业对产品的价格起决定性作用。在这种情况下，一个行业中有许多企业生产或销售同种产品，而且每个企业的产量或销售量只占市场供应总量中的一小部分。虽然同行企业很多，但每个企业无论在生产或销售的产品的性能、品牌、质量、花样和式样上，还是在企业所处地理位置或服务方式上，都有很大的差异性，竞争激烈，随时可能有新的企业参与竞争，而且随时也可能有企业退出竞争。在此情况下，只有少数的买者或卖者拥有较优越的条件，可以对产品价格起较大的影响作用。这时，企业已不是一个消极的价格接受者，而是一个对价格有影响力的决定者。

3）寡头垄断。在寡头垄断状况下，生产某种产品的绝大多数企业由少数几家大企业控制，每个大企业在相应的市场中占有相当大的份额，对市场的影响举足轻重。在这种情况下，产品的市场价格不是通过市场供求决定的，而是由几家大企业通过协议或默契形成的。在这种联盟价格形成后，一般在相当长的时间内不会变动。

4）完全垄断。它是指一种产品完全由一家或极少数几家企业控制，而且此种产品在市场上没有现成的替代品市场。在这种市场环境中，垄断企业没有竞争对手，而且有较高的自由定价的权利，可以独立地或与极少数几家企业协商制订价格，可以在国家法律允许的范围内随意定价，产品定价极高，只要市场承受得住即可。在完全垄断状态下，非垄断性企业定价应十分谨慎，以防垄断者的价格报复。

可见，在不同的市场竞争模式中，企业的定价自主权是不一样的，价格制订决策也不同。现代汽车生产企业应该具有通过用汽车产品定价去应对甚至避免竞争的意识。当以此为定价目标而进行定价时，企业应当根据实际市场情况（包括对市场有决定性影响的竞争者的情况），可以将汽车产品的实际定价低于竞争对手，或者高于竞争对手（当企业条件优越，实力雄厚时）。这种定价目标比较适合于那些实力雄厚，而且易于实现目标的企业。

（4）社会环境因素　社会环境因素主要包括国家政策和社会经济因素两个方面。商品经济的广泛发展，特别是价值规律自发作用的结果，会产生某种盲目性。因此大多数国家对产品价格都有不同程度的规定。我国发展社会主义市场经济，要在充分发挥市场机制的基础上，对产品定价进行宏观管理。国家通过制定价格方针政策和具体规定，如制定商品基位价格、浮动幅度和方法，或制定产品差价率、利润率与最高限价范围，对产品价格进行管理，协调国家、部门、企业、个人利益分配关系，以引导生产，指导消费。因此，汽车产品定价要符合国家有关部门制定的政策、法规和改革措施等，包括税收、信贷利率的限制，这样既有监控性、保护性，也有限制性。

在社会经济方面，当汽车生产企业的投资和建设处于高潮的经济繁荣期，汽车产品的社会需求量就会随之提高，相应的汽车产品价格也会呈现上涨的趋势；当社会经济处于衰退和调整时期，汽车产品的社会需求量随之减少，价格也就容易降低。因此，对汽车生产企业来说，社会环境因素已成为产品定价时所必须考虑的重要因素之一。

（5）**消费者的心理因素**　消费者的心理因素对价格的影响主要表现在人们对汽车产品的预期价格上，即在心目中认为这种汽车应该值多少钱，因此，企业在制订或调节汽车产品的价格时，必须认真分析消费者的心理。任何一件商品都是为消费者服务的，消费者在购买汽车时往往受到不同心理倾向支配，如自我感觉优越心理、追求时尚心理、炫耀心理等，不同的消费心理对汽车产品的价格有不同的要求。企业只有在研究掌握了不同的消费心理之后，才能制订出最佳的汽车产品价格。

（6）**其他营销组合因素**　汽车产品价格的制订还受到其他营销组合的影响。对于新建的中小型汽车生产企业，或者知名企业的汽车产品处于导入期和成长期，价格可定得高一些，而处于成熟期和衰退期的生产企业和汽车产品定价则应相对低一些。质量好、性能好、品牌知名度高的汽车产品的价格可以定得高一些；反之，则必须定得低一些。当企业用于广告或其他方面的费用支出较多时，价格应相应提高，反之，汽车产品的价格就可以定低一些。可见，汽车产品的定价不能脱离其他营销因素而单独决定。

2. 汽车产品定价程序

汽车产品定价是一项复杂的系统化的工作，必须考虑多方面的因素，遵守科学的运行程序。一般说来，汽车产品定价是按照下列步骤进行的。

（1）**搜集和整理与汽车产品定价相关的资料**　要保证汽车产品定价的科学性、合理性，企业在定价前必须广泛地搜集相关资料。如市场对汽车产品的需求状况资料，汽车产品的生产和经营方面的资料，汽车比价和差价因素资料，竞争者的相关资料，当前国家经济政策和相关法规资料，商品因素资料和消费者心理因素资料等。

（2）**确定定价目标**　汽车生产企业在制订汽车产品价格时，首先就要确定企业的定价目标，即企业要达到的最低目的和标准。定价目标是汽车生产企业进行价格决策的依据。

任何企业都不能孤立地制订价格，而必须按照企业的市场营销目标及市场战略目标的要求来进行。如果企业已经慎重地选定了产品的目标市场并进行市场定位，那么它将有非常明确的包括价格在内的营销组合战略。例如，一家旅游汽车公司为满足富裕的消费者的需要，想生产一种豪华型货车野营帐篷，这就意味着要高定价。这主要是由先前的市场定位决策所决定的定价战略。

一个企业对它的目标越明确，制订价格就越容易。对于利润、销售收入、市场份额等这类目标，每一种可能的价格都会收到不同的效果。不同的汽车企业，不同的汽车产品，其市场地位不同，自然定价策略也是不一样的。定价目标是企业选择定价方法和制订价格策略的依据，企业定价目标主要有以下几种。

1）以利润为定价目标。价格是实现利润的重要手段，获得最大利润也就成为企业定价的主要目标。许多企业都想制订一个能够使当期利润达到最大的目标价格。它们对需求和成本进行估计，并同可供选择的价格联系起来，选定一种价格，能够产生最大的当期利润、现金流量或投资收益率。以该目标确定汽车产品的价格，被定价产品必须要求市场信誉高，在目标市场上占有优势地位。因此，这种定价目标比较适合处于成熟期的名牌汽车产品。以利润为定价目标主要分为以下3种。

① 预期利润目标。预期利润目标即获取预期收益目标，是指企业以预期利润为定价基点，以利润加上产品完全成本构成价格出售产品，从而获取预期收益。在确定预期利润的高

低时，应当考虑产品的质量、功能、消费者对价格的反应程度及市场竞争状况等各种因素。一般说来，预期利润适中，可以获得长期稳定的收入。

② 最大利润目标。获得最大利润是企业的最高愿望。最大利润是指企业在一定时期内可能并准备实现的最大利润总额，而不是单位产品的最高价格。最高价格不一定能获得最大利润。在一定时期内，企业综合考虑市场竞争、消费需求量等因素后，以总收入减去总成本的最大差额为基点，确定单位产品价格，以便获取最大利润。这种定价目标即为最大利润定价目标。对市场生命周期短或市场紧俏的商品，有时可能以最大利润为目标来高价销售，待产品进入饱和期后，即将所获盈利投资于其他产品的生产经营。

③ 合理利润目标。企业根据平均利润率规律，在补偿生产成本的基础上，加上适当的利润作为产品价格，以获取正常情况下的合理利润，称为合理利润目标。一般情况下，大多数企业都以税后利润20%作为合理利润，它是以稳定市场价格，避免不必要的竞争，获取长期利润为前提的。在合理利润目标下，产品价格适中，客户乐于接受，政府积极鼓励。

利润的高低通常可以看作是个弹性很大的概念，有的企业把追求最大利润作为定价目标，有的企业则追求满意利润，也有的以投资收益率为目标。另外，企业获取一定利润的同时，还要全面平衡成本。为吸引消费者和增加销售量，企业还要平衡短期利润和长期利润。如果企业为了获得尽可能多的短期利润，就可能失去开拓更大市场的机会，为竞争对手提供了方便。如果企业为获得长期利润，就需要放弃一定的短期利润，扩大市场占有率和增加销售量。无论如何，相对于长期绩效，大多数汽车生产企业对当期财务绩效要看重得多。

2）生存目标。企业如果生产力过剩或者遇到激烈的竞争或者改变消费者的需求时，都要把维持生存作为主要目标。为了维持企业能继续生产，存货能尽快周转，企业必须定低价，并且希望市场是价格敏感型的。此时利润就远没有生存重要。处在困境中的企业，例如克莱斯勒公司曾经为了生存而执行大规模的价格折扣方案。只要它的汽车产品的价格能够补偿可变成本和一些固定成本，它就能够立足。

3）以市场占有率为目标。市场占有率是指一定时期内，一家企业某种产品的销售量和销售额，在同一目标市场上的同类产品销售总量或销售总额中所占的比例。市场占有率与汽车生产企业盈利水平密切相关。市场占有率通常可以看作是汽车生产企业的市场地位、经营状况和产品竞争能力的体现，它直接关系着汽车产品销售数量，影响着企业的兴衰。市场占有率的大小是汽车生产企业实力和市场地位的重要标志。同时，企业赢得最高的市场占有率之后将充分享有最低的成本和最高的长期利润。在其他条件不变的情况下，市场占有率越高，汽车产品的销售量就越大，实现的利润就会越多，利润率也随之而提高。因此，维持和提高市场占有率在产品市场竞争时比获得收益更为重要，有些实力雄厚的大型企业宁愿放弃当前可能获得的部分利润，采取低价策略来扩大市场占有率。市场占有率的高低还关系到企业的知名度，影响企业的形象。提高市场占有率，就是从同行业竞争对手中夺取一部分销售份额，甚至是全部。例如，哈飞赛豹上市以来就以耐力、耐用、耐看为特点的车型，虽然销售表现一直平稳，并没太大的起伏，但在黄金周期间为提高市场占有率，实行了全系车型的降价。从表面上看，汽车产品的价格下降了，但是较高的市场占有率会引起销售量增加，成本下降，盈利水平提高，从而获取更高的长期利润。

要想在激烈的市场竞争中战胜对手，汽车企业首要的目标就是要达到市场占有率的最大化。当企业的市场占有率达到较高的地位时，企业的成本将随之降低，产品利润将随之大大提高。因此，保持和提高市场占有率已成为企业的主要发展目标之一。当具备下列条件之一时，企业可以考虑通过降价的方法来提高市场占有率：

① 因为市场对价格高度敏感，所以降低价格可以直接刺激汽车产品需求的迅速增长。

② 生产与分销的单位成本会随着生产经验的积累而下降。

③ 较低的价格可以吓退现有的和潜在的竞争者。

4）以稳定市场价格为目标。稳定价格是指在较长时期内保持相对稳定的价格水平，以获得均衡的收益。这种目标的选择，主要是要达到稳定市场的目的，避免公众的抵触与政府的干预。激烈的价格战经常使竞争双方两败俱伤，同时也破坏了正常的市场经济秩序。产品价格越稳定，经营风险就越小。因此，为了避免不必要的价格竞争，增加市场的安定性，通常情况下，在汽车营销中处于领导地位的大企业先制订一个价格，其他中小企业为了维持自身的利益，也愿意追随大企业定价，与之价格接近或保持一定比例关系。我们把这种价格称为领导者价格或价格领导制。市场存在领导价格时，新的生产者要进入市场，只有采用与竞争者相同的价格。采用这一目标，各企业间可避免不必要的价格竞争，保持均衡收益，大企业可以减少由于价格骤变带来的风险，小企业也可免受因大企业的随意降价而导致的收益受损。

5）以竞争为定价目标。利用价格进行竞争是市场竞争的主要表现形式之一。在竞争条件下，企业定价的主动权有时不掌握在自己手中，而必须根据竞争对手的价格和竞争形势来制订价格，甚至被迫服从竞争对手的价格。以竞争为定价目标，一般分为三种情况：第一种是攻击性竞争定价，目的是为了以价格为手段打击竞争对手，它常常采用成本定价法低价销售，使竞争对手无法维持经营而退出竞争，然后再提高价格，形成垄断或区域垄断。此种方法是以大斗小，以强战弱的非平等竞争形式，而且常会遭到对手的报复，被许多国家禁止或限制。第二种是防御性竞争定价，它是竞争者采取价格竞争攻势以后，企业通过给产品定价去应付竞争，根据竞争者的价格变化来制订自身产品的价格，这时的产品价格被动地保持与竞争者相近。第三种是预防性竞争定价，它是在产品上市之初，为了防止竞争者介入，把价格定得低于竞争对手，减少对竞争者的吸引力，避免出现剧烈的竞争，站稳市场后再适当提高价格。这种定价目标比较适合于目标实现的可能性很大，而且实力雄厚的企业。

6）产品质量领先目标。为补偿因提高产品质量而投入较多开支的费用和较高的研究开发成本，通常要制订一个比较高的价格。如果汽车生产企业所拥有的原材料、人才、技术、设备等资源条件都有充足优势，加之市场条件较好，企业为了显示其产品的高质量，往往制订较高价格，并采取提供售前售后系列化服务等非价格竞争手段，努力创出名牌字号，来获得消费者的信任，以树立产品优质的形象。

总之，汽车生产企业的定价目标有很多，通过价格这一工具，汽车生产企业可以解决很多要解决的问题。

(3) 确定需求　汽车产品价格的高低，对需求和营销目标都将产生不同的影响。而要制订价格，要先知道需求。下面我们就来讨论一下如何正确确定需求。

1）需求曲线。微观经济学的理论基础之一便是需求曲线理论。利用需求曲线理论，可以精确地制订普通产品的需求曲线，如图8-1a所示，可以看出，需求曲线表现为一条向右下方倾斜的曲线，这说明价格与需求量呈反比关系，即随着价格的升高，需求量在减小。

图8-1b所示另一类型的需求曲线，称为"吉芬商品"需求曲线，吉芬是一位英国经济学家的名字，因为这种需求形式的商品最初是由吉芬发现的，故而称该商品为吉芬商品。

"吉芬商品"的本意是指"劣质商品",其需求量随价格的上升而增加。但是在汽车营销学中,这种曲线却代表了相反的意义——是一种"威望商品"的需求曲线。比如高级轿车,其定价低时,容易被认为是"劣质品"。客户认为其不能体现身份,不愿购买;而一旦定以高价,反而购买者众多,著名的汽车品牌劳斯莱斯便是一个典型的例子。

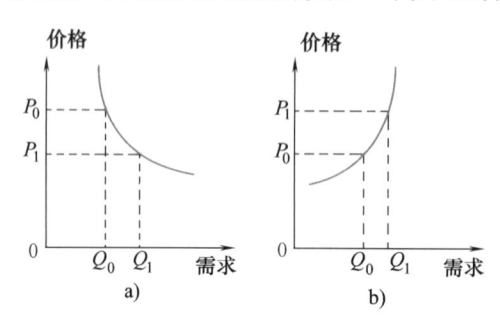

图 8-1 普通需求曲线与吉芬商品的需求曲线
a) 普通产品的需求曲线　b) 吉芬商品的需求曲线

2) 影响需求的非价格因素。价格是影响需求的主要因素,在前文中我们提到价格与需求的关系时,并没有考虑非价格因素的影响,事实上这种影响时刻在起作用,因此要确定出价格对需求的真正作用程度,还应该先排除非价格因素的干扰。非价格因素主要有如下几种:

① 收入。当消费者的收入增加时,即使汽车产品价格不变,需求量也会增加,收入减少时,即使汽车产品价格降低,需求量也不一定会增加。例如经济不景气时,便会发生这种情况。

② 替代品价格的变化。很多商品都有替代品,当某一商品的替代品价格降低时,人们往往会倾向于购买替代品,从而使该商品的需求量减小。

③ 消费者偏好。消费者一旦对某种汽车产品产生了偏好,即使其价格升高,也仍会购买,需求量并不一定因提价而降低。

上面三种因素对需求的影响,表现为需求曲线以原有的斜率平行升高或降低,如图 8-2 所示。因此考虑价格与需求的关系应排除这三项因素的影响,或者假定其不变。

3) 需求弹性。需要指出的是,就一个给定的产品的需求曲线来讲,其上的弹性并不是均匀相等的。在曲线的高价区,需求富有弹性,在曲线上的低价区,需求缺乏弹性,在曲线的中点需求弹性的绝对值为 1,这是因为曲线上各点的点弹性并不是曲线的斜率。因此,就大多数汽车产品而言,在产品处于高价位时再降低价格,对销售量的增加会更明显;与此相反的是,较低定价的汽车产品即使降价,其销量增加也不会明显。这从另一方面说明,价格战并不时时奏效。

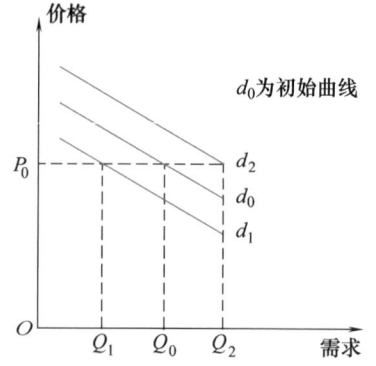

图 8-2 非价格因素对需求量的影响

影响价格弹性的因素有很多,主要有以下几种:

① 产品的用途。产品的用途越多,需求就越有弹性。例如电这种产品用途很多,故其需求弹性很大。

② 替代品的数目及替代程度。某种产品的替代品越多,替代品越相近,其需求弹性也就越大。因为替代品多,在价格上涨时,消费者就可以购买其他产品。例如各种水果,因为

可有不同品种的水果来取代,使其需求富有弹性。

③ 消费者在某一商品上的消费支出占总消费支出的比重。如果这一比重大,则该产品就越有弹性;比重小,则该产品的弹性小。例如汽车的购买对于大多数家庭来说是一笔大开支,因此消费者对其价格非常敏感,一旦汽车降价,则销售量就会上升。

④ 消费者改变购买和消费习惯的难易程度。越容易,则产品的价格弹性越大,若不易改变,则产品需求弹性小。例如很多消费者对某一类饮料形成了偏好。这种改变很难,因此即使其他类饮料价格下降,也无法吸引他们去购买。

⑤ 文化价值的取向或偏向。产品越符合或越接近消费者核心价值观,则消费者越愿意消费,其需求弹性就小。

汽车产品价格与需求之间存在着密切关系,不同的价格水平会产生不同的需求水平。一般来说,当测定的汽车产品需求弹性较大时,采取低价策略可以吸引更多客户,取得较高利润,但必须注意竞争者的反应;当需求弹性较小时,汽车生产企业可适当提高价格来增加利润,但应考虑与同行业协作者的关系,以及国家价格政策和法律规定。

(4) 估计成本　成本是企业定价的基础,在很大程度上,需求决定着企业为汽车产品制定的价格的上限,成本则是价格的下限。企业要制订的价格,应尽可能覆盖汽车产品的所有生产成本、分销和销售成本,还应包括人员的努力和承担风险的合理的报酬补偿。从价格构成角度看,汽车产品的定价应高于成本。

1) 成本的类型。汽车生产企业的成本通常分为两种:固定成本和变动成本。固定成本(也称企业一般管理费用)是不随着生产和销售收入变化而改变的成本。因而企业每个月必须支付的账单,包括房租、取暖费、利息支付、主管人员的薪水等,无论企业的产出如何变动,固定成本是与生产水平无关的。例如,汽车产品成本中的产品投资、折旧、房地租金以及行政办公费等都属于固定成本。变动成本与生产水平的变化直接相关。例如,原材料消耗、储运费用、计件工资等属于变动成本。称之为变动成本是因为总变动成本是随着产品的生产数量的变化而改变的。全部成本是指在一定水平下生产所用的固定成本和变动成本的总和。管理部门所制订的价格至少要包括在这一水平生产的全部成本。

2) 每期不同生产水平下的成本特征。要做到定价合理,管理部门必须了解成本是怎样随着不同的生产水平变化的。

先举例说明。甲汽车公司已建好一个有固定规模的 A 型轿车生产工厂,日产量 150 辆。图 8-3a 显示出短期平均成本曲线(SRAC)的典型的 U 型特点。如果每天的产量不多,单位成本就高。日产量越接近 150 辆时,平均成本就会越低。原因在于越多的产量分担固定成本,每辆所分担的固定成本就越小。甲汽车公司可能会试着每天生产超过 150 辆 A 型轿车,但是成本增加了。平均成本此时的增加是因为工厂的生产效率低下:由于规模的限制,工人们不得不排队来等候机器,机器由于过量使用而频繁的发生故障,而且造成工人们在生产中难免互相发生摩擦产生矛盾。总之,各种费用都会增加,平均成本也就提高了。

如果甲汽车公司确信它每天能够销售 300 辆 A 型轿车,它就应该考虑建造一家规模更大的工厂,并且要使用高效率的机器设备同时具有高效率的管理,这时每天生产 300 辆的单位成本要比生产 150 辆的单位成本低得多。这点可以参照长期平均成本曲线(见图 8-3b)。

实际上,根据图 8-3b 所示,一个日生产能力达 450 辆的工厂将会更有效率。但是日生产能力 600 辆的工厂效率就会低下,因为增加了规模的不经济性:将有太多的工人需要管理，由于日常文件的增多而使工作进展缓慢，同时还必须增加相应的庞大的管理经费等。如图 8-3b 所示，如果维持这种生产水平有足够的需求，那么建造一个规模为日生产能力450 辆的工厂将是最经济的。

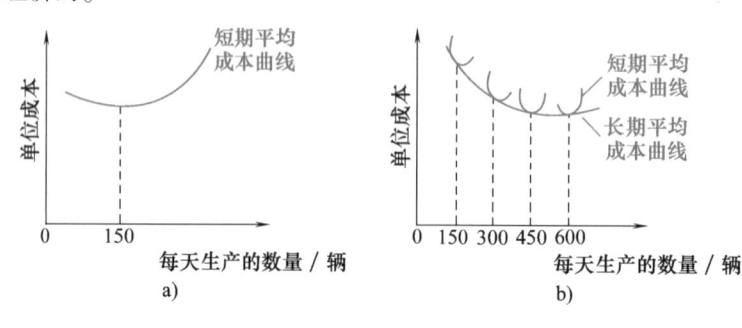

图 8-3　每期不同生产水平下的单位成本
a) 在固定规模工厂中的成本特性　b) 关于不同规模工厂的成本特性

3）积累生产经验对成本的函数特征。假设甲汽车公司建造了一家 A 型轿车生产工厂，日生产能力为 450 辆。工厂不断地积累 A 型轿车的生产经验，并且知道怎样才能提高该车的性能。工人们掌握了如何节省时间，原材料的流通得到改善，成本也下降了等。结果就使得平均成本随着生产经验的积累趋于下降。这点可参考图 8-4。因此，最初生产 10000 辆轿车的平均成本是每辆 1 万美元；当它接下来生产 10000 辆轿车，累计生产到 20000 辆时，平均成本已下降到 9000 美元。如此继续生产，当产量成倍增加到 40000 辆时，平均成本已降到 8000 美元。平均成本随着生产经验的积累而下降的曲线被称为经验曲线（有时也称学习曲线）。

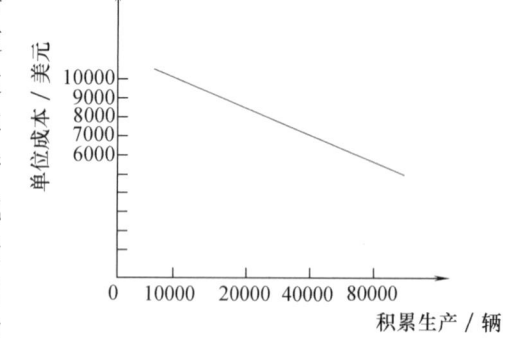

图 8-4　作为积累生产经验的函数的单位成本：经验曲线

如果一条向下倾斜的经验曲线可能存在，是应该引起公司高度重视的。公司的单位成本不仅会下降，而且在给定的时间内如果公司制造和销售的产品越多，单位生产成本也就下降得越快。但是，前提是市场必须能够容纳这么高的产量，这会使得下文所讲的定价战略与此联系起来。甲汽车公司应将 A 型轿车的价格定得低一些，销售量就会增加；随着产量的增加，生产经验的积累会使成本下降，然后可以更进一步地降低价格。

估算成本，既要掌握产品成本的构成，又要研究成本如何随生产经营规模的变化而变化，以利于在实际工作中不断降低成本。

（5）分析竞争对手的价格和提供的产品　市场需求为价格规定了最高限，而成本为价格规定了最低限，企业在定价时还应该考虑竞争对手的价格。竞争者的价格以及它们对本企业价格所做出的反应也是企业定价的一个重要因素。企业必须要对每一个竞争者提供的价格及其产品质量情况有所了解。这可以有以下几种做法：企业可以派专门人员打听行情，比较价格和竞争者所提供的产品；企业可以得到竞争者的价格表并且购买竞争者的设备，然后拆开看，仔细研究；企业还可以询问购买者，他们对于企业竞争者所提供的产品价格和质量有什么看法。

企业了解和掌握竞争对手的价格及其产品特色，特别是产品质量和性能相近、目标市场相同的竞争者，通过调查研究与竞争者产品比质、比价后，企业可制订出有针对性、有竞争力的价格。如果企业的产品与主要竞争者的产品相类似，那么企业制订的价格也必须与竞争者差不多，否则就失去了市场。如果企业的产品次于竞争者的，就不能和竞争者一样去制订相同的价格。如果企业的产品优于对手，价格则不妨高于竞争者。而且，企业还必须要清楚竞争者对自己的价格会做出什么样的反应。企业就是这样运用价格来给自己的产品定位，同竞争者对峙的。

(6) 确定定价方法　不同企业、不同时期、不同产品在定价时考虑的因素有所不同，因而采用的定价方法也各不相同。一般来说，企业定价要考虑成本、需求、竞争等主要因素。价格定得过低不能获得利润，定得过高又无法带来需求，因此要选择一个既能创造利润又能实现需求的价格。图8-5扼要说明了定价时要考虑的3个主要因素。产品成本是价格的最低限，竞争产品和替代品的价格是企业在定价时必须考虑的出发点，而独一无二的产品特色是价格的最高限。

图8-5　定价时考虑的3个主要因素

企业选择定价方法解决定价问题，应参考这3个主要因素中的一个或多个。由此种定价方法可能产生一个独特的价格。

(7) 选择定价策略　如何选择定价策略，关系到企业定价目标的实现。因此在经营活动中，企业为了适应市场需求，在市场竞争中取得最佳经济效益，就必须选择好定价策略。

(8) 确定最终价格　定价策略选定以后，企业在确定最终价格时，还要考虑一些其他影响产品定价的因素。

① 供应商的看法。企业将产品价格定得很高，就会引诱具有垄断地位的供应商，也来提高其原料或其他供应品的价格，这会对企业产生不利影响。

② 推销人员的看法。如果定价太高，推销人员就难以顺利推销产品，而定价太低，会影响产品形象和声誉，也使推销人员陷于困境。因此，定价时必须考虑推销人员的看法。

③ 分销商的看法。作为企业主要营销渠道之一的分销商，对价格制订也有影响。企业若定价太低，分销商认为获利不大，影响其经销积极性；定价过高，分销商又想多分享利润，从而影响企业获利。

④ 政府的干预。企业的定价有时也会处在政府的监督下，定一个过高或过低的价格，有时都会招致政府干预。

⑤ 竞争对手的反应。这是企业必须考虑的。竞争对手针对自己的定价，如果在营销组合上做出调整，就会趁机夺走客户，扩大市场份额，从而引发一场激烈的价格战。

(9) 实施与调整　企业对产品的价格确定以后，还应当制订具体的实施计划，并且组织力量实施，落实责任，还要附以追踪监督，以保证定价方案的顺利实施。

企业制订的产品价格不能一成不变，而是制订一种定价的结构，包括不同的产品和各种项目，要能反映不同的地区需求和成本的变化情况、需求的细分市场的密度、购买时间和其他的因素。这就要求企业同时还要具备及时调整产品的价格的能力。

学习单元2　汽车价格构成

汽车价格构成是指构成汽车价格的各个要素及其在汽车价格中的组成状况。掌握汽车价格构成各要素的含义，了解各要素的核算方法及其变动情况，是合理制订价格、进行科学价格决策的前提。

(1) **汽车价格中的成本**　汽车价格构成中，成本是最主要、最基本的因素，是汽车价格构成的主体。汽车生产企业只有准确地核算成本，才能使其产品的价格反映价值，才能保证生产经营活动的顺利进行。

汽车产品成本主要表现为生产部门的生产成本和商业部门的经营成本。按国家规定，汽车产品成本主要包括以下几个方面：

1）汽车生产经营过程中实际损耗掉的各种原材料、燃料、动力、包装物、辅助材料、备品配件、外购半成品、低值易耗品的原价和运输、装卸、整理费用等。

2）科学研究、汽车新技术开发和新产品试制所发生的不构成固定资产的费用，购置样品、样机和一般测试仪器设备的费用。

3）固定资产折旧、按产量提取的更新改造资金、租赁费和修理费。

4）按国家规定列入成本的职工工资、福利费、奖励金。

5）产品包修、包换、包退的费用；废品修复费和报废损失、停工期间支付的工资、职工福利，设备维护和管理费，削价损失和经批准核销的坏账损失。

6）按规定比例计算提取的工会经费和按规定列入成本的职工教育经费。

7）财产和运输保险费、契约、合同公证费和鉴证费，咨询费、专用技术使用费，以及应列入成本的排污费。

8）企业办公费用、差旅费、会议费、消防费、检验费、宣传费、冬季取暖费、劳保用品费、仓储费、商标注册费及专利申请费、展览费等管理费用。

9）流动资金贷款利息。

10）销售商品发生的运输费、包装费、广告费和销售机构的管理费。

11）经批准列入成本的其他费用。

(2) **汽车价格中的流通费用**　流通费用是指产品在从生产领域转移到消费领域的整个过程中所支付的一切物质费用和人工报酬的总和。其实质是组织产品流通所消耗的物化劳动和活劳动的货币表现。汽车价格中的流通费用是指汽车经销商从事汽车的购进、运输、储存等活动所支付的各项费用。

汽车价格中的流通费用是汽车产品价值构成的又一重要内容，它主要是在商品流动中发生的，是制订汽车产品价格的重要依据，也是构成产品经营成本的主要内容。

汽车价格中的流通费用按其计入价格的方法不同可分为间接费用和直接费用。间接费用是指各种损耗、经营管理费、贷款利息等，这些费用往往要通过计算才能计入商品价格中去。直接费用是指运费、保管费、包装费等，这些费用一般可以直接计入汽车产品的价格中去。

(3) **汽车价格中的利润和税金**　利润和税金是劳动者在商品生产过程和流通过程中为社

会劳动所创造的价值的货币表现,是产品价格超过生产成本和流通费用的余额。

企业无论是选择新产品,还是开拓新市场打入目标市场,必然存在着各种风险。利润就是企业付出服务及冒风险得到的相应报酬,风险越大,利润理应越高。否则,冒风险就不值得了。利润是市场营销的最重要的目标,它可以通过资金利润率、销售利润率等指标来衡量。我们国内的汽车企业在投入时,往往也把利润和税金的总额作为一个衡量指标。

汽车价格中的利润是劳动者为社会劳动所创造的一部分价值的货币表现,是汽车产品价格扣除生产成本、流通费用和税金后的余额。汽车价格中的利润分为生产利润和商业利润两部分。产品在生产领域实现的利润叫作生产利润;产品在流通领域实现的利润叫作商业利润。

汽车产品价格中的税金是劳动者为社会劳动所创造的一部分价值的货币表现,是价格构成的要素之一。税金是国家按照税法规定对企业和个人征收的一部分社会纯收入,是国家凭借政权参与国民收入分配和再分配的一种重要形式,它具有强制性、无偿性、固定性等特点。

税金按照是否计入价格来划分,可分为价内税和价外税。价内税是直接构成汽车产品价格的一部分,与价格有直接的关系,主要包括消费税、资源税、营业税、关税;价外税是指不能以独立要素计入汽车产品价格的税种,如企业所得税、个人所得税等。价格中研究的税金主要指价内税。

学习单元3　汽车产品定价方法

对汽车产品进行定价是一项很复杂的工作。传统的定价方法往往比较重视成本因素,因此各种定价方法都是以成本为中心的。而现代企业在制订其产品的价格时,不仅要考虑产品的成本费用,还要考虑市场需求和竞争情况,并结合产品情况做出相应的决策。企业常用的定价方法主要有以下三种。

1. 成本导向定价法

成本导向定价法是指以产品成本为基础,将成本加上预期利润的定价方法。其特点是简便、易用。它主要包括以下几种。

(1) **成本加成定价法**　成本加成定价法是指将单位成本加上企业的预期利润,以此作为单位产品的价格的定价方法。这是最基本的定价方法。这种定价方法的计算公式为

$$单位产品价格 = 单位产品总成本 \times (1 + 成本加成率)$$

例如:某企业生产的汽车产品单位成本为10万元,预期利润为25%,则该汽车单位产品的销售价格为

$$产品价格 = 10\ 万元 \times (1 + 25\%) = 12.5\ 万元$$

由上例可见,加成实质上就是产品的一定比率的利润。不同产品的加成迥然不同。经济学家普雷斯顿发现加成的不同反映了产品在单位成本、销售量、周转时间和制造厂商及私人的品牌上的差异。

成本加成定价法能被广泛采用,有这样几点理由。首先,相对于需求,卖方对其成本有着更确定的资料,根据成本定价,卖方可以使定价更简便,他们不必根据需求的变化而频繁地调整其产品价格。其次,如果这个行业的所有企业都采用这种定价方法,价格就会趋于一致。因此就可以避免价格竞争。如果定价时要考虑需求的变化,那么价格竞争就不可避免。

另外，许多人认为成本加成定价法对于买卖双方都较为合理。当买方的需求迫切时，卖方也不会趁这种有利条件牟取暴利，而是获得公平的投资回报。这种定价方法能够保证企业产品的价格一定高于成本，其优点是简便易行，但这种方法不适用于买方市场条件下。其缺点是此法忽视了市场需求和竞争因素，带有一定的主观倾向性，适应市场环境的能力差，缺乏灵活性和竞争性。

(2) **目标定价法**　目标定价法是指根据企业的预期总销售量和总销售额作为定价标准的定价方法。因为企业要确定一个能够给它带来利润的价格，我们又称之为目标利润定价法。通用汽车公司采用目标定价法，将价格定到使它的利润为投资的 15% ~ 20%。公用事业也采用这种定价方法，它们所获得的投资报酬受到了合理的限制。这种定价方法的计算公式为

$$单位产品价格 = 总销售额/总销售量 = 总成本 \times (1 + 目标利润率)/销售量$$

例如：某汽车生产企业年生产能力为 10 万辆，总成本为 30 亿元，若目标利润率定为 25%，则该汽车的定价为

$$产品价格 = 300000 万元 \times (1 + 25\%)/100000 = 3.75 万元$$

用这种方法定价，虽然简便易行，但由于企业是以估计的销售量制订相应的价格，而价格恰恰又是影响销售量的重要因素，所以这种方法有较大的缺陷。

(3) **损益平衡定价法**　损益平衡定价法是指以固定成本和变动成本为主要依据，分析企业的盈亏分界点，从而制订出产品价格的定价方法。企业以保本为目标的定价思路，当销售收入与总成本相等时，该产品的价格即为保本价格。其计算公式为

$$单位产品保本价格 = 单位固定成本 + 单位变动成本$$

企业可根据市场竞争情况，在保本价格的基础上，确定最终的市场销售价格。这种方法具有很大的灵活性和较强的适应能力。企业利用这种方法很容易确定最佳的产品品种结构及价格组合；同时也有利于企业的价格和产品结构的调整。

(4) **边际成本定价法**　边际成本定价法又称为变动成本定价法，是指以变动成本为定价依据，而不考虑固定成本，只是以边际贡献补偿固定成本，获得利润的定价方法。其单位产品价格公式为

$$单位产品价格 = 单位变动成本 + 边际贡献$$

这里所说的边际贡献是指企业每增加一个产品的销售，所获得的销售收入减去变动成本的数值。

此种定价方法计算出的产品价格很可能低于单位产品成本。但为什么又要如此定价呢？在市场某种商品出现暂时的供过于求状况时，采用保本价格还不能打开销路，为克服暂时困难，企业就可以选择这种方法渡过难关。至少可以补偿那些哪怕停产也必须消耗的固定资产的损失。必须注意的是，这是一种亏本经营，只能为一时之计，如不能渡过难关，则必须改变产品生产方向或结构。这种方法多用于国际贸易中。

2. 需求导向定价法

需求导向定价法是一种以消费者需求的变化及消费者心理为主要依据的定价方法。它是以目标市场上消费者所能接受的价格来定价的，充分包含着消费者对产品价值的理解。这种方法比较适合于营销导向型企业。其方法主要有以下两种。

(1) **感受价值定价法**　感受价值是指消费者根据自己的经验、标准或观念对

微课：需求导向定价法

产品的认同价值,又称之为理解价值。根据这种价值制订的价格称之为感受价值价格。越来越多的汽车生产企业都是在产品的感受价值基础上制订价格。实际上这种定价方法就是根据买方的价值观念来定价,而不是卖方的成本。他们运用营销组合中的非价格变量来确立买者心目中的感受价值。价格就是在捕捉住这个感受价值的基础上制订的。例如,同样的一块纪念币在某旅游景点可能要卖 100 元,在商场里可能要卖 30 元,在地摊上可能只卖 5 元。这就说明,不同的场合,对消费者的感受价值的影响也是不同的。感受价值定价法的关键是企业要正确估计和测定商品在消费者心目中的价值水平,并根据消费者对商品的感受价值水平进行定价。定价过高,超过市场上消费者的承受能力,商品卖不出去;定价过低,影响到生产经营企业的收入。感受价值定价法的基本步骤如下:

1) 通过调查确定消费者的感受价值,决定商品的初始价格。
2) 预测商品的销售量,在估计的初始价格条件下,可能实现的销售量。
3) 预测目标成本。
4) 把预测的目标与实际成本进行对比,来确定价格。

感受价值定价法能够很好地适应现代产品定位思想:通过运用计划好的产品质量和价格,企业为一个特定的目标市场开发一种产品的概念。管理部门估计在这种价格条件下的市场容量,同时对所需的生产能力、投资金额和单位成本进行评估,然后以计划价格和成本计算出利润,看是否使消费者满意。如果答案是肯定的,企业就开始产品开发。否则,企业就会放弃这种想法。

感受价值定价法一般适用于汽车生产企业生产一种新产品或将新产品打入新地区的情况。对于高级、豪华的汽车产品,优异的质量、独特的性能、豪华的特色是用户产生感受价值的基础,为此企业可以不惜工本,优质优价。

感受价值定价法的关键在于准确地确定市场对所提供产品价值的感受。如果卖主对自己的产品估计过高,他们制订的价格也就会过高。或者过低估计感受价值,这样就比他们应该获得的利润低了。可见,进行市场调研,以便形成指导有效定价的市场感受价值是很必要的。

(2) 需求差异定价法　需求差异定价法是指企业根据市场需求的变化差异来制订产品价格的方法。它是企业对同种产品依据不同的需求强度来确定价格的方法。用这种方法确定的同种产品价格的差异,体现了消费者需求强度方面的差异,但不一定反映成本方面的差别。只要企业能把握好各种消费差异,就能制订出适当的价格促进产品销售。需求差异定价法可以分为以下几种:

1) 产品外观、式样的差异导致价格不同。例如:同一品牌的汽车中的标准型和豪华型,其价格不同。
2) 销售时间的差异导致价格不同。例如:同样的汽车,在促销期和非促销期的价格不同。
3) 地区差异导致价格不同。例如:2007 款福克斯三厢轿车在北京售价为 12.38 万元左右,而在广州的价格为 11.38 万元。

3. 竞争导向定价法

需求导向定价法考虑了市场需求和消费者心理对产品价格的影响,但这种方法中,企业期望获得最大利润,主观成分较大,因此很难对商品准确定价。这时企业还应当采取以竞争为导向进行定价的方法,即竞争导向定价法。

竞争导向定价法是指企业根据竞争产品的品质和价格来确定本企业产品价格的定价方法。它以市场竞争对手状况为主要依据,根据应付或避免竞争的要求来制订价格。这种方法的关键就在于"以不变应万变"的原则。需要指出的是,这里的"不变"是指定价的依据不变,这里的"万变"指的是本企业产品成本或市场需求的变化。换句话说,它的特点是价格与成本和需求不发生直接关系,而只根据竞争对手的价格变动方向和幅度而变动。用这种方法定价,能使竞争对手之间和平相处,减少或避免价格风险,而且简便易行,所定价格竞争力强,但是会造成价格比较僵死,因而对企业的利润有所影响。竞争导向定价法可分为以下两种。

(1) 随行就市定价法　随行就市定价法是指企业根据现行市场运行的一般价格来制订和调整价格的方法,它要求企业制订的产品价格与同类产品的平均价格一致。在随行就市定价法中,企业的定价基础主要是竞争者的价格,而较少关心自己的成本或市场需求。企业的价格可能和竞争者的一样,有时可能要低一些,有时也可能高一些。在少数垄断市场的行业中,如钢铁工业、造纸业、化肥工业等,企业对产品的定价通常都相同。小企业采取的是"紧跟领先者"的策略。他们的价格变动,更多的是由于市场领先者的价格变动,而很少联系自己的供需关系变动或成本变动。有的企业实行小额的奖金或折扣优惠,但是这种差异的幅度将是固定的。例如,较小的汽油零售商通常只比大的汽油公司低几美分,而不致使差异发生增减。

随行就市定价法是一种比较普遍的定价方法。当成本难于估量,或者对竞争的反应不确定时,企业就认为随行就市定价法是一个很好的解决方案。由于这种价格能产生公平的收益,同时对行业的协调无破坏作用,随行就市定价法被认为是行业中集体智慧的结晶。在竞争激烈而产品需求弹性较小的市场上,这种方法是一种稳妥的方法。

(2) 密封投标定价法　密封投标定价法是指在商品和劳务交易中,采用投标、招标方式,由一个买主对多个卖主的出价择优成交的定价方法。在这种方法中,买家事先公布招标内容,供货企业按照招标内容和对产品和劳务的要求,以密封标价方式参加投标。购买单位在全部投标企业中选择符合要求而又标价最低者为交易对象,并与之签订买卖合同关系,被招标者选中的企业就叫中标。这种定价方法的基点在于竞争者将会制订什么样的价格,而不是依赖于企业对成本或对需求的估计。某企业想在一项合同中标,这就要求它所定的价格要低于其他企业。

但是企业不能把价格定得低过一定的水平。它不能把价格定得低于成本,同时又不能使自己处于不利地位。另一方面,价格高于成本越多,它就离合同中标越远。对于频繁投标的大企业来说,利用期望利润作为一种制订价格的标准具有很大意义。适当做出一些让步,公司将会获得长远的最大利润。只有那些仅仅偶尔投标的企业或者迫切需要签订某项合同的企业才无法认识到期望利润给它所带来的好处。

竞争导向定价法比较适合现代竞争激烈的汽车市场。在国际汽车市场上,有不少汽车企业都采用这种定价方法。

上述几种定价方法是企业定价的基本方法。但价格一经确定,并不意味着一成不变,企业还应当根据具体的情况,不断地调整目标和方法,在基本价格水平上灵活地进行浮动,只有这样才能做到科学定价,为企业盈利打下良好的基础,这就是定价策略。

学习单元 4　汽车产品定价策略

汽车生产企业要在日益激烈的市场竞争中，不断提高自己的竞争能力，提高企业的经济效益，就必须制订正确的汽车产品定价策略，既要使自己的汽车产品的价格能为广大消费者所接受，又能通过汽车产品价格实现企业盈利。

价格竞争是市场竞争的一个重要方面，汽车生产企业应根据不同的汽车产品和市场情况，灵活地运用各种定价策略，有效地保证企业定价目标的实现和定价方法的实施，提高竞争力，增加销售。

1. 新产品定价策略

新产品上市，价格策略运用是否恰当，将决定着汽车产品在今后能否有广阔的市场前景，能否给企业带来稳定的利润，同时也决定着企业的市场竞争能力。

新产品定价策略有三种：撇脂定价策略、渗透定价策略和满意定价策略。

(1) 撇脂定价策略（Skim Pricing）　撇脂定价策略是指将新产品的营销价格定得较高，以期在产品市场寿命周期的最初阶段，能尽快回收资金和获取利润。这种做法很像从鲜奶中抽取奶油即撇脂，这种策略也因此而得名。它的优点是新产品上市需求缺乏弹性，定价高也不会减少需求，价高使人们产生一种高档产品的印象，价格较高，还可以通过降低价格策略排斥竞争者或扩大销售，因此能快速回收投资，提高产品身价与威望，对客户产生吸引力，同时当竞争者出现时，企业可主动调低价格，掌握市场竞争的主动权。其缺点是因为价高利厚，容易过早吸引竞争对手，导致原有市场的丧失，而且价格高也不利于开拓市场，甚至遭到抵制，它只能作为一种阶段性的定价策略。一般来说，对需求弹性小、供不应求的新产品，拥有专利、专有技术的新产品，在投入期或购买力较高的地区，适宜采取这种策略。撇脂定价策略在新产品上市初期定价比成本高出很多，它是一种高价格策略。这是企业根据自己经营的汽车产品具有明显的质量优势和风格特色，在追求最大利润的目标指导下，大幅度提高其加价率的产品定价策略。其目的是在其他同类汽车产品还没出现之前，在短时间内就获得较高的收益。

撇脂定价策略在下列几种情况下使用能够起作用：

1）产品应品质优越、威望极高，高价就代表了产品的优质形象。
2）当前有足够多的买者对产品有迫切的需求。
3）少量生产的单位成本不能过高，否则会抵消掉按承受能力收取高价所带来的利润。
4）最初的高价不会使得更多的竞争者加入。

(2) 渗透定价策略（Penetration Pricing）　撇脂定价策略把价格定得很高，而渗透定价策略把价格定得很低，是一种低价格策略。这是汽车生产企业以追求市场占有率为目标，把自己经营的某些汽车产品的价格定得低于市场上同类汽车产品的价格，借以吸引客户，提高销售量，提高效益的一种定价策略。这种策略又被人称为薄利多销策略。采用这种策略的目的是在新产品刚投入市场时，以低价位扩大销售量，加强市场渗透，迅速打开市场，提高市场占有率。

"物美价廉"是消费者购物的普遍心态，薄利多销就恰恰迎合了消费者的这一心理。"便宜没好货"是消费者购物的又一普遍心态，这种心态对汽车生产企业实施低价定价策略构成直接威胁。为了从根本上消除这一心态的影响，企业实行低价定价策略时应符合以下要求：

1）产品应为广大消费者所熟悉。
2）市场对价格具有很强的敏感性，并且低价能刺激市场需求的增加。
3）随着生产经验的积累，产品生产成本和销售成本也随之下降。
4）低价会使现在的和潜在的竞争者失去兴趣，从而为本行业建造一个高的进入障碍。
5）产品供过于求。

这种定价策略的优点是市场需求弹性大，低价可以迅速打开销路进入市场，从多销中取得利润，还可以有效阻止竞争者加入，有利于控制市场。

其缺点是投资回收较长，价格变化余地小。这种策略适用于资金雄厚的大型企业。

(3) 满意定价策略（Neutral Pricing） 满意定价策略又叫随行就市定价策略，是介于上面两种策略之间的一种新产品定价策略，它是以获取社会平均利润为目标，把产品的价格定于高价与低价之间，使企业与消费者都能接受。企业按照现有的市场行情，以本行业的平均水平来制订产品价格。这种策略既不会因低价激怒竞争对手，又不会因高价使消费者反感，这种定价策略因此而得名。这种策略通常适用于价格弹性较小的一般日用生活必需品和重要生产资料定价。

这种定价策略的优点是普遍适用，简便易行，而且风险小，运用得当能给客户留下良好的印象，又以其兼顾生产者、中间商、消费者等多方利益而受欢迎。

其缺点是由于过多关注各方面利益，不能主动占有市场，仅适用于产销较为稳定的产品。

2. 产品组合定价策略

当产品只是作为产品组合中的一部分时，必须对这种产品定价进行调整。当企业生产两种以上产品时，可以利用产品之间的关系，确定产品价格。首先要寻求一组相关的价格，使得在整个的产品组合中能够达到利润最大化。这要考虑产品的需求和成本以及竞争的影响，可以针对不同情况采取相应的对策。

(1) 替代产品定价 每一个企业的产品组合一般由几条产品线构成，而产品线中不可能只有单个产品项目，一般会有相互联系的多个产品项目。由于各个产品项目间无本质区别，因此，它们间都是互为替代品。每一个替代产品都会增加一些特色。管理部门必须决定在这些不同的替代产品之间制订价格等级和差价，还要考虑客户对这些不同特色的喜好程度，生产这些不同产品的成本差异，以及竞争者的价格。如果在这些替代产品中两种类型的产品价格差别很小，消费者将会购买较高级、先进的产品，而且如果成本差异比价格差异小，公司的利润将有所增加。如果价格差异很大，客户将愿意购买不那么先进的替代产品。对于替代产品，可以采取适当提高畅销品价格，降低滞销品价格，以扩大后者销售，增加企业盈利。

(2) 可选产品定价 许多企业在推出主干产品的同时，也提供可选产品或者特色产品。比如购买汽车的人就可以对 ABS 系统、安全气囊、车载电话等产品做出选择。然而如何为这些可选产品定价却是个难题。汽车企业必须做好决策，哪些产品应该在主产品价格中反映，而哪些产品是作为可选产品定价。例如，不少消费者购车后都喜欢把自己的新车用心打扮一番，如坐垫靠枕、倒车雷达，舒适的、功能的一样都不能少。所以每当一位新车主签单，经销店的推销员推销汽车用品也都很成功。有的经销商直接就打着"送万元礼包""8000元用品优惠"的旗号来吸引消费者购买。

(3) 互补产品定价　互补产品就是需要配套使用的产品。在互补产品中，价值大且使用寿命长的产品为主要产品，而价值小、寿命短且需经常购买的产品为次要产品，即互补品。许多企业在某些行业中，常常在生产主要产品的同时，也生产必须与此产品配套使用的互补产品。例如：照相机与胶卷，VCD与影碟机，录音机和录音带都是互补品。一般企业定价往往是把主要产品定较低的价格，而在互补产品上收取高额利润，以主要产品带动互补产品的销售，并将互补产品收入弥补主要产品的亏损。例如：美国柯达公司的照相机比较便宜，因为它是从销售胶卷中获取利润的。而那些不出售胶卷的照相机制造商就不得不制订高价，以取得同样高的整体效益。

(4) 副产品定价　副产品即企业在生产主产品的同时产出的产品，这些产品定价一般低于其主产品。如果副产品既没有任何价值而且要处理掉它们又很费钱，这就会影响到主要产品价格的制订。制造厂商为这些副产品努力寻求一个市场，而且只要价格能够高于他们为储存和运输这些副产品所花费的成本，他们都将乐意接受。这样，企业就能够降低主要产品的价格，使其具有更大的竞争能力。

3. 地区定价策略

地区定价策略是指根据产品的流通费用在买卖双方中对如何分担的不同情况进行定价。在当今的汽车营销市场上，任何一个汽车生产厂家都必须考虑产品运输的问题。因为他们所面对的客户可能是来自本地区、本省份、本国家的，也可能来自其他地区、其他省份，甚至来自其他国家。那么，企业是否应对偏远地区的客户定高价来补偿较高的运输成本，以及由此承担的业务损失风险？或者企业不考虑地区的差别而对所有的客户一视同仁？企业针对不同情况所采取的不同的地区定价策略主要有以下几种。

(1) 产地定价策略　产地定价策略是指以产地价格或出厂价格出售某种产品，并负责货物装上运输工具之前的一切风险和费用，其他一切运输和保险费用等全部由买方承担。选用产地价格定价策略的企业认为，这种分担运输费用的方法最公平合理，因为每位客户都将自己承担运输成本费用。但是，这种方法的缺点就是对偏远地区的客户来说，该企业的产品成本太高了。此定价比较简单，特别适用于运输费用较大的商品，但有可能失掉远地的客户。

(2) 统一定价策略　统一定价策略与产地定价策略恰好相反，是指对不同地区的客户不分远近，实行统一价格。即在定价时货物的运输、保险等费用都由卖方负担，不论运输路程的远近，按统一价格，由卖方负责将货物送到买主所在地。此方法中，企业对每一位客户都收取相同的价格加运费，而不考虑其所处的地理位置，其运输费用的确定，是将运输成本平均所得。统一定价策略的优点是相对比较容易管理，同时企业可以维护一个全国通用的广告价格。

(3) 分区定价策略　分区定价策略介于产地定价策略和统一定价策略两者之间。即企业将所有销售地划分几个区域，对不同区域实行不同价格。在同一地区内的所有客户要付的总价格相同，在较远的地区就高一些。一般原材料产品和农产品都实行这种价格。

(4) 基点定价策略　基点定价策略是指企业选定某些城市作为基点，无论商品实际是从何处起运的，企业都从指定的基点城市到客户所在地的运费加到价格中，构成实际的销售价格。如果所有的卖方设立的基点城市都相同，那么交货价格对所有的客户都是相同的，价格竞争也就消除了。汽车行业使用基点定价策略已有许多年，但是今天这种方法已不太普及，因为有些国家明令禁止竞争者共同商议价格，搞价格协议。许多公司建立许多基点以增加其灵活性。他们会从最靠近客户的基点来计收客户的运费。

(5) **补贴运费定价策略** 补贴运费定价策略是指企业为了减轻较多客户的运费负担，而给他们部分运费或全部费用的补贴，以加强市场渗透、扩大销售。有的企业急于想和某个特殊客户或者某个地区的消费者达成交易，为了促成这笔交易，可能会承担全部或部分实际运费。他们的想法是这样的，如果他们能达成的交易更多的话，平均成本就会下降，这样销售收入就会用来弥补额外支付的运输费用。补贴运费定价策略常被用于市场渗透的战略中，并且能够在日益激烈的市场中立于不败之地。

4. 心理定价策略

企业在制订价格时，并不仅仅限于经济学原理的应用，还要考虑客户的心理因素，即要考虑客户对价格的主要心理认定趋势或取向。心理定价策略是企业迎合消费者的各种价格心理，而制订营销价格的定价策略。这种策略普遍用于零售企业，它分为以下几种。

(1) **尾数定价策略** 尾数定价策略是根据消费者习惯上认为有零数价格比整数价格便宜的心理定式，恰当地保留价格尾数的一种定价策略。尾数定价，是指给商品一个带有零头尾数的价格，而不进为整数。它还可以使客户相信，这种定价非常精确。例如：某品牌汽车定价为 9.98 万元，而不是 10 万元，虽仅差 200 元，但厂家宣传价格低于 10 万元，让消费者从心理上感到价格便宜。

(2) **整数定价策略** 整数定价策略与尾数定价策略相反，是指使商品的标价定为整数。整数定价策略是对一些名贵的高档消费品，企业定价时只取整数、不要零头的策略。以满足消费者显示自己的地位、声望、富有等心理需要，它适用于高级豪华商品。例如：某知名品牌汽车定价 60 万元不定 59 万元，就是为了给人以"豪华"的感觉。

(3) **声望定价策略** 声望定价策略是指利用企业多年在消费者心目中享有的盛誉，尤其是高档产品或名牌产品，实行声望定价即高价定价。在消费者心目中价格优势是质量的象征，享受高价格的商品是一种社会地位的标志。这种策略迎合了消费者"人不识货钱识货"的心理，可以进一步提高企业和品牌在消费者心目中的地位，把价格定得高，既给消费者以心理满足，又可带来丰厚收益。

(4) **招徕定价策略** 招徕定价策略是指利用消费者的求廉心理，有意将少数几种商品的价格，暂时降价，以吸引和招揽客户购买的一种策略。采用此策略往往可以增加对其他商品的连带性购买，以达到扩大销售的目的。这一策略在购买高峰期和节假日效果十分显著。

(5) **习惯定价策略** 一些日用品，由于消费者经常购买，形成了一种习惯价格，价格的上升或下降都会引起客户的不满或怀疑，个别生产者很难改变这一价格，所以企业应该按某些购买习惯定价。例如：家庭常用品牙膏、火柴、食盐等，这一类商品不应轻易改变价格以免引起客户不满。

此外，销售商定价时，还需考虑参考价格对客户的影响。通常，购买者在选择某种产品前，就对这种产品预先估计了一个价格，这就是参考价格，这种价格根据目前市场价格、过去的价格或购物环境来变动。因此，销售商在产品上标明其他销售商的价格或过去一段时间里的价格，都会给客户产生一个参考价格，从而达到使客户认为目前这个产品定价是很公道的目的。

5. 折扣定价策略

折扣定价策略是一种减价策略，是在原定价格基础上，给予购买者一定比例的价格减让，以促进销售的一种策略。

（1）现金折扣　现金折扣是指企业对那些当时付款或在规定期内提前付款的客户，予以一定的折扣。这种折扣必须对符合这种条件的所有客户一视同仁。在许多行业中都常用到这种折扣，采用此策略，可以促使客户提早付款，提高资金的流动性，加速企业资金周转并且减少收取信贷款费用，抵减坏账损失。

（2）数量折扣　数量折扣是指企业对大量购买某种产品或集中一家购买的客户，予以不同的价格折扣。数量折扣必须给予所有满足条件的客户，同时折扣的金额不能超过由于大量销售企业节约的成本费用。这些节约是由销售费用、保管储存费和运费的减少构成。数量折扣分累计数量折扣和非累计数量折扣（又叫一次性折扣）。

1）累计数量折扣。它是指规定在一定时期内客户购买商品数量或金额达到一定的数额时，按总量计算给予一定比例的折扣，鼓励客户多次购物，成为企业长期固定的买主。

2）非累计数量折扣。它是指当客户一次购买商品的数量或金额达到规定的标准就给予一定的价格折扣，以鼓励客户一次多购买。

这种折扣可以避免买主向多个供应商购买，从而诱使其转向特定的卖主。

（3）交易折扣　交易折扣（又叫功能折扣）是一种功能性折扣，是指企业按中间商所完成营销功能的大小给予一定的折扣。企业可以向不同的中间商提供不同的交易折扣，因为他们所提供的服务也各不相同。然而，对完成同一营销功能的中间商，企业必须提供相同的交易折扣。交易折扣一般给批发商的折扣大于给零售商的折扣。

（4）季节折扣　季节折扣是指企业对采购过季商品的客户予以一定价格折扣。鼓励消费者反季节消费，使企业的生产和销售在一年四季保持稳定。这种折扣应用较为广泛，汽车生产企业、批发商、零售商、航空、旅游等都可针对自己的客户采取季节折扣。

（5）折让策略　折让策略是指企业允许客户在购买新货或新产品时，可以交还旧的同类型的产品，同时对新货做价格折让优惠。折让策略在汽车行业和其他类型的耐用消费品行业中使用得最普遍。

6. 降价与提价定价策略

在制订了价格结构和战略以后，企业还要考虑何时降价何时提价的问题。这就是降价与提价定价策略。

（1）降价定价策略　虽然降价定价策略引起一场价格大战，但是企业在以下几种情况下还是会考虑降低价格。

1）生产能力过剩，销量下滑严重。这是指企业需要扩大再生产，但是即使增加销售效果、改进产品或者其他可供选择的方案的实施，都无法达到目的。在 20 世纪 70 年代后期，许多企业放弃了"追随领先者定价法"而先后改为"灵活定价法"，来提高他们的销售量。

2）企业由于面对强有力的价格竞争而使得市场占有率正在下降。例如：从目前的汽车市场来看，消费者的购买重心逐步的向中高级家用车市场转移，而这个市场合资公司的车型依然占据主导地位，自主品牌整体的竞争力依然不足，因此作为自主品牌的吉利汽车认清自己、分析市场情况后做出大幅降价的措施。

为了在市场上处于支配地位，企业会通过较低的成本来发起降价。企业或用比其竞争者还低的成本，或者首先发起降价来获得希望的市场份额，这样通过销量的扩大来达到降低成本的目的。

(2) 提价定价策略　近几年来，在某些情况下企业不得不提价。他们很清楚，价格上涨会引起客户、经销商和企业推销人员的不满，可是，成功的提价能使利润得到可观的增加。例如，假设企业的利润率是销售额的3%，如果销售量不变，那么提价1%将使利润增长33%。什么原因促使企业要采取提价策略呢？

1) 造成提价的一个主要原因是世界范围的持续的通货膨胀。成本的增长与生产率不相称，降低了利润率，引起企业的价格定期上涨。当企业预测到即将发生通货膨胀或政府对价格有所控制的时候，企业提价的幅度往往比成本的增加要大得多。企业不敢向客户做出长期的价格保证，因为害怕通货膨胀使成本增加会抵减他们的利润率。

2) 另一个导致提价的因素是需求过多。当企业对所有的客户需求显得捉襟见肘时，它就会提价，或者对客户限量供应，或者两者结合使用。价格可以通过中止价格折扣或者增加高档商品的比重来相对无形地提高。或者说，价格被大胆地向上推动。例如，由于供不应求，目前市场上迈腾的叫价已经高出厂家指导价格1万~1.2万元，依然有消费者提着现金希望获得提前拿车的机会。

企业在让客户承受涨价的时候，应该避免被认为是价格骗子的形象。所以，企业在实施沟通的时候，应该告诉客户为什么要提价，并且获得谅解和支持。企业的推销人员应该帮助客户寻找适当的途径，以实现经济性。

当企业考虑降价或提价时，它必须周详地考虑到客户和竞争者的反应。客户所做的反应是由其对价格变动的自身理解所决定的。而竞争者的反应不是由于受一套反应对策的影响就是对每一种新的形势的评价。企业发起价格变动还要事先考虑好供应商、中间商和政府可能会出现的反应。

企业对于其竞争者所发起的价格变动，必须尽量了解竞争者的企图和价格变动可能持续多久。要迅速做出反应，企业就应该事先针对竞争者可能发起的价格变动行动，做好措施计划。

7. 差别定价策略

差别定价策略即差价定价策略，是指企业针对各种环境的差别采取降价或提价的定价策略。企业为了适应产品在客户、时间等方面的各种各样的差异性，常常要对他们所订立的基础价格进行修正。企业在推销一种产品或服务时，以两种或两种以上并不与成本成比例的差别的价格来完成，差别定价策略就反映了这种情况。它包括以下几种形式。

(1) 客户差别定价策略　客户差别定价策略是指企业将同一产品，以不同的价格出售给不同的客户。此种定价是以不同的客户对产品的需求弹性和认识不同为基础的。

(2) 地点差别定价策略　在不同的地点，产品定价不同，即使是在每个地方生产产品的成本是相同的，也是如此。

(3) 时间差别定价策略　时间差别定价策略是指企业将同一产品，在不同的时间，实行不同的价格，例如：黄金周的航空机票和平时的航空机票价格不同，都属于此种价格策略。

(4) 产品式样差别定价策略　产品式样差别定价策略是指企业根据产品的式样、颜色、包装的不同而规定不同的价格，并且他们与各自的成本并不成比例。例如：两件成本完全相同的服装，流行式样和流行颜色的产品定价可以高出一般式样的服装。

这种差别定价的实行，必须要有以下的特定条件存在：

第一，市场必须能够细分，并且这些细分市场必须能够对不同的需求程度有所显示。

第二，在价格较低的细分市场中购买商品的人不可能或者无法将商品倒卖到价格较高的细分市场中。

第三，在价格较高的细分市场中，竞争者以不低于公司的价格出售商品。

第四，细分市场及控制管理的成本费用不能超过差别定价所得的额外销售收入。

第五，这种差别定价法的实行不要令客户讨厌和敌视。

第六，差别定价法的特殊形式不应该是违法的。

定价策略各种各样，各具特色。企业在对汽车产品定价时，应对市场竞争环境、企业、产品本身和客户等因素进行深入的调查分析，在此基础上确定适宜的定价策略。

营销案例

制造主导，一步到位

上海通用别克—赛欧采取的"制造主导，一步到位"的定价模式堪称中国经济型轿车定价的典范之作。

美国通用汽车进入中国并不算早，借着中美谈判、中国加入 WTO 的契机，美国通用与上海汽车结成了合作联盟。初始基于轿车在中国的扭曲定位和用途，上海通用推出的第一款车是 3.0L 排量的"别克—新世纪/GLX/GL"系列，在地方政府的呵护下，取得了当年投产、当年盈利的不俗战绩。不过企业也清醒地认识到这种局面是不可能持续的现实，因此在提前对中国大众化汽车消费有着明确认知的情况下，果断上马"别克—赛欧"1.6L 经济型轿车，毅然打出"10 万元轿车进家庭"的旗帜。"一步到位"的价格，将该档轿车的定价权牢牢地掌握在了企业自己的手里，在市场上引发极大的轰动，不但凭借着美国通用"别克"的品牌效应和"10 万元"的价格优势一举取得成功，同时还乘势推出"别克—赛欧 SRV"旅行式变型车。2002 年上海通用以 5 万辆的销量成为这一级别轿车市场的最大赢家。

应该说上海通用"别克—赛欧"的成功，其前期市场营销工作做得相当充分，10 万元的定价只是整个营销环节的一环。在"别克—赛欧"还没有正式面世之前，企业就已经借助于新闻媒体和公关的力量把"10 万元家庭轿车"的概念炒作得深入人心，再加上与美国通用"别克"品牌的渊源，使得消费者在当时轿车排量选择余地不大、价格普遍较高的情况下，对这款尚未谋面的家用轿车充满期待。上海通用由此制定了中国第一个家用轿车的价格标准，让全国消费者认识到那个时期 10 万元的家用轿车应该具备哪些配置。

复习思考题

1. 影响汽车产品价格的主要因素有哪些？
2. 简述汽车产品的定价程序。

3. 成本导向、需求导向和竞争导向的定价方法有哪些？
4. 简述汽车产品有哪些定价策略？

【拓展学习】

比亚迪多项数据追赶特斯拉

根据比亚迪2023年10月17日发布的业绩预告，公司2023年前三季度归母净利润为205亿元至225亿元，同比增长120.16%至141.64%。其中，公司第三季度预盈95.46亿元至115.46亿元，同比增长67.00%至101.99%。

比亚迪2023年半年报归母净利润为109.54亿元，第三季度比亚迪业绩增长势头更为强劲。从第三季度盈利区间上限来看，公司单季盈利有望超上半年两个季度。继比亚迪2022年度净利润规模首次破百亿元后，2023年第三季度盈利再破百亿元，成为比亚迪又一座里程碑。

比亚迪表示，公司盈利持续向好，展现了强大韧性。作为公司业绩增长的"发动机"，比亚迪新能源汽车业务最新数据亮眼。据产销快报，比亚迪新能源汽车9月产销接近30万辆。

海外出口的强劲增长也成为公司业绩新的"助推器"。第三季度比亚迪海外销量明显发力，海外销量从5月、6月的1万辆出头大幅增长至8月的2.5万辆；9月，比亚迪再度刷新海外销量，达到2.8万辆，同比增长高达262.4%。比亚迪方面介绍，公司新能源乘用车目前已进入日本、德国、澳大利亚、巴西等53个国家和地区。

除了业绩增长，比亚迪在和全球新能源汽车龙头特斯拉的差距也在缩小。10月19日，特斯拉发布的第三季度财报显示，公司第三季度总收入同比增长9%，净利润达19亿美元（约139亿元人民币），同比大降44%。

在第三季度，比亚迪纯电动车销量较第二季度增长23%，包括混合动力汽车在内的新能源乘用车销量突破82万辆，再创单季新高，同比增长53%，与特斯拉差距缩小至3400辆，问鼎"全球电动车年度销量冠军"仅一步之遥。

利润率方面，特斯拉第三季度的毛利率为17.9%，处于公司近两年来的最差水平。有分析师指出，特斯拉主力车型的不断降价导致特斯拉曾经引以为傲的利润率下降到了更加平常的水平。半年报显示，今年上半年比亚迪的毛利率上升至18.33%，已经超越特斯拉。

瑞银此前拆解了比亚迪"海豹"新车，称其成本比以规模化降本著称的特斯拉还低15%。有汽车行业分析师表示，随着比亚迪产能进一步释放，其对产业链控制力越来越强，规模效应下，比亚迪成本继续下降，未来毛利率有望超过20%。

学习情境 9　汽车分销策略

汽车分销渠道是将汽车产品实现其价值的重要环节，它包括：科学地确定汽车销售路线，合理地规划汽车销售网络，认真地选择汽车经销商，高效地组织汽车储运，及时地将品质完好的汽车提供给客户，以满足消费者的需求。汽车分销渠道策略是汽车企业经营管理的重要组成部分，是汽车市场营销组合中的一个关键因素，它的宗旨是加速汽车产品的流通和销售资金的周转，提高汽车企业和中间商的经济效益。

【学习目标】

1. 了解汽车营销体制。
2. 了解汽车销售渠道。
3. 了解汽车销售方式。
4. 培养保障人民权益的意识。

学习单元 1　汽车营销体制

从销售与生产的关系看，产销体制大体可以分为两种类型：产销分离型与产销结合型。所谓产销分离体制就是生产和销售两大职能分别由两个不同的独立核算的公司（独立法人）执行，如图 9-1a 所示。按协议规定，生产公司只负责生产（接受营销部门的指导），销售公司只负责销售和售后服务工作。销售公司是生产公司销售业务的全权代理，两个公司一般同属于一个集团。所谓产销结合体制，就是生产与销售分别由统一核算公司（法人）的不同职能部门负责，生产部门与销售部门同属于一个法人，如图 9-1b 所示。

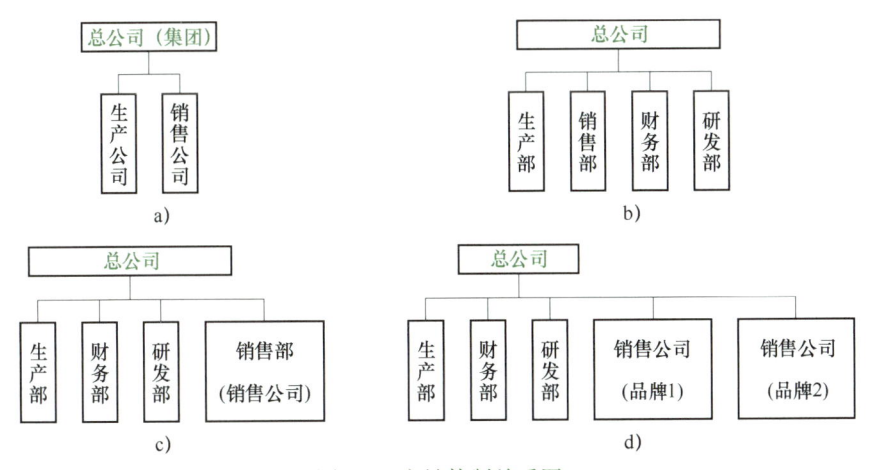

微课：营销体制

图 9-1　产销体制关系图

a) 产销分离体制　b) 产销结合体制　c) 混合体制　d) 按品牌设立销售机构

产销分离体制与产销结合体制相比，其优点有：

1）有利于各自集中精力。生产公司致力于改进产品、提高质量、降低成本；销售公司致力于研究市场、开拓市场、形成销售能力。

2）可以严格执行"以销定产"和需求导向定价等经营战略和策略，避免了产销结合体制对成本控制不力的问题。

3）销售公司可以更好地同金融界打交道，为生产公司筹集所需的周转资金。

其缺点有：

1）产销分离体制要实现销售流动资金向生产流动资金的转换有赖于银行的协助，效率有时受到影响。

2）生产公司容易对销售公司的定价感到不理解和产生抵制情绪。

3）产销分离使得生产公司与销售公司之间要有一套协调机构，工作变得复杂。而产销结合体制的优缺点正好与之相反。

现在也有很多公司是这两种形式的混合型。它们的特点是生产部门不是独立的二级公司，而销售部门是独立的二级公司，如图9-1c所示，甚至按品牌分别设立独立的销售二级公司，如图9-1d所示。

学习单元2　汽车销售渠道

1. 汽车销售渠道的含义

汽车销售渠道也称贸易渠道或配销通路，是指汽车从生产企业传至消费者或用户手中所经过的各分销中介机构连接起来形成的通道。它是汽车分销活动的载体，其形成和运作受到许多方面因素的影响和制约。在现代市场经济条件下，大部分汽车生产企业并不直接把汽车卖给最终用户或消费者，而要借助于一系列中间商的转卖活动。因此，汽车销售渠道主要包括：总经销商（他们取得汽车产品的所有权），批发商和经销商（他们帮助转移汽车所有权），还有汽车销售渠道的起点生产企业，终点消费者。具体来讲，汽车销售渠道包括以下五层含义：

1）汽车销售渠道是指汽车流通的全过程。它的起点是汽车生产企业，终点是汽车用户，它所组织的是从汽车生产企业到消费者之间完整的汽车流通全过程。

2）推动汽车流通过程进行的是中间商。在从生产企业向最终消费者转移的过程中，会发生多次交易，而每次汽车交易都是买卖行为。这种行为可表示为：汽车生产企业——中间商（总经销商——分销或批发——经销商）——消费者。由中间商（即各层次经销商）组织汽车批发、销售、运输、储存等活动，一个环节接着一个环节，把汽车源源不断地由生产者送到消费者手中。

3）在汽车销售渠道中，汽车生产者向消费者转移汽车产品，应以汽车所有权的转移为前提。汽车流通过程首先反映的是汽车作为商品其价值形态变换的经济过程，只有通过货币关系而导致汽车所有权的更迭的买卖过程，才能构成汽车销售渠道。

4）汽车销售渠道是指汽车产品从生产者到消费者所经历的流程。汽车销售渠道不仅反映汽车价值形态变换的经济过程，而且也反映汽车实体的移动路线。

5）汽车销售渠道是汽车市场信息流传递的过程。通过中间商，汽车生产企业可以了解到消费者的需求状况，收集竞争对手的营销资料，发布企业新产品的信息等。

2. 汽车销售渠道的作用

（1）对国家的作用

1）汽车工业是国民经济的支柱产业，汽车销售渠道连接着汽车生产与消费，是整个汽车工业再生产过程中的一个重要环节。

2）汽车销售渠道在汽车工业发展过程中，起着调节产、供、销平衡的作用；同时，对拉动内需、增加税收、积累资金、扩大就业也起着不可忽略的作用。

（2）对企业的作用

1）汽车销售渠道是汽车生产企业进入市场的必由之路。汽车产品只有通过销售渠道，进入消费领域，才能实现其价值形态。

2）汽车销售渠道是汽车企业的重要资源。现代企业的生产经营活动，必须依赖于人、财、物、管理、信息、时间、市场 7 种资源。其中，市场资源是重要的外部资源，是企业最难拥有与控制的一种资源，又是关系到企业生存发展的一项资源。在这一资源中，销售渠道是重要的组成部分。对汽车企业来说，汽车销售渠道数量多，汽车销售的途径就广，市场占有率就高；汽车销售渠道质量高，中间商声誉好、能力强，对汽车产品营销尽心尽责，汽车品牌则会有较高的价格、较好的声誉以及更多的销量，从而为汽车企业带来更好的收益。

3）汽车销售渠道是汽车企业节省市场营销费用，加快汽车产品流通的重要措施。汽车销售渠道的存在，有助于汽车产品流通的加快，可以节约流通环节中的人力、物力、财力，减少汽车产品的储存，加快资金的周转。

4）汽车销售渠道具有融资功能。中间商不仅为本渠道所开展的各项汽车销售工作筹集了使用资金，同时，通过支付订货货款，为企业进行下一轮汽车生产提供了生产资金。

（3）对消费者的作用　汽车销售渠道为汽车消费者提供了便利，节省了选购汽车的时间与精力。因为汽车销售渠道的存在，节省了汽车流通费用，使汽车流通过程中的销售成本降低，从而减轻了汽车消费者的负担。

3. 汽车销售渠道的参数

（1）销售渠道的层次　汽车销售渠道的层次是指在汽车从生产企业转移到消费者的过程中，对汽车拥有所有权或负有销售权力的机构的层次数目。

分销渠道如果按照汽车在流通过程中是否经过中间商转卖来分类，可以分为直接渠道和间接渠道。生产企业将其产品直接销售给最终消费者或用户，属于直接渠道，即直销，或称为零渠道。其他情况（在流通过程中使用了中间商）则属于间接渠道，间接渠道根据中间商的层次的多少可以分为一级渠道、二级渠道、多级渠道。

（2）销售渠道的长度　汽车销售渠道的长度是指汽车从生产企业流向最终消费者的整个过程中，所经过的中间层次或环节数。中间层次或环节越多，则渠道的长度越长；反之，则越短。

（3）销售渠道的宽度　汽车销售渠道的宽度是指组成销售渠道的每个层次或环节中，使用相同类型中间经销商的数量。同一层次或环节的中间经销商越多，渠道就越宽；反之，渠道就越窄。按宽度划分，分销渠道可以划分为密集分销、选择分销和独家分销。独家分销是最窄的渠道。

（4）销售渠道的多重性　汽车销售渠道的多重性是指汽车企业根据目标市场的具体情

况，使用多种销售渠道销售其汽车。

4. 汽车销售渠道的模式

汽车从生产企业出发，经过一定的中间销售环节，方可到达最终消费者手中。在庞大的汽车流通领域，汽车销售渠道的模式类型多样。不同的汽车企业，从自身的特点出发，采取了各有所异的汽车销售渠道模式，如图9-2所示。

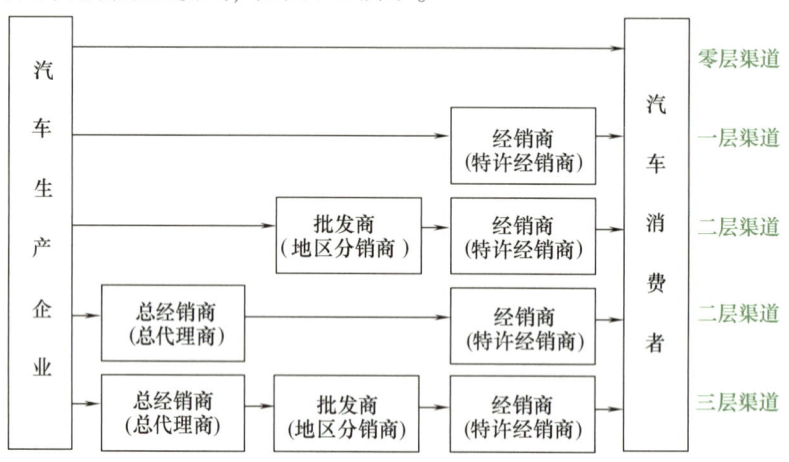

图9-2 汽车销售渠道模式

从图9-2可以看出，汽车销售渠道的模式可以分成以下五种类型。

（1）由汽车生产企业直售型（零层渠道模式） 零层渠道通常称为直接分销渠道，是指汽车生产企业不通过任何中间环节，直接将汽车销售给消费者。这是最简单、最直接、最短的销售渠道。其特点是产销直接见面，环节少，利于汽车生产企业降低流通费用，及时了解市场行情，迅速开发与投放满足消费者需求的汽车产品，增加了生产企业的收益。但这种销售模式需要生产企业自设销售机构，因而不利于专业化分工，难以广泛分销，不利于企业拓展市场，并且是生产企业独自承担了较大的风险。

（2）由生产企业转经销商直售型（一层渠道模式） 一层渠道含有一个分销中介机构，是指汽车生产企业先将汽车卖给经销商，再由经销商直接销售给消费者。这是经过一道中间环节的渠道模式。其特点是，中间环节少、渠道短，有利于生产企业充分利用经销商的力量，扩大汽车销路，提高经济效益，增加了销售服务，从而也方便了广大消费者或用户，同时也分散了生产企业的风险。我国许多专用汽车生产企业、重型车生产企业都采用这种分销方式。

（3）由生产企业经批发商转经销商直售型（二层渠道模式） 二层渠道含有两个分销中介机构，是指汽车生产企业先把汽车批发销售给批发商（或地区分销商），由其转卖给经销商，最后由经销商将汽车直接销售给消费者。这是经过两道中间环节的渠道模式，也是销售渠道中的传统模式。其特点是中间环节较多，渠道较长，一方面，有利于生产企业大批量生产，节省销售费用；另一方面，有利于经销商节约进货时间和费用。这种分销渠道在我国的大、中型汽车生产企业的市场营销中较常见。

（4）由生产企业经总经销商转经销商直售型（二层渠道模式） 汽车生产企业先委托并把汽车提供给总经销商（或总代理商），由其销售给经销商，最后由经销商将汽车直接销售给消费者。这也是经过两道中间环节的渠道模式。其特点是中间环节较多，但由于总经销商（或总代理商）无须承担经营风险，易调动其积极性，有利于开拓市场，打开销路。

（5）由生产企业经总经销商与批发商后转经销商直售型（3层渠道模式）　3层渠道含有3个分销中介机构，是指在汽车流通过程中有3个或3个以上分销中介机构的渠道类型。汽车生产企业先委托并把汽车提供给总经销商（或总代理商），由其向批发商（或地区分销商）销售汽车，批发商（或地区分销商）再转卖给经销商，最后由经销商将汽车直接销售给消费者。这是经过3道中间环节的渠道模式。其特点是总经销商（或总代理商）为生产企业销售汽车，有利于了解市场环境，打开销路，降低费用，增加效益。其缺点是中间环节多，流通时间长。

5. 汽车销售渠道中的中间商

汽车销售渠道中的中间商是指汽车从生产企业向消费者转移过程中所要经过的中间商业企业。这些商业企业是通过购买和销售汽车，转移汽车的所有权而从中获利的。在市场上，中间商集买方和卖方双重身份于一身，对生产企业而言，中间商是买方，具有购买者的一般特征；但对于消费者而言，中间商又是卖方，具有卖方企业的一般特征。中间商是生产企业与消费者之间的桥梁。

（1）中间商的类型　汽车销售渠道中的中间商按其在汽车流通、交易业务过程中的地位和作用，可分为总经销商（或总代理商）、批发商（或地区分销商）和经销商（或特许经销商）。

1）总经销商（或总代理商）。总经销商是指从事汽车总经销业务，取得汽车所有权的中间商。它属于"买断经营"性质。而总代理商是指负责生产企业的全部产品所有销售业务的代理商，但不拥有汽车所有权的中间商。

2）批发商（或地区分销商）。批发商拥有商品的所有权，它一头连着生产企业或总经销商（总代理商），另一头连着经销商，并不直接服务于最终消费者。它是使汽车实现批量转移，使经销商达到销售目的的中间商。地区分销商是处于某地区汽车流通的中间阶段，它帮助生产企业或总经销商（总代理商）在某地区促销汽车，提供地区汽车市场信息，承担地区汽车的转销业务。

3）经销商（或特许经销商）。经销商在汽车流通领域中处于最后阶段，它是直接将汽车销售给最终消费者的中间商，它的基本任务是直接为最终消费者服务，使汽车直接、顺利并最终到达消费者手中。它是联系汽车生产企业、总经销商、批发商与消费者之间的桥梁。特许经销商是通过契约建立的一种组织，一般只从事零售业务。特许经销商具有生产企业的某种产品的特许专卖权，在一定时期和在指定市场区域内销售生产企业的产品，并且只能销售生产企业的产品，不能销售其他企业的相同或相近产品。按照特许经营合同，特许经销商可以享用生产企业的商誉和品牌，获得其支持和帮助，参与统一运行，分享规模效益。这是一种新型的汽车销售渠道模式。上汽大众通过建立遍布全国的特许经销商网络，进一步提高了渠道服务水平，大大促进了汽车的市场销售。

（2）中间商的功能　汽车销售渠道中的中间商一头连着汽车生产企业，另一头连着汽车的最终消费者。它的基本功能有两个方面：第一是调节汽车生产企业与最终消费者之间在汽车供需数量上的差异。这种差异是指汽车生产企业所生产的汽车数量与最终消费者所需要的汽车数量之间的差别。第二是调整汽车生产企业和最终消费者之间在汽车品种、规格和等级方面的差异。中间商的具体功能有以下几个方面：

1）中间商的介入，简化了销售过程，提高了销售效率，节约了销售费用。由于供需双方在地域、时间、信息沟通等方面存在差距，供需双方自行完成汽车交易有一定的困难。而中间商的积极工作，可以消除上述差异，促成汽车交易。并且因为中间商的存在，减少了交易次数，提高了效率，节约了费用。

2）中间商在生产者和消费者之间发挥着产品集中、平衡和扩散的作用。集中，就是将生产者的产品，通过订货、采购集中起来；平衡，就是将集中起来的产品，从品种、数量和时间上平衡产需关系；扩散，就是把产品销售给消费者。

3）中间商为生产者带来经济效益。中间商能代替汽车企业执行所有的市场营销职能，如进行市场调查、刊登汽车广告、安排汽车储运、开展汽车销售以及做好售后服务工作。同时，中间商还能为生产企业提供商业信贷，催收债款，帮助汽车生产企业在消费者中树立信誉，拓宽产品市场，为生产者带来经济效益。

4）中间商为消费者提供购物方便。如果没有中间商，消费者购买汽车，就要去寻找生产厂家，购买过程就困难复杂得多。有了中间商，消费者就会很方便地从中间商那里买到自己所需的汽车，极大地便利了消费者。

（3）批发商

1）批发商的类型。汽车批发商按其实现汽车批量转销的特征，可分为独立批发商、委托代理商和地区分销商。

① 独立批发商。独立批发商是指独立从事批发购销汽车业务，它对其经营的汽车拥有所有权，其经营收入主要是通过向其他中间商或生产企业提供对汽车的集散、销售与其他技术服务，而赚取差价及部分的服务费。它与企业之间是买者与卖者之间的关系。汽车独立批发商按其业务职能和服务内容又可分为以下两种类型。

A. 多品牌汽车批发商。它是指批发转销多个汽车生产企业的多种品牌汽车的汽车批发商，它批发转销的范围较广、品种较多、转销量较大，但因其批发转销的汽车品牌较杂，无法获得诸多汽车生产企业的全力支持，也没有能力为经销商提供某品牌汽车转销中的专业化服务。

B. 单一品牌汽车批发商。它是指只批发转销某个汽车生产企业的单一品牌汽车的汽车批发商，它批发转销的范围较窄、品种单一、转销量有限，但因其批发转销的汽车品牌单一，能够获得此品牌汽车生产企业的直接支持和帮助，因而它具备此品牌汽车转销的专业能力，能为经销商提供此品牌转销中的专业化服务。

② 委托代理商。委托代理商区别于独立批发商的主要特点是，它们对于其经营的汽车没有所有权，它主要是接受汽车生产企业委托而从事批发购销活动。它的经营收入，主要是通过为汽车生产企业寻找客户和代表企业进行购销活动来赚取佣金或手续费。它与企业之间不是买者与卖者之间的关系，是被委托人与委托人之间的委托关系。委托代理商按其代理职能和代理内容又可分为：总代理商和分代理商，生产企业的代理商和总经销商的代理商，多品牌汽车代理商和单一品牌汽车代理商。

③ 地区分销商。地区分销商是指在某一地区汽车生产企业设立了自己专门经销其产品批发销售业务的独立商业机构。它使汽车从生产企业（或总经销商）到某地区内的经销商只经过一道批发转销环节，经销商将全部直接面对其所辖区域内的消费者进行直销。例如，美国汽车企业国内汽车销售的地区管理分公司，韩国汽车生产厂的销售店，我国汽车制造企

业自建的销售公司和各地的分销中心,以及国外汽车制造商在我国设立的销售办事处等都属于此类中间商。

2)批发商的定位。汽车销售渠道是由汽车生产企业、总经销商、批发商、经销商、运输商和消费者组成的,如图 9-3 所示。

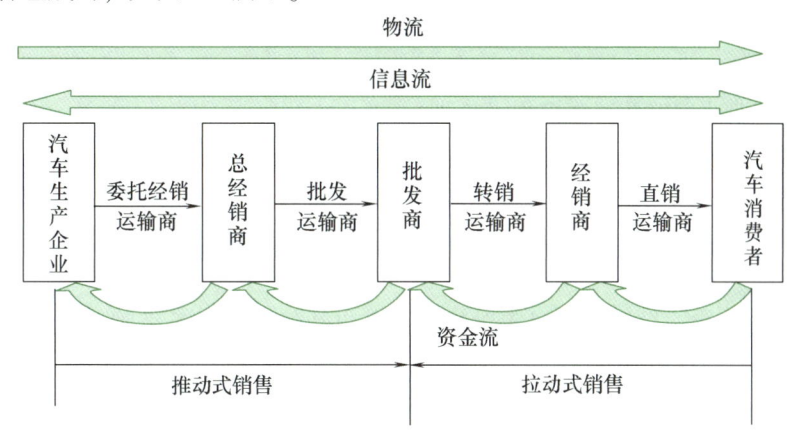

图 9-3 批发商在汽车销售渠道中的定位

在这条销售渠道中,批发商处于传统的推动式销售和以市场为导向拉动式销售之间的过渡位置。在消费者、经销商和总经销商之间,批发商更大程度上是由消费需求拉动着经销商的销售活动和批发商转销业务的开展;又由汽车生产企业(总经销商)年度目标和销售任务的要求推动着批发商批发业务的进行。因此,批发商最主要的功能是在目前买方市场条件下,通过发展营销网络、改进转销方式、提高转销能力,来协调供需矛盾、平衡销售计划和市场需求。

同时,批发商应有效地协调管理总经销商与经销商、消费者之间的连续的物流、信息流和资金流,建立总经销商和经销商、消费者之间紧密的合作伙伴关系,提高汽车的市场竞争能力。

3)批发商的功能。由于汽车批发商在汽车销售渠道和销售网络系统中处于十分重要的地位,因此,它应具有以下几个方面的功能:

① 销售管理功能。批发商应通过销售管理,使经销商在自己的领域内规范销售,减少经销商之间的内耗,合理处理渠道冲突(水平渠道冲突及垂直渠道冲突),稳定销售价格,更好地集中精力,开拓市场,服务营销。它主要进行供需矛盾的协调、销售计划的制订和执行、销售模式的转换以及对经销商销售网络的重组。

② 售后支持功能。批发商应对经销商提供维修技术、产品知识及零部件供应的支持,提高经销商的职业化水平,并充当总经销商与经销商的协调桥梁。它主要对经销商进行技术支持以及对零部件的集散进行管理。

③ 市场营销功能。批发商应通过行之有效的市场营销活动,建立和发展经销商销售网络系统,促使经销商销售体系正规化。同时,明确加强汽车的产品定位,在工作开展过程中,有效扶植并利用已建立的市场共同体开展各项工作。它主要进行市场调研、开展营销和促销以及建立公司标识体系(CI)。

④ 储运分流功能。批发商应更及时、更准确地把车送至经销商,减少甚至免除经销

在"拿车"上投入的精力和财力。它主要进行质量把关、二次配送以及中转库的管理。

⑤ 资金结算与管理功能。批发商应免除经销商频繁奔波于销售当地与总经销商之间因购车而浪费的时间和精力，让经销商更集中于销售及服务。它主要进行经销商购车结算、资金管理和业绩评估。

⑥ 经销商培训功能。批发商应通过对经销商的培训，改变经销商的传统经营理念，并提高经销商的业务素质，使对经销商的控制通过培训加以落实。它主要进行熟悉所管辖地区的现状、制订培训计划以及开展多方面培训。

⑦ 经销商评估功能。批发商应通过对经销商全面的业务评估（包括业务水平、营销技巧及最终成绩），综合参考客户满意度的评价结果，发现各经销商的长处与短处，并通过奖惩制度，达到实现经销商业务过程的目标。它主要进行硬件与非硬件指标体系的评估、用户满意度的考核。

⑧ 信息系统功能。批发商为扭转对物流、客户及经销商缺乏客观监控的局面，应建立信息系统网络，以实现以下目标：

A. 大幅度缩短汽车储运时间，并使脱库现象尽可能少发生。

B. 降低相当幅度经销商的库存量。

C. 拥有完善的汽车产品客户信息，供营销决策及考核经销商时使用。

D. 及时准确地获得经销商经营状况的主要指标，供评估使用。

（4）经销商

1）经销商的类型。汽车营销是向最终消费者直接销售汽车和提供服务的一系列活动。从事这种汽车营销活动的机构和个人称为汽车经销商。在汽车销售渠道中，经销商的形式多样，通常按其经营特征可以分为特许经销商和普通经销商两大类。

2）特许经销商。

① 汽车特许经销商的含义。汽车特许经销商是指由汽车总经销商（或汽车生产企业）作为特许授予人，简称特许人（Franchiser），按照汽车特许经营合同要求以及约束条件授予其经营销售某种特定品牌汽车的汽车经销商作为特许被授予人，简称受许人（Franchisee）。

② 汽车特许经销商的条件。对于汽车经销商来说，只有具备以下条件才可以成为汽车特许经销商：

A. 独立的企业法人，能自负盈亏地进行汽车营销活动。

B. 有一定的汽车营销经验和良好的汽车营销业绩。

C. 能拿出足够的资金来开设统一标识的特许经营店面，具备汽车营销所需的周转资金。

D. 达到特许人所要求的特许经销商硬、软件标准。

符合以上条件就可以通过履行经销商申请和受许人审核等手续，并经双方签署汽车特许经营合同（或协议），就可正式成为某品牌汽车的特许经销商。

③ 汽车特许经销商的优势。普通汽车经销商一旦成为某品牌汽车的特许经销商，将会为其在今后的汽车市场营销活动中带来以下几方面的优势：

A. 可以享受特许人的汽车品牌及该品牌所带来的商誉，使其在汽车营销活动过程中拥有良好的企业形象，给客户以亲切感和信任感。

B. 可以借助特许人的商号、技术和服务等，提高竞争实力，避免了单枪匹马进入激烈的市场所面临的高风险。

C. 可以加入特许经营的统一运营体系，即统一的企业识别系统、统一的服务设施、统一的服务标准，使其分享由采购分销规模化、广告宣传规模化、技术发展规模化等方面所带来的规模效益。

D. 可以从特许人处得到业务指导、人员培训、获得信息、融通资金等方面的支持和服务。

④ 汽车特许经销商的权利。作为汽车特许经销商，将可享有以下相应的权利。

A. 特许经营权：有权使用特许人统一制作的标记、商标、司标和标牌；有权在特许经营系统的统一招牌下经营，从而享受由著名品牌带来的利益；有权获得特许人的经营秘诀，以加入统一运作（统一运作包括：统一进货，以享受大量进货的折扣；统一促销；统一的市场营销策略等）；有权依照特许人的统一运作系统分享利益；有权按特许人的规定取得优惠政策，对特许人经销的新产品享有优先权。

B. 地区专营权：有权要求特许人给予在一定特许区域内的专营权，以避免在同一地区内各加盟店相互竞争。

C. 取得特许人帮助的权利：有权得到特许人的经营指导援助、技术指导援助及其他相关服务，如参加特许人的各种定期培训；使用特许人的各种信息资料和市场运作情报；在经营中遇到问题时，随时和特许人的专职指导员联系；资金缺乏时，可以采取连带担保等方式，取得贷款；其他援助。

⑤ 汽车特许经销商的义务。作为汽车特许经销商，还应承担以下应尽的义务：

A. 必须维护特许人的商标形象。在使用特许人的经营制度、秘诀以及与其相关的标记、商标、司标和标牌时，汽车特许经销商应当积极维护特许人的品牌声誉和商标形象，不得有降低特许人商标形象和损害统一经营制度的行为。

B. 在参加特许经营系统统一运营时，只能销售特许人的合同产品；只能将合同产品销售给直接用户，不得批发；必须按特许人要求的价格出售；必须从特许人处取得货源；不得跨越特许区域销售；不得自行转让特许经营权。

C. 应当履行与特许经营业务相关的事项。例如：随时和特许人保持联系，接受特许人的指导和监督；按特许人的要求，购入特许人的商品；积极配合特许人的统一促销工作；负责店面装潢的保持和定期维修。

D. 应当承担相关的费用，如加盟金、年金、加盟店包装费等。

目前，世界著名的汽车企业都建立了自己的特许经销商网络。通过品牌专营店和特许经营店的建设，不仅推动了公司汽车的销售，而且能够及时地为客户提供各种服务，提高了渠道管理的水平，塑造了良好的公司形象。

学习单元3　汽车销售方式

1. 展厅专卖

展厅专卖是一种企业自己开设专卖店的直销形式。标准的专卖直销店，专门销售某一企业或某一品牌的产品，并且集"整车销售、配件供应、售后服务、信息反馈"于一体。在国外，汽车专卖店不仅要负责整车销售，配件供应、售后服务和信息反馈，而且要具有广告宣传、汽车信贷、汽车救援、新旧置换等多种功能。1997年底，汽车整车企业开始建立一种新的营销体系,即以汽车整车企业的整车销售部门为中心、以区域管理中心为依托、以特许或特约经销商为基点、受控于整车企业的全新营销模式——专卖店。1998 年起,随着"广州本田汽车特约销售服务店""上海通用汽车销售服务中心"和"风神汽车专营店"的逐一亮相,标志着以品牌经营为核心的汽车 4S 店模式在中国正式登陆。这些汽车品牌专卖店从外观到内部设计,从硬件投入到软件管理都具有鲜明的品牌特色。由于专卖店能够向用户提供覆盖售前、售中、售后各环节的全过程、全方位、全天候的系统化服务,因而受到了消费者的热烈欢迎,这是我国汽车销售模式的一个重大变化。据有关资料记载,由于设立了专卖店,1999 年,一汽捷达在石家庄的销量比 1998 年翻了 10 番还多。在世界汽车市场上,专卖店已经取代"摊位式"交易市场而成为汽车分销的主流渠道。

2. 网络销售

20 世纪 90 年代,随着信息技术和互联网技术的迅猛发展,企业的销售模式日新月异,一套全新的分销方式——网络分销也随之应运而生。

网络分销是企业营销实践与信息技术、计算机网络技术相结合的产物,是指企业以电子信息技术为基础,以计算机网络为媒介和手段而进行的各种分销活动的总称。网络分销根据其实现的方式有广义与狭义之分。广义的网络分销,是指企业利用一切计算机网络(包括 Intranet 企业内部网、EDI 行业系统专线网及 Internet 国际互联网)进行的营销活动;狭义的网络分销,是指国际互联网络分销。网络分销不仅仅是一种技术手段的革命,它包含了更深层的观念革命。它是目标营销、直接营销、分散营销、客户导向营销、双向互动营销、远程或全球营销、虚拟营销、无纸化交易、客户参与式营销的综合。网络具有快速、高效、低成本的特点,在互联网上信息资源共享,进入障碍为零。作为一种新的媒体,网络具有一对一的互动特性,这是对传统媒体面对大量"受众"特征的突破。从营销的角度讲,网络上,生产者和消费者一对一的互动沟通,了解客户的要求、愿望及改进意见,将工业时代大规模生产大规模营销改进为小群体甚至个体营销,为消费者提供了极大的满足,迎合了现代营销观念的宗旨。广而言之,网络分销在方寸之间集聚了全世界的生产者和消费者,实现了真正的世界市场,顺应了全球经济一体化的世界潮流。因此,网络作为一种全新的生产力,网络分销作为具有极大经济潜力和实用价值的全新领域,必将形成国际营销的发展趋势。随着信息技术的飞速发展和网络设施的进一步改进,相关配套体系如政策法律的逐步完善,网络分销会如虎添翼,成为越来越重要的分销方式。这种新的分销方式在如此短的时间内扩散到全球,可见其具有独特的魅力。

(1) 汽车网络分销的特点

1) 跨时空。市场营销的最终目的是占有市场份额,由于互联网具有超越时空约束和空间限制进行信息交换的特点,因此能有更多的时间和更大的空间进行营销,可 24h 随时随地提供全球性营销服务。

2) 交互性。在互联网上,不管是大型汽车企业还是中小型汽车企业,均可通过汽车垂直媒体(汽车之家、易车网、懂车帝等网站)、社交平台(抖音、快手、微博、今日头条等)、电子布告栏(BBS)、电子邮件等方式对消费者进行实时的信息收集。同时网络分销也为消费者有机会对产品的设计、定价、服务等问题发表意见提供了方便。通过这种双向互动的沟通方式,提高了消费者的参与性和积极性,反过来,也提高了企业营销策略的针对性,十分有助于实现企业的全程营销目标。

3）拟人化。互联网络的促销是一对一的、理性的、消费者主导性的、非强迫性的、循序渐进式的，而且是一种低成本与人性化的促销，避免推销员强势推销的干扰，并通过信息和交互式交谈与消费者建立长期良好的关系。

4）整合性。互联网络上的营销可由商品信息至收款、售后服务一气呵成，因此是一种全程的分销渠道。在销售之前，通过网络向客户提供丰富生动的产品信息及相关资料，如产品质量、专家评论、用户意见等，而且界面友好清晰，易于操作执行。客户在不受干扰的环境下，可以在更为理智地比较同类产品的方方面面后，做出购买决定。售后服务方面，用户在购买后若发现了问题，可以随时与厂家联系，得到来自卖方及时的技术支持与服务。总之，网络能简化购物环节，节省消费者的时间和精力，将购买过程中的问题降至最少。

5）超前性。网络分销实质上是一种以消费者需求为导向、个性化的分销方式。其最大特点就是消费者的主导性。消费者同以往相比有了更大的选择自由，他们可以根据自己的个性特点和需要在全球范围内寻找满足品，而不受地域的限制。通过进入感兴趣的企业网址或虚拟商店（Virtual Store），消费者可以获取更多的有关信息及其组合，使购物更显个性。以通用汽车公司为例，通用汽车公司别克品牌汽车制造厂提供一种服务系统，让客户在汽车服务商的陈列厅里的计算机终端前自己设计所喜欢的汽车结构，客户可以从大量可供选择的方案中做出具体选择，客户可以看到自己选择的部件组装出来的汽车的样子，并可继续更换其中的部件，直到满意为止。客户每设计出一种结构，车子的价格也同时计算出来，客户可利用软件进行模拟驾驶试验，如果满意自己设计的结果即可填写订单，电子信用分析系统帮客户制订付款计划。一旦做出选择，通过在线订购订单输入通用汽车的生产设计表，从客户填写订单到工厂接客户设计的结构生产出汽车并交货，前后只需八周时间就可完成。从费用上看，按客户要求定制的汽车，其单价不一定比批量生产的标准汽车贵。对整个汽车行业来说，在客户提出要求后再制造和在客户提出要求前制造，前者可节约世界各地价值 500 多亿美元的成本库存。这种个性化需求与定制市场营销的发展，将促使企业重新考虑其分销战略，以消费者的个性需求作为产品或服务提供的出发点。

6）高效性。电脑可储存大量的信息，待消费者查询，可传送的信息数量与精确度远远超过其他媒体，并能适应市场需求，及时更新产品或调整价格，因此，能及时有效了解并满足客户的需求。微软以努力开发"为互联网生活方式服务之产品"的旗帜，搞出了一整套博取客户欢心的全新服务方式，在其运作的汽车销售站点中，客户能看到各种漂亮的页面，它提供了不同厂家生产的各款新旧汽车的情况，罗列出各种二手车，还能告诉客户如何通过电子手段从最近的新车经销商处得到报价。权威机构调查表明，全美汽车市场为 2870 亿美元，1988 年已经有 28 亿美元的汽车是通过联机交易进行的，微软的汽车站点已经有每月 100 万人访问。

(2) 网络销售的基本流程

1）信息的收集。汽车生产企业通过网络收集商业信息。
2）信息发布及客户支持服务。企业上网是这一环节的关键。
3）宣传与推广。树立起公司良好的商业形象是电子交易的基础。
4）签订合同。用户在线上签订合同。
5）在线交易。其中最重要的是电子银行的参与，怎样进行的流通和转换，是网络营销的关键。

6）商品运输与售后服务。完善的物流配送系统是保证网络销售得以最终实现的关键。通过网络，特别是通过基于网络的 CRM 系统及时了解客户用车情况，并提供迅速、及时、周到的售后服务，这是汽车网络营销的又一重要内容。

以下让我们模拟两种汽车网络销售的流程：

第 1 种：直销流程（图 9-4）。

1）消费者进入 Internet，查看汽车企业和经销商的网页。

2）在这样的网页上，消费者通过购物对话框填写购货信息，包括：个人信息、所购汽车的款式、颜色、数量、规格、价格等。

3）消费者选择支付方式，如信用卡、电子货币、电子支票、借记卡等，或者办理有关贷款服务。

4）汽车生产企业或经销商的客户服务器检查支付方服务器，确认汇款额是否认可。

5）汽车生产企业或经销商的客户服务器确认消费者付款后，通知销售部门送货上门。

6）消费者的开户银行将支付款项传递到消费者的信用卡公司，信用卡公司负责发给消费者收费单。

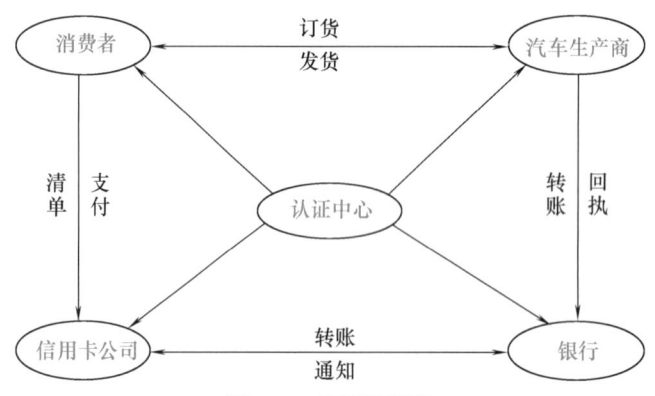

图 9-4 直销流程图

这种交易方式不仅有利于减少交易环节，大幅度降低交易成本，从而降低商品的最终价格，而且可以减少售后服务的技术支持费用以及为消费者提供更快、更方便的服务。但是亦存在不足：一是购买者只能从网络广告上判断汽车的型号、性能、样式和质量，对实物没有直接的接触，更没有了"试车"的可能，也容易产生虚假广告；二是购买者利用信用卡或电子货币进行网络交易，不可避免地要将自己的密码输入计算机，安全性较低。

第 2 种：中介交易流程（图 9-5）。

假设有这样一个网络汽车交易中心，以 Internet 为基础，利用先进的通信技术和计算机软件技术，将汽车生产商、经销商甚至零部件生产商和银行紧密地联系起来，为客户提供市场信息、商品交易、仓储配送、货款结算等全方位的服务。

1）买卖双方将各自的供应和需求信息通过网络告诉网络汽车交易中心，交易中心通过信息发布服务向参与者提供大量详细的汽车交易数据和市场信息。

2）买卖双方根据网络汽车交易中心提供的信息，选择自己的贸易伙伴。交易中心从中撮合，促使买卖双方签订合同。

3）交易中心在各地的配送部门将汽车送交买方。

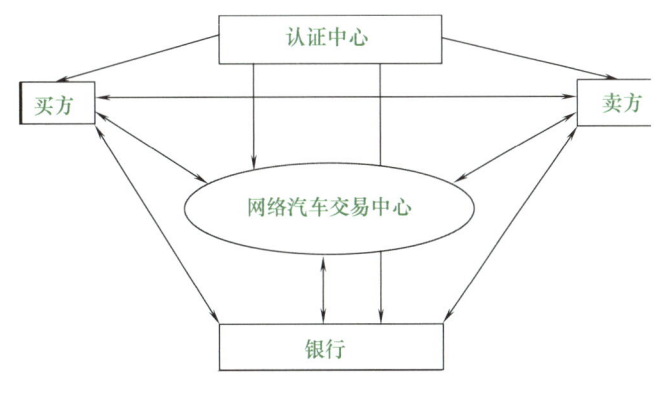

图 9-5 中介交易流程图

采用这种交易方式显然会增加一定的成本，似乎有悖于电子商务"直接经济"的特质，但是可以降低买方和卖方的风险，从而减少交易费用。这是营销中合理设置物流系统的问题：

1）这样的交易中心就好似一个"网上汽车博览会"，汽车生产商和经销商以及零部件生产商遍及全国甚至全球各地，为供需双方提供了很大的交易市场，增加了许多交易机会，但是双方都不要付出太多。

2）在双方签订合同之前，网络汽车交易中心可以协助买方对商品进行检验，只有符合条件的产品才可以入网，这在一定程度上解决了商品的信誉问题。而且，交易中心会协助交易双方进行正常的电子交易，以确保双方的利益。

3）网络汽车交易中心采取统一的结算模式，还可以加快交易速度。

3. 信贷销售

信贷销售是零售商、金融机构等贷款提供者向消费者发放的主要用于购买最终商品和服务的贷款，是一种以刺激消费、扩大商品销售、加速商品周转为目的，用未来收入做担保，以特定商品为对象的信贷行为。汽车信贷销售即用途为购买汽车的信贷销售。在我国，它是指金融机构向申请购买汽车的用户发放人民币担保贷款，并联合保险、公证机构为购车者提供保险和公证，再由购买汽车人分期向金融机构归还贷款本息的一种信贷销售业务。

在国外，尤其是发达国家信贷销售方式十分普遍。例如美国，其信贷销售的历史最早，信贷销售业务也最为发达，借助信贷销售进行消费是美国居民的一个重要消费行为特征。

自 1910 年首笔汽车分期付款信贷发放以来，汽车消费贷款在国外已有百余年的历史，大的跨国公司都有自己的融资公司为其产品销售提供支持。例如，通用汽车融资公司。在美国，通过贷款购置新车数占全部购车数的 80% 左右，在德国这个比例约为 70%。多年来，专业的融资公司积累了相当丰富的汽车消费贷款经验，手续简便灵活，对不同车型有不同的贷款利率，汽车贷款业务十分走俏。

汽车个人信贷销售在我国起步较晚。它是由早期的汽车分期付款销售业务转化而来的。当时银行没有介入，只是由汽车生产厂家和经销商联手，目的是为了扩大汽车的消费，市场反应并不热烈。随着中国汽车工业的发展，国家大力提倡个人汽车消费，并采取一系列政策措施，培育汽车市场成熟发展。近两年，随着我国城市道路交通建设步伐的逐渐加快，以及城镇居民收入水平的不断提高，个人汽车消费需求出现较大增长。从 1998 年 9 月 1 日，中国人民银行颁布《汽车消费贷款管理办法》，允许汽车消费贷款在四家国有独资商业银行进行试点，到2001年末，全国汽车信贷销售余额为436亿元，而2008年末这一数字就增加到1583亿元。截至2011年底，汽车消费金融产品余额为3000亿元，2012年12月18日，中国民生银行与德勤中国联合发布《2012中国汽车金融报告》，报告称，未来10年，中国汽车消费金融的市场余额将超过1万亿。中国银行业监督管理委员会于2008年1月24日发布了《汽车金融公司管理办法》，以期规范和促进汽车信贷销售的发展，汽车信贷销售也迎来一个新的发展高潮。目前，在我国提供汽车信贷业务的服务主体主要有3类：商业银行、汽车经销商和非银行金融机构，根据服务主体的不同，中国的汽车信贷市场上有3种经营模式：

第1种是以银行为主体的信贷方式。该汽车信贷是由银行、专业资信调查公司、保险、汽车经销商四方联合。银行直接面对客户，在对客户信用进行评定后，银行与客户签订信贷协议，客户将在银行设立的汽车贷款消费机构获得一个车贷的额度，使用该车贷额度就可以在汽车市场上选购自己满意的产品。在该模式中，银行是中心，银行指定律师行出具客户的资信报告，银行指定保险公司并要求客户购买其保证保险，银行指定经销商销售车辆，风险由银行与保险公司共同承担。目前国内提供汽车贷款的银行已不下10家。虽然各家银行所提供的服务程序不完全一样，但都是采用银行、保险、专业资信调查公司、汽车经销商合作的方式。

第2种是以汽车经销商为主体的信贷方式。该模式的汽车信贷是由银行、保险、经销商三方联手，由经销商为购车者办理贷款手续，负责对贷款购车人进行资信调查，以经销商自身资产为客户承担连带责任保证，并代银行收缴贷款本息，而购车者可享受到经销商提供的一站式服务。这种信贷模式的代表是北京亚飞汽车连锁总店。由于经销商在贷款过程中承担了一定风险并付出了一定的人力物力，所以通常需要收取2%~4%的管理费。

第3种是以非银行金融机构为主体的信贷方式，即汽车金融公司。该模式由非银行金融机构组织进行购买者的资信调查、担保、审批工作，向购买者提供分期付款服务。J. D. Power公司发布的2022年中国经销商汽车金融零售信贷满意度排名：①广汽汇理汽车金融；②吉致汽车金融；③奔驰汽车金融；④宝马汽车金融；⑤东风汽车财务；⑥长安汽车金融；⑦丰田汽车金融；⑧上汽财务；⑨东风日产汽车金融；⑩中国农业银行。

4. 租赁消费策略

1896年2月，开设世界首家汽车代理店的法国人埃米尔·罗杰，又在同一地点，挂上了"菲亚克尔出租股份有限公司"的招牌。在销售汽车和零部件的同时，兼营起了汽车出租或租赁业务。他在公司门口贴出的"每小时两法郎"的租车海报，吸引了不少巴黎市民。许多人包租或租赁他的奔驰出去旅游。罗杰开风气之先，汽车租赁则应运而生。1925年，世界上第一家汽车租赁网络诞生。其中，排名第一的赫兹公司，以福特、丰田、尼桑、马自达等汽车厂家做后盾，使它拥有了超过50万辆汽车的庞大车队。这些汽车通过"半年半数"更新制循环更新，使汽车厂家也通过赫兹的租赁业务而保持着稳定的市场占有率。显然，通过租赁促进销售，是一种既利厂家，也利商家的"双赢"战略。1999年，北京出租汽车公司，创办我国首家汽车租赁公司——福斯特公司。1997年8月1日，北京世纪通汽车俱乐部开始在全国36个机场实施"世纪通卡"汽车租赁工程。"一地入会，异地租车"，中国消费者也开始尝到了租赁消费的甜头。目前，首汽租赁公司也正在与世界第二大汽车租赁企业VIAS公司商谈合作意向，以求实现"一国入会，各国租车"的梦想。

在我国，拥有驾驶执照者的人数更是远远高于拥有汽车的人数。很多"有本无车"者，既是汽车租赁行业的潜在市场，也是汽车生产厂家的潜在市场。从多角化经营的角度看，汽车厂家不但可以生产自己的汽车，而且可以出租自己的汽车。就汽车生产厂家而言，汽车租赁既是一条崭新的分销渠道，也是一条崭新的利润来源。其实，早在1922年，作为生产厂家的法国雪铁龙，已经开展了雪铁龙出租业务；1924年，成立了雪铁龙出租公司；1925年，法国巴黎已经有5000辆雪铁龙出租车；1927年，首都巴黎已经成了雪铁龙的世界。在我国，上海汽车工业集团租赁业务浙江总代理，我国最大的轿车租赁企业浙江联通物产租赁有限公司，一次就购进桑塔纳2000型轿车1600辆。广州白云汽车租赁公司的租赁模式分时租、日租、月租和年租四种类型。最低时租为60元，最高年租为19.5万元，简直就是一辆汽车的价格。由于汽车租赁消费具有省力、省心的特点，深受广大消费者的欢迎。1988年，日本丰田公司推出了"以租代买"的"卡拉扬租车计划"。他们设计出了一种名为"ecom"电动汽车，并以"卡拉扬俱乐部"的形式提供出租服务。为了扩大汽车租赁市场的空间，日本三菱公司下属的汽车租赁公司，从1994年开始提供"办公汽车"，这种汽车配备有全套自动化办公设备，可以机动灵活地召开各种会议，从而拉开了以出租定位生产汽车的序幕。时至今日，"本地担保，异地租车""本地租车，异地还车"以及"联网企业担保"等多种租赁模式已经遍地开花。

营销案例

"四位一体"汽车专卖店

广州本田是我国第一家引进四位一体品牌专营销售，世界先进销售模式的企业。该厂现有员工2300多人，并建有120家特约销售服务店。

主要特点有：四位一体的品牌专营销售，统一价格，直接销售，以售后服务为中心以客户为中心。在汽车的整个使用过程中，维护用户所期待的商品价值，获得用户的满意和信赖，并提高用户对品牌的喜爱。维持老客户，发展新客户，培育终身用户。在选择经销商和设立销售网点的过程中，本着公开、公平、公正的原则。经销商必须要满足的条件和标准如下：必须有资金的保障；资产结构应比较紧密和合理；还必须有合法的经营场地和场所；最关键的是要有为用户服务的正确观念和意识，也就是要有先进的服务理念。广州本田希望所有的销售店都能通过售后服务来维持一个店的经营，而把销售作为纯利润上的收入。建点原则是：客户在哪里，广州本田的网点就设在哪里。所有的经销商都在精心打造广州本田的品牌。从硬件上来讲：每家专卖店的店面设计整齐统一，内部的功能室和车间划分都非常严格。形象广告由广州本田自己做，营销广告由经销商做。对经销商的甄选、培训、管理都有严格的规范制度。

通过共同的努力，广州本田取得了很好的销售成绩。2001年12月20日，广州本田累计生产的第5万辆雅阁轿车顺利下线，这个数字意味着广州本田提前4年实现了中日双方谈判的目标计划，也意味着在广州标致的"废墟"上发展起来的广州本田已经占据了我国29%的中高档轿车市场的份额。在管理方面，广州本田继2000年通过了ISO9002国际质量认证体系认证后，2001年10月底通过了ISO14001环境保证认证体系。

复习思考题

1. 汽车产品的分销模式有哪些？
2. 中间商的功能有哪些？
3. 网络销售的特点有哪些？
4. 租赁销售的优点有哪些？

【拓展学习】

"先试7天再买车"对二手车交易影响如何？

中国汽车流通协会2023年9月21日发布的数据显示，从前两周的市场表现来看，预计9月二手车交易量在160万辆左右，环比增长2.5%，月度同比增长7.7%。

二手车行业的恢复发展与二手车大流通系列政策陆续出台有关。2023年7月，《国务院办公厅转发国家发展改革委关于恢复和扩大消费措施的通知》明确，着力推动全面取消二手车限迁、便利二手车交易登记等已出台政策落地见效，促进汽车更新消费，鼓励以旧换新等。

2023年8月，中国汽车流通协会在2023年中国二手车大会上表示，从增值税减税到解除限迁再到确立二手车商品属性，近年来一系列二手车新政策推动行业迈入高质量发展阶段。

二手车市场虽然潜力很大，但一些消费痛点仍在。北京大学市场与媒介研究中心最新发布的数据显示，购买二手车，消费者最关心的是车况类问题（占比达77.3%），其次是售后保障（占比达64.2%），价格是否透明（占比达42.1%）。这说明，价格已不再是消费者的最大痛点，车况方面"水深""套路多"才是。

这是因为长期以来，二手车市场交易透明度低，如一些车商故意隐瞒车辆真实行驶里程、维修记录、事故记录等信息或未尽到核查义务，使得消费者权益受损的情况屡屡出现。这些问题影响二手车消费者消费信心，给二手车行业发展带来不利影响。

对此，行业也在探索如何让二手车交易更透明。近日，瓜子二手车推出了"先试7天再买车"服务，即提供7天高达450km的试驾体验，试驾期间平台居间保管车款，试驾满意后再将车款打给商家、办理过户。

在业内人士看来，"先试7天再买车"有助于解决二手车行业痛点。一方面，线下试驾7天，消费者可以全面掌握车况再决定是否购买，避免购车后才发现车辆有故障的情况发生。

另一方面，推行"先试7天再买车"，也考验平台的品控能力。只有严格检测，认真排查潜在隐患，保障车况足够好，才能避免发生大面积退车的情况。"先试7天再买车"还需要平台有足够的规模来支持物流体系的运转，只有物流系统足够高效，才能进一步推动"7天试车"成本的下降，让这一服务模式运转下去。

对于车商来讲，与其让车在店里停放7天卖不出去，还不如给消费者提供7天试驾。即使个别车被退回，成本也在可接受的范围内。因为多数车辆可以卖掉，整体周转效率会提升，从而进入良性循环。

二手车是汽车全生命周期承上启下的重要一环。二手车市场流通顺畅，能够加速燃油汽车、新能源汽车置换，还能带动新车消费持续增长，对促进汽车消费具有重要作用。人们期待二手车行业更多平台和车商采用"先试7天再买车"模式，让消费者敢买二手车、愿买二手车，从而促进行业健康发展。

学习情境 10　汽车促销策略

【学习目标】

1. 掌握促销与促销组合。
2. 掌握人员推销、广告、公共关系、营业推广技巧。
3. 培养生态环境保护理念。

学习单元 1　促销与促销组合

（1）**促销的概念与作用**　促销是促进销售的简称，是指营销人员通过各种方式，传授商品或服务的信息，协助或促进消费者认识、了解企业所提供的商品或服务，激发其购买欲望或购买兴趣，促使消费者购买某种商品或接受某种服务。

现代市场营销将各种促销方式归纳为 4 种基本类型，即人员推销、广告、营业推广、公共关系。促销活动对企业的生产经营意义重大，是企业市场营销的重要内容。促销的作用主要表现在以下 3 个方面。

1）传递信息。无论是产品进入市场前还是进入市场后企业都要积极、及时地向市场介绍其产品，使消费者了解产品的信息，以寻求需要与供给的最佳结合点，唯有如此才能刺激消费者，激发消费者的购买欲望。以前那种"酒香不怕巷子深"的观念正在被市场修正，"酒"不仅要香，而且要让消费者知道，并便于购买。

2）扩大产品需求，加速流通。企业促销的目的就是扩大产品销售，而促销的落脚点在于诱导需求和刺激需求，唤起消费者对企业及产品的好感。正如被誉为汽车销售之神的神谷正太郎所说："汽车的需要是创造出来的"。而这种创造本身所依靠的手段就是促销。

3）突出产品的特点，强化市场优势。促销过程能够充分展示产品核心内容，突出产品的特点，使其在市场站稳脚跟，卓显优势地位。

（2）**促销的主要方式**

1）人员推销。人员推销又称人员促销，是企业推销人员对客户通过面对面或者信函、电话等方式推销企业产品的促销方式。人员推销方法灵活，针对性强，容易促成即时成交。但对人员的素质要求高，费用也较大。

2）广告。顾名思义广而告之，是企业通过一定的宣传媒体向公众传递产品或服务信息的一种促销宣传方式。它信息传播面广，容易引起大众注意，并且形式多样。但说服力小，不能直接成交。

3）营业推广。营业推广是指企业为鼓励某种产品的销售或者刺激早期消费而采取的一种劝购行为，包括兑奖、彩票、赠奖、样品展销会、展览会、回扣等。它吸引力大，效果明显。和其他促销方式相比，营业推广是一种短期的、暂时的促销方式。

4）公共关系。公共关系是指企业为了扩大影响而采取的有组织、有计划的活动。它影响面大，对消费者印象深刻，是一种间接促销。

(3) 促销组合　　企业在制订促销策略时，可以采用一种促销方式，也可以采取几种促销方式的组合。这种在市场营销过程中对人员推销、广告、营业推广、公共关系促销手段的综合运用就是促销组合。汽车工业在确定促销策略时，除应考虑到各种促销方式的特点和效果外，还应考虑下列因素的影响。

1) 产品的种类。产品的种类不同，购买者的行为往往存在很大的差异，不同种类的产品应采取不同的促销组合。例如，重型汽车、专用汽车由于使用者相对集中，技术相对复杂，价格较高，购置时往往需要详细的说明、解释，因而应以人员推销为主，辅之以广告和公共关系；而轻型汽车和供家庭和个人使用的普通车辆，由于市场分散、面广、量大、单位价值总量小，所以应以广告宣传为主，结合营业推广，辅之以人员推销和公共关系。

2) 产品的生命周期。企业应根据产品生命周期不同阶段的特点，选择不同的促销组合。在产品投入市场初期，企业应当加强广告宣传，配合以人员推销，将产品的信息传递给消费者，激发其初始需求。对于汽车销售，在这一阶段，广告和人员推销都很重要，企业要利用推销人员将产品信息传递给中间商或直接到用户，介绍产品并鼓励他们试用；而广告则是希望中间商或用户能注意到该产品，带有明显的告知性。产品进入成长期后，广告仍是主要的宣传方式，但人员推销的力度应加大。由于利益的驱动，在这一时期众多的竞争者将进入市场，促销的重点应放在宣传企业产品的品牌上，争取客户的偏爱，激发客户的选择性需求，以强化产品市场优势，提高市场占有率。在成熟期，市场竞争日益激烈，但市场格局趋于稳定，消费者对产品有了一定的了解，企业在促销活动中应加强产品特点及优势宣传，突出企业的形象，显示产品的附加利益，巩固已有的市场份额并拓展市场。产品进入衰退期后，企业应以营业推广为主要促销策略，辅之以提醒或广告。由于这一时期产品和销售进入衰退阶段，促销费用应逐渐减少，节约开支。

3) 市场现状。市场规模和类型不同，用户的数量也就不等。规模小，相对集中的市场，应以人员推销为主，如各种专用车辆以及产业用户需求车辆的销售。市场规模大，用户分散的市场，广告是最有效的促销手段，如普通轿车及农用车、摩托车的销售。此外，企业在考虑市场时，应充分考虑到竞争对手的状况，选择合适的促销策略和促销组合。

4) 促销费用。一个企业能够用于促销的费用也影响促销组合的选择。企业在选择促销组合时，首先要进行促销预算，即综合考虑促销目标、产品特征、企业财力及市场竞争状况等因素；其次要对各种促销方式进行比较，以尽可能低的费用取得尽可能好的促销效果；最后要考虑到促销费用的分摊。例如，有些企业采用生产企业做广告，中间商进行人员推销的营销模式，企业统一最低限价和销售回扣的方式来确定促销费用。

学习单元2　人员推销

人员推销是一种起源最早的促销方式。它是指企业的推销人员直接与购买者接触、洽谈、介绍产品，以达到促销目的的一系列活动。其推销的效果如何，显然受推销人员素质的影响较大。

在汽车推销史上，美国汽车经销商吉拉德无疑是一位传奇人物。他以自己独特的运作方式，一生共推销出去了1万多辆汽车，因此被人们誉为"汽车推销大王"。但是，如此"过五关斩六将"的吉拉德，也曾有过"败走麦城"的经历。一位客户非常看重他推销的一辆车，双方对价格也没有异议。但是，临近成交之际，那客户却突然扬长而去。吉拉德百思不得其解，给那位客户打了一个电话，这才弄清楚了事情的原因。那位客户的儿子考上了大学，兴奋之余，很想与吉拉德共享快乐。当他向吉拉德倾诉时，吉拉德却在与他人说笑。这位客户的攀谈热情被打击，悻悻然激愤不已，购买汽车的愿望也就荡然无存了。

消费者行为学的研究发现："爱屋及乌"是一种普遍的消费心理现象，消费者对产品的喜爱，也往往是从对销售人员的喜爱开始的。上面举例中那位客户正需要一辆新车，那新车也正合他意，本该顺理成章的成交，却突然发生了变故。因为，他虽然喜欢那车，却不喜欢吉拉德那人，使他对那车也产生了反感。因此，日本著名市场营销学家夏日志郎认为："真正优秀的推销人员，并不是在推销产品，而是在推销自己"。这就是说："如果你想让别人听你的，并按你的意见行事，只有一条道路可走——让别人真心实意地喜欢你。否则，你的努力就只能失败"。

1. 人员推销概述

（1）人员推销的形式　汽车产品人员推销主要有两种形式：一是上门推销；二是会议推销。上门推销的好处是推销员可以根据各个用户的具体兴趣特点，有针对性地介绍有关情况，并容易立即成交。而会议推销具有群体推销、接触面广、推销集中、成交额大等特点，而且企业可在会内会外"开小会"，同与会客户充分接触。只要有客户带头订货，形成订货氛围，就容易实现大批量交易。我国汽车公司经常采用会议方式促销。

（2）人员推销的任务　在现代营销活动中，人员推销不仅仅只是出售现有的商品，还要配合企业的整体营销活动来适应、满足和引导客户需要。因此，推销人员的具体任务在不同的情况下是不同的。推销人员的任务可分为3类：订单处理、创造销售和专使销售。

1）订单处理。订单处理是推销人员和电话营销人员都需要完成的任务。它可以分为批发商和零售商两个水平的订单处理。销售人员进行订单处理时，一般是在确定客户需求后完成订单。订单处理是销售环节最基本的工作之一。

2）创造销售。创造销售常常通过增加新客户和引进新产品和服务来创造新业务。新产品常需要高水平的创造性销售。在销售人员的3个任务中，它是最重要的。创造销售可出现在电话营销、店堂销售和外勤推销中。

3）专使销售。专使销售是指非直接销售。例如，医药公司的销售人员试图说服医生这个非直接客户，开处方时选用本公司的产品。然而，公司的实际销售人员最终通过批发商或将产品直接卖给药剂师。外勤销售和电话营销都要进行专使销售。在专使销售中，技术支持越来越重要。小组销售中经常包括技术支持人员，他们的任务是帮助客户设计、安装、维护设备和培训。

（3）人员推销的步骤　"公式化推销"理论将推销过程分成7个不同的阶段：

1）寻找客户。这是推销工作的第一步。

2）事前准备。推销人员必须掌握3方面的知识：①产品知识，关于本企业、本企业产品的特点、用途和功能等方面的信息和知识。②客户知识，包括潜在客户的个人情况、具体客户的生产、技术、资金情况、用户的需要、购买者的性格特点等。③竞争者的知识，即竞争者的能力、地位和它们的产品特点。同时还要准备好样品、说明材料、选定接近客户的方式、访问时间、应变语言等。

3) 接近。即开始登门访问，与潜在客户开始面对面的交谈。

4) 介绍。在介绍产品时，要注意说明该产品可能给客户带来的好处，要注意倾听对方发言，判断客户的真实意图。

5) 克服障碍。推销人员应随时准备应付不同的意见。

6) 达成交易。接近和成交是推销过程两个最困难的阶段。

7) 售后追踪。如果销售人员希望客户满意并重复购买，则必须坚持售后追踪。推销人员应认真执行订单中所保证的条件，如交货期、售后服务、安装服务等内容。

(4) 人员推销的优点　人员推销具有广告和宣传等促销方式所无法比拟的优势。具体包括：

1) 双向传递信息。在人员推销的过程中，推销员可以向客户宣传介绍产品的质量、性能、售后服务以及拥有后的好处和愉快心情等，起到促销的作用。推销人员还可以倾听客户的意见和要求，了解客户的态度和疑虑，收集和反馈企业在营销工作中存在的问题，为企业改进营销管理提供决策依据。

2) 具有较大的灵活性。推销人员在访问的过程中可亲眼观察到客户的反应，并揣摩客户心理变化的过程，因而能酌情改变推销陈述和销售方法，以适宜各个客户的需要，促进最终交易的达成。

3) 与广告相比，其针对性强，无效劳动少。广告所面对的受众十分广泛，其中有些根本不可能成为企业的客户。而推销人员总是带有一定的倾向性，目标较明确，往往可直达客户。

4) 人员推销在大多数情况下能实现潜在交换，达成实际交易（只要客户确实存在对商品的需求）。

5) 人员推销经常用于竞争激烈的情况，也适用于推销价格昂贵和性能复杂的商品。对专业性很强的复杂商品，仅仅靠一般的广告宣传是无法促使潜在客户购买的，而训练有素的推销人员为客户展示产品，并解答其难题，往往能成交。

当然，人员推销也有一些缺点，主要是成本费用较高。企业决定使用人员推销时必须权衡利弊，综合决策。

2. 人员推销的有效技术

推销人员应根据不同的推销气氛和推销对象审时度势，巧妙而灵活地采用不同的方法和技巧，吸引用户，促其做出购买决定，达成交易。

(1) 推销方法

1) 试探性方法。例如，推销人员对客户还不甚了解，可以使用率先设计好的能引起客户兴趣、刺激客户购买欲望的推销语言，投石问路，进行试探，然后根据其反应再采取具体推销措施。面对较陌生的客户，推销人员要重点宣传产品的功能、风格、声望、感情价值和拥有后的惬意等。

2) 针对性方法。如果推销人员对客户需求特点比较了解，也可以事先设计好针对性较强、投其所好的推销语言和措施，有的放矢地宣传、展示和介绍产品，使客户感到推销人员的确是自己的好参谋，真心地为自己服务，进而产生强烈的信任感，最终愉快地成交。

3) 诱导性方法。推销人员要能唤起客户的潜在需求，要先设计出鼓动性、诱惑性强的购货建议（但不是欺骗），诱发客户产生某方面的需求，并激起客户迫切要求实现这种需求的强烈动机，然后抓住时机向客户介绍产品的效用，说明所推销的产品正好能满足这种需求，从而诱导客户购买。如果不能立即促成交易，而能改变买者的态度并形成购买意向，为今后的推销创造条件，也是一种成功。推销人员要始终注意自己所提建议的成功性言辞要有条理、有深度，语气要肯定，不能模棱两可，更不能有气无力，避免说服的一般化，要以具体事实做后盾。这就要求推销人员应掌握较高的推销艺术，设身处地为客户着想，恰如其分地介绍产品，真正起到诱导作用。所以一名合格的推销人员应具有丰富的产品知识和管理学、社会学、心理学等方面的知识。

（2）推销技巧　推销员在了解了上述推销方法后，还必须掌握一些推销技巧。

1) 建立和谐的洽谈气氛的技巧。推销人员与客户洽谈，首先应给客户一个良好的印象，懂礼貌、有修养、稳重而不呆板、活泼而不轻浮、谦逊而不自卑、直率而不鲁莽、敏捷而不冒失。

2) 开谈的技巧。在开始洽谈阶段，推销人员应巧妙地把谈话转入正题，做到自然、轻松。

3) 排除推销障碍的技巧。推销人员如果不能有效地排除和克服所遇到的障碍，将会功亏一篑。因此，推销人员要掌握排除下列障碍的技巧：①排除客户异议障碍。如果发现客户欲言又止，推销员应自己少说话，直截了当地请客户充分发表意见，以自由问答的方式真诚地同客户交换意见和看法。对于客户一时难以纠正的偏见和成见，可以将话题转换。②排除价格障碍。推销人员应充分介绍和展示产品特点，使客户感到"一分钱一分货"。③排除客户习惯势力障碍。推销人员应实事求是地介绍客户不太熟悉的产品，并将其与他们已经习惯的产品相比较，让客户乐于接受，还可以通过相关群体的影响，使客户接受新的观念。

4) 与客户会面的技巧。一是要选好见面的时间，以免吃"闭门羹"；二是可采用请熟人引荐、名片开道、同有关人员交朋友等策略，赢得客户的欢迎。

5) 抓住成交机会的技巧。推销人员应善于体察客户的情绪，在给客户留下好感和信任时，应抓住机会发动进攻，争取签约成交。

一位优秀的推销人员，除了掌握上述方法与技巧外，其推销业绩还与个人的良好个性有关。例如：口齿要伶俐，要有"三寸不烂之舌"；脑子要灵活，反应要快，善于察言观色，善解人意；性格要温和，不急不躁，善于与人相处，富有耐心。尤其在中国这个看重礼仪的邦国里从事推销活动，推销人员一定要做到不管市场是热是冷，都要常"走亲戚"，有生意谈生意，没有生意叙友谊，把老用户当知己，把新用户当朋友。做生意不可过于急功近利。

3. 推销人员的管理

从国外汽车公司来看，特别是日本丰田汽车公司，对推销人员的管理是人员推销的一项重要内容，它直接关系到企业产品促销策略的实际效果。

（1）推销人员的分类　推销人员，广义地讲，是指参与企业营销活动的所有人员，包括销售员、发货员、制单员、内勤人员以及市场信息的收集和发布人员，企业或产品形象的塑造人员等多层人员；狭义地讲仅指直接向客户推销产品的销售人员。这里我们只讨论狭义范围内的推销人员。

按照产业分类，推销人员可分为：生产企业的推销人员，批发商的推销人员和零售企业的推销人员。

1) 生产企业的推销人员。生产企业的推销人员是指向其他生产企业、中间商或批发商推销产品的人员。由于此类推销人员的业务量大，对企业的市场影响大，所以对这类推销人员的要求也比较高，他们不仅要有丰富的商品知识、技术知识和市场知识，而且要有独立处理问题的能力。

2）批发商的推销人员。批发商的推销人员是指向零售企业及产业用户推销产品的人员。他们主要应具备多方面的商品知识，其他方面的要求不像生产企业的推销人员那么严格。

3）零售企业的推销人员。即售货员，是只向产品的最终用户推销产品的人员。其能力要求比较低，主要需要一定的推销技巧和服务质量。

(2) 推销人员的任务　第一，推销产品。即将企业的产品销售给客户，它包括传递信息、接近客户、推销产品、完成销售等，这是推销人员的基本任务。第二，开拓市场。推销人员不仅要注意市场调查，而且要进行经常性调查研究，寻找新的客户，开拓产品销路，发掘新的需求市场。第三，提供服务。即了解客户需求，提供商品信息，帮助客户选购，及时办理手续等。第四，树立企业形象。推销人员的形象在某种程度上代表着企业的形象，因此推销人员应加强与客户的沟通，及时将他们的意见反馈给企业，发挥好企业与客户的桥梁作用，使客户对企业产生好感和信赖，树立起企业在客户心目中的形象，从而达到促销的目的。

(3) 推销人员的选拔与培训　在竞争激烈的市场中，企业为了实现促销目标，强化市场优势，对推销人员都有明确的要求。一般来讲，一名合格的推销人员应具备下列条件：

1）要有强烈责任感和使命感。

2）良好的业务素质。一名合格的推销人员一般应具备下列业务素质：

① 产品知识。推销人员不但要熟悉企业产品的质量、性能、型号、用途、价格、生产工艺、销售渠道，而且要掌握市场中其他同类产品的情况。

② 企业知识。推销人员应掌握本企业的历史、目标、组织、财务、产销情况以及企业在同行中地位。

③ 专业知识。推销人员应掌握与推销活动相关的各种专业知识，如市场营销、消费心理、公共关系学、社会学及经济法规等。

3）较强的工作能力。推销人员的工作能力主要体现在以下几个方面：良好的心理素质和语言表达能力，较强的判断能力和应变能力，以及果断的决策能力和较强的社交能力。

4）较好的个人形象。具体包括推销人员的气质、风度、长相、身高等。

当企业无法直接选择到符合要求的推销人员时，就只能对现有人员或已挑选出来的人员进行培训，使其达到企业的要求。培训的方法主要有讲课、讨论、示范、学习以及以老带新等。例如，1974年丰田汽车销售公司在爱知县爱知郡建立的"丰田汽车销售公司进修中心"，1990年雪铁龙公司在Villepinte开办的一个商业培训国际中心（CIFC）等，都取得了良好的效果。

(4) 推销人员的管理　推销人员由于流动性大，工作艰苦，责任重大，如何加强汽车推销人员的管理是企业关注的问题之一。从目前的情况来看，一般实行定额管理和自我管理相结合的方式。

1）定额管理。即企业为每一位推销人员制订出一定时期内应推销出去的汽车数量。例如丰田汽车公司规定，新推销员每月3~5辆，9年以上的推销员每月十三四辆等。实行定额管理要注意对推销人员责任区的划分，不应出现同一地区本企业推销人员间的相互竞争。

2）自我管理。由于推销工作自身的特点，推销人员的自我管理就显得非常重要，如丰田汽车公司就专门制订出了推销员自我管理的办法。

(5) **推销人员的评价**　对推销人员的评价主要是工作的业绩，一般来说，工作的业绩主要体现在以下几个方面：

① 销售定额的完成情况。

② 新客户销售量。

③ 销售利润。

④ 资金回笼情况。

⑤ 负责地区的市场占有率。

⑥ 销售服务质量。

我们可以根据推销人员的销售业绩和客户对推销人员的满意程度两个指标去评价推销员，将推销人员划分为以下 5 种典型类型，如图 10-1 所示。

1) 不称职型（A 型）。这类推销员不仅销售业绩差，而且客户对其工作的满意度也非常低。公司对这类推销员显然应当加强教育，限期改正。否则应取消其推销员资格。

2) 基本不称职型（B 型）。这类推销员虽然有较好的销售业绩，但客户的满意度非常低，这类推销员对公司具有危害性，因为他的业绩可能是采取不正当手段获得的。其行为可能有损公司形象，不利于公司增加销售。从长远看，这种推销员将成为 A 型。公司对此类推销员应加强思想教育，端正其工作态度。如不见效，公司应果断取消其推销员资格。

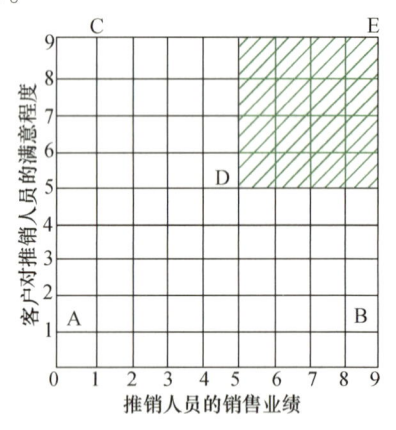

图 10-1　推销人员评价坐标图

3) 基本称职型（C 型）。此型与 B 型正好相反。这类推销员对公司没有危害性，但很可能是因为客观原因或自身能力原因致使销售业绩不甚理想。对此型推销员，公司应帮助其分析原因，如属能力有限，则应加强业务培训，或调换工作岗位。

4) 称职型（D 型）。此类推销员的销售业绩和客户反映都不差，但离优秀推销员仍有差距。对此类推销员，公司应给予更多的关心和激励，使其成为推销能手。

5) 优秀型（E 型）。此类推销员是公司的财富，越多越好，公司应对他们予以奖励、表彰，维护其积极性，让其风格保持下去。

以上只是几种典型情况，公司对每个推销员进行考评时，可根据推销员的销售业绩和公司对其客户满意程度的调查情况，确立该推销员应处于哪一位置。一般应以图 10-1 中 DE 区域（阴影部分）为合格，其他区域为不合格。

学习单元 3　广告

1. 广告概述

(1) **广告的概念**　广告，简单地说就是广而告之，英文广告一词为 advertising，本意为"注意""诱导""大喊大叫"等。广告作为一种传播信息的手段，有广义和狭义之分。广义的广告不仅包括各种商业性广告，而且包括政府部门的通知、公告、声明及各式各样的启事等。狭义的广告则指传播有关商品和劳务信息的手段。我们在此主要讨论的是狭义的广告。因此，可以把它定义为："商品经营者或服务提供者通过一定媒介和形式直接或间接地介绍自己所推销的商品或服务的商业广告活动。"从中我们可以看出广告的基本内涵不外乎传递信息和商品促销。

作为商业广告，它具有下列特征：

1）广告的主体是企业，广告是一种企业行为，它是企业为了推销商品或者服务而向消费者传递信息的一种促销活动。

2）广告是通过一定媒介形式传播的，它是以群体为对象而进行的信息沟通。

3）广告的内容是商品或者服务。企业通过广告所要传递给消费者的信息是商品或者服务，以诱发消费者的购买欲望，达到促销目的。

4）广告是有计划、有目的地传递某种信息。计划是企业事先准备的所要传递的信息内容，目的在于形成对企业商品或服务的需求，树立起企业形象，使信息接收者做出对企业有利的反应。

5）广告需要支付费用。任何形式的广告都需要支付一定的费用，包括广告制作费和媒体刊播费等。免费广告仅仅是广告宣传的特殊形式。

(2) 广告的功能和作用　在现代经济生活中，广告作为一种促销手段和一种经济现象，无处不在，无处不有，它扮演着重要的角色，发挥着重要的作用。这些都是由广告的功能所决定的。广告的基本功能主要有以下 3 点：

1）显现功能。任何商业广告都是通过图表、文字、色彩、实体形象或者声音、音乐、数字等形式，介绍某种商品或服务以及企业的名称、商品价格、服务条件、销售时间等。公众通过广告认识商品、服务，了解商品的基本用途和有关内容。因此，广告的显现功能主要在于广告的内容是否清楚得当。

2）诱使功能。广告宣传的目的在于引起消费者对企业产品或企业的注意，刺激消费者的购买欲望，诱使其形成购买行为，并通过对产品的宣传，激发其新的消费需求和购买行为。

3）艺术功能。广告也是一门艺术，它以艺术的表现手段塑造广告艺术形象，再现所宣传的商品，使消费者在感知商品的同时，也得到艺术的熏陶和美的享受。

广告的功能是通过它的作用体现出来的。广告的主要作用表现在以下几个方面：

① 介绍产品，传递信息。广告能使不特定群体客户了解有关产品的存在、优点、用途和使用方法等，有助于潜在消费者根据广告信息选择符合自身要求的产品。汽车市场上，产品品种繁多，企业之间竞争激烈，如何才能使消费者钟情于自己企业的产品，首先就要将产品的信息传递给消费者，使消费者能感知到企业产品的性能、特点，而这一点正是广告所要表现的内容。

② 刺激消费，扩大产品销路。广告所要达到的目的就是企业产品的销售。对于新产品的推广以及产品的潜在消费群体，广告具有刺激购买欲望，培养新的需求和创新消费方式等作用。

③ 树立企业形象，维持或扩大企业产品的市场占有率。用户在购买汽车时，企业的形象（包括信誉、名称、商标等）往往是选择的重要依据之一，因此企业能否在消费者心目中树立起良好的形象，直接关系到产品的销售，影响企业产品的市场份额。

总之，广告的作用是多方面的，企业在市场经营活动中应切实加以利用。但是，广告仍有其自身局限性。首先，广告无法独立完成促销任务，它的作用必须依赖于其他方面的措施。其次，广告的使用必然会增加企业产品的生产成本，如 2021 年 10 月，视觉资本（Visual Capitalister）公司发布了一则福特、丰田、通用和克莱斯勒汽车的研发支出对比数据，其中显示每辆售出汽车的广告支出，福特汽车是 468 美元、丰田汽车是 454 美元、通用汽车是 394 美元、克莱斯勒汽车是 664 美元。最后，由于市场容量有限，广告刺激消费的作用受到抑制。因此，只有正确地认识广告的作用，并充分利用它，广告才能为企业产品的营销发挥其应有的价值和作用。

2. 广告媒体及其选择

（1）广告媒体　广告媒体是广告主向广告对象传递信息的载体。广告媒体的种类繁多，根据其不同的物质属性可以进行如下分类：

① 印刷媒体，如报纸、杂志、商品说明书、画册、商品目录等。

② 电子媒体，如广播、电视、电影、幻灯、电子网络，电子显示大屏幕等。

③ 流动媒体，如汽车、火车、飞机、轮船等。

④ 邮政媒体，如订购单、征订单、函件、电报等。

⑤ 户外媒体，如站牌、广告栏、海报、气球、招牌等。

⑥ 展示媒体，如商品陈列、柜台门面、橱窗、展厅等。

⑦ 包装媒体，如产品的外包装、手提袋、购物袋等。

各类广告媒体都能从不同侧面向人们传递商品信息，但不同的广告媒体传递信息的时间与范围不同，广告效果各异，其中报纸、杂志、广播、电视曾经被称为四大最佳媒体。随着科学技术的发展，互联网的普及和大众化，电子网络在广告中的作用日益凸显，很多公司会选择在互联网平台投放广告，它已经成长为广告的主要载体之一。下面我们具体介绍一下汽车广告中常用的几种媒体。

1）报纸媒体。报纸是新闻宣传中最有效、应用最广泛的工具，也是我国和世界许多国家目前主要选用的广告媒体之一。其优点是，覆盖率高、影响面广、传递迅速、时效性强，集权威性、新闻性、可读性、知识性、可记录性于一体，制作简便，费用低廉，用于汽车广告能比较全面介绍汽车的主要性能指标，给读者以整体了解。其缺点是时效较短、内容庞杂、容易分散读者的注意力；制造和印刷欠精细，静态分析，形象效果欠佳。

2）杂志媒体。杂志是一种以刊登小说、散文杂记、评论、专业论文等为主的印刷读物。杂志媒体的优点是：对象明确，针对性强，保存期长，信息能充分利用，印刷精致，图文并茂。汽车广告一般选用专业性杂志，如《世界汽车》《汽车与配件》《轿车》《大众汽车》等。杂志媒体的缺点是：定期发行，时效性差，传递范围窄。

3）电视媒体。电视通过声音、图像、色彩、动作等视觉和听觉形象的结合传递各种信息，是重要的现代广告媒体。其优点是：覆盖面广、收视率高、直观生动、感染力强、宣传效果好。其缺点是：信息消逝快，不易保存，编导复杂、费用昂贵、选择性差、目标不具体。电视媒体用于汽车广告，一般只能进行品牌宣传，难以给观众以具体的材料介绍。

4）广播媒体。广播通过电波传递各种信息，是一种广为利用的听觉媒体。其优点是：传播迅速，次数多、范围广、及时性强、方便灵活、制作简便、收费低廉。其缺点是有声无形、印象不深、难以保存、盲目性大、选择性差。广播媒体用于汽车广告，主要适用于对中间商的宣传。

5）电子网络媒体。它既具有电视媒体的优点，同时又克服了不易保存的缺点，拥有杂志媒体的长处，是一种现代化的多种媒体优点集于一身的广告媒体。其优点是便捷性、互动性、多样性、即时性、全球化。电子网络媒体也存在一些缺点：①可靠性问题，由于社交平台容易出现虚假信息和谣言，"假新闻"长期以来扰乱着公共舆论；②隐私问题，使用网络媒体的人面临着隐私泄露和个人信息被滥用的风险；③注意力分散，由于网络媒体包含大量信息，而且很容易陷入其中，会导致注意力分散；④媒介认知误差，与传统新闻报道不同，网络媒体中的视觉效应和声音效应可能会干扰对事件真正本质的理解。

6）户外媒体。户外媒体包括招贴、路牌、壁画等多种形式，它具有传播面广、费用低、收效快、用语简洁、画面醒目、标识清楚等特点，是一种大众传播方式。但由于设置地点，宣传对象不确定，广告效果不稳定，也不太显著。在汽车广告中，此类媒体的运用也比较常见，如果运用恰当，也能给人以深刻印象。例如，首都机场附近的日本丰田汽车公司的广告牌，"车到山前必有路，有路就有丰田车"的两行大字，就给行人留下了深刻印象，产生了较好的广告效果。

(2) 广告媒体的选择

1）企业对信息传播的要求。企业在确定宣传媒体时，首先要考虑媒体的覆盖面、频率和影响。覆盖面广、频率高、影响大的媒体是各企业在广告宣传时的首选媒体，但是这类媒体的收费往往很高。因此，企业在投放广告时，一定要量力而行，既可选择覆盖全国、影响大的宣传媒体，如中央电视台、中央各大报纸；也可以选择覆盖面较小，但产品用户比较集中的地区或专业性宣传媒体，如《中国交通报》《交通安全报》、交通信息台等。其次，企业需要达到的广告目标，如信息传播的覆盖率、重复率和最低时间限度信息的可信度，以及产生的效应等。企业应从中选择最主要的目标，据以确定宣传媒体。最后，宣传成本。企业在选择宣传媒体时，不仅要考虑到媒体自身特点，企业需要达到的广告目标，还要考虑到宣传成本。这项成本不是企业可以投入的宣传费用，而是广告信息触及成本，即单位广告触及人数所需要的费用。这一指标对衡量媒体宣传效果，合理选择媒体，具有一定的指导意义。

2）产品的性能和特点。产品本身的性能和特点不同，其使用方法、消费对象，销售方式千差万别，这种差别决定着广告媒体的选择。例如对家用轿车、农用车等，由于消费对象广泛，选择电视媒体做广告效果比较好。对于技术性强，需要详细介绍的各类专用车辆，载重车辆，则选择报纸和杂志较妥。同时也应该注意到，消费者对汽车既需要形象的外观，漂亮的造型，还需要了解具体的技术参数，如最高车速、油耗、发动机功率等。因此，汽车广告都以电视、广播宣传品牌形象，以报纸、杂志介绍其技术指标，多种媒体相结合的方式来宣传汽车产品，只是各种汽车在选用媒体时，各有其侧重。

3）消费者的媒体习惯。对于不同的广告媒体、消费者接触的习惯不同，企业应将广告刊登在目标消费群体经常接触的媒体上，以提高视听率，如有关汽车的杂志、报刊、电视节目、交通广播频道等。

4）竞争对手的广告策略。企业在进行产品宣传，选择媒体时，不仅要考虑以上几个方面的影响，而且要注意竞争对手的广告策略，因为竞争对手的广告策略往往具有很强的针对性和对抗性，只有充分了解竞争对手的广告策略，才能充分发挥自己的优势，克服劣势，最终取得良好的宣传效果。

3. 广告策略

企业投放广告，需要决策的内容很多，除上述媒体的选择外，至少还应决策好以下内容。

（1）广告目标的选择　首先，应对企业营销目标、产品、定价和销售渠道策略加以综合分析，以便明确广告在整体营销组合中应完成的任务，达到的目标。其次，要对目标市场进行分析，使广告目标具体化。

广告目标的具体内容包括：①促进沟通，需明确沟通到什么程度。②提高产品知名度，帮助客户认识、理解产品。③建立需求偏好和品牌偏好。④促进购买，增加销售，达到一定的市场占有率和销售量。

（2）广告同产品生命周期的关系　产品所处生命周期不同，广告的形式和目标应有所差异。对处于导入期和成长期的产品，广告的重点应放在介绍产品知识，灌输某种观念，提高知名度和可信度上，以获得目标用户的认同，激发购买欲望。对处于成熟期的产品，重点则应放在创名牌，提高声誉上，指导目标用户的选择，说服用户，争夺市场。对处于衰退期的产品，广告要以维持用户的需要为主，企业应适当压缩广告的作用。

（3）广告定位策略　广告定位策略主要有以下3种。

1）广告的实体定位策略。它是指在广告中突出宣传产品本身的特点，主要包括功能定位、质量定位和价格定位，确立怎样的市场竞争地位，在目标用户心目中塑造何种形象，从而使广告最富有效果。例如，洁银牙膏突出防治牙周炎，博士伦则对那些惧怕隐形眼镜的人说"舒服极了"。

2）目标市场定位策略。目标市场定位使广告传播更加具有针对性。例如，中央电视台黄金播出时间是晚7点至晚9点，如果是农用机械，这种广告最好不选择夏、秋两季晚7点至8点播出，因为这段时间我国大部分地区的农民还在劳作。另外，进入外国市场，也要按照当地特点进行重新调整，使之符合当地的文化和传统习惯。例如，丰田汽车公司在营销策略上有一个经典的WILL品牌案例。

WILL计划的出笼缘于丰田汽车公司吸引年轻消费者的动机。丰田越来越担心一个问题：现在的汽车品牌多如牛毛，如果在营销策略上没有创新手段，只靠大量的广告投入是徒劳的。于是，他们设想，如果能创造一个品牌，能跨越不同的生活群落和情趣，能处处与消费者相遇，那么这个品牌就更容易被消费者记住。过去丰田公司把目标消费群年龄定在50岁以上，但随着时代的变化，一些年轻的新贵日渐活跃起来。丰田汽车那种古板的印象是无法打动这批年轻人的。为了锁定40岁以下的年轻客户，丰田公司积极变革。

在日本，年轻消费群体的异军突起是不会被精明的商家忽视的，这个群体年龄约在20到30岁，他们有独立的性格特点、生活方式、伦理标准和价值取向，故而也具有独立的消费心理和消费方式。据统计，这批年轻的消费群体不仅比例高，而且在未来社会的影响力会日益增大。他们的行为方式最终会主宰将来的消费市场，如果看不到这一点并及时调整营销方式，那么，未来的生意是很难做成功的。

据资料统计，日本20~30岁的消费者中，80%的人知道WILL这个品牌，其中不少人表现出更大的热情。在1999年东京的一个展示会上，WILL品牌的展示除了汽车外，其他WILL产品如衣物除臭剂、啤酒、旅游、电脑等也都一应俱全。WILL品牌成功的原因之一在于它适应了消费者观念的变化，并且从营销入手全方位直接进入企业；其次，媒体的作用也不可低估。这个时代对传播的重视度越来越高，媒体需要热点，公众需要热点。这一全新的商业行动，使 WILL 成为众多媒体宣传的对象，客观上对 WILL 的成功也起到了积极的推动作用。

3）心理定位策略。心理定位主要包括正向定位、逆向定位和是非定位三种方法。正向定位主要是正面宣传本产品的优异之处，逆向定位主要是唤起用户的同情与支持，是非定位则强调自己与竞争对手的不同之处，把强大的竞争对手逐出竞争领域。

美国当代营销学专家韦勒曾说过一句话："不要卖牛排，要卖烧烤牛排时的吱吱声"。他深刻揭示了心理定位的内涵。他认为广告在介绍产品时，应突出它的新意义，赋予一种美好的形象，也就是说要将享用这种产品的乐趣表现出来，从而改变原有的习惯心理，树立新的商品观念和消费观念。

(4) 广告创意与设计　确立了广告的媒体之后，还必须根据不同媒体的特点，设计创作广告信息的内容与形式，立意应独特、新颖，形式要生动，广告词要易于记忆，宣传重点要突出。切忌别人看了广告后，却不知道广告要表达的是什么产品的什么特点。广告应达到讨人喜欢、独具特色和令人信服的效果，或者说要达到引起注意，激发兴趣，强化购买欲望并最终导致购买行为。

(5) 广告时间决策　广告在不同时间宣传，会产生不同的促销效果。这一决策包括何时做广告和什么时刻做广告。前者是指企业根据其整体市场营销战略，决定自什么时候至什么时候做广告。是集中时间做广告，还是均衡时间做广告；是季节性广告，还是节假日广告等。后者则是决定究竟在哪一时刻做广告。例如，电视广告是在黄金时间做广告，还是在一般时间内做广告，是否与某一电视栏目相关联等。

综观国内外的汽车广告，宣传的主题主要是围绕汽车产品的安全性、环保性、节能性、动力性、驾驶性、舒适性和浪漫性等内容展开。

4. 广告预算

企业在进行广告宣传时，不仅要考虑到广告的作用，而且要考虑到广告的费用，要进行广告预算。广告可以选择不同的媒体，采取不同的策略，但一个企业的广告预算却要受到企业的承受能力的限制，其结果必然要影响到媒体和策略的选择。

广告预算的指导思想是：以最小的费用求得最佳的宣传效果、最大的销售量。企业在确定广告预算时常采用以下方法。

(1) 销售比例法　销售比例法是以广告与销售额或利润的关系来确定广告预算的方法。例如，根据上汽发布的财务报表数据，公司 2018 年全年收入 9022 亿元，归属于上市公司的净利润 360 亿元，广告支出 135.23 亿元，占总收入的 1.5%。这种方法是以企业过去的经验，按照一定的销售额或利润的比例，确定广告费用的支出。该方法简单、明了，但在应用时应注意市场的变化和产品生命周期的变化，随时修正，以避免预算的不足或造成不必要的浪费。

(2) 目标法　目标法是根据完成广告目标必须进行的广告宣传，核算成本，得出广告预算，但这种方法的缺点是效果很难预计。

(3) 对抗平衡法　对抗平衡法是以同行业中，特别是有竞争关系的企业的平均广告支出来预算企业的广告费用。这种方法的缺点是平均广告费用支出较难测量，缺乏特色。

(4) 支付能力法　支付能力法是根据企业在一定时期所能承担的财力来确定广告预算。这种方法得出的广告预算不一定符合市场发展的需要。

5. 广告效果评价

广告是市场营销中重要的一环。在决定了广告的主题、内容、表达策略、表现媒体并将广告信息传递给公众之后,广告工作的全程并没有结束。因为企业的宣传目的是否达到,效果如何,影响怎样,所支出的广告费用是否物有所值等都是未知数,因此企业还需要对广告效果进行评价,以修正和改进广告目标和预算。广告效果评价一般有两种方法:一是沟通效果评价;二是销售效果评价。

(1) 沟通效果评价 沟通效果评价是判断公众在接收到广告信息后的心理态度。它可分为事先预评和事后测评两种方式。

1) 事先预评法。它是指在广告播出前对广告的效果进行评价,以了解广告在消费者中的反应。其方法主要有 3 种:

① 直接测评法,即由消费者小组或广告专家小组观看各种广告,然后请他们就广告的吸引力、可读性、认知力、影响力、行为力等方面做出评价,根据评价结果来评判此广告的优劣。

② 实验测评法,即广告研究人员利用各种仪器来测量选定的消费者对于广告的心理反应,如心跳、血压、瞳孔的变化等现象,从而判断广告的吸引力。

③ 调查测评法,即广告播出前请消费者看一组广告或者将若干广告方案交给消费者,请他们对广告进行回忆,以测量广告是否突出主题,是否给消费者留下深刻的印象,并进行评判,请他们从中选择出消费者最容易接受的方案。

2) 事后测评法。它是指在广告播出后,对广告的效果进行测评,以判断广告的效果,其方法主要有两种:

① 回忆测评法,即广告研究人员通过研究公众对广告中的主题和内容的追忆来判断广告的吸引力和效果。

② 识别测评法,即在广告播出后,请公众对他们曾经接触过的广告进行辨认,以此来判断广告的效果。常用的指标有:粗知百分率,即声称听到或看到此广告但不能说明其内容的公众百分率;熟知百分率,即能正确辨认该产品和做此广告的广告主的公众百分率;深知百分率,即能正确辨认该产品和广告主,并能记住该广告内容一半以上的公众百分率。汽车产品在不同的生命周期阶段,对广告效果的要求不同。在引入期,要求认识产品;在成长期,要求认识品牌;在成熟期,要求了解特点和优势;在衰退期,则需要信任和情感。

(2) 销售效果评价 广告的效果并不能完全依赖沟通效果来衡量,其真正衡量标准是广告对企业产品销售的作用和所能带给企业的经济效益,即产品销量的增减。但由于影响促销的因素复杂,它不仅受到广告效果的影响,而且受到产品的质量、价格、销售渠道、市场竞争环境、企业过去形象等方面的制约。因此,对广告的销售效果评价非常困难,常用的测评方法有 3 种:

① 单位广告成本促销手法。它是指企业将广告前和广告后销售量的增加量和广告费用相比测定广告效果。

单位广告成本促销率 = (广告后平均销售量 – 广告前平均销售量)/广告费用

② 地区实验法。它是指将做过广告的地区和未做过广告的地区的产品销售量进行比较,以此来判断广告的效果。

③ 广告费增量比率法。它是指根据广告后取得的销售额增量与广告费用增量进行对比

的结果来测定广告效果。

$$广告费增量比率 =（销售额增量/广告费增量）\times 100\%$$

学习单元4　公共关系

1. 公共关系概述

广义的公共关系是指个人、企业、政府机构或其他社会组织，为了自身目的而采取的改善与他人关系的活动。

公共关系主要由三个要素组成，即公共关系的主体、客体和公共关系实现机制。其中，公共关系的主体在市场营销中主要是指企业；公共关系的客体是指与企业有关的社会公众，它包括内部公众（如股东、员工等）和外部公众（如客户、新闻媒体、金融机构、政府部门、竞争对手、供应商、中间商等）；公共关系的实现机制是指传播，即公共关系主体与客体之间的沟通渠道与中介。

2. 公共关系的特点

公共关系作为促销方式的一个重要组成部分，具有自己的特点。

(1) 注重长期效果　公共关系要达到的目标是树立企业良好的社会形象，创造良好的社会关系环境。企业的各种公共关系都是围绕着这一目标而进行的，但实现这一目标不可能一蹴而就，需要长期的工作。企业只有通过各种公共关系策略的不断运用，才能树立起良好的企业形象，从而促进产品的销售，提高产品的市场份额。

(2) 注重双向沟通　企业实施公共关系策略的目的是赢得社会公众的理解与支持，这不仅需要企业采取各种手段，而且需要社会公众的配合，没有社会公众的响应和配合，企业的各种努力就会变成"单相思"，产生不了社会效果和经济效益。

(3) 对象的广泛性　公共关系是一种社会关系，包括企业内部关系和企业与社会公众的关系，如果其中一种关系处理不当，都会给企业的正常经营活动带来不便，因此，企业要想顺利地发展、壮大，实现经营目标和发展目标，就必须科学、合理地处理好各种社会关系。

(4) 工作的主动性和经常性　公共关系主要表现为一种人与人之间的关系，企业要想达到公关目的，不仅需要事后的补救措施，更重要的是事前的经常性工作和努力，以避免和防止损害企业和产品形象情况的发生，这就需要企业的公共关系工作必须具有主动性和经常性，达到引起公众的注意，加深公众的正面印象，从而实现公共关系的目标。

(5) 公共关系是一种间接促销手段　公共关系的手段是有效的信息传播，而这种信息传播并不是直接介绍和推销产品，而是通过积极参与各种社会活动，宣传企业，联络企业与公众的感情，扩大企业和产品的知名度，从而加深社会各界对企业和产品的了解和信任，达到促进销售的目的。

3. 公共关系的表现方式

(1) 通过新闻媒介传播企业信息　这是企业公共关系最重要的活动方式。通过新闻媒介向社会公众介绍企业及产品，不仅可以节约广告费用，而且由于新闻媒体的权威性和对象的广泛性，使它比单纯的产品广告的宣传效果更为有效。主要方式有：

1) 撰写新闻稿件。即由企业的公关人员对企业具有新闻价值的政策、背景活动和事件撰写新闻稿件或者轻松有趣的报道，散发给有关的新闻传播媒体，并争取发表。这种由第三者发布的报道文章，对公众来说，可信度高，容易获得公众的认可，有利于提高企业的形象，而且不必付费。如每天在《中国交通报》《中国汽车报》以及其他报刊上出现的各类介绍，宣传企业及产品的文章都属于此类，比较典型的如《反败为胜的艾阿卡》《奔驰汽车的故事》《一汽汽车质量万里行》等。

2）举办记者招待会。这是企业搞好与新闻媒体关系的重要手段，也是借助于新闻工作者之手传播企业各类信息，争取新闻界客观报道的重要途径。

3）邀请记者或其他知名人士参观企业，加深他们对企业及产品印象，并进行评述。例如，比亚迪、理想、蔚来等汽车企业都会经常邀请记者、KOL等人士参观企业，来宣传自己的车型。

4）制造新闻事件。许多著名的企业不仅重视发现新闻，而且善于制造新闻。有目的地制造出来的新闻，常常能在新闻界引起轰动，而且能引起公众的强烈反应。例如，2018年，路虎带着当时全新推出的揽胜运动P400e车型，由华裔车手董荷斌驾驶这辆汽车，爬上了位于湖南省张家界景区、号称"天梯"的天门山999级台阶，引起了轰动。比亚迪2022年4月宣布停售燃油汽车，专注于纯电动和插电式混合动力车型的研发，比亚迪也成为全球首个停售燃油汽车的汽车企业，引起了国内外媒体和消费者的关注。这些都是比较成功的事例。

5）编写影视剧本，参与影视剧的制作。通过与影视界的合作，将企业的生产过程或品牌故事编写成影视剧本，可以提高企业的社会形象，加深社会公众的了解，如一汽的"解放"、江铃的"红泥河"等。

（2）**散发宣传资料**　宣传资料包括与企业有关的所有刊物、小册子、画片、传单、年报等。这些资料要印刷精美，图文并茂，并在适当的时机向目标客户及有关社会团体，社会公众散发，可以吸引他们认识和了解企业，扩大企业的影响。但这种形式受宣传资料散发或影响的范围限制。

（3）**借助公关广告**　它是指企业通过公关广告介绍，宣传企业，树立企业形象。公关广告的形式和内容可概括为5类：第一，致意性广告，即向公众表示节日欢庆、感谢或道歉等，这类广告在每年的公众节日里最为常见；第二，倡导性广告，即企业首先发起某种社会活动或提出某种新观念；第三，解释性广告，即企业就某方面的情况向公众介绍、宣传或解释；第四，赞助性广告，即企业通过赞助某项社会活动，以扩大企业的影响和知名度，如吉利汽车赞助了2023年的杭州亚运会等；第五，服务性广告，即企业通过有计划、有组织地为用户提供服务，来引起公众对企业及其产品的兴趣和关心，如"××汽车服务月活动"等。

（4）**举办各种专题活动和策划企业领导者的演讲或报告**　它是指企业通过这类活动的举办，扩大企业的影响和潜在客户对企业产品的认识，具体包括举办各种专题讲座、产品演示会、报告会、举办各种庆祝活动等。

（5）**参与社会公益活动**　企业通过参与各种社会公益活动和社会福利活动，能协调、改善与社会公众的关系，树立"好公民"的形象，这是一种日益流行的公关活动，如向贫困地区捐献车辆，为某项社会活动提供交通工具，资助各种社会慈善事业、教育事业和重要节日等。这类活动的效果虽然具有间断性，但它的宣传效果却很好，不仅能赢得受益者的好感，而且能引起新闻界的关注，制造新闻热点。例如，丰田汽车公司为了改善美国人对日本汽车大量涌入的不满情绪，利用各种机会向美国各类消费者组织、社会福利机构捐赠，还为 13 个美国中学生提供在日本学习的奖学金。丰田汽车公司的这一系列活动有助于消除美国人对日本汽车的反感，改善相互关系。

4. 公共关系的内容及策略

公共关系的主要任务是沟通和协调企业与社会公众的关系，以争取公众理解、支持、信任和合作，实现扩大销售。这一任务决定了其工作的主要内容是如何正确处理与公众对象的关系。根据企业公共关系的对象和企业的发展过程，公共关系的主要内容如下。

(1) 企业与消费者的关系　在市场经济体制下，企业的一切活动都是围绕着消费者的需求运转，"客户是第一位的"从一个侧面反映了企业与消费者之间的关系。消费者作为一切企业社会价值的最重要评判者，他们的需要是企业营销活动的出发点，也是企业存在和发展的前提，因此，企业公共关系工作的主要内容是促使消费者对企业及其产品产生良好的印象，提高企业及其产品在社会公众中的知名度、信任度。企业与消费者的沟通主要分为：售前沟通、售中沟通、售后沟通 3 种。

1) 售前沟通，即企业与潜在用户的沟通。汽车作为一种技术和价值含量都比较高的商品，消费者在购买时不可能像买一包火柴、一根雪糕那样随便，购买前必然要进行较长时间的了解、比较，需要收集一定的资料，企业应有计划地、主动地收集消费需求信息，及时将企业及产品的情况，如企业的宗旨、规模、在同行中的地位，产品的性能、规格、销售方式以及售后服务的内容等，传递给潜在用户，并了解其反应，以使企业更好地满足用户的要求，达到引导消费、坚定潜在用户的购买信心和决心的目的。例如，东风公司宣布的：只要有用户要求，东风汽车售后服务队伍可以在 48 小时之内到达用户身边；法国的雷诺、雪铁龙称 24 小时全天候接受和受理用户的售后服务要求等。

2) 售中沟通，即企业与现实客户的沟通。由于此时消费者的消费要求已经明确，而市场上同类产品众多，企业需要将自己的产品优势及能给消费者带来的特殊利益这类信息传递给消费者，协助引导消费者使用自己的产品，如散发宣传资料、汽车的有关技术指标资料等，这些工作一般由推销人员来完成。

3) 售后沟通，即企业与产品用户之间的沟通。它主要包括：第一，在售后服务中推进公共关系。汽车作为一种机电产品，其售后服务的质量直接关系到客户的购买信心。有人说：第 1 辆汽车是靠推销人员卖出去的，第 2 辆、第 3 辆则是靠售后服务卖出去的，可见售后服务工作对汽车销售的影响。在售后服务中加强与用户的沟通，可以及时了解用户的反馈信息、改进服务方式，树立良好的服务形象。第二，重视用户投诉。企业的有关人员要重视用户的投诉，认真对待，及时处理，这不仅有助于企业提高产品质量和调整产品结构，而且能消除企业与用户的误会与摩擦，增加相对了解，建立持久的合作关系，从而影响相关消费群体对企业及产品的认识，促进产品的销售。

(2) 企业与相关企业的关系　汽车作为一种集机械、电子、化工等产品为一体的商品，企业要想独立完成从自然原料到产品的销售整个过程，根本不可能，它无时无刻不与相关企业发生着各种各样的关系，这些关系主要可分为以下几种。

1) 企业与竞争企业的关系。现代社会是一个竞争的社会，企业的产品在市场上会有许多竞争对象，企业在处理与竞争企业的关系时，要树立公平竞争的思想，正确处理竞争过程中的各种矛盾和冲突，绝不能采用诽谤、中伤、贿赂等不正当手段挤垮对手，以免企业的自身形象和信誉受到损失。

2）企业与中间商的关系。汽车工业企业的产品除了直接销售的情况外，更多的是通过中间商来进行推销。企业要想在市场中发挥更大的作用，中间商的作用不可忽视。企业在处理与中间商的关系时，首先要使中间商觉得推销本企业产品能给他带来可观的利润或能促进其他商品的销售，产生经济效益，因此企业应向中间商提供品质优良、设计新颖、适销对路的产品。其次，要加强与中间商的沟通。企业应将自己的各种基本情况及有关产品的所有情况准确地告诉中间商，增强中间商的经销信心，同时应及时了解中间商对本企业产品的意见或建议，以便企业及时调整和改进，并要将结果及时反馈给中间商，以取得中间商的合作和支持。这一点日本的丰田汽车公司和日产公司做得比较出色，它们和中间商建立起了一种相互信赖、相互依存的关系，能达到一种共命运的境界。

3）企业与供应商的关系。汽车工业企业，特别是整车生产企业要生产产品，就必然要涉及各种原材料、零部件的供应问题，相应地就要和供应商发生关系，因此正确处理与供应商的关系是企业关心的主要问题之一。企业在处理与供应商的关系时，要以长期友好合作为目标，以互惠互利为基础，注意双方市场信息的沟通与交流，从而维持良好的供应关系，促进企业的生产和销售。

（3）企业与政府及社区的关系

1）企业与政府的关系。政府不仅是国家权力的执行机关，而且还是引导企业适应宏观经济发展要求的宏观调控者，企业在政府的指导下开展经营活动，因此企业必须处理好与政府相关职能部门的关系，在接受政府有关部门的指导和监督的同时，赢得政府的信赖和支持。另外，政府作为企业产品的主要用户之一，企业处理好与其的关系，还可以促进企业产品的销售。国外的许多大汽车公司都设立有专门的机构处理与政府部门的关系。

2）企业与社区的关系。企业存在的一个条件是必须有一定的生产经营场所，正是因为有这个场所，企业才能开展生产经营活动，同时也就会和周围的企业、居民、社会组织发生各式各样的关系，只有建立起融洽的社区关系，企业才能站稳脚跟。企业与社区的关系主要依赖于信息的交流和参与社区的社会活动，其主要方式有：满足社区对企业的正当要求，加强企业与社区内居民的联系，为社区居民提供优良的服务和必要的公益赞助，积极参加社区内的社会活动，从而树立起企业在社区居民中的形象，为企业的发展创造良好的周围环境。

（4）企业与新闻界的关系　企业与新闻界的关系主要是指企业与新闻媒体和新闻工作者的关系。在现代社会生活中，新闻媒体和新闻工作者的作用日益突出，它不仅可以引导出社会舆论，影响公众的观念，而且还可以引导消费，影响公众的生活方式，从而影响企业的社会形象，间接调整企业行为，因此，他们是企业实施公关策略、争取社会公众、实现公关目标的重要对象。

（5）企业内部的公共关系　企业内部的公共关系活动，其目的在于加强企业内部团结，协调企业、员工、企业部门及投资者四方的关系，它直接关系到企业生产经营活动的正常开展，影响到企业经营目标的实现。改善企业内部的公共关系的基本方式主要有下列几种方法。

1）完善企业的规章制度，提高企业管理水平。企业的规章制度和管理活动是企业生产经营的保证，也是处理企业内部公众关系的依据，它对于提高企业职工的责任心，保证企业的正常运转，减少企业内部矛盾都具有重要意义。

2）加强企业文化建设。企业文化是企业在长期的生产经营活动中所形成的一种精神意识和工作作风。加强企业文化建设的目的在于调动员工生产和参与管理的积极性和首创精神，使他们牢固树立以厂为家，与厂共存亡的意识，以极大的热情和充沛的精力投身于工作，使企业的生产和经营永远保持旺盛的生命力。加强企业文化建设的主要方法有：

① 加强企业与内部公众的沟通。企业与内部公众的沟通主要是企业与内部员工的沟通和企业与投资者的沟通。企业与内部员工的沟通可以及时发现企业运行中的问题，合理安排员工的工作，在充分发挥企业员工的参与意识等方面发挥重要作用。例如，福特汽车公司的"建议制度"，丰田汽车公司的"动脑筋创新委员会"等就是这方面的实例。企业与投资者的沟通主要采取定期公布或报告企业的运行情况、企业的经营效益和企业投资的目标等方法，加强投资者对企业的了解，增强投资者的投资信心，为企业增加投资、拓展资金来源和企业的进一步发展创造条件。

② 满足企业员工合理的物质要求和精神要求。企业的生产经营活动与企业员工的工作热情和工作态度直接相关，满足员工合理的物质要求是建立良好的员工关系的基础，也是企业能否保持员工工作热情的基本前提，而员工的工作态度则取决于员工各种需要的满足程度。随着社会经济的发展，人们不仅需要物质方面的满足，而且需要精神层面的满足，每个人都希望自己的能力得到充分发挥，其价值能得到充分的体现，并被社会所认可。因此，企业应在条件允许的情况下，满足员工的合理要求，积极开展各种有益于凝聚企业精神、有益于丰富员工的物质文化生活，有益于调动员工工作积极性和工作热情，有益于建立企业与员工相互信任的劳资关系的各种活动，为企业的稳定与发展创造良好的内部环境。

（6）**企业在不同发展阶段的公共关系策略** 企业除了要注意处理上述几种关系外，还要注意在不同的发展阶段公共关系工作的侧重点应有所不同。在企业的创建时期，不仅社会公众对它了解甚少，甚至企业员工也不甚了解，此时企业公共关系的任务是让公众感知企业及产品，并争取在公众中建立起一个最初的良好印象和信誉，帮助企业站稳脚跟，开发市场。其方法是运用各种媒介和手段，使公众对企业及产品能尽快了解，使他们树立起对企业及产品的信任和信心。在企业的发展阶段，企业公共关系工作的任务是保持企业声誉，树立更好的企业形象，提高企业的市场份额，并拓展新的市场。其主要方法是宣传企业地位，突出产品特色，引导市场消费，为企业的进一步发展创造条件。

总之，企业的公共关系工作是现代企业管理的产物，它对企业产品的销售工作有着重要的作用，企业应注意加以利用。

学习单元5 营业推广

1. 营业推广的概念

营业推广是指企业在特定的目标市场中，为了迅速刺激需求和鼓励消费而采取的促销措施。它是一种时间持续长、刺激强的促销手段，要比广告、公共关系对销售的刺激更为直接和迅速。营业推广采用的主要方式有产品展示会、销售折扣、样品赠送、抽奖赠品等。

营业推广具有针对性强、方法灵活多样和非经常性的特点，一般来说需要其他促销手段配合，它对企业推出新的品牌或新的产品，争取中间商合作有较大作用。但营业推广长期使用或单独使用，往往会引起消费者的反感，容易造成消费者对企业的误解，如长期采用降价、有奖销售等方法就容易形成这种影响。

2. 对最终用户营业推广的主要形式

（1）服务促销　服务促销是指企业通过周到的服务，使客户得到实惠，在相互信任的基础上开展交易。主要的服务形式有：售前服务、订购服务、送货服务、售后服务、维修服务、供应零配件服务、培训服务、咨询信息服务等。以下是一些汽车公司的服务促销措施。

大众汽车公司在德国的 4000 多个经销店和服务站，都可随时接受用户订车。经销商们宽敞明亮的展厅、醒目的指示牌、齐全的产品样本和价目表、布置得体的洽谈室以及考虑周到的停车场，为客户创造了良好的购车环境。在那里，客户不仅可以喝上可口的咖啡、热茶，而且客户的小孩还可到展厅的游戏角去尽情玩耍。经销商给客户提供全方位的服务，服务项目包括旧车回收、二手车交易、维修服务、提供备件、附件销售、车辆租赁、代办银行贷款、代办保险、车辆废气测试、客户紧急营救等。经销商的销售业务有现货即期和远期交易二种。对于现货购买，用户一般在两三天内即可得到汽车，而且注册牌照等手续也代为办妥，对于想购买装有各种特殊装备的客户，经销商通过计算机订货系统查询后，向客户提供价格、交货期等详细情况，一切购车手续在几分钟之内即可完成。客户在合同上签字后，经销商即向大众公司订货，安排生产。交货期一般为 6 周，客户订的车辆在生产线上一直被监控着，经销商随时可查看该车的生产进度。

梅赛德斯-奔驰汽车公司采取了一系列扩大服务、促进销售的措施，如成立货车租车公司，长期出租货车；在欧洲实行货车客户协议办法，客户可免费在公司设在欧洲的 2700 个维修点维修车辆和增配零件；开设了以旧换新服务项目，建有旧车销售网和旧车销售情报中心，为客户免费提供咨询；为出租车、救护车等专用车采购大户提供特别服务；实行奔驰机场修车和维护服务，客户可利用出差、度假时间，在机场交出车辆进行维护维修。

宝马（BMW）汽车公司在世界各地的销售商都必须针对 BMW 车的销售、选型、运转功能、成本、保险甚至车载移动电话等特殊装备等细节问题，向用户进行内容广泛而深入的答疑和咨询服务。BMW 十分重视对中间商就用户的特殊服务和全面服务进行培训。除了境内众多的培训中心以外，BMW 在近东、远东以及拉美都建有培训点。由于销售商直接与用户接触，BMW 认为销售商是 BMW 的形象代表，经常对用户展开有奖调查，以发现销售商是否符合 BMW 的要求。BMW 还设有四小时巡回服务，行驶在世界各地的 BMW 车，一旦出现故障，只要一个电话，就近的巡回车就会赶到现场迅速排除故障。BMW 还对用户报废车进行回收，建有拆卸旧车试验场，既为用户带来好处，又符合环保要求。

本田公司为了向用户提供优质服务，该公司十分注重提高经销及技术服务人员的素质，连他们的举止仪表都有具体规定。例如本田设于泰国的一个经销商，规定管理人员每两个月要到五星级宾馆进行一次接待礼仪方面的研修，定期为女职员开设美容及选择服装方面的讲座。此外，为了提醒用户，该公司在定期车检之前，通常还采取信函方式通知用户前来接受服务，并对用户的合作表示谢意。修配厂还设有娱乐设施并免费提供饮料，即使用户开来了其他公司的车，他们也一样服务周到，让用户满意而去。

（2）开展汽车租赁业务　开展租赁业务，对用户而言，可使用户在资金短缺的情况下，用少部分现钱而获得汽车的使用权。汽车投入使用后，用户用其经营所得利润或其他收入在几年内分期偿付租金，最终还可以少量投资得到车辆的产权，可以使用户避免货币贬值的风险；对我国运输经营者而言，租赁业务可使用户享受加速折旧、税前还贷、租金计入成本、绕过购车手续等优惠。对于汽车生产厂来说，可以拓宽销售渠道，增加汽车的生产。对于汽车中间商而言，开办租赁业务也能够取得比进销差率更好的经济效益，用3～5年的时间，不断收回车款。用户延期付款的利息及手续费、租赁业务利润等，而且在租赁期满后，仍然拥有产权，可按名义货价卖给用户，再次获得利润。

据介绍，20世纪90年代欧洲汽车市场连年萧条，各汽车公司竞相推出"租借"销售法。虽然各公司在做法的具体细节上有所不同，但基本原则都是一致的。这种方法的租借期一般为2～3年，公司计算出3个基本要素：①租借押金，一般为新车价格的30%。②每月租借费。③租借期满时汽车的价值（以限定里程数为基础计算），即MGV（Minimum Guaranteed Value）价。每月租金按新车价格，减去押金、MGV价后，再加上利息计算出来。用户期满后有3种选择：一是付出MGV价，买断这辆汽车；二是如用户认为汽车价值超过MGV价，亦可卖掉，归还租借商MGV价；三是归还汽车。这种销售方法，对暂时无力购买新车的用户来说，每月租借费并不高，比从银行贷款一次性买断新车合算，而汽车公司也可从中赚取了更多的利润，有利于满足更多的喜欢新车的用户要求，有利于促进新车的销售。

（3）**分期付款与低息贷款**　针对用户购车资金不足，除租赁租借销售方式外，分期付款和低息贷款也是汽车促销的重要方式。分期付款是用户先支付一部分购车款，余下部分则在一定时间内，分期分批支付给销售部门，并最终买断汽车产权；而低息信贷则是用户购车前先去信贷公司贷足购车款，然后再购车，用户的贷款由用户与信贷公司结算，汽车销售部门则在用户购车时一次收清全部购车款。信贷业务与汽车销售业务相互独立。至于信贷公司既可以由企业、中间商或银行分别兴办，也可以由他们联合兴办。

分期付款与低息贷款销售法在西方国家十分盛行。例如，克莱斯勒汽车公司每年要向数十万名客户发放卖方贷款，用户的贷款可在两年内分18次偿还；福特公司不仅给予用户400～4000美元的价格折扣，而且给予2.9%的低息贷款；丰田公司实行"按月付款销售"；现代公司的用户购车时只需付20%～25%的车款，余下部分在十几个月至几十个月（最长可达50个月）内付清。我国目前各大汽车品牌都在推行分期付款销售，比如很多品牌主推2年0息贷款这种贷款方式，而很多购车的消费者也愿意去选择这种贷款方式。

（4）**鼓励购买"自家车"**　国外汽车公司普遍对自己的职员优惠售车，他们将此种方式称为购买"自家车"，并以此唤起职工对本公司的热爱，激发职工的责任感和荣誉感，较好地将汽车销售与企业文化建设结合起来。例如，大众公司规定本公司职工每隔九个月可以享受优惠购买一辆本公司的轿车，每年大众公司以此种方式销售的汽车近9万辆。近年来，我国部分轿车公司也在推进这种销售方式，加快轿车进入家庭的进程。

（5）**订货会与展销促销**　订货会是促销的一种有效形式，可以由一家企业举办，也可以由多家企业联办，或者由行业及其他组织者举办。订货会的主要交易方式有：现货交易（含远期交易）、样品订购交易以及进出口交易中的易货交易、以进代出贸易、补偿贸易等。

展销也是营业推广的有效形式，通过展销可起到"以新带旧""以畅带滞"的作用。同时，企业在展销期间，一般给予购买者优惠，短期促销效果很明显。展销的主要类型有：以名优产品为龙头的展销、新产品展销、区域性展销等。

（6）**价格折扣与价格保证促销**　折扣销售是生产企业为了鼓励中间商或用户多买而在价格上给予的优惠，包括批量折扣、现金折扣、特种价格折扣、客户类别折扣等。这些办法都能促成中间商或广大用户扩大进货量，并有助于促进双方建立长期友好合作关系。

这种推销法实际上是"薄利多销"策略的一种表现形式，其目的是刺激客户的购买兴趣。卖方并不吃亏，为了留有打折的余地，厂商总是先把车价订得稍高一些，使打折后仍有利可图，同时也给用户一种"占了便宜"的印象。例如，通用公司在20世纪80年代将X型紧凑轿车零售价调至比批发价高26%，雪佛兰调高20%，然后分别以削价90美元和500～700美元的折扣出售，终于打开了销售局面。克莱斯勒总裁说过，各厂家你争我斗，价格是决定性因素之一。所谓优惠促销正是价格竞争的产物。该公司在20世纪80年代中后期，给用户的折扣分别为300～1500美元不等。该公司还曾两次举办过"谢谢您，美国"活动，给1979年以来买过该公司车的人和数百万潜在买主发放"新车优惠购买证书"，持此证者可享受更多的优惠。实践表明，这种做法确实起到了促销作用。

价格保证则是针对购买者持币待购，处于观望心理而推行的促销方法。公司对购买者发放"价格保证卡"，如果公司的产品在保证期限内出现了降价，那么用户可持卡去公司领取当时价格与购买价格的差额。这样就可以消除客户持币待购的现象，打破销售的沉闷局面。推行此种销售方法，由于增加了即期需求，价格反而不会下降。这种价格保证促销方法，我国汽车公司完全可以采用，它在汽车市场滞销时有利于用户打破"买涨不买落"的心理作用。

(7) **先试用，后购买** 这种促销方法是公司先将汽车产品交付用户使用，使用一段时间后，用户满意则付款购买，如不满意则退回公司。

(8) **以旧换新** 这种方法是汽车公司销售网点收购用户手中的旧车（不管何种品牌），由经销商二手车评估师给出评估价格并折算到新车价格中，然后将公司的新车卖给用户，两笔业务分别结算。公司将收来的旧车经整修后，售给买二手车的客户。此种销售方法能满足用户追求新异的心理，又能保证车辆的完好技术状态，有较好的经济和社会效益。

(9) **精神与物质奖励** 企业为了对推销成绩优异的本企业推销人员进行鼓励，充分发挥他们的能动性，可采取各种物质奖励和精神奖励的形式，激励推销人员为企业的促销做出更大的努力。企业也可以对使用本产品的用户，给予物质和精神奖励，以培养用户对本企业汽车产品的忠诚感。

(10) **竞赛与演示促销** 企业根据目标市场的特点，对经销人员和单位组织各种形式的竞赛，以刺激和鼓励经销者和推销人员努力推销本企业的产品，树立良好的企业形象。对用户可以采取知识竞赛、驾驶水平竞赛等。演示促销可提供现场证明，增强客户的信任感，激发购买欲望等。汽车产品还可通过举办汽车拉力赛将竞赛与演示结合起来。企业可以利用这些比赛充分展示企业产品的性能、质量和企业实力，以建立和保持产品形象和企业形象。

对汽车最终用户的促销方式还有多种，尤其值得一提的是，汽车营销者应注重培育潜在市场和挖掘潜在需求，即创造需求，不断地为企业开辟更广阔的市场。例如，神谷正太郎针对20世纪60年代很多日本人不会开车的事实，在丰田销售公司创办了汽车驾驶学校，任何人都可以去那里免费学习汽车驾驶，这一举措吸引了不少的驾驶学习者。凡来参加学习的人员，不仅很快学会了驾驶技术，而且培育了驾驶乐趣和爱好，强化了他们的汽车理论和购买欲望，不断地为丰田汽车培养了忠诚的客户。

3. 对中间商的促销方式

上述对最终用户的促销方式，有些方式也可用于对中间商促销，如会议、展销、激励、奖励和价格保证等促销方式。总体上讲，生产企业对中间商的促销一般应围绕给予中间商长远的和现实的利益进行,具体方式可以在贸易折扣、建立牢固的合作机制、资金融通、广告补贴、商业信用等方面展开促销。

从贸易折扣方面看,生产企业可以从多个方面给予中间商贸易折扣,具体方法如下。

(1) **现金折扣** 这种促销方式是指如果中间商提前付款,可以按原批发折扣再给予一定折扣。如按规定,中间商应在一个月内付清货款。如果中间商在 9 天付清款项,再给予 2% 的折扣;如在 20 无内付清款项,只再给予 1% 的折扣;如超过 20 天,则不再给予另外折扣。显然,这种促销方式有利于企业尽快回收资金。

(2) **数量折扣** 数量折扣是对于大量购买的中间商给予的一定折扣优惠,购买量越大,折扣率越高。数量折扣可按每次购买量计算,也可按一定时间内的累计购买量计算。在我国,通常称为"批量差价"。

(3) **功能折扣** 这种折扣形式是企业根据中间商的不同类型、不同分销渠道所提供的不同服务,给予的不同折扣。例如,美国制造商报价"90 元,折扣 40% 及 9%",表示给零售商折扣 40%,即卖给零售商的价格为 60 元,给批发商再折扣 9%,即 54 元。

有些汽车公司还根据中间商的合作程度给予不同折扣。例如我国某汽车公司曾与经销商和用户建立了一种利润共享、风险均担的机制。其具体内容是:①凡在市场疲软时,保持或增加对本公司汽车订货额的经销企业,在市场畅销时,有优先保持和增加汽车资源的权利。②在市场疲软时不要求增加价格折扣的经销企业,则在市场畅销时相应增加其价格折扣。③在市场疲软时,合同外增购的汽车将享受较大的价格折扣。④对市场疲软时减少订货的经销企业,在畅销时也将减少资源供应量。当然,这种机制的前提条件是经销商要对制造商的产品在未来存在畅销机会抱有预期。从建立稳固的合作机制方面看,企业还可以同中间商就服务、广告补贴、送货、运费、资金融通等方面达成长期协议。总之,企业无论对哪种对象展开促销活动,都应根据具体情况,综合运用各种促销组合策略,并在实践中不断地创造有效的促销方式,为企业的市场营销增添新的特色和内容。

营销案例

电影与靓车:名车与好莱坞大片双赢

利用好莱坞大片来宣传汽车品牌的做法是跨国车厂提升其品牌价值的有效途径之一。驾车追杀是影片中一个重要的片断,特别是在每年六七月的暑期档,许多影片都特意设置了独特的效果来吸引观众和影迷,观众在感受视觉刺激的同时,也自然会关注车辆本身,这就是为何各大车厂都把电影当作一种广告手段的原因。美国一名市场分析家说:"你想一想,电影里面的追车场面一般可达 15min 之久,这么长时间的曝光时间,车子的品牌毋庸置疑将受到最大限度地宣传,而且大片的观众数量庞大,这无疑又增加了广告效果"。

车厂与电影之间是如何合作的呢?为影片《黑客帝国Ⅱ》提供车辆的美国通用汽车公司表示,他们并没有付给华纳兄弟电影公司广告费,不过,他们倒是投入不少资金专门为这一电影重新设计了 24 部凯迪拉克,这些车为电影增色不少,成为该片一个卖点之一。另外,华纳兄弟所属的时代华纳集团还可以从通用的广告投放中获得更多回报,这是因为通用公司将影片的片断剪辑成为多条凯迪拉克的电视广告，同时还以影片的内容为蓝本创作了平面广告，并在各大媒体上大量投放这些广告，这无疑为《黑客帝国Ⅱ》的宣传起了重大的作用。

凯迪拉克的市场销售经理说，影片对于提升凯迪拉克的形象很有好处，在美国人眼中，凯迪拉克虽然是高档车，但是它过于乏味笨重，缺乏生气。当美国人看完《黑客帝国Ⅱ》后，他们将会改变对凯迪拉克的偏见，他们可能不会在影片结束后就直接到经销商那里买凯迪拉克，但是，他们对品牌的看法已经改变。对于凯迪拉克来说，目的已经达到了，这将会在较长时间内促进凯迪拉克的销售。这位经理解释说："看电影的人可能目前还买不起凯迪拉克，不过，我们现在所做的，就是在他们的心中培养对我们品牌的感情，等以后他们有了足够的经济能力的时候，他们就会来买我们的车了。"目前，凯迪拉克购买者的平均年龄为59岁，比一般品牌使用者的年龄都要大。

汽车在早期电影里面就出现并成为一个很重要的元素，后来，汽车厂商与电影商开始合作，达到双赢的效果，像宝马、奥迪、阿斯顿·马丁都曾与《007》合作。现在，这种合作模式更加流行，越来越多的车厂都趋向于与好莱坞电影合作，影片中的名车越来越多，车厂也通过这些影片达到宣布上市新车或表明车厂未来发展方向的目的。在已经上映的《X-Men Ⅱ》中，男主角选择了马自达RX-8，这就是福特公司准备推向市场的一款新车。

有时候汽车是在影片中观众意料之外的地方出现的。施瓦辛格在其《终结者Ⅲ》中，就选择了丰田的大型皮卡Tundra，这是丰田公司生产的最大体积的皮卡。这部车曾经当选美国著名汽车杂志汽车族的2000年最佳皮卡和美国《消费者报告》2001年最佳载货货车。

施瓦辛格在以前的动作电影中经常使用悍马越野车，他也因此而成为悍马的首名拥有者，但是，悍马所属的通用公司透露给媒体的消息称，悍马曾经与《终结者Ⅲ》商谈合作事宜，但是，该公司由于觉得合作的成本超出预算，并且悍马的全新H2还没有下线而取消合作计划。

复习思考题

1. 什么是促销？促销的方式有哪些？各有什么优缺点？
2. 简述人员推销的步骤有哪些？
3. 什么是广告？如何选择广告媒体？
4. 营业推广的特点有哪些？
5. 什么是公共关系？实现公共关系活动的主要方法有哪些？

【拓展学习】

"绿带行动"助力生态修复与乡村振兴

大众汽车集团（中国）携手大众汽车品牌、奥迪品牌、斯柯达品牌，与中国绿化基金会共同发起"绿带行动"——大众汽车集团（中国）公益林项目。该项目旨在支持中国北方生态脆弱地区的生态修复和乡村振兴，通过植树造林的方式改善生态环境、促进经济发展，为当地居民带来长远的经济效益。

中国北方地区面临严峻的生态挑战，包括水土流失、荒漠化、沙尘暴、生物多样性缺失等问题。这些问题不仅威胁着当地居民的生活环境，也影响着经济的可持续发展。为了应对这些挑战，大众汽车集团（中国）决定发起"绿带行动"项目，以植树造林的形式实现生态修复和乡村振兴的双重目标。

该项目计划至2030年在中国北方10个生态脆弱地区种植超过850万棵树，实现4000万平方米的造林面积。这相当于大众汽车集团（中国）在中国所有工厂占地面积的近两倍。自项目启动以来，已在甘肃古浪县、青海互助县和甘肃金塔县共种植255万棵适生树种，实现造林面积1200万平方米。

通过与中国林业科学院荒漠化研究所的紧密合作，该项目将开展荒漠化研究，以更加科学、专业的方式支持当地的长期荒漠化治理工作。这种科学研究和实践相结合的方式，将为生态修复提供更加可持续的解决方案，并为当地居民创造更多就业机会和经济收入。

学习情境 11　汽车销售实务

🔍 【学习目标】

1. 了解 4S 店汽车营销。
2. 能够寻找潜在客户。
3. 掌握展厅布置与销售人员仪表。
4. 能够进行客户需求分析、车辆介绍、客户异议处理、促成交易与跟踪访问。
5. 掌握二手车置换销售。
6. 了解全面推进乡村振兴的意义。

学习单元 1　4S 店汽车营销

汽车 4S 店是指将 4 项功能集于一体的汽车销售服务企业，它包括汽车的整车销售（Sale）、零配件供应（Spare part）、售后服务（Service）和信息反馈（Survey）等业务。汽车 4S 店作为一种整体服务方式，是于 1998 年以后逐步由欧洲传入我国的。这种汽车营销方式现在越来越受到客户和经销商的青睐。

现代汽车 4S 店大多开设有二手车置换（Second-hand car）业务，因此也就成了 5S 店。

1. 整车销售

整车销售是汽车营销工作的核心，是汽车销售公司的基本职责。在销售工作中，作为销售人员，每当你使一个客户感到满意，你就发展出了一个忠实的客户；你同时也开发了客户从你处再次购买汽车的潜力，并创造了稳定的收入；你拥有的忠实客户越多，你的销售成本就越低；忠实客户将成为经销商生存的基础，不断发展忠实客户将是事业发展的基础；满意的客户将会将你介绍给自己的亲朋好友；不满意的客户会告诫自己的家人、朋友不要购买你的产品，他们自己也会停止使用你销售的产品，这样就削弱了你的利润。所以销售人员要热忱为客户服务，不能不负责任地把汽车产品塞给用户，甚至欺骗和蒙蔽用户，进而在取得合理的经济效益的同时，也取得很好的社会效益。

整车销售一般包括：进货、验车、运输、储存、定价、销售等环节。

（1）**进货**　进货就是汽车销售公司通过某种渠道获得销售所需的商品汽车。一般来讲，第一手货源，也就是直接从生产厂或生产厂主管的汽车销售公司进货，进价较低。因此最好减少商品车的中间流通环节，把从工厂直接进货作为主渠道。除从生产厂进货外，也可发展横向联系，从各地的汽车销售公司进货，这就是第二手货源或第三手货源。商品转手的次数越多，一般而言价格就越高，但这要根据本公司的具体情况，如地理位置、运输成本、与厂家和其他进货商的合作关系等，具体情况具体分析，其原则就是要控制商品车的进货价格。

另外，销售部门必须在前一年年底或当年年初，由整车销售部根据市场信息和客户的需求，经过市场调研编制《汽车年度销售计划》经总经理批准后，进行采购。同时每月根据年度计划和实际情况制订下个月的订车计划单。

进货订货时，供应和销售双方在充分协商的基础上，最后签订供货合同。双方应履行合同条款的各项规定，按合同办事。

(2) 验车　汽车销售公司根据合同票据规定的时间，计算车辆到达时间，做好接车的准备工作。

新车的运输如果是专业运输商负责运到本公司，销售部在接车过程中要严格按照"车辆发运交接单"的内容进行检查，运输商确认，双方在"车辆发运交接单"上签字认可。检查出的在运输过程中产生的问题应由运输商负责修复或承担全部费用。

汽车销售公司对供货方所提供的商品车进行检查和验收的工作，即完成PDI检验，一般要由服务部门完成。因为服务部门的专业人员熟悉汽车技术，有经验。验收的核心问题是：对于第一手货源，检查质量是否有问题；对于第二手货源或第三手货源，主要辨别是真货还是假货，是新车还是旧车，质量有无问题，防止上当受骗。商品车主要做好以下各项验收工作：

1) 核对发动机号、底盘号与合格证是否一致。
2) 检查备胎、随车工具是否齐全。
3) 检查随车附件、文件是否相符齐全。
4) 检查全车漆面是否有损伤。
5) 检查四门及前后玻璃是否完好。
6) 检查各种灯罩是否完好。
7) 检查轮胎、轮辋是否完好、统一、紧固。

现在世界各国的汽车公司生产的汽车大都使用了车辆识别代号编码（Vehicle Identification Number，VIN）。VIN码由一组英文字母和阿拉伯数字组成，共17位，所以，又称17位识别代号编码，它是识别一辆汽车不可缺少的工具。按照VIN码的顺序，从中可以识别出该车的生产国别、制造公司或生产厂家、车的类型、品牌名称、车型系列、车身型式、发动机型号、车型年款、安全防护装置的型号、检验数字、装配工厂名称和出厂顺序号码等。接车人员在汽车验收是要特别注意。

另外，接车人员还应核对说明书、维修卡等文档材料。若从第二货源或第三货源进货，还应逐车验收，验车应严格按有关手续进行，检查合格后，将商品车入库保管，填写相关商品车交接验收单据，并请发运人员签字。

(3) 运输　汽车在从货源地运到销售公司所在地即为车辆的运输，用到的方法根据路途远近和具体情况可以是：①委托生产厂订铁路运输的车皮，并帮助发货；②委托当地储运公司把商品车提出后，由储运公司订车皮，发货；③由生产厂派驾驶员或自雇驾驶员通过公路长途运送；④用汽车专用运输车辆，一次可装运6~8辆整车，经公路运抵目的地。销售企业在车辆交接的过程中，应严格进行PDI检验，检验不合格的车辆要及时进行意见反馈或更换，防止其进入流通环节。

无论采用哪种方式运输都要上保险，以防在运送途中出现问题，造成不必要的损失。

(4) 储存　在储存移送车辆时，注意采用合适的方法搬运移动，防止因振动、磕碰、划伤而造成车辆损坏，销售部接车后负责将车辆清洗干净，由仓库保管员将待售商品车驶入规定的区域有序停放。商品车入库后，售出前的这一段时间为仓储保管期，这一期间应精心保管，防止意外情况的发生；储存时，要做好维护保养工作，避免风吹、日晒和雨淋。定期检查，防止电瓶失效。若保存期较长，则对某些部件还要做防锈养护。冬天要注意防水防冻。

定期整备商品车，保证商品车处于最佳状态，可随时提出进行销售。

在移动商品车过程中，应保证两人参与，确保商品车不受损伤。

商品车按"先入先出"的原则排列有序，钥匙按次序放好，以便准确、及时地开启调出车辆。

汽车销售过程中，发现汽车的质量问题，经验证确实需要索赔时，应积极按照相关索赔管理的规定程序进行索赔。

汽车销售公司要及时、准确编制商品车入库单。自己无储运仓库，则要租借储运库储存，事先要订好储存合同，预先约法三章，防止以旧换新，以假乱真，或运用商品车跑运输赚钱，或搞其他运输工作。汽车进货入库的一般流程如图11-1所示。

（5）定价 一般销售单位的汽车销售价常用下式表示：

$$汽车销售价 = 进货价 + 商品流通费 + 销售利润$$

商品车的流动费用包括营销费用、管理费用和财务费用等。销售利润根据市场情况有很大波动，畅销时偏高，滞销时较低。现在4S店一般都有厂家的指导价格。

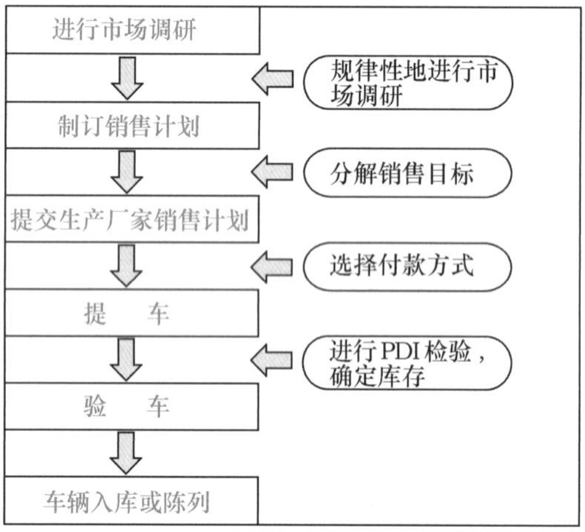

（6）销售 汽车销售有批发交易和零售交易两种。零售交易多为个人购车，要凭个人居民身份证，并要做一些项目的登记，以便联系。零售交易也有单位购车的，要凭单位介绍信，并留下作凭证。单位购车一般使用汇票，本市可使用支票。用支票一般都要交银行查验，并在划拨车款后，才能提车，以防支票有假或为废票。

图 11-1 汽车进货入库的一般流程

批发交易，客户必须要有汽车营销许可证，应查验客户的营业执照，要签订好合同，在合同中明确交易的车型、数量、价格、交货期、交货方式、付款方式等有关内容。这里要坚守一条，收款后方可交车，以避免不轨行为和"三角债"。

汽车销售公司实施分期付款的方式销售车辆的初期，由于保障制度、手续等方面还不是很严密，个别不法之徒，就钻了空子，把车提走后，转手销售，携款潜逃，销售公司蒙受损失。目前，已有了规范的制度和保障措施，这种销售汽车的方式，已在全国各地开展，为汽车销售创造了很好的条件。通过分期付款的方式销售车辆，已经成为汽车销售领域一项重要的销售形式和手段。它能够促使潜在客户转变为现实客户，提高销售量，为公司创造更大的经济效益。对需要分期付款购车的客户，销售顾问要为其详细讲解有关分期购车的利与弊。为其计算首付款、月还款，解释有关保证保险、律师费、验车费等全部费用的缴纳情况。客户在销售部认可报价并选定车辆后，由销售顾问带其到客户服务部办理后续贷款手续。

汽车销售的一般流程如图 11-2 所示。

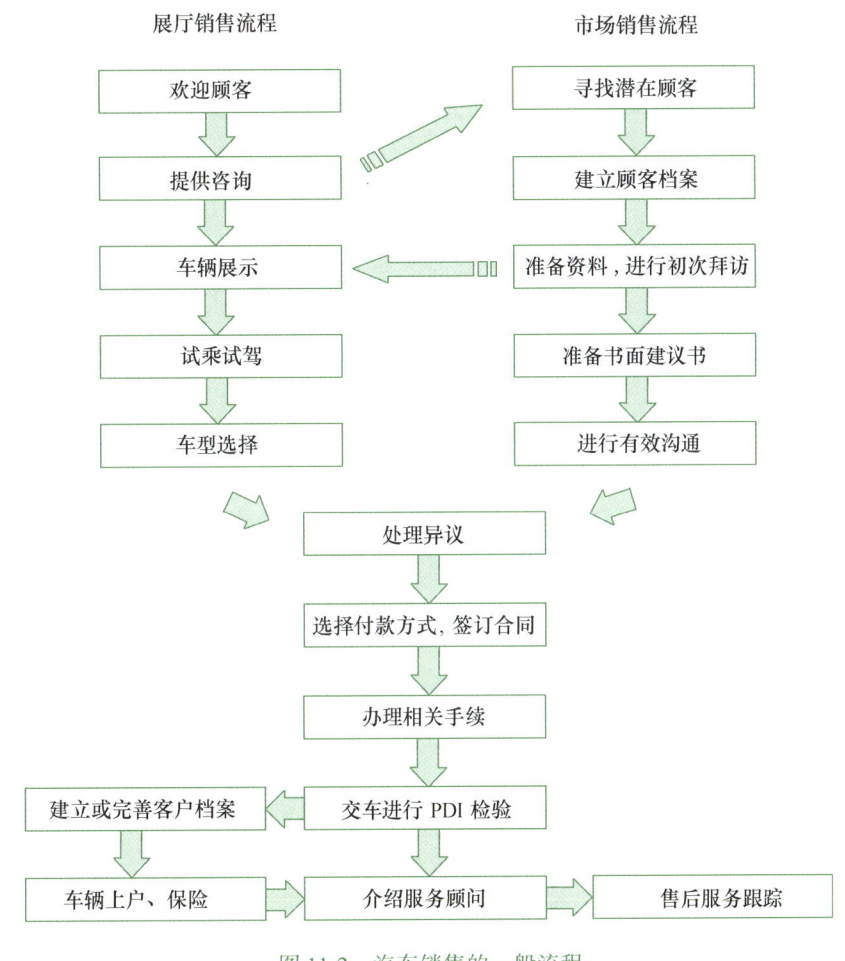

图 11-2 汽车销售的一般流程

2. 零配件供应

零配件供应是搞好售后服务的物质基础。首先应保证汽车保质期内的零、部件供应；其次，应保证修理用件。生产厂对零、部件的生产量，要超出整车生产量的 20%，以满足各维修部及配件商店的供应。配件定价要合理，按物价部门的规定定价，不得在配件供应紧张时涨价，借机捞一把，从客户身上获取不义之财。

3. 售后服务

售后服务包括两大部分：一是客户付清车款之后，销售服务店帮助办理上路之前各种手续的有偿或无偿服务；另一个就是汽车在使用中的维修和维护保养服务。4S 店中的售后服务更侧重于后者。因为汽车除价位较高外，还是一种高技术性产品，一般人较难全面了解和掌握。所以，售后服务就成了汽车营销过程中的一个重要环节，也是 4S 汽车销售服务店利润的主要来源。

汽车是一种高附加手续费用的商品。客户付清车款之后到上路之前还要经过一定时间办理各种手续，这对于绝大多数客户来说深感烦琐，所以各汽车销售服务公司实行所谓的一条龙服务，代办各种手续，从中也可以合理收取一定的费用。

那么，客户付清车款之后在上路之前一般要办理哪些手续呢？以北京市为例，主要有工商验证、办理临时车牌照、缴纳附加税、上保险、验车、领取车牌照、领取正式行车执照、缴纳车（船）使用税共8项。

第1项：工商验证。付了购车款之后，车主带好购车发票到市工商局所属的机动车市场管理所办理验证手续，并加盖验证章。进口车还需交验由经销商提供的海关货物进口证明或罚没证明书、商检证明书及相关申领牌照手续。

第2项：办理临时车牌照。没有牌照的车辆是不能上路的，因此验证之后本地居民还得到当地交通大队（或其驻场代办处）办理临时牌照方准许上路。

第3项：缴纳附加税。汽车为高档消费品，因此还必须到交通部门指定的车辆购置附加税征稽管理处缴纳购置附加税。一般国产车计算公式为：购置附加税＝购车款/（1＋17%）×10%。进口车为售车价的10%。

第4项：上保险。汽车出事概率较高，容易给他人带来危害。因此购买新车必须承保机动车交通事故责任强制保险，这是国家的强制保险。另外各家保险公司开办的车辆保险的险种很多，客户可在保险公司或市场内、4S销售服务店的保险代办处交纳保费。4S销售服务店代办保险可以从保险公司收取一定的提成。

第5项：验车。新车须经车辆检测场体检合格才能领牌。验车场由车管所指定。检验合格后填发由驻场民警签字的机动车登记表。验车时须带齐所需证件；车主身份证、车辆合格证；进口车还需出示商检书、进口单和车管所核发的准验单。

第6项：领取车牌照。以上程序完成后，就可到指定的车管所领牌。领牌需带以下证件：购车发票、车辆合格证、身份证以及以上三项复印件、保险单、购置附加税证、验车合格的机动车登记表。单位购车还须带上法人代码，并须在机动车登记表上加盖单位公章。诸证齐备方可领取车牌照、临时行车执照和检字牌。

第7项：领取正式行车执照。准备新车照片两张，凭照片、临时行车执照、备案卡、养路费凭证到换牌照的车管所换正式行车执照。再到附加费征稽处建档，并在附加费证上加盖已建档戳记。

第8项：缴纳车（船）使用税。在地税局（或购车时在其驻场代征处）缴纳车船使用税及印花税，领取税字牌。这样就办好了所有手续，汽车可以上路了。

面对以上较为烦琐的手续，4S汽车销售服务店应该做好提车后的各种代办服务，使客户乘兴而来，满意而归。

客户在汽车使用过程中，还会出现这样那样的问题或故障，4S汽车销售服务店售后服务着重在维修服务的任务上。维修服务不仅要在质量保证期内做好服务，而且还应在质量保证期外做好维修工作。当客户需要时，迅速到达服务现场，为客户解决问题。主动走访客户，跟踪服务。现在很多4S汽车销售服务店开展了救援服务，一旦客户的车辆坏在路上，一个电话，维修救援人员就会尽快赶到，解客户之所急。这样的售后服务更能体现出人文关怀，也只有这样周到的服务，才能够培养出忠实的客户，才能获取源源不断的利润。

4S汽车销售服务店应该不断开展技术培训，对用户驾驶技术和维修人员的技术进行培训，以提高有关人员的使用、维修技术水平。

4S汽车销售服务店的销售顾问在车辆售出后，要将客户车辆第一次进行维护保养的预约情况通知售后服务部，以编制首保计划。销售顾问还要协助接待首保的客户，及时将客户档案资料移交售后服务部门，以便提供后续服务。

4. 信息反馈

信息反馈主要是指 4S 汽车销售服务店的工作人员向汽车制造企业反馈汽车各方面的信息。因为汽车整车销售、零配件供应、售后服务人员整天与客户打交道，了解车辆的实际情况，对汽车投放市场后的质量、性能、价位、客户评价和满意程度，与其他车辆对比的优势与劣势等都了如指掌。搜集这些信息并及时反馈给制造企业的产品设计部门、质量管理部门、制造工艺的设计部门以及企业的决策领导层，对提高产品质量、开发适销对路的新产品、提高市场占有率等都有重要意义。

此外，4S 汽车销售服务店的工作人员作为桥梁，要将汽车制造企业和销售公司本品牌车辆的最新信息、促销和活动开展等情况反馈给消费者。这对提高服务质量，进一步拓展市场是十分有用的。

上述的"整车销售""售后服务""零配件供应"和"信息反馈"形成了销售体系。其中"整车销售"是中心内容，其他各项都要为"整车销售"服务。它们是相辅相成、缺一不可的。

学习单元 2　寻找潜在客户

1. 寻找潜在客户的法则

作为销售人员，我们要有效地利用时间和精力，以求在最短的时间内获得最高的销售量。为此，我们必须练就能准确辨别真正潜在客户的本领，在寻找客户的同时就要注意对他们的情况进行分析评价，从中找出有望成交的客户，以免盲目访问，浪费大量的时间、精力以及财力。在实际工作中，评估潜在客户的方法主要是 MAN 法则。

微课：寻找潜在客户

M：Money，代表"金钱"。所选择的对象必须有一定的购买能力。

A：Authority，代表购买"决定权"。该对象对购买行为有决定、建议或反对的权力。

N：Need，代表"需求"。该对象有这方面（产品、服务）的需求。

"潜在客户"应该具备以上特征，但在实际操作中，会碰到以下状况，应根据具体状况采取具体对策。

其中：大写字母代表有，小写字母代表没有。

1）M + A + N：是有望成交的客户，理想的销售对象。
2）M + A + n：可以接触，配上熟练的销售技术，有成功的希望。
3）M + a + N：可以接触，并设法找到具有 A 之人（有决定权的人）
4）m + A + N：可以接触，但需调查其业务状况、信用条件等给予融资。
5）m + a + N：可以接触，应长期观察、培养，待之具备另一条件。
6）m + A + n：可以接触，应长期观察、培养，待之具备另一条件。
7）M + a + n：可以接触，应长期观察、培养，使之具备另一条件。
8）m + a + n：非客户，停止接触。

由此可见，潜在客户有时欠缺了某一条件（如购买力、需求或购买决定权）的情况下，仍然可以开发，但要应用适当的策略，便能使其成为企业的新客户。

2. 寻找潜在客户的方法

（1）从认识的人中发掘客户　任何一个人的日常生活中都有一些朋友、同学和老师，还有家人和亲戚。所有这些认识的人都是你的资源，你完全可以利用这些资源去发掘你的潜在客户。

在你的熟人圈中可能就有人需要购买汽车，或者他们知道谁需要。在寻找的过程中，你的任务就是沟通，让他们知道你、了解你。那么，当你开始从事汽车销售工作时，请积极地与他们联系。如果你连续6个月每天都这么做，他们就会为你高兴，并希望从你这里获得更详细的信息。同时，你将可以利用他们来检验你的讲解与示范技巧。如果你确信你所销售的车辆正是亲友需要的，那么请大胆地尝试向他们推荐你确信的优越车辆，他们会积极地给予你回应，并成为你最好的客户，因为他们相信你，希望你成功，为此，他们总是很愿意帮你。而且，你和他们的这种"商业往来"可以说是基本上没有时间限制的，即使在非工作时间也可以进行。此外，你要知道，向朋友或亲戚销售，即使不能成功，多半也不会让你有强烈的失败感，而这种失败感正是新手的最大恐惧。

即使你的亲戚朋友不会成为你的客户，你也要时常与他们联系。寻找潜在客户的最重要一条规律就是不要假设某人不能帮助你建立商业关系。他们自己也许不是潜在客户，但是他们也许认识可能成为你的客户的人。千万不要害怕要求别人推荐。只要你能够虚心地说上一句"因为我欣赏您的判断力，我希望听听您的观点"，一定会使对方觉得自己重要，并愿意帮助你。

（2）从有车一族中寻找潜在客户　现有的有车一族是最好的潜在客户。不要以为他们已经有车了，就不可能再次购车。要知道，这些有车一族通常是高收入群体，他们不一定仅仅满足于拥有一部车，而可能会想拥有更多的车。

此外，车辆是有使用期限的，期限一到，马上要强制报废，二次购车也就付诸行动了。而对于那些有能力购买高档车辆的客户来说，换车的时间肯定要早于强制报废的时间。为此，你需要及早接触他们。

（3）参加车展　现在，展会日益成为一种销售手段，在北京，每年大大小小的展会有几百个。一般来说，众多的汽车厂商和经销商都会有针对性地派人去参加车展。我们完全可以借此机会来拓展我们的客户源。

去过车展的人都知道，展会现场汽车品牌、型号众多，客户通常是无暇顾及每一个摊位的，这就需要我们掌握一定的技巧，并保持主动热情的态度，以给客户留下一个良好的印象。对于每一位来我们展位咨询的客户，你都应该认真对待，不可以貌取人或敷衍了事，并且尽可能地取得他们的联系方式，以便日后跟踪联系。对于那些对你的汽车特别感兴趣或购买意向特别强的客户，你要尽可能地邀请他们去门店参观，做进一步的洽谈。

（4）连锁介绍　连锁介绍，也叫"滚雪球法"，就是根据消费者的消费需求和购买动机的相互联系与相互影响这个特点，根据各客户之间的社会关系，通过客户之间的连锁介绍来寻找更多的新客户。

我们每个人的生活圈子都是有限的，如果你能把客户发展成新的客户或者你的介绍人，那对你的销售工作是有百利而无一害的。

有些汽车销售人员认为，汽车作为一件大宗消费品，普通老百姓在短时间内通常只能消费一次，不会重复购买，因此对那些已经购买了汽车的客户就不再加以重视。其实，随着居民收入和消费水平的不断提高，很多客户都有能力更换新车甚至是购买第 2 辆车。并且，即使这些客户没有能力购买新车或第 2 辆车，他们也能通过另外一种方式为你增加客户来源——他们可以帮你介绍客户，使你获得更多的准意向客户。

进行连锁介绍的方法有很多。比如，你可以请现有的客户代为转送海报等宣传资料及名片等，从而促使现有客户的朋友转为准意向客户，并建立一定的联系；你还可以尽可能地成为客户的朋友，融入他们的生活圈，进而赢得更多的客户。

在房地产业内流传着这样一句话："早期业主是楼盘的最佳销售人员。"其实，把这句话放在汽车销售上也完全适用。对于那些并非汽车发烧友的购车者来说，他们对汽车的认识并不多，他们更愿意相信那些已经拥有同类型车的亲朋好友的意见，因为他们认为这些亲朋好友都是已经使用过或正在使用这款车的，为此他们对这款车的综合质素是最有发言权的，也是最客观和公正的，所以他们的话最有说服力和号召力。

要想让客户为你介绍新客户，关键是要取信于现有的客户。因为现有的客户与被介绍者往往有着共同的社会关系和利害关系，他们之间或者是同事关系，或者是朋友关系，或者是亲戚关系，所以他们往往团结一致、相互负责，尤其是这种对他们无利可图的事情，他们更不会在不相信你、不相信你的汽车的情况下轻易地为你介绍客户，否则一旦他所介绍的客户买了汽车又不满意，就会极大地损害他们之间的关系。明确了这一点，我们就必须树立全心全意为客户服务的意识，急客户之所急，想客户之所想，千万不可故意隐瞒或欺骗客户。"水能载舟，亦能覆舟"，如果客户一旦发现你在欺骗他，那他不但不会为你介绍新客户，反而会在他的亲朋好友想购买你的汽车时加以劝阻。

乔·吉拉德（Joe Girard）是世界上汽车销售最多的一位超级汽车销售员，他平均每天要销售五辆汽车。他是怎么做到的呢？连锁介绍法是他使用的一个重要方法，只要任何人介绍客户向他买车，成交后，他会付给每个介绍人 25 美元，25 美元在当时虽不是一笔庞大的金额，但也足够吸引一些人，举手之劳即能赚到 25 美元。哪些人能当介绍人呢？当然每一个都能当介绍人，可是有些人的职位，更容易介绍大量的客户，乔·吉拉德指出银行的贷款员、汽车厂的修理人员、处理汽车赔损的保险公司职员，这些人几乎天天都能接触到有意购买新车的客户。

每一个人都能使用介绍法，但要怎么进行才能做得成功呢？乔·吉拉德说："首先，我一定要严格规定自己'一定要守信''一定要迅速付钱'。例如，当买车的客人忘了提到介绍人时，只要有人提及'我介绍约翰向您买了部新车，怎么还没收到介绍费呢？'我一定告诉他'很抱歉，约翰没有告诉我，我立刻把钱送给您，您还有我的名片吗？麻烦您记得介绍客户时，把您的名字写在我的名片上，这样我可立刻把钱寄给您。'有些介绍人并无意赚取 25 美元的金额，坚决不收下这笔钱，因为他们认为收了钱心里会觉得不舒服，此时，我会送他们一份礼物或在好的饭店安排一次免费的大餐。"

(5) 权威介绍　权威介绍也叫"核心介绍法"，它其实是连锁介绍法的延伸运用。任何一款汽车都有其明确的客户群体，而每个消费群体都有自己的核心代表人物，我们可以利用这些核心人物帮助推介产品。

利用核心人物的关键是要取得他们的信任。作为销售人员，你要想办法和这些权威人物接触，集中精力对核心人物进行攻关，最好能够成为朋友，并让对方感觉到你的工作能够给他本人及其亲朋好友带来利益。

当然，运用权威介绍法是有很大难度的，主要就在于你很难有机会和核心人物接触。有些时候，你可以通过查阅相关资料的方式去寻找核心人物，如工商企业名录等。

(6) **交叉合作**　每个销售人员都在马不停蹄地与人打交道，不断地发现、挖掘新客户，所以，他们拥有一张强有力的人际关系网，这也是一个很有利的资源。

你是某个行业某家企业某种产品的销售人员，但你同时又是其他众多行业、众多企业、众多产品的销售人员的客户。在你的身边，肯定也有很多销售人员，因为销售是这个世界上最庞大的职业群体之一，把他们也拉入到你的队伍中来。在闲暇的时候，找个合适的时间，和他们共同探讨互相提供线索之事，或要求他们在合适的机会下推荐你的产品和服务，当然，你也要为对方做同样的服务，作为回报。

不同行业的销售人员不存在业务上的竞争，并且能够更好地和你进行互补。除了让他们直接为你提供线索和机会之外，你还可以向他们学习推销的经验和技巧。虽然面对的客户稍有差异，但还是同行，有很多触类旁通之处。

即使是同行业的销售人员，也会有很多合作机会。比如，如果你有哪位朋友也是从事汽车销售工作的，只是大家不在同一家公司、不是销售同一品牌同一款式的汽车而已，那么，你就可以与他合作。当他接待的某一客户对他们所销售的汽车不感兴趣时，你就可以让他把这个客户推荐到你这里来："您对××车更感兴趣？我有个朋友刚好在做这款车，您可以去找他，或许对您能有所帮助……"

甚至，对于你那些做二手车买卖的同僚们，同样存在着合作的可能性。那些客户并不是说非要买二手车不可，只要你的汽车符合他们的需求，他们同样会考虑的："既然二手车没有合适的，您可以去××店看看××车，它还是挺适合您的，而且我有个朋友在那做销售，他会给您提供力所能及的帮助的……"

任何一个行业的销售工作都是在与人打交道，这种与人交往的热情、精明等特性，是销售人员的职业素质。他们更善于把握客户的心理、个性及其他。所以，只要你多与他们交流、学习这方面的技巧，都会对业务拓展有很大的帮助。

(7) **资料分析法**　资料分析法是指通过分析各种资料（统计资料、名录类资料、报章类资料等），从而寻找潜在客户的方法。具体资料一般包括：

1) 统计资料。它是指国家相关部门的统计调查报告、行业在报刊或期刊等上面刊登的统计调查资料、行业团体公布的调查统计资料等。

2) 名录类资料。它是指客户名录（现有客户、旧客户、失去的客户）、同学名录、会员名录、协会名录、职员名录、名人录、电话黄页、公司年鉴、企业年鉴等。

3) 报章类资料。它是指报纸（广告、产业或金融方面的消息、零售消息、迁址消息、晋升或委派消息、订婚或结婚消息、建厂消息、事故、犯罪记录、相关个人消息等）、专业性报纸和杂志（行业动向、同行活动情形等）。

学习单元3　展厅布置与销售人员仪表

展厅是客户参观挑选车辆的地方，因此其工作环境应该令人舒适清新。展厅的布置应该做到：

(1) **充分整理，合理分类**　要区分工作环境中的物品哪些是有用的（或再细分为常用和不常用，急用和缓用），哪些是无用的。将有用的物品进行科学整齐的布置和摆放，将无用的物品和明显的垃圾及时清除掉。

（2）**保持清洁**　在整理的基础上，根据工作环境、物品的作用和重要性等，进一步进行清除细微垃圾、灰尘等污染源的活动。

（3）**进一步美化**　除了达到整齐、干净等基本要求外，还应使环境符合人性美学要求并与工作场合协调，并经常性地督促，使员工形成习惯。

1. 展厅布置

（1）**展示车的摆放**　展示车数量应根据展厅的空间大小合理确定，展厅绝不能变成仓库，面积大的展厅可以考虑各种颜色的展示车共同摆放，展厅较小的话要以深色展示车为主，以配合展厅内较浅的色调，并且用灯光打出丰富多彩的色彩。对重点车型可以根据情况设计独立的展台，以起到突出的作用。要为每台车配备精致的展示牌，上面写明车型款式、主要技术参数、售价等关键信息。展示牌样式尺码要统一。

1）展示车摆放时要充分展示该车的优势，尽量掩饰或弥补其不足之处。例如：有的三排座的车后排座椅空间较小，展示时应通过调整三排座椅间距离尽量减小这种感觉；为了突出某些SUV车辆后部空间大的特点，可在其中放入高尔夫球包、旅行箱等物品，甚至可以放入2辆自行车以展示后部空间。

2）展示车摆放时要充分体现促销意图。比如，应通过展示车的摆放积极地促销滞销车型；产品系列很丰富的车，要根据当时销售重点的不同，突出摆放需大力销售的车型。先进先出是销售工作的一个原则，作为展示车的样车最长应不超过2周更换一次。

3）展示车一般必须设专人管理。展示车必须状态良好，外表无擦痕，无指纹，无油污、脚印。展示车内部无用的纸片、塑料薄膜等物要清除干净，且不少于每天两次进行清洁。展示车表面应打蜡处理，黑色塑料件、轮胎表面喷射光亮剂；发动机厢、门边、轮胎挡泥板、底边等细微处要清洁到位。展示车辆必须有质地较高的脚垫，不许使用有异味的塑料橡胶制品。如果有条件的展销商可以对车内部加以布置，但不应该影响产品的性能，绝对不允许对展示车进行私自改装。展车内一般不允许使用任何空气清新剂及气味品，随时保持展示车处于最佳状态。

4）展厅除了摆放新车之外，还可以根据特定的意图摆放特殊的东西。例如有的摆放有剖切的车用发动机，以达到展示介绍和突出高科技这一目的；有一家展厅摆放了一台碰撞事故后的汽车车架，虽然前部受损严重，双安全气囊已经打开，但前门能够开启，驾驶室变形不是很厉害，充分表明了该车的安全性。

（2）**展厅的其他要求**　灯光对于美化展厅有着举足轻重的作用，所以要高度重视，灯光设计一般由专业公司来完成。顶灯用于展厅整体的照明，标识灯用于形象墙的照明，展示车射灯用于展示车的美化及色彩变幻，地灯用于展台、展示车底部和展厅内植物的照明，墙面射灯用于墙面背景画、招贴画的照明，夜灯用于夜间照明。

总台的台面要清洁整齐，勿杂乱，一般只留电话、文件夹、装饰品（如一盒花）等。

客户接待室的资料柜要整洁，桌面上清洁无杂物。

客户休息区一般设沙发、茶几、电视、可上网电脑等物品。整体感觉应温馨、随意，区别于展厅内其他的区域。例如：地面可铺木质地板，沙发尽量舒服，色调尽量柔和等。

儿童娱乐区按规定设置应有的设施，特别注意不允许有安全隐患。

墙面招贴画应根据展厅实际情况设置；洽谈桌一般是一桌四椅，桌面清洁，烟灰缸随时清洗干净；雨伞架可以为客户准备大雨伞两把，用于接待客户；资料架应保持干净、整洁；展厅内必须有足够的绿色，桌面茶几应用小的植物点缀；室内空气要保持清新，经常通风，每周至少两次喷洒空气清新剂，注意经常灭蚊灭虫；卫生间必须随时保持干净，无异味。

2. 销售人员仪表

销售人员仪表和着装应遵循整洁、统一、干净、安全的原则，树立专业、正规的形象。男性销售人员每天要刮胡子，注意鼻子毛是否剪短，女性销售人员注意要适当地化妆，化妆不宜过浓或有遗漏。一般来讲，销售人员的头发不能凌乱，应每天洗头，男性销售人员要半月理一次发，注意不要有明显的头屑，要有适合工作环境的发型，或按照公司的统一要求。发型长短适中，工作之前要将头发整理好。销售人员要及时修剪指甲，并且始终保持手的干净，女性销售人员的手指甲油注意不要太浓，手和脚等暴露部位的汗毛要及时修剪。在着装方面，销售人员应保持工作服的统一、干净、平整，工作牌要戴在规定的地方，男性销售人员要佩戴领带，一般来讲为了统一，销售人员不可以在手上佩戴任何饰品。皮鞋要擦拭干净，袜子与鞋的搭配要合理。例如：黑皮鞋配深色袜子。

销售人员在进行交流时应注意自己的视线和笑容，二者要自然配合。不要长时间盯住对方，应适时挪动视线，切忌视线过度向上或向下、头不移动只移动视线等。笑容可以拉近与客户的距离，销售人员要经常微笑并做到自然，注意不能有严肃、傲慢和愤怒的表情。

销售人员的站姿一般为自然站立，双脚开度15cm左右，腿要伸直，两肩挺直，肩部保持水平，两手自然下垂或交叉放于腹部，抬头、挺胸、收腹，视线水平前视。

销售人员的坐姿：男性坐姿为在椅子前一个拳头距离处站立，其中一只脚后退半步，慢慢弯腰坐下，坐时两膝间留有一个拳头位置，两膝平行向前两手放在腿上，背部与椅靠背留一个拳头空间。女性坐姿为在椅子前一个拳头距离处站立，其中一只脚退半步，同时两手压住腿上后部裙子，身体稍前倾，然后慢慢坐下，坐下时，两膝并拢，两手重叠放在腿上。

销售人员的行姿一般为重心平移，身体平移动，平移前伸脚步，上半身抬头、挺胸、收腹并保持相对稳定，不要移动身体，两脚内侧成一直线移动，手自然下垂摆动，视线水平前视，切忌摇头晃脑、驼背拖地和扭腰晃臀。

销售人员应正确掌握和使用礼仪语言，并掌握必要的本行业常用用语，说话时注意身体语言与说话的自然协调。

销售人员在名片接送时的注意事项：递送名片时，用双手从胸前递出，名片卡文字方向应正面向着对方，在对方接受名片的同时，简要介绍自己及公司名字；接收名片时要用双手接收，简要确认（或口述）名片内容；视情况，礼节性客套几句（如久仰，认识你很高兴等）；同时交换名片时，用右手递送自己的名片，同时用左手接对方的名片，右手递出名片后，缩回时接住接收的名片，然后稍做确认，视情况客套。注意送出的名片应该干净、整洁，对名片容易读错的字要进行解释，接收名片后要确认和回述，接收后不要折来折去或随意放置。客户的名片要妥善保管，不能草率对待对方的名片或忘记拿走。

销售人员在陪同引导时的注意事项：引导手势一般为手掌平展，拇指自然靠近食指侧面，手与前臂成一直线，手心倾斜指示方向，前后臂的夹角可表远近感，陪同引导时，在客人1~2步之前。在楼梯陪同引导时，在客人侧上方，2~3级台阶距离引导，在狭小路段或转弯时，让客人先走。在电梯陪同引导时，当电梯里已有人，进电梯时，先按住电梯门旁按钮，让客人先进；当电梯无人，进电梯时自己先进入电梯，按住电梯按钮，等客人进来；离开电梯时，按住电梯按钮，让客人先走。

销售人员在倒茶、倒咖啡时的注意事项：手要保持干净，茶具不能脏，不能有缺口，茶水的分量约为茶具容器的6~7成，茶碗有手柄时，手柄要正对客人，使用的抹布必须干净；倒咖啡时，糖袋和牛奶袋应该放在咖啡盘上；上茶时，应该先敲门，（即使门开着）再进门，然后将盘放在桌边上，从上座方向按照顺序从客人右侧用两手端出。

在销售过程中，销售人员不要在展厅里喝水、吸烟及吃东西；不要在工作时间阅读与工作无关的书籍和杂志，不要与其他销售人员聚在一起闲谈；不要在前台接待处化妆，修整指甲、梳理头发等。

学习单元4　客户欢迎与需求分析

客户第一次和销售人员接触时，销售人员应当应用职业化的欢迎客户的技巧，明确客户的想法和关注的问题，建立咨询服务关系，友好地推介自己所要销售的车辆。

客户和销售人员第一次接触包括电话询问和展厅来访两种情况。

1. 欢迎客户

（1）**接打电话**　电话铃响两声后，接听电话。

接听电话时，第一句话应说："您好，×××公司。"

若电话铃响3声以上时，接听时可以加一句："很抱歉，让您久等了。"

当被指名接电话的人正在打电话或不在时，应说："实在抱歉，×××现在正在打电话（不在），要是可以的话，请对我说好吗？"若对方不肯说时，应说："请问您贵姓？您是否愿意留下联系方法，我负责给您转达。"

当对方声音较小时，应说："对不起，我的电话有点故障，请您声音稍微大一点好吗？"

在询问客户时，不要问："我能帮助你吗"而应说："您需要什么帮助？"，"我能帮您做些什么？"之类的话，这样有利于客户说出自己的需求。

打电话时注意的原则有：礼貌又很友好；不要打断对方；简洁有效地了解到问题。

做好电话记录很重要，销售部应准备简单电话记录登记表，登记打进来的每一个电话。登记的主要内容包括：日期、销售人员的姓名、客户姓名、性别、发音的特点、对方电话号码、双方谈到的细节问题，如车型、价格、是否有货、是否有意来访、自己是否有跟进访问的意图等。注意对第一次报价要记清楚。

回答客户电话询问的时间不要太长，时间控制在3~5min，问题控制在3~5个，如果对方问题较多，可以邀请他来店详细咨询。切记不要在电话里进行讨价还价。

（2）**接待来访客户**　客户来店时销售人员应主动上前迎接和问候，微笑亲切地说："欢迎光临！"。一般而言，客户刚走进展厅时多少会有一点陌生和紧张感。有礼貌的欢迎会减少客户的这种紧张感，使客户意识到你是有准备的，可以帮助他。

客户进店后，要为客户留有充分的时间和空间自由参观，不应不分情况立即紧追不舍，更没有必要多位销售人员毫无意义地围着一名客户。

在恰当的时机，销售人员应及时地和客户建立起交流咨询关系，如问："您需要什么样的帮助""今天您想看什么车？""您对哪款车感兴趣"等，在客户观看的一辆车附近，可以及时介绍："您看的是（车名、型号）。"并顺便可以将车的主要特点说一下。如果客户回应积极，要主动交流，互递名片，建立咨询关系。

在与客户交谈的时候，为了获悉客户真正的需求是什么，销售人员要以端正的态度倾听对方的说话，然后再给予对方确切的回答。必要时，销售人员可就客户的愿望或关注的问题提供信息，与客户进行充分的沟通交流。

在接待客户的过程中，销售人员不可以根据客户的年龄和相貌进行主观判断，要彬彬有礼，随机应变的迎合客户的话题。

如果客户对销售人员的问话没有回应或不需要销售人员进行介绍时，应说："没关系，您愿意的话可以随便看看，如果您有什么需要请随时叫我，我很愿意为您服务。"此时，销售人员可以在与客户保持一定距离的情况下倾听并注意观察客户的反应，注意发现潜在的线索，及时进入角色。

当客户需要详细了解商品时，销售人员要引导客户到洽谈区，以便获得更多的信息，此时应说："先休息一下，喝杯水吧！如果您需要了解更多，我们有详尽的资料可以提供给您，请您稍坐，我可以详尽地给您解释。"

当需要客户等候时，销售人员应说："对不起，请您稍等片刻。"回来后，应说："实在抱歉，让您久等了。"

与客户说话或要求客户做事时，销售人员应说："谢谢，打扰您了。"

当需要索取客户名片时，销售人员应说："您方便留名片给我吗？这样，我会及时为您提供服务。"

当客户离店时，销售人员应将其送至停车场并说："您走好，欢迎再次惠顾。"

2. 需求分析

回答客户的提问、主动进行介绍和问询是需求分析的主要内容，需求分析的目的就是了解客户的真正需求，引导、激发客户的购买欲望，促成交易。

在需求分析的过程中，销售人员应该从客户的角度出发，倾听他们的谈话，关注他们的需求，建议他们买什么合适，介绍清楚车辆的特征、配置、选装设备、优势。销售人员一定要友好、尊敬地进行交流，诚实、真诚地提供信息，让客户在销售中占主导地位。

在需求分析的过程中，销售人员应该打消客户的各种担忧：如担心受到虚假不平等的待遇，销售的产品和维修不能满足他们的要求，价格比他们所预计的高等。

作为销售人员在倾听客户讲话时一定要全神贯注，及时给出反馈信息，让客户知道你在聆听，对重要信息应加以强调，及时检查你对主要问题理解的准确性，重复你不理解的问题。

在需求分析的过程中收集的主要信息包括：

1）客户的个人情况。如集体还是个人购买、购车的主要用途、生活方式、职业职务、预算、经济状况、做决定的人是谁、做决定的过程等。了解客户的个人情况有助于销售人员掌握客户的实际需求。

2）过去使用车的经验。如果有的话，过去用的什么车，购车原因，对过去使用车的态度，重点掌握其不满之处。了解过去他们使用车的经验有助于销售人员理解客户再买车时究竟想要什么，不要什么。

3）对新车的要求。具体是指对性能、配置、颜色、款式、选装项等的要求。询问客户的需求和购买动机有助于销售人员针对客户的需求，突出具体车型的适用特点，以便更好地为客户服务。

学习单元5　车辆介绍

1. 展示车辆的方法

（1）FAB 介绍法　　所谓的"FAB"，其实是三个英文单词开头字母的组合，其中 F 是指属性（Feature），即产品的固有属性；A 是指作用（Advantage），即产品的这种属性有什么作用；B 是指益处（Benefit），即客户通过使用产品时所得到的好处。FAB 介绍法可以将所销售产品的属性转化为即将带给客户的某种利益，充分展示产品最能满足和吸引客户的那一方面。

1）属性（Feature）。属性不等同于特征或特点，因为特征或特点容易造成误会，让客户以为是你的产品区别于竞争对手的地方。每一种产品都有它的特性，否则就没有存在的意义，关键是你从哪个角度去发现它。

什么是属性？属性就是产品所包含的客观现实，如材料、外观等。属性是有形的，可以被看到、尝到、摸到或闻到。

对于所销售的产品的属性，销售人员必须有足够的了解和认识，这是毋庸置疑的。除此之外，为了更好地销售，我们还要深刻发掘自身产品的潜质，努力找到其他销售人员忽略的、没想到的属性。当我们给客户一个"情理之中，意料之外"的惊喜时，下一步的工作就很容易展开了。

2）作用（Advantage）。在很多英汉词典里，"Advantage"一词的释义为"优势""长处""有利条件"等等。但是，优点也是在销售活动中容易让人产生更大的抵触情绪的一个字眼，因为优点就是比竞争对手好的方面，然而在实际上，汽车市场竞争激烈，所面临的竞争对手非常多，相似的产品也很多，不可能存在自家所销售的汽车会比所有的汽车都好的情况。这样，如果汽车销售人员对自己所售的产品夸夸其谈，说不定对汽车比较内行的客户听了会觉得销售人员没有实事求是，不值得信赖，继而终止同这名销售人员打交道的念头，把自己的购买计划交给其他销售人员来帮助执行。

因此，在销售活动中把 Advantage 翻译成"作用"会更好一些，作用就是能够给客户带来的用处，它是根据汽车的特性总结出来的特殊功能，解释了产品的属性如何能被利用，回答了"它能做到什么"的问题。

3）益处（Benefit）。客户最关注的是产品所能带给他们的好处，也就是如果他们购买了该种产品可以获得哪些利益。

益处就是能给客户带来价值或创造价值的部分，是将作用融合起来构成一个或者多个的购买动机，即告诉客户如何满足他们的需求。它强调的是：通过购买我的产品，你能得到什么样的利益和好处。

利益又分为产品的利益和客户的利益。我们必须考虑产品的利益是否能真正带给客户利益。也就是说，要将产品的利益与客户所需要的利益有效地结合起来。实际上，这折射出的正是"客户导向"的现代营销理念，也暗合了购买的本质：我作为客户购买产品，是因为我有这方面的需求，所以一切是以我自己的利益作为中心的，至于你的产品，只是众多候选者之一，那么，你要叫我选择你的，请给我一个理由，即你比别人好在哪里，如何来更好地满足我的需要，从而让我放弃别人而选择你。

（2）FAB 句式的运用　从上面分析中可以看出，FAB 介绍法（利益推销法）其实是一种针对不同客户的购买动机，把最符合客户要求的产品利益向客户加以推介，讲明产品的属性、作用以及可以为客户带来的利益的一种销售方法。

事实上，属性、作用和利益是一种贯穿于产品介绍过程的因果关系，在产品介绍中，它形成了诸如"因为……，所以……，对您而言……"的标准句式。

属性：因为……

作用：所以……

利益：对您而言……

如果销售人员能够很好地运用 FAB 介绍法，那么将会发现产品介绍是件很容易的事。例如，说到属性时，可以用"这是""这种……有……"来开始；谈到好处时，可以用"它……""可以""这使得……"等短语开头；说到利益时，则可以用"所以……"和"您"这个词。比如，汽车销售人员在介绍某辆汽车的时候可以这么说：

"（因为）这辆车配有 12 缸发动机，（所以）从 0 到 100km 的加速时间仅为 6s，（对您来说）这可以让您快速提升行车速度。"这样的介绍方式可以使客户充分感受到产品的功能可以带给他的好处，从而认为自己确实需要这种产品。

在运用 FAB 技术之前，销售人员首先应熟悉自己所要销售的各款车型，并将它们的属性、作用、利益等各方面全部罗列出来，做成一份表格，运用 FAB 陈述方法多加练习，以增加对产品和 FAB 技术的理解，切实做好产品介绍工作。

要将产品特性转换为客户利益，就必须对产品有深入、全面的认识，同时还要了解客户的特殊需求。具体来说，将产品特性转换为客户利益，可以按照以下五个步骤进行：

步骤 1：深入全面地了解产品知识。

步骤 2：从事实调查和询问技巧中发掘客户的特殊需求。

步骤 3：介绍产品的特性（说明产品的功能及特点）。

步骤 4：介绍产品的优点（说明功能及特点的优点）。

步骤 5：介绍产品的特殊利益（阐述产品能满足客户的特殊需求，能带给客户特殊利益）。

（3）六方位介绍法　所谓六方位介绍法，是指汽车销售人员在介绍汽车的过程中，可以围绕汽车，分别就车前方、驾驶室、后座、尾部、车侧面、发动机舱进行介绍，如图 11-3 所示。

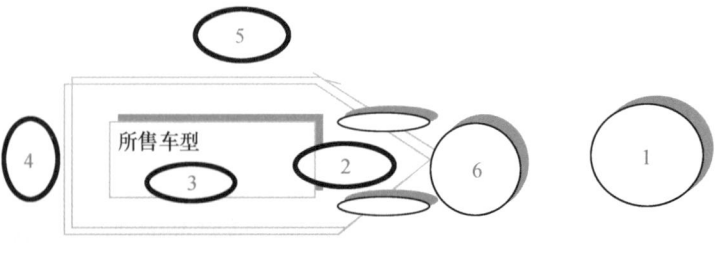

图 11-3　六方位绕车介绍法

"六方位绕车介绍法",从车前方到发动机舱,刚好沿着整辆车绕了一圈,并且把车的配置状况做了一个详尽的说明和解释。这样按照顺序、井井有条的介绍方法,很容易让客户对车型留下深刻的印象。

1) 车前方。销售人员在车前方介绍时,应:

① 站在轿车左前方,距离 90cm。

② 上身微向客户,距离 30cm,左手引导参观车辆。

③ 从汽车的外形开始,分别介绍车身尺寸、油漆工艺及车身颜色、前照灯、保险杠、前风窗玻璃及刮水器等。

2) 驾驶室。销售人员在介绍驾驶室时,应:

① 鼓励客户进入驾驶室,先行开车门引导其进座,配合说明指出各按钮位置,最好让客户进行操作体验,同时进行讲解和指导。

② 出车外,蹲下来为客户介绍。

③ 介绍内容包括仪表、转向系统、可调节转向管柱、安全带、空调系统、音响系统、车内后视镜、可调节前座椅、变速器等。

3) 后座。销售人员在介绍后座时,应:

① 预先将前座调妥,使后座宽敞。

② 打开左后车门,从门锁机构开始,依次介绍摇窗机构、内饰、可翻转后座椅等内容。

③ 放下座椅后,带领客户绕至车身后,打开后行李箱进行介绍。

4) 尾部。销售人员在介绍汽车尾部时,应:

① 站在轿车的背后,距离约 60cm,从行李箱开始,依次介绍高位制动灯、后风窗加热装置、后组合尾灯、尾气排放、燃油系统。

② 开启行李箱介绍,掀开备胎和工具箱外盖进行介绍。

③ 自然绕至车身右侧,进行侧面介绍。

5) 车侧面。销售人员在介绍车侧面时,应:

① 先站于左前轮外侧,距离约 60cm,就视野所及,从车身结构形式开始,依次介绍车身材料及制造工艺、车身安全性、制动系统、前后悬架、车外后视镜、门把手、天线等。

② 介绍车轮与停车制动时,以小指介绍组装精密度。

③ 带领客户绕至汽车正前方。

6) 发动机舱。销售人员在介绍发动机舱时,应:

① 站在车头前缘偏右侧,打开发动机舱盖,固定机盖支撑,依次向客户介绍发动机舱盖的吸能性、降噪性、发动机布置形式、防护底板、发动机技术特点、发动机信号控制系统。

② 合上舱盖,引导客户端详前脸的端庄造型,把客户的目光吸引到品牌的标志上。

(4) 其他方法

1) 目录介绍法。这种方法是销售人员按照宣传说明书的介绍文章,口语化、按部就班地介绍汽车。这种方法更适用于拜访客户时使用。

2) 问题对应法。这种方法是客户提出问题,销售人员有针对性地回答问题。

以下情况要坚决避免:夸夸其谈,说得太多;夸大其词,过分吹嘘;提供毫无根据的比较信息,一味贬低他人;不能解答客户提出的问题;强调客户不感兴趣的方面;在销售过程中催促客户，为了成交迫不及待；通过试车后带有强迫意味地让客户做出购买决定。

2. 试乘试驾展示车辆

试驾是很好的展示车辆方式，可以让汽车自己推销自己，所以如果条件允许的话，汽车销售公司应该尽量提供试驾服务。在客户试驾前，汽车销售人员应确保车辆整洁，工作正常且燃油充足，办好路上所需的保险和执照；向客户介绍所有装备和使用方法，试驾客户必须有驾驶证，并签订试驾协议以确保安全。汽车销售公司应提供足够的试驾时间，一般以 20~30min 为宜。试车道路应避开有危险的路段，在途中有一地点可安全的更换驾驶员，尽可能选择有变化的道路以展示车辆的动力性、制动性、操纵稳定性、舒适性、内部的安静程度等性能。试驾中，应先由销售人员进行试驾，介绍车辆、指出汽车的各种特性并解答问题。客户驾驶时销售人员指出试车的道路并说明道路情况，客户驾驶汽车时销售人员应相对保持安静，根据客户驾驶技术和提问等简要予以介绍。

学习单元6　客户异议的处理

1. 异议的种类和处理原则

（1）真实的异议　真实的异议是指客户所提出的异议是他内心真实的对产品或服务的不满。这些异议可能是事实，也可能是错误的。比如"我的同事开的就是你们的车，它的毛病很多""这车的方向据说特别沉，开起来很费劲""你们修起汽车来总是拖拖拉拉的，收费还很高"。

（2）虚假的异议　虚假的异议是指客户所提出的异议并不是他内心的真实想法，只是他在购买洽谈中为了压低价格等应用的一个策略。比如，当客户想要降低价格时，他通常会挑出某些毛病来，如"这车的外形显得不够大气""内饰还停留在几年前的水平上，黑色加上太过保守的布局，很老气"之类的异议，其实，这并不是客户真正的异议，而是客户为了增加自己手中的砝码，寻找不存在的缺陷或扩大产品中微小的不足之处来进行策略性的试探，以寻求价格上的减让或者在谈判中提高自己的位势。

（3）辨别真假异议　辨别真假异议的方式主要有以下几种：

1）当你为客户提出的异议提供肯定确凿的答案时，注意留心观察客户的反应，一般说来，他们要是无动于衷的话，就表明他们没有告诉你真正的异议。

2）有些时候，你判断出客户所提出的异议是假异议，但又无法知道他内心的真实想法，这时你也可以大胆地直接发问，比如："王先生，我觉得您好像有什么顾虑又不肯说出口，您能告诉我真正的原因吗？"提问是了解真相的一个好办法。

（4）异议的处理原则　处理客户异议时应把握以下原则。

1）事前做好准备。销售人员在与客户接触之前要预计客户可能提出的各种反对意见，并做好充分准备，当客户提出时才能从容应对。编制标准应答语的程序：

步骤1：把大家每天遇到的客户异议写下来。

步骤2：进行分类统计，依照每一异议出现次数的多少排列出顺序，出现频率最高的异议排在最前面。

步骤3：以集体讨论的方式编制适当的应答语，并编写整理。

步骤4：由业务熟练的销售人员扮演客户，大家轮流练习标准应答语。

步骤5：对练习过程中发现的不足，通过讨论进行修改完善。

步骤6：对修改过的应答语进行再练习，并最后定稿备用，最好是印成小册子发给大家，以供随时翻阅，做到运用自如、脱口而出的程度。

2）保持冷静，避免争论。争辩不是解决问题的最好方法，尤其在销售过程中，往往会导致交易的提前终结。

3）留有余地。即使是客户的错，销售人员也要注意为客户留有余地，维护客户的自尊心。

4）以诚相待。汽车营销的目的在于和客户建立长期的关系，因此销售人员要以诚相待，才能获得客户的持久信任。

5）及时处理。销售人员对出现的异议要及时进行处理，从而防止矛盾积聚和升级。

2. 异议的处理方法

（1）竞争车型导致的异议　由于汽车产品本身存在竞争对手，客户尚处于抉择的过程，从而导致疑问产生。当客户提及竞争车型时，销售人员千万不要随意地去评价竞争车型，更不能贬低对手或与客户争论，而应承认客户所提及的事实，转移客户关注的焦点。对此类异议的处理可以采用如下的基本方法。

1）通过讲解性价比突出自己的汽车。性价比就是将汽车产品各方面的性能与价格因素进行比较，当然性能越好、越全面，价格越低越好。比如廉价车有价格优势，但汽车的综合性能可能存在一些问题，同档次的车型价格较高，但综合性能一般要高于廉价车型。因此，性价比的衡量指数给了所有不同价位的车型一个公平的衡量标准，竞争的不是单一的价格也不是单一的功能数量，而是看谁的产品更符合消费者的切实需求。要注意的是：不同的客户对汽车的各个方面的关注点是不同的，因此在讲解性价比的过程中要从客户的需求出发，用通俗的语言讲解性能和价格之间的对应关系，更有利于达到客户的认同。

2）学会讲解定位的概念。汽车制造商在推出每一款车型前，一般都会做充分的市场调查，进而确定该款车型的目标消费群体，对汽车销售人员来讲这是一个非常有用的资源。销售人员在讲解过程中，首先判断客户是否属于目标消费群体，然后根据这一目标消费群体的需求情况进行针对性分析。

例如：

客户："你介绍的这个欧拉好猫我女儿觉得太小，她说还是喜欢大众朗逸。"

销售人员："您提到的朗逸，那是一款比较大众化的车型。不同车有不同的客户群体，比如您女儿喜欢的朗逸，外形比较大众化一些，而好猫造型别致优美，很适合都市时尚女性，而且色彩多样，适合进行各种装饰，同时由于车型小，在城市停车操控更容易，这些都适合于驾驶技术不是很娴熟的女性，况且价格很便宜。对于您的女儿这样的都市丽人恐怕再适合不过了，我们买车可不能只买贵的，不选对的。"

这一案例强调定位才是关键。如果一款车型有了明确的定位，那么这款车一定就是为这个群体服务的；如果不属于这个群体，那么那款车一定不适合某位客户。厂家在寻找恰当的定位，作为客户也应该寻找适应自己这个群体的产品。这就是销售人员应该向客户解释和介绍的，也是一种回避谈论竞争对手车型的有效方法。

3）让步强调独到的竞争优势。这种方法的回答首先表现在充分理解客户的感知上，对客户提出的意见先给予一定的让步，然后再重新突出自己产品领先的技术和完善的配置等。这个方法是最容易掌握的一种，只要熟悉了自己产品的独到技术就可以掌握。

例如：

客户："你们销售人员都说自己的车好，我看自主品牌奇瑞的车就不错。"

销售人员："其实，市面上的各种车都有自己的独到之处，不过就看你最看重什么方面了。奇瑞的车我不太了解，我们的车独到的地方就是3A级别的质量，独有的GOA车身，在C-NCAP碰撞测试实施以来，是第一款获得五星评级的车型。总之，在许多方面这款车都获得过国际大奖。"

(2) 直接反驳法 所谓直接反驳法，是指客户提出错误的异议时，汽车销售人员直截了当地予以否定和纠正。按照常理，在销售中直接反驳客户的异议是不明智的，但有些情况下，销售人员必须直接反驳以纠正客户不正确的观点。例如：客户对企业的服务、诚信有所怀疑或客户引用的资料不正确等情况。

出现上面情况时，销售人员必须直接反驳，因为客户若对企业以及企业的服务、诚信有所怀疑，销售人员拿到订单的机会几乎为零。如果客户引用的资料不正确，而销售人员能以正确的资料佐证自己的说法，那么客户一般会接受销售人员的反驳，并且可能会更加信任销售人员。

因为直接反驳法是与客户的正面交锋，在运用时，销售人员必须注意态度要委婉，要讲究语言技巧，注意选词用语，切勿伤害客户自尊。

例如：

客户："你们修车怎么总是拖拖拉拉的，你们的售后服务真差劲。"

销售员："您所说的一定是个个案，有这种情况发生，是因为×××的客观原因，您看我们的师傅连饭都顾不上吃一直在为您的车忙活，您别着急，我们企业的经营理念就是服务第一，客户至上。"

(3) 补偿法 所谓补偿法，是指当客户提出的异议有事实依据时，销售人员应该承认并欣然接受。但要记得，适当地给客户一些补偿，如寻找产品的其他优点来补偿、抵消产品的缺点，引导客户从产品的优势方面来考虑问题，让他取得心理的平衡。

补偿法能有效地弥补产品本身的弱点。其运用范围非常广泛，效果也很好。例如，艾维士有一句有名的广告词："我们是第二位，因此我们更努力！"这也是一种补偿法。

例如：

客户："这款车的车身看起来太短了。"

销售员："车身短能让您停车更加方便。如果您家里的停车位是大型的，像这样的车还可以同时停两部呢。"

客户："这款车的做工好像比较粗糙。"

销售员："这款车属于普及型。如果将涂装和内饰提高一个档次，价格可能要贵20%以上，况且，涂装和内饰并不影响车辆的行驶性能。"

客户："这款车的行李空间太小了。"

销售员："行李空间是比较小，但是它的内部空间很宽敞，坐在里面不会感觉很压抑。"

客户："这款车的马力太小了。"

销售员："马力是比较小，但对于您只在市区行驶已经足够了。而且，如果马力太大，油耗就会高，在当今油价不断上涨的形势下，买高油耗的车实在是不划算。"

3. 价格异议的处理技巧

在销售过程中，最多的反对意见就是价格方面的反对。我们可以使用以下技巧进行处理。

（1）独特利益法 作为销售人员，你向客户传递产品不同于竞争对手产品的独特差异，差异价值越高，你的价格障碍就越小。

例如：

客户："这种款式的车比人家同档次的 A 车高 1 万元啊？"

销售员："我们这款车搭载的是日本原装进口的 V6 发动机，这个机型在动力性上比普通发动机提高 15%，同时耗油率降低 8%，该发动机是现在世界上最先进的发动机之一了。"

（2）价格分解法 作为销售人员，你通过价格分解，让客户明白，你的产品实际上是经济实惠的。

例如：

客户："12 万元？这车也太贵了吧？"

销售员："您说得不错，对于普通的老百姓来说，现在汽车还是属于高档消费品。但是，和其他日常消费品不同，汽车不是用一两年就会坏的，何况您又不跑长途，用上十年八年都不成问题。我们不要说 10 年。就以 6 年来算，您 1 年只要花 20000 元，每天只要 50 元钱就可以拥有一辆属于自己的汽车，过上有车一族的生活了。而如果没有车，像您这样做生意的，每天的打车费都要一两百元吧？"

客户："汽车本身我是没有什么可挑剔的了，就是这价格好像太高，我按月付款的负担还是很大的，能不能便宜点？"

销售员："罗先生，按照每月付款方式，您只需每月支付××元，也就是说，每天还不到××元。可是，汽车租赁公司出租这种型号的车，每天收取的费用却是××元？想一想自己驾车的乐趣，难道您还会觉得买得不值吗？"

客户："听上去有些道理。"

（3）总体计算法 总体计算法与价格分解法恰恰相反，该方法是从用户满足某一需求的总体费用上着手，如从油耗和维修成本的角度分析汽车价格。

（4）补偿法 如果销售的产品在价格方面的确不具备优势，而且产品差异性也一般，那么销售人员就必须为价格劣势补偿其他的利益。例如你可以告诉客户，虽然价格比较贵，但公司可以为客户提供免费的服务项目。

（5）顺延法 在你向客户传递产品的核心信息时，当你刚刚介绍了第一点，客户便询问产品的价格，这时候，千万不要告诉客户这款车的价格是多少。因为，这时候客户还不完全清楚产品的价值所在，对价值的评判还不全面，这时候客户知道价格，很可能会让他们觉得贵，你再继续向他们介绍时，他们可能已经失去了耐心。建议采用拖延的办法：你告诉客户，价格是非常重要的，你非常希望在后面的充裕时间里和他进行探讨。在你完成整个产品的价值信息传递后再与客户讨论价格问题。

例如：

客户："这辆车看起来不错，要多少钱呢？"

销售员："您先别急着讨论价钱，让我先给您介绍一下它的配置和性能，看看是否能满足您的需求。"

学习单元7　促成交易与跟踪访问

1. 促成交易

时机不对、促成交易的话语失当都可能造成"临门一脚"的失利。

如果觉得时机已到，销售人员就要大胆促成。促成交易时避免说"您看怎么样"，而要用封闭式的提问"王先生，要不咱今天就把车定了吧"。

有的销售人员缺乏主动签约的勇气，担心在客户面前表现出急于成交会被客户拒绝，甚至担心此单业务一旦落空会遭到同事、领导的奚落。所以，销售人员应该在成交技巧和心理素质方面下功夫。

（1）成交信号的识别　在销售活动中，客户如果已经产生购买意图，这种意图通过语言或行动显示出来，表明可能采取购买行动的信息称为成交信号。

1）语言信号。客户开始谈论以下方面的问题，可能就是一种成交信号：

① 汽车的当前库存量或最快交货日期、交货方式、运输方式、付款方式；汽车的使用、维护、存储和售后服务。

② 开始讨价还价，进一步压低价格，当出价合理时，仍然以种种理由要求降低价格。

③ 对目前正在使用的其他厂家的产品表示不满。

④ 提出转换洽谈环境与地点。

⑤ 咨询办理贷款大约需要的时间。

2）动作信号。销售人员应认真观察客户的动作可以识别其是否有成交的倾向，因为一旦客户完成了认识产品的过程，拿定主意要购买时，一般会觉得一个艰苦的心理活动就要结束了，会出现和前面过程完全不同的动作，如频频点头、仔细端详产品、仔细看说明书、陷入沉思、突然移动身体、改正坐姿、反复询问车辆好坏等这样的细节动作变化，拿手上的汽车资料做笔记，拿计算器计算，并开始热烈讨论；突然间点根烟，深呼吸一下，然后沉静下来思考。

3）表情信号。客户陷入深思，或神色更加活跃，态度更加友好，对销售人员的态度明显好转，表情突然变得开朗，眼神和面部表情更加温和、开朗等细节表情的变化也是一种成交信号。

销售人员在与客户面谈时，要时刻留意对方，特别是在话题转换时应认真观察客户表现出的不同状态，对方的语言、动作、表情的细微变化往往就是客户的"购买信号"。实际上，如果销售人员善于分析客户的购买心理，从客户注意力被吸引、发生兴趣、产生联想、激起欲望、提出异议、比较、下定决心等一系列阶段性的变化，就会发现这是达成交易的最佳时机。准确地把握时机非常重要，过早或过晚提出交易都不利于交易的完成。

（2）达成交易的常用方法

1）从众成交法。大多数人都会有一些从众心理，对于一般车主来说，其消费行为既是个人行为又是社会行为，既会受到个人消费观念影响，又会受到社会消费环境的影响。比如，销售人员可以对前来购买汽车的车主说："我们这种品牌的汽车可以提高发动机的动力性，并且可以改善燃油经济性、减少尾气排放，邢台的很多车主都很喜欢用我们牌子的车。"销售人员应该用例证、数字或调查结果说明确实有客户购买，而不是空口无凭，更不能欺骗客户。

2）机会成交法。此成交法是依据机会成本理论，即向客户说明购买机会本身就是一种财富，如果失去机会就等于要多支付机会成本。比如可以利用调价机会说："该产品即将推出新一代，以后推出的新产品会贵很多"；比如公司正在搞活动"我们现在正在店庆，赠送大礼包……"

"您现在买车，正赶上拉菜的旺季，这一天就是×××块啊"。

3）直接请求成交法。这种成交方法适用于销售人员已经识别出客户的成交信号情况下，利用请求向客户进行提示并略微向客户施加一些心理压力，从而达成交易。"您喜欢的银色车正好还有货，怎么样，要不现在提了车，否则再要银色的车就得等上10多天了""您看咱现在签单排上号，过10天您要的车就可以订到"。

销售人员应注意不要操之过急，没有成交信号时急于逼单，会使客户产生抵触情绪。

4）选择成交法。销售人员提供两个以上的建议供客户选择，每个建议选项都对销售活动有利，有助于交易的完成。例如："您看是现在提货还是周一呢？""您付现金还是分期？"

5）假定成交法。销售人员假定客户已经同意购买，通过讨论一些细节问题，从而促成交易的完成。这样直接将购买信号直接过渡到成交行为，大大提高了销售的效率。例如："您要的这款车，要不要加装倒车雷达？""我们和各家改装厂都有密切合作，要不我们给您加装个电动绞盘？"

6）优惠成交法。销售人员通过向客户提供进一步的优惠条件从而促成交易。这种方式利用了客户的求利心理，可以起到吸引大客户、扩大产品影响、加快交易达成和加快资金回笼的作用。例如："如果您现在订车，我们送您脚垫和拍档锁。"

7）保证成交法。保证成交法是消除客户担心风险的心理以促成交易。销售人员提供种种保证，如提出"汽车出现问题可以一个月内包退"等。

8）利益汇总成交法。利益汇总成交法是指销售人员采用各种方法将汽车的特性和优点展现给客户，有意识地将客户可以获得的认可利益汇总，并扼要地再次提醒客户，加深客户对利益的认可，并提出要求达成交易。

9）供应压力法。给客户传递该车类型供不应求，颜色数量紧缺等信息，造成供应紧张的氛围，潜移默化地为客户施加购买压力。

10）赞美法。该方法适合那些自诩为专家、自负或者情绪不佳的客户。销售人员运用赞美法可以让客户从内心接受销售人员的赞美，促其成交。例如："择日不如撞日，今天日子不错，有纪念意义""要想发不离8"，等等。

(3) 成交阶段的风险防范

1）成交过程中风险防范。一旦进入成交过程不要轻易动摇条件，不卑不亢，说话短促有力，充满自信，不说没有用的话，不模棱两可。

2）成交后美言几句，给客户留下"确实买了好东西，物超所值"的印象。如"买的正是时候啊""您真是有眼光啊""您真是讨价还价的高手啊"等。

下面的例子要绝对避免：

成交后，客户："你们做汽车销售的真不容易啊"。

销售顾问："可不，我都卖了一个月了，就您跟我签单了"；或者"这车是真不好卖啊！"

客户会很懊悔啊！

2. 交车程序

从客户的角度来讲，当他（她）在交完车款办完各种手续准备开走自己的爱车时，心情大多会欣喜而激动，那么，客户在交车时希望得到什么呢？一般而言，他们希望：

① 汽车已经准备好，油箱中加满燃料，自己拿到车钥匙即可开回家。

② 汽车内外一尘不染，好像自己是第一个坐进去的。试想谁会在买新车时开走一辆被人开过多次有些脏污的车辆呢？

③ 销售人员对汽车的特征、仪表和操纵设备做完整的介绍，使得客户对自己的爱车有清楚而详尽的了解。

④ 销售商对汽车的保修和维护计划做完整的介绍。这样有利于客户日后用车。

⑤ 与维修服务的经理见面并得知维修服务的程序。4S店的整体利润很大一部分来自于售后服务，经过这样的见面引见程序很自然地将销售程序可以过渡到售后维修程序，这样对于4S店而言是利润的保证，对于客户来讲是周到细致的服务。

⑥ 销售顾问对汽车非常了解，能解答客户的大部分问题，并愿意为客户查找不知道的答案。这里既要求销售人员具备丰富的业务知识，又要求销售人员具有百问不厌的热情服务素质。

⑦ 可以得到所有应提供的材料，包括保修单、使用手册等。

⑧ 购车完毕后，如果遇到任何问题，销售人员都可以解答疑问或提供帮助。

完美交车的五个指标是：确认交车流程满意，建立详尽客户资料，巩固客户对企业的忠诚，完美衔接售后服务部门，预设推荐意愿伏笔。

（1）交车当日的活动　首先由客户挑选车辆。销售人员通知仓库保管员客户所选车辆型号及颜色，由其将车辆提至指定区域待选。销售人员要陪同客户进行选车，及时解答客户在选车过程中提出的疑问，待客户确定外观无损后，打开车门起动发动机，检查发动机是否运转正常，察看内饰件是否有损，各功能件是否操作无误，在选车的过程中一般而言不可以移动车辆。一般因客户操作不当而造成的任何车辆损失问题由销售人员负责。

客户确定好所要购买的车辆后，销售人员即可通知财务安排交款事宜。一般应该坚持车款到账提车的原则，以免产生不必要的纠纷。

车辆交付手续一般包括：

1）领取档案。销售人员到仓库保管员处领取车辆档案，领取的档案一定要与客户所选定的车辆一致，当面核对档案袋内容，如合格证、技术参数表、车辆使用说明书、保修手册、点烟器及交车手续等。特别注意合格证上的车架号、发动机号与所售车辆要绝对一致。

2）开具发票。客户需提供有效证件作为开票依据。销售人员应注意开完发票后要认真核对，确保其准确无误，以免为后续车辆落户工作造成麻烦。

3）填写购车单。客户信息的填写务必准确，为后续跟踪服务提供有效依据。交车前一小时完成所有行政、证件、交款的相关手续。

4）建立客户档案。销售人员应复印合格证、技术参数表、发票、客户有效证件、条码用于建档。客户档案一般包括的内容有：加盖业务专用章的购车单一张、合格证复印件、技术参数表复印件、条码和客户有效证件复印件、发票复印件、需客户签字确认的汽车交付表、需客户签字确认技术报告单等。

5）填写保修手册。保修手册内容的填写必须详细、清晰且符合标准，分别由客户、销售部门、售后服务部门各留一份。

6）车辆交付。车辆交付时，销售人员应再次核对发动机号和车架号是否清晰无误、检查随车工具是否齐备、为客户详细讲解车辆使用及操作过程中应注意的事项。客户在汽车交付表及技术报告单上签字确认完成交车。

7）参观维修部门。销售人员应带领客户参观维修部门，向客户介绍相应的维修人员和维修程序，出现什么问题找什么部门解决。售后服务部门的工作人员向客户介绍解释保修和维护计划、维护项目、维护秘诀等。销售、售后部门相关人员与客户合影留念，确认车主购车过程、交车流程是否满意，约定下次电话拜访的可能时间。

8）交车程序结束后，如果建立了俱乐部或会员制的公司要用一种恰当的方式将公司的会员卡送给客户，把与之相关的证件的复印件留档，并做好记录备查。售后服务人员应提醒客户将公司介绍给其他客户。

（2）交车后追踪　一般情况下，售后服务人员应在交车后三日内尽可能致电客户，或亲自拜访客户，了解车辆使用情况，定期或不定期地进行持续性的沟通，预约回厂进行维护，以便与客户建立长期的服务关系。

3. 跟踪访问

所谓跟踪访问，就是销售人员或其他工作人员为了达成交易或为了提高客户的忠诚度，运用客户跟踪服务和访问技巧，主动在售前或售后跟进客户，获取信息、促成交易、提供服务，确保客户满意，使之成为忠实客户。

有统计表明，销售服务店的大部分收入是从少部分满意的客户中获得的。只有满意的客户越多，销售服务店的收入才会越高，发展也才会越稳定。一般而言，取得客户最佳满意度的方法就是了解、满足并超越客户的期望。这也是销售服务店建立和维护自身长期利益的一种方法。为提高客户的满意程度，销售人员应努力做到以下几点：

1）以客为尊。对客户要给予充分的重视和尊敬。销售人员应当像接待重要人物一样接待客户。这也就是所谓的将客户放在第一位。

2）换位思考，为客户服务。销售人员应通过换位思考，时时设身处地地为客户着想，这样才能打动客户，培养客户的忠诚。

3）找准客户与品牌及产品之间的连接点，即产品外观、性能和质量等适合客户的地方，达到客户的最大满意。

跟踪访问包括售前访问及售后跟踪回访。售前访问的目的是为了获取信息，协助客户尽快完成购买决策，促成交易。售后跟踪回访的目的是完善服务，培养忠诚的客户。二者都是提高客户满意度最有效的途径之一，可以让客户充分了解企业的品牌，增加企业的利润。

（1）售前访问　随着社会化程度的不断加深，人们的消费心理和购买行为逐步趋于理性化，但不论怎样，客户的感性消费在某种程度上仍占有较大的比重。客户面对众多的汽车品牌，常常感到迷茫，作为销售人员，合理引导客户选择你所销售的汽车的品牌，在售前访问时显得尤为重要。

售前访问需向客户传递的信息包括：向客户适时、适度地传递产品及品牌信息；引导客户关注你所销售的品牌的电视广告、平面广告及网络广告等；邀请客户参加一些特殊活动，如试驾、巡展、大型展示会、客户交流座谈等；及时向客户反馈有关市场、产品及价格等方面的新动态。

售前访问的访问者由客户第一次光顾销售店时接待客户的销售人员进行。售前访问的主要目的有：

① 了解客户真正的需要，根据具体情况促成交易。

② 帮助客户选择最能满足其要求的汽车。

③ 通过与客户沟通，加深客户对产品和品牌的了解，使客户产生信任感，增强购买意向。

④ 鼓励潜在客户选择我们的品牌。

⑤ 提高企业和产品品牌的知名度。

在和客户预接触的过程中应做到：

① 在客户第一次光顾销售店时，引起客户注意，提高兴趣，激发购买欲。

② 了解客户情况、购买意向，取得客户信息。

③ 尽量通过其他途径掌握其他意向购车或准购车客户的信息。

④ 将需要的客户信息整理、归类，用计算机建立客户管理数据库或记录在相应的客户信息卡上，充分挖掘潜在商机。

在和客户预接触之后，将从销售店客户档案中挑选出的潜在目标客户分为五类。

O级：已签合同，未提车。

H级：一周之内（7天）有望购车。

A级：半个月（15天）之内有望购车。

B级：1个月（30天）之内有望购车。

C级：2~3个月之内有望购车。

H、A级客户被作为重点目标客户，他们通常表现十分主动热情、亲自挑选产品、询问车辆情况、多次到销售店看车或多次打电话。

销售人员一般应采用电话或微信、电子邮件、传真、直接邮寄和对特殊客户的登门拜访等方式与客户保持密切联系。

1）电话访问。电话访问的目的：寻找销售机会，并预约再次面谈时间。

电话访问的具体内容及注意事项：

① 确认潜在用户的姓名。在已建立联系，如客户已来过销售店或已通过书信、传真等其他方法联系后，应电话跟进访问；由于电话访问涉及私人问题且每次接触成本较高，精确地选择名单十分重要。

② 介绍自己，介绍公司。

③ 电话访问应注意的事项如下。

A. 电话应在适当的时候打，首先应注意没有给客户造成不便。如打给单位的客户，应选择上午晚些时候或下午打，打给家庭或个人的电话，则可选择在晚上不太晚的时候打。

B. 电话访问时可以提出一个适当的问题开头，以引起客户的注意，如果对方看来购车的可能性不大，访问者应该知道如何结束这次谈话。

C. 访问过程中，尽量激起客户对在销售店情形的回忆，以聊天的形式与客户进行感情沟通引导客户主动提问，同时，访问者可补充客户原来没有提到的相关信息，提示客户再次光顾销售店。

④ 说明打电话的原因。包括提供经销商和产品的信息；邀请潜在的客户参加一项特别的活动；提供特别优惠的条件；明确潜在客户现在的购买状况或兴趣；如果适当的话，计划

在销售店、客户家中或生意场合约定面谈等。

⑤ 请求继续联络。

⑥ 达到通话的目的，激起客户的兴趣。

⑦ 进行总结并争取约定在客户方便的时间再谈。

⑧ 确认姓名、职位和地址的准确书写。

⑨ 感谢对方花费的时间和他对谈话的兴趣。

⑩ 如果约定了下次面谈的时间，写信确认时间、日期并感谢他对此事的兴趣。

2）电子邮件。它具有快捷经济的特点。所以要鼓励客户通过电子邮件提问题、提出建议等，访问者可在很短的时间内回答这些问题，便于及时沟通交流。另外销售公司应定期或不定期地向客户发送一些信息，但要注意信息的内容选择和方式，并以销售顾问的名义进行，要有必要的问候和寒暄，切忌发送冷冰冰的广告而引起客户反感。

3）传真。传真主要用于快速、迅捷地给客户反馈有关产品及市场新信息，其特点是方便、及时、易操作。

4）直接邮寄。

① 邮寄内容：在节假日（如中秋节、春节）或客户及其家人生日时，给客户邮寄礼物和慰问信、明信片；或邮寄新产品及特殊活动资料等。

② 特点：此种方式因其具有更有效地选择目标市场、可实现个性化、比较灵活以及易检测各种结果等特点，在现今的市场营销中日益流行。

③ 使邮件个性化：直接邮寄应在宣传品牌、产品形象的同时，注意信封封面要力求新颖、邮寄内容实惠，使人欣然阅读，富有诉求力。如果信封上有个插图，颜色很漂亮，和/或有一些小花样能够诱人打开信封，如有小礼品、活动优惠券等，这封信的效果会更好；当信封上贴有一枚色彩鲜艳的纪念邮票，或信封大小、形状与标准的不同，其宣传效果也会有所不同；在很多的情况下彩色的广告宣传单也会提高客户的回应率并可弥补邮寄的成本；附上邮资已付的回复信则会增加响应率。

5）登门拜访。

① 拜访者应该做到：自然轻松，仪表整齐，微笑倾听。注意在与客户交流时营造一种自然随和的氛围。

② 对于单位或团体的拜访：应拟定定期走访计划，长期保持联系，以走访作为联络感情的纽带，可及时掌握其欲购车信息。

③ 个人：客户因自身繁忙等因素不能亲自到销售店看车，需提供相关产品介绍资料，可考虑登门拜访为其提供。同时，在访问过程中，尽量激起客户对在销售店情形的回忆，进行感情沟通，引导客户主动提问，同时，访问者可补充客户原来没提到的相关信息，以此为契机加深客户对产品的印象。

对不同类型客户应该采用不同的访问方式。对于 H 级客户：务必寻找适当的时机与客户保持密切联系，预约再次访问销售服务店或面谈，以电话、面谈为主要方式；对于 A 级客户：以邀约或者上门为主，配合邮寄、传真；对于 B 级客户：保持联系的频次可以降低一些，以电话、电子邮件为主；对于 C 级客户：以电子邮件、邮寄或传真为主，同时恰当地配合电话联系。

根据售前访问的情况，预约购买倾向较强的目标客户再次光临销售店看车。每天根据预约时间准备下一天的预约欢迎板，放在客户方便看到的客户接待区或洽谈区，以做好欢迎的准备。预约而来的客户进入展厅后，售前访问的销售顾问要主动迎上来打招呼："欢迎光临，您是××先生/小姐吧，我们一直在等着您呢！"同时热情招呼随行人员，并根据客户以前看车情况，有针对性的展开介绍或谈话。依据客户的意见，先看看车或是坐下来具体谈谈要购买的车型，进行下一步的工作。接待人员应具有亲和力，充分体现职业性。

（2）售后跟踪回访　已购车客户常常会有这样的担心：在购车之后销售服务店是不是就撒手不管了？汽车在遇到故障或有疑问时，不知道与谁联系；与客户联系的销售人员从销售服务店辞职，而不再有人帮助客户解决问题并遵守承诺；会对所购汽车本身或价格条款等感到后悔。

售后跟踪回访的目的：提高客户满意度、强化客户忠诚度；了解产品质量信息，消除客户担心，及时为客户提供售后服务，提高产品美誉度；延续客户对产品的满足感，提高品牌知名度。

售后跟踪回访的主要内容：表达谢意，了解客户整车使用后的感受、质量反馈及附加维护和修理项目，帮助客户解决问题，传递本公司最新信息。

售后跟踪回访方式包括：电话、电子邮件、传真、普通邮寄、登门拜访等。

电话回访的主要内容：首先向客户介绍自己和公司，一定要说出自己的名字和客户的姓名，如："我是××公司的销售顾问×××，您是买了我们××车的×××先生/女士吧。"提及客户购买的汽车情况，表现出对客户使用新车的兴趣；倾听客户的担心，了解客户新车的使用情况；邀请客户再次参观销售服务店；感谢客户购买汽车。

电子邮件、传真、邮寄的主要回访内容：通过此3种方式向客户寄送感谢信、维护保养提示函、小礼品、问候卡；传递产品、市场、企业最新动态信息；掌握车辆质量信息，及时为客户解决实际问题，消除客户抱怨，加强与客户感情联络。

对特殊客户的登门拜访：对于系统批量购车企业或团体，应着重从售后服务方面及时解决其已购车后顾之忧，并实行定期走访制，长期保持友好联系；对于抱怨强烈的特殊客户，必要时应上门拜访，主动向客户道歉，从心理上安抚客户。

不同类型客户跟踪回访方式要不同：对于非常满意的客户或满意的客户，在保证为客户提供优质服务的前提下，按常规回访计划，由售车销售顾问、售后服务人员进行正常跟踪回访，即可保持、提升甚至延续满意度。一般可采用电话、邮寄、电子邮件等方式回访。对于不满意的客户，除保证为客户提供优质服务，按常规回访计划，由售车销售顾问、售后服务人员进行正常跟踪回访外，还须由服务店经理亲自回访。一般可采用电话、邮寄、电子邮件、传真等方式回访。对于非常不满意的客户，除保证为客户提供优质服务，按常规回访计划，由售车销售顾问、售后服务人员进行正常跟踪回访外，还须由服务店经理、总经理亲自回访。一般可采用电话、登门拜访、邮寄、电子邮件、传真等方式回访。

对客户跟踪访问过程的总体要求包括：要熟练掌握电话等跟踪访问技巧；通过客户访问销售店或车辆维修历史记录等不断完善客户的信息；欢迎牌应放在所有客户方便看到的地方，如客户接待区或客户洽谈区；每天拟定一份跟踪回访议程表，要包含预约访问内容；及时整理、统计、分析、总结、反馈、传递客户访问信息。

关于客户档案的建立和管理：因为客户信息属公司无形资产，所以各家公司都十分重视，一般要由专人负责档案管理，以建立起完善的客户档案。客户档案必备的资料包括：如果是单位或团体的购车用户，包括他们过去购买的产品、服务和价格，关键的联系人和他们的年龄、职位、生日、爱好，竞争的供应商当前合同履行状况，预计以后几年中的开支等等。对于个人购车用户，包括个人的人文统计资料，如性别、年龄、收入、家庭成员、生日，生理统计资料，如活动、兴趣和意见等，过去的购买情况和其他相关的信息。另外档案还要包括售前访问表（如果客户不是第一次到销售店就直接购车）、售后跟踪回访表、交车表及用户登记表、身份证、发票、复印件等。

学习单元8　二手车置换销售

对于一个从事二手车置换营销工作的销售人员或者二手车专员该如何开展工作呢？其工作流程包括：①探知客户需求；②降低客户心理预期；③推荐二手车评估师；④团队合作促成交易。

1. 探知客户需求

1）销售人员在接触客户时，如何第一时间了解到客户是否有置换意向？

新车销售人员在第一时间接待过程中，通常会询问客户希望购买的车辆的情况，而没有问到客户目前拥有车辆的情况，所以要了解客户是否有置换意向，应该从以下方面来开展。

① 首先询问"您现在开什么车？"如果没有，可以直接介绍新车，如果有，则继续询问。

② 假如是符合收购范围的车："您的车正好属于我们认证车的范围，公司对置换认证有特别优惠，而且我们的收购价格高于市场的价格，您如果现在置换是非常划算的。"

假如是不符合收购范围的车："我们最近正好推出了一项置换回购专案，公司对此期间置换的车辆有特别优惠，收购的价格都可以高于市场价，您要是选择现在置换，是非常合算的。"

2）当销售人员发现客户没有置换意识时，如何向客户灌输置换的理念？

① 首先寻找话题，引起兴趣。比如："您知道最新用车的习惯吗？很多人一部车不再用好多年了，而是两三年就换新车啦，知道为什么吗？"

② 当客户好奇时，就开始导入理念。"汽车在使用两到三年后，车辆基本都过了质保期，汽车的发动机传动带、轮胎、制动盘等都需要更换，这需要一大笔费用，另外就是油耗也会增加，继续使用成本会增加，因此很多人有了换车的念头。从经济上来讲，这个时机换车是比较划算的。"

③ 喜新厌旧："现代人消费的观念已经和以前完全不同了，新车型不断推出，人的审美观也在不断改变，开过两三年的车，车款已经过时了，不符合当下流行时尚，因此很多人也会选择换车，从而跟上流行的脚步。"

3）新车销售人员应该如何探询客户对其旧车价格的心理预期？

当客户明确表示想要置换时，新车销售人员应该询问客户心理预期，比如：

① "您有在外面问过价格吗？"

② "您车子打算卖多少钱？"

4）如果客户不愿意说出其旧车心理预期，有什么方式可以测试到客户的反应？

我们可以通过以下问话的方式来测试客户的真实反应。

① "我不是评估师啦，价格我也不太懂，但是，上次我们评估师收了一台车，和您的车差不多，好像车况还好一些，大概是5万元……"

② "价格我是不太清楚，但是，我听说我们二手车展厅昨天刚卖了一部和您车差不多

的,公里数好像还低一点,大概卖了五万两千元……"

通常面对这种发问时,客户会讲出他们实际的想法,这样,销售人员就可以探询到客户的价格心理预期。

5)置换客户来电接待中,如何巧妙地留取客户的联系方式?

在置换客户来电接待中,很多客户不是很愿意留下联系方式,面对这种情况,销售人员就可以采取一些有技巧性的方式留取客户信息,比如:

① "对不起,评估师外出看车了,您能不能留个电话,等他回来后马上给您回电?"

② "我们正好有一个客户想买您这样的车,我联系一下,看可不可以给您一个比较高的价格,您看我怎么和您联系呢?"

③ "我们电话有点小问题,您可不可以把电话给我,我马上给您回过去?"

④ "您好,我们最近正好有个活动,您可以留个电话,我们到时候好通知您。"

⑤ "您可不可以告诉我您的车牌号,我好查询一下您车辆的违章记录?"然后通过DMS系统或者保险公司等系统查询客户联系信息。

2. 降低客户心理预期

在引荐评估师前,适当降低客户心理预期,可以提高成交的胜算,销售人员可以通过以下几种方式,来降低客户心理预期。

1)解释新车重置价格:"您新车买的时候,价格还蛮高的,可是现在,新车降价比较厉害,所以现在您这款车价格已经便宜很多了,这还不包括让利,去掉让利后,价格就非常便宜了……"

2)车市淡旺季,时不我予:"您要是上个月来,价格也许能高一点,因为这个月是淡季,所以呢,价格可能低一些了,不过你放心,我会尽量给你争取高一些的。"

3)我们就是最高价:"我们××二手车本来就是不以营利为目的的,主要是促进新车销售,所以我们报的价格通常是高于市场价的,上次,我们有个客户也是不相信,后来跑去市场问,结果车贩子报的价格比我们还低两千。"

4)"我们店二手车和市场黄牛相比,有如下优势:一站式服务、专业评估师的估价,在为您的爱车评估的同时,还会以检测的标准来为您的车提供养护建议,给您额外的增值服务。"

5)来自品牌经销商的信誉保证:"就算您信不过我们店,我们上面还有××集团,我们××二手车是××集团旗下的部门,我们是不可能胡来的。"

3. 推荐二手车评估师

新车销售人员在引荐评估师前,应该如何做前期铺陈?

主要是体现两个方面,一是专业,二是特权。

1)体现专业:"这位就是我们经销商的高级评估师×师傅,除了获得国家评估师资格外,还受过国家二手车培训机构系统化的培训,再加上5年的专业评估经验,在二手车行业里绝对是专家,他会对您的车做一个公正、透明的评估。"

2)体现特权:"××客户是我很好的朋友,要置换我们新车,他的车维护得不错,一会评估的时候,你可要多帮忙,价格能高一点就高一点,要把他谈跑我可和你没完哦。"

4. 团队合作促成交易

1)新车销售人员在和评估师共战时,应该如何定位自己的立场?

新车销售人员在和评估师共战时，应该保持以下两种立场。

① 表面立场：站在客户的立场，为客户争取利益，形成 2 对 1 的局面，来弱化客户的对立情绪。例如："××客户是我朋友，关系都不错的，也很喜欢我们的车，你给个面子，再加点价吧。"

② 实际立场：站在评估师的立场，降低客户心理预期，通过互相的配合，来促成交易。比如："××客户，您也稍微降降，这样一来二去，差的就不多了啊，这样我们新车也好定了啊"。

2）新车销售人员在置换的时候，该如何打包谈判？

① "您这部车如果是置换的话，包含保险、上牌、精品装潢、配件等一起，只要再贴××元就可以将新车开回家了，您看如何？"

② "您要是置换的话，包含保险、上牌、装潢等一起，只要再加×××元就可以了，当天置换成功的，我们还有价值××元的超值大礼包赠送，过了今天，活动就结束了，最后的机会，您可要把握好哦！"

3）新车销售人员在谈判前后，应该如何与评估师配合？

① 在谈判前，新车销售人员应该将二手车的信息、车主置换意向、喜好程度、预订交车时间及客户的心理预期等告诉评估师，并从评估师处了解到该二手车的实际收购价格范围。

② 在谈判中，如果是打包销售，评估师直接将二手车底价报给新车销售人员就好了，由新车销售人员统一打包谈判；如果是非打包销售，就由销售人员配合评估师，来和客户做进一步的谈判，通过默契的配合来促成交易。

③ 谈判结束后，如果成交，就由新车销售人员负责新车交接，评估师负责旧车交接，如果未成交，就由新车销售人员负责统一追踪，有情况随时与评估师保持联系。

营销案例

小张卖车的故事

这是一个阳光明媚的下午，在××市东风日产4S店的展厅内，来的客户并不多，三三两两，有的在看着样车，有的在办公桌前与销售员商谈着，还有的在前台仔细阅读着一份车款、车型、新特色等的介绍手册。此时，两位男士走进了展厅。

小张在东风日产4S店工作两个多月，销售业绩一般——一共销售出6部车。作为一名刚从大学毕业、社会工作经验不多的小伙子，这个业绩属于比较初级的水平。看着走进展厅的这两位男士，他开始了基本的判断：一位中年男士虽不是西装革履，但穿着比较讲究；另一位年轻人，二十五六岁的样子，很兴奋的神态。小张初步判断，他们是不错的潜在客户。在经过对展厅短暂的扫描过后，中年男士停留在一辆白色的颐达面前，而年轻人却注意上了颐达旁边的两厢车，一辆黄色骐达。

小张向那位中年男士走了过去。

小张："您好！怎么样，这么好的天，来看看车？"

中年男士："对呀，这款是新到的吧。"

小张："是的，最近走得不错，这是今年的新款颐达，在外观上最显著的变化是新增加的铝合金轮毂和前雾灯。内饰方面，这款手动天窗版的变化较多。首先是深色仿桃木内饰的应用，这种内饰风格多见于中高档车中，而颐达将之移植到 A 级车上也并不显得生硬——深色仿桃木件在上深下浅的整体内饰中起到了良好的过渡作用。真皮座椅的包裹性很好，撑托力度也适中。一触式智能电动天窗的使用非常方便，而后排座椅带杯架、中央扶手的增设，也提高了这款车的舒适性。"

中年男士漫不经心地听着，不时朝年轻人那边望望。

小张接着说："这款颐达采用 1.6 L HR16DE 发动机，航空轻量铝合金制造技术，同时采用连续可变气门正时控制系统（CVTC）的发动机，最大的特点是它不仅有强悍的动力，而且是同排量中油耗较低的。你可以在车内尽情舒展身体，特别是坐在后排，你的腿部、头部和肘部都会感到很舒适。它还配有安全气囊，ABS 防抱死系统，有最新功能……"

中年男士打断小张的介绍："价格多少？"

小张："手动天窗版价格为 12.98 万元，如果想要的话可以优惠些。您可以坐进来感受一下。"

那位中年男士打断了仍然滔滔不绝的小张："好好，谢谢，我们就是简单地看看。先这样，我们改日再来。"

小张："要不，我给你们安排一次试驾，体验一下真正的驾乘感受。"

小张知道，客户通常会有这种要离开的反应，但是，在销售培训时，讲师强调过不要轻易放弃，要争取留住客户，因此，他想多一点努力。中年男士仍说："不用了，谢谢，我们改日再来。"

（在展厅，这样的场景太常见了，这样的对话太正常了，这样离开的客户也太多了。小张犯了什么错误吗？他连这两个客户的名字都没有问到，客户肯定对他也没有印象。小张自己也感到困惑，但得不到有经验的人的指导，他自己也无法找到问题的答案。根本不可能知道这两位客户真正的购买意向。我们不妨听听客户离开展厅以后的对话。）

中年男士叫张某，另外一个男士是他的儿子，张某是一家私企的老总，此次来展厅看车是为儿子买车作为结婚礼物的。

他们走出展厅后的对话如下：

儿子："爸，我看两厢车不错，越来越时尚。"

张某："反正买车将来你用，你定吧。"

儿子："那我们去别的店转转？"

张某："好吧，不远还有一家，咱们去那里看看。"

请分析小张销售失败的原因。

复习思考题

1. 4S 销售店的含义是什么？
2. 挖掘潜在客户的方法有哪些？

3. 展厅布置与销售人员仪表的注意事项有哪些？
4. 欢迎客户时有哪些需要注意的地方？
5. 查找一些轿车资料进行车辆介绍的演练。
6. 客户的异议有哪几种？如何处理？
7. 跟踪访问应该如何操作？

【拓展学习】

新能源汽车加快进入农村市场

近年来，一系列鼓励新能源汽车下乡的政策出台。2020年7月，工信部、农业农村部、商务部联合下发通知，要求组织开展新能源汽车下乡活动。2023年6月，工信部等部委启动2023年新能源汽车下乡活动，活动将持续到12月，共有69款新能源汽车车型参与。

长安汽车有7款车型入选2023年的新能源汽车下乡目录。为提升销量，公司推出多项优惠政策，如畅销车型奔奔E-Star给出1.2万元的优惠，另一款车型直降3万元再送"三电"（电机、蓄电池和电控）终身质保。

充电基础设施加快完善，也助力铺就新能源汽车"下乡路"。数据显示，2020年重庆綦江区居民个人充电桩报装数量仅为24户，2022年新增量已达515户，2023年以来达到586户。贵州已有86%的乡镇建设了充电设施，重庆预计到2025年将实现所有乡镇充电设施全覆盖。

中国汽车工业协会发布的数据显示，2020年、2021年、2022年新能源汽车下乡车型销量同比分别增长80%、169%、87%，带动新能源下乡车型累计销售410多万辆。业内预料，今年新能源汽车下乡销售量还将持续攀升。

尽管新能源汽车在农村地区销量持续提升，但目前农村地区渗透率仍较低。全国乘用车市场信息联席会数据显示，2023年3月，纯电乘用车在县乡地区的渗透率为16%，插电式混合动力乘用车在县乡地区的渗透率为8%。

业内专家认为，与城市相比，农村新能源汽车市场仍将是一片蓝海。中国电动汽车百人会发布的《中国农村地区电动汽车出行研究》显示，预计到2030年，中国农村地区汽车千人保有量将近160辆，总保有量超7000万辆，市场规模或达5000亿元。

学习情境 12　国际汽车市场营销分析

【学习目标】

1. 掌握国际汽车市场的特点。
2. 掌握国际汽车市场的营销方式。
3. 掌握国际汽车营销市场的营销策略。
4. 了解中国坚持经济全球化正确方向，推动贸易和投资自由化便利化的意义。

学习单元 1　国际汽车市场的特点

国际汽车市场主要表现出以下特点。

（1）**燃油汽车虽然仍然占主导地位，但是全球新能源汽车市场呈现出快速增长的趋势**　据国际能源署（IEA）报告，2022 年全球新能源汽车销售量超过 1000 万辆，同比增长 40%。其中，纯电动汽车（EV）和插电式混合动力电动汽车（PHEV）是市场的主流。

区域分布：新能源汽车市场主要分布在欧洲、北美和亚太地区。其中，欧洲和北美地区由于较为严格的环保政策和政府补贴，新能源汽车市场较为成熟。而亚太地区由于庞大的汽车市场和政府的大力推广，新能源汽车市场呈现出快速增长的趋势。

（2）**产品零部件采购全球化**　当今世界汽车生产已超过一国范围。全球采购零部件可以使整车厂少投入、多产出、高效益。

（3）**从价格竞争转向非价格竞争**　福特汽车公司用流水线生产出的 T 型车靠价格竞争，风靡世界。现代汽车产品已不是像福特汽车时代那样按大批量生产的原则来进行生产的，而是根据购买者的需求灵活地进行生产，汽车品种及功能多样化的趋势明显。汽车销售情况也表明，售后服务的优劣也在很大程度上影响着客户的购买心理，售后服务已经被提高到与产品质量同样重要的地位。

（4）**发达国家汽车市场寡头垄断**　世界汽车工业经过百余年的发展，逐步演变成了寡头垄断的竞争结构模式。世界范围内的大汽车集团进一步合作，使集团化、跨国生产的趋势进一步加强。从企业规模看，丰田集团、大众集团、现代起亚、雷诺日产位于第一层次，Stellantis 集团、通用集团、本田汽车等位于第二层次。寡头垄断的形成是汽车工业成熟的标志，是汽车企业间激烈竞争、一系列兼并的结果，也是其追求规模经济效益所致。

（5）**竞争、兼并、联合的纷争局面日趋明显**　世界各汽车厂家为了提高自身的竞争地位和为了进入对方市场、提高市场占有率，以竞争为目的联合趋势有增无减，一些经营不善的厂家被迫兼并。其联合经营的形式多种多样：创立合资或合作企业、企业部分或全部合并、联合开发项目、兼并联合、行业间联合、对业务伙伴进行战略投资、与金融界合作互相参股。

再者，汽车生产企业与高技术行业合作加快。汽车工业越来越成为高技术的应用场所甚至是新技术的发源地。为了面对未来的挑战，汽车生产企业早已开始与高技术行业联合了，比如通用汽车公司与日本机器人生产企业合作，美、日、欧洲等国家或地区政府促成企业与政府实验室、高等院校等单位的联合，以及微软公司等企业参与汽车电脑等技术开发等。

（6）**主要汽车生产国的汽车市场呈现出明显的买方市场特征**　市场趋于饱和，需求将以更新需求为主，保有量的增长潜力已经很小。世界汽车市场供大于求、汽车产量过剩的现象普遍存在，在欧洲尤其严重。这个问题不但没有希望解决，相反地，现在的生产能力还在继续提高。目前世界各主要汽车公司都在围绕着亚洲、中南美洲和东欧等世界新兴汽车市场，扩大生产经营规模。但汽车工业行家认为，在这些新兴的汽车市场上，汽车产量过剩的问题将会同样严重。

（7）**政策制度环境已臻成熟**

1）税费政策环境倾向明显。近几十年来，世界各主要工业发达国家的汽车税费政策已经有了很大的变化。其主要趋势是：汽车税费征收目的"绿色化"、征收对象差异化、征收手段多样化，以适应全球保护大气环境、节约能源、维护交通安全的需要，并在总体上体现出"鼓励购买、抑制消费"的汽车税费思想。

2）技术政策环境趋于严格。各国政府为了保证汽车的安全性、经济性和洁净性等，纷纷推出了汽车安全技术法规、油耗控制法规和汽车排放控制法规等一系列越来越严格的技术法规。

3）汽车回收制度方兴未艾。近年来，汽车回收创造了可观的经济效益，加之环保事业的兴起，所以汽车回收制度正日益受到各国的重视。

（8）**对本国汽车业的保护成为政府行为**　汽车工业在许多国家是国民经济的支柱产业，带动整个国家的经济发展。政府为了保护和发展汽车工业，往往通过关税和非关税壁垒来限制外国汽车产品的进口，并采用各种奖励出口的措施，如出口信贷、提供低息贷款、减免国内税收等，来加强本国汽车产品在国际市场的竞争力。

综上所述，国际汽车市场错综复杂，竞争激烈，与国内汽车市场有着明显不同的特点。

学习单元2　国际汽车市场的营销方式

随着国际市场营销活动的不断发展，国际市场营销方式日益增多。企业应根据世界各国市场的不同特征和要求采取不同的营销方式。进行国际汽车市场经营，首先要善于分析研究国际汽车市场的特点，找准目标市场；其次要研究目标市场的经营方式。

国际汽车市场的经营方式一般有三种：产品出口、国外生产、对销贸易。

1. 产品出口

产品出口就是以本国为生产基地，将产成品销往国际市场的做法。其具体形式又可分为间接出口和直接出口两种。

（1）间接出口　间接出口是指企业通过外贸中间商将产品销往国际市场，但本身并不从事任何实际的出口业务。间接出口有两种情况：一是企业将产品卖给国内出口商，由他们负责向国际市场销售；二是企业委托出口代理商进行实际的出口业务，代理商收取一定的佣金，生产企业承担出口业务的风险，并获得出口业务的利润。

间接出口这种方式具有以下特点。

1）企业可利用现有的出口贸易机构的销售渠道和营销经验，把产品迅速打入国际市场。

2）企业不必在国外建立销售网点进行业务活动，即节省了投资和相关费用。

3）由于企业没有亲自从事国际市场营销，不能及时了解国际市场的信息反馈情况，不利于产品以及整个营销战略的提高。

4）有中间商从中提供技术服务，可以减少错误的发生，所以风险比较低。

5）企业由于中间商的影响，不能控制国际市场营销的主动权。

（2）直接出口　企业把产品直接卖给国外客户（中间商或最终用户），而不通过国内的中间机构。

1）汽车企业直接出口的形式有：①利用国外代理商。代理商是指对产品无所有权、只是接受委托协助委托人（卖方）与买方成交的中间商。②利用国外经销商。经销商是指在国外特定地区或市场上，在购买及转售本企业某种产品或劳务方面获得独家权或优先权的中间商。经销商同一般批发商的区别在于他被授予"独家权"或"优先权"。③设立驻外商务办事处。在国外设办事处实际上是企业向国外的延伸。办事处的主要职能是收集当地市场情报、推销产品、负责产品实体分配、提供服务、维修和供应零部件等。设立驻外办事处可更直接地介入国际市场营销，掌握需求动态，提高服务水平。但在当地设立办事处必须以足够的业务量为前提，否则将得不偿失。④设立营销子公司。国外营销子公司的职能和优缺点同驻外办事处相似。所不同的是，子公司是作为一个独立的当地公司建立的，在法律上和纳税上都有其独立性。这表明，企业已更深地介入了国际市场的营销活动。以上直接出口的四种形式，企业可依据具体情况采用。

2）直接出口这种方式具有以下优点。

① 企业独立完成如市场调研、产品定价、运输和保险等任务，拥有很大的营销控制权，同时也可以提高自身的国际营销业务水平。

② 在与国际汽车企业的交流过程中，获取国际汽车市场的当前最新资料，可以为企业的及时决策提供依据。

③ 在海外设立营销机构，可以促进企业销售量的增长，使企业获得更高的利润，同时减少了中间商这一环节的费用支出。但企业承担的责任和风险比间接出口要大些。

在上述两种出口方式中，直接出口意味着企业自己要独立进行市场分析、选择分销渠道、制订定价与促销策略、办理有关出口手续及与外商签约等工作。企业采取直接出口方式，标志着企业真正开始了国际市场营销活动。我国的大型汽车企业集团已有直接出口的外贸权，企业也具有一定的实力，他们可以选择直接出口方式；而一般汽车及零部件企业如果实力不济，可以考虑采取间接出口方式。

2. 国外生产

在某些情况下（如运输成本太高、关税和配额等贸易限制太多等），国内制造再出口的方式，不如直接在国外设厂生产有利。再者，有些国家出于发展本国经济的考虑，鼓励外商投资，利用其劳动力和原材料成本低的优势，吸引国外企业和国际资本到本国投资建厂，如国际汽车工业向低成本地区转移生产。因此，国外生产已成为当代企业进入国际市场的一种非常重要的战略，这种战略的目的有二：一是在国外当地生产，当地销售，一般是为了绕开进入当地市场的壁垒；二是在当地生产，异地销售，一般是为了利用生产国的成本优势，或者当第三国对本国产品严禁进口，但对生产国的产品却限制不严时，亦可采取此种战略。

国外生产方式的具体形式很多，这里只扼要地介绍比较重要的几种。

（1）组装业务　这种方式的主要优点是运费低、关税低、劳动力成本低，并且能够为当地增加就业机会，易被当地政府接受。但对一些旨在发展民族工业的国家来说，组装业务一般是该国形成某个工业的开始，这些国家不会停留在组装业务阶段。

(2) **合同制造** 与国外的生产企业签订合同，由对方生产某种产品，然后由本企业负责营销。这种形式的优点是投资少，风险小，产品的销售和市场的控制权仍在自己手中，国外不少企业在汽车总装配地就近采购零部件的做法即为合同制造的形式。

(3) **许可证贸易** 这是技术转让时采用较多的一种方式。技术转让是指利用某种方式，将某项技术使用权从输出方出售给输入方的一种交易行为，其内容包括专利使用权、商标使用权和专有技术使用权等的转让。许可证贸易是指交易双方在签订许可证协议之后，输入方可在支付一定费用并承担有关义务的条件下，使用输出方的发明专利、商标、技术秘密、产品外形设计等工业产权，并实施制造、销售该项技术下的产品。其优点是：可避开关税、配额等不利因素，无须大量投资，风险较低，容易得到当地政府的批准。其主要缺点是：许可证协议终止后，对方可能成为竞争对手，因而转让方一般不转让自己的核心技术；从受让方来讲，必须在吸收消化外国技术基础上，尽快形成技术实力。

(4) **海外合资企业** 海外合资企业是指两个或两个以上不同国籍或地区的投资者，依照东道国的法律兴办的共同出资、共同经营、共负盈亏、共担风险的企业。合资企业一经成立，即为东道国的法人，受东道国的法律保护和管辖。利用此种形式的优点是：本企业获取的利润可能更高一些，对生产和营销的控制程度也更高一些，取得当地市场信息和营销经验更多、更快一些。发展中国家通过这种形式，也可以尽快学会外国的先进技术、生产方式及管理方法。

(5) **海外独资生产** 这是企业在国外投资的最高形式。其优点是可掌握全部产权的利润，不存在与合作者的冲突问题。其缺点是：投入资源最多，风险最高，可能会受到当地政府的种种限制；同时，由于缺乏当地合作者的协助，企业的市场应变能力较差。

国外生产，实质上是用资本输出和技术输出带动商品输出。总的来讲，其优点是可以避开关税和非关税壁垒，或者利用当地廉价劳动力、廉价土地和廉价原材料，以保持产品竞争能力。

3. 对销贸易

对销贸易是指卖方向买方出口货物或技术的同时，必须承担向进口国购买一批货物（一般不超过出口货物价值）的义务。两笔交易相关联，但各自独立地进行结算。结算方式可以用现金方式，也可以用实物，或一部分用现金一部分用实物抵付等方式。具体方式由买卖双方共同商定。

对销贸易具体类型有易货贸易、补偿贸易（履行返销义务）等。对销贸易是目前国际较为流行的一种贸易方式，也是企业进入国际市场一种较好的方式，对发展中国家的企业开展国际营销尤其适合。

学习单元3　国际汽车营销市场的营销策略

国际市场竞争激烈，企业要想获得成功，必须投入较多的时间、精力和资金去分析市场机遇，并对目标市场进行深入的了解，研究消费者心理，摸清组织市场营销的活动规律。在仔细地研究分析市场机会，确定目标市场后，这些企业将着手制订包括产品、价格、分销、促销等内容的市场营销组合策略。

微课：国际汽车市场营销策略

1. 产品策略

（1）产品和品牌延伸策略　如果汽车产品的质量、性能、外观符合国际市场要求时，可以直接将产品出口，在国际市场上采用群体品牌的策略，传递相同的产品信息，建立相同的产品形象。这一策略的特点是：节约产品开发成本，树立产品的国际市场统一形象，产品的市场信誉较高。宝马汽车公司在开拓国际市场时，始终保持着高档轿车的市场定位，以其优越的驾驶性能和精心的内部设计为世人所熟知，以让消费者充分感受"驾驶乐趣"的体验，来实现其"驾驶极品车"的市场定位。

（2）产品和信息改造策略　根据国际市场的区域性偏好或条件，改造产品和产品传递信息，以适应国际市场的区域消费需求。丰田汽车公司在进入美国市场时，不惜花费大量资金和时间，通过各种渠道，了解和听取客户对产品提出的改进意见，不断变换产品的型号、花色和品种，使丰田汽车很快被美国消费者接受。产品和信息改造主要采用以下几种组合策略：

1）产品直接延伸、信息传递改变策略。
2）产品修改、信息传递直接延伸策略。
3）产品和信息传递双调整策略。
4）全新产品信息策略。

2. 价格策略

通常，汽车企业应针对竞争对手和目标市场制订出一个有竞争力的价格，并以此反推出成本的额度，以在汽车生产中做好成本控制，使成本不超过成本额度。

日本企业在进入国际市场时，一直采用一种所谓的"市场份额"价格策略。这种策略就是采用较低的价格进入市场，以便取得一部分市场并进而达到长期控制该市场的目的。为此，日本企业总是将价格定得比竞争者低。他们乐于在最初几年里受点损失，把这种损失视为对长远市场发展的一种投资。这种做法使日本在过去几年中被指责为"产品倾销"。此情形在美国的轿车产品市场上表现得尤为明显。日本的轿车以省油、低价等优点大量涌进美国市场，使美国的汽车工业招架不住。

汽车企业在国际市场定价时应注意：

1）国际市场的商品价格构成。
2）正确选择计价货币。
3）国际转移定价。

3. 分销策略

汽车企业既可以建立自己独立的分销渠道，也可以与进口国国内分销渠道采取联合、控股等方式组建公司国际市场销售渠道，以节省建立分销渠道的成本。

汽车企业要想进入国际市场可采取以下几种措施。

1）集中全力选好进入市场的突破口。可以不是采取全线出击，一下子占领全部市场，而是选中该市场的某一地区，某个批发商或某种类型的消费者，先打进去，站稳脚跟后再逐步扩大。
2）精心挑选有效的销售渠道和能力强的批发商。
3）某些特殊产品，则采用直接与客户联系，建立独立的销售机构的方式。
4）利用竞争者的销售网络进行销售，即在打入某国市场后，利用该国中间商或生产者的牌号或商标销售本企业的产品。

4. 促销策略

企业在进入某国市场时要强化进口国民众对本国及本公司友好的一面，限制不友好一面，在目标市场上努力树立良好形象。企业应积极培养进口国的当地公民进行推销，他们对当地的营销环境更为熟悉，易于做好推销工作。企业应做好售后服务工作，在异国建立完备的售后服务网络，在广告方面，应该符合当地的文化、风俗等，创造出针对性强的广告宣传。

营销案例

丰田汽车的美国营销策略

日本丰田汽车公司于 20 世纪 80 年代开拓美国市场时，首次推出美国市场的车型"丰田宝贝"仅售出 228 辆，出师不利，增加了丰田汽车以后进入美国市场的难度。丰田汽车公司面临的营销环境变化及其动向是：美国几家汽车公司名声显赫，实力雄厚，在技术、资金方面有着别人无法比拟的优势；日本××汽车公司已先期进入美国市场，该公司已在美国东海岸和中部站稳了脚跟；随着日、美之间贸易摩擦的不断增长，美国消费者对日本产品有一种本能的不信任和敌意。但丰田汽车公司也注意到了美国市场的变化。美国人的消费观念正在转变，他们将汽车作为地位、身份象征的传统观念逐渐减弱，开始转向实用化；希望大幅度减少用于汽车的消耗，如价格低、耗油少、耐用、维修方便等；消费者已意识到交通拥挤状况的日益恶化和环境污染问题；美国家庭规模也在逐渐变小。而美国汽车公司却在忙于比豪华，因而汽车体积大，耗油多。

企业进入新的市场领域往往都面临着若干威胁和市场机会。然而，并不是所有的环境威胁都有一样的严重性，也不是所有的市场机会都有同样的吸引力。丰田汽车公司对自己所面临的主要威胁和市场机会是如何应对的呢？

（1）产品策略　在市场中，谁能抢先利用机会，谁就赢得了主动，赢得了胜利。丰田汽车公司抢先利用了美国汽车公司生产体积大、油耗多的豪华车以及美国家庭规模变小和美国人购买汽车转向实用化带来的市场机会，成功地将小汽车打入美国市场。丰田汽车公司根据美国消费者对小型、实用、便宜的汽车需求，适时推出了"皇冠"汽车，这种车型不仅外观美观、操纵灵活、省油、价低、方便，而且内部装备了满足美国人需求的内部装修，如柔软舒适的座椅、柔色的玻璃，连扶手长度和腿部活动空间的大小都按美国人的身材需要来设计，因而取得了极好的效果。

（2）价格策略　丰田汽车公司本着"皇冠就是经济实惠"的原则，毅然将价格定得更低，每辆"皇冠"汽车售价只有 2000 美元，而随后推出的主要产品"花冠"系列每辆售价还不到 1800 美元。

（3）促销策略　丰田汽车公司吸收了大众汽车公司售后服务系统很完善的优点，做得比大众更出色，力所能及地在自己的销售阵地设立各种服务站，并且保证各种零配件"有求必应"，消除了客户的后顾之忧。丰田汽车公司在广告和促销过程中，极力掩饰汽车的日本来源和特性及风格，强调产品的美国特点和对美国的消费者的适应性，从而减轻了美国消费者对丰田企业的抵触情绪。

复习思考题

1. 国际汽车营销市场的特点是什么？
2. 分析国际营销中社会文化环境的影响。
3. 直接出口的国际营销方式具有什么优点？
4. 如何把握国际汽车市场的营销策略？

【拓展学习】

中国汽车品牌是如何打开海外市场的

1. 出口汽车打开海外市场

中国的汽车制造商在向海外出口汽车时，推出了多样化车型。作为上汽集团旗下的品牌，MG 汽车拓展了其产品线，其中包括纯电动汽车和 SUV 等车型，使其在全球的影响力得到显著扩大。有研究显示，上汽集团凭借旗下品牌 MG、别克和荣威，在 2022 年成为中国最大的汽车出口商。

2. 中国有望在 2023 年超越日本，成为全球汽车出口第一大国

从 2019 年到 2021 年，日本的汽车出口量排名第一，紧随其后的是德国和中国。在 2022 年，中国超越了德国，成为全球第二大汽车出口国，出口约 310 万辆汽车。2023 年前 5 个月，中国的汽车出口同比增长超过 81%，达到了 176 万辆，位居全球榜首。

在 2023 年 1 月至 5 月期间，中国向俄罗斯出口了约 287000 辆的成品汽车，俄罗斯成为中国汽车的主要购买国。

3. 全球目标，本土驱动：中国汽车业向海外扩张的本土化策略

中国汽车出海的本土化策略，主要方式是在海外市场设立本地工厂。为了满足北美市场对电动公交车日益增长的需求，比亚迪在美国加利福尼亚州设立了一个电动公交车制造设施，用于生产电动公交车和客车。长城汽车也采用了本土化战略，在泰国罗勇府设立生产基地，以扩大其在海外市场的影响力。长城汽车的罗勇府工厂将成为东南亚右驾驶（RHD）车辆的主要生产基地，提升了其品牌在泰国消费者中的知名度和受欢迎程度。

附录　汽车营销案例

福特历史上的成功与失败

亨利·福特于1903年创办了以自己名字命名的"福特汽车公司"。1908年，福特汽车公司设计制造的T型车，每辆售价850美元，一年售出10600辆。1914年，世界上第一条汽车流水装配线在福特汽车公司诞生，制造每辆汽车的时间由原来的12h28min，缩短为9min，生产效率提高近100倍。1916年T型车生产了58万多辆，每辆售价仅360美元。福特汽车畅销美国各地。福特汽车公司一跃成为世界上最大的汽车制造公司，亨利·福特本人荣获"汽车大王"的称号。100多年来，福特一直是世界汽车界的巨头，推出过多种多样的车型。这其中有成功，当然也有失败，其中最成功的，当属1964年艾柯卡为福特汽车公司推出的"野马"轿车。

1964年，野马在纽约世界博览会上登台亮相之后，即刻吸引了全国各地的人们前来参观。其强烈的反响是汽车工业中从未出现过的。这种造型锐利的1965年款"野马"成了美国的宝贝儿，在上市百日内即售出了10万辆。这款车拥有跑车所应具备的一切优点，保持了简洁的风格，且价格合理，约为雪佛兰价格的一半，并且有6种丰富的颜色供客户选择，充分迎合了美国年轻一代的品位。"野马"在多部影片中大出风头，如惊险刺激的1965年007系列影片《金手指》和1988年的经典棒球影片《布尔·德拉姆》。拥有"野马"的各界名流数不胜数。"野马"轿车在刚推出的两年内就为福特汽车公司创造了11亿美元的纯利润。可以说，"野马"汽车的营销是汽车营销史上一个成功的典范。当时，"野马"车风靡全国，各地纷纷成立"野马"车协会。艾柯卡被媒体和大众冠以"野马之父"的美誉。

为什么"野马"汽车如此畅销呢？这还要从艾柯卡对"野马"汽车的精心策划说起。

1962年，李·艾柯卡就任福特汽车公司分部总经理后，便雄心勃勃地开始策划推出新车，什么样的车才会受到客户欢迎呢？他首先进行了全面细致的市场调研。当时福特汽车公司在市场上正销售一种名为"红雀"的汽车，根据客户的反映，"红雀"的缺点是车子太小，没有行李舱，外形没有时尚感，其销量在下降，如果没有更好、更适合市场的车型，将大大影响福特汽车公司的利润。同时，福特汽车公司的市场研究人员对市场营销环境进行了深入调查：20世纪60年代的美国应该是年轻人激增的时代，因为第二次世界大战以后，美国出现了"婴儿潮"即所谓的生育高峰期，那时的婴儿已长大成人，根据测算，接下来几年的人口平均年龄要急剧下降，20~24岁年龄组要增长50%，购买新车的18~34岁年轻人可望占到一半。另外，随着社会和经济的发展，人们受教育程度的提高，购买汽车的客户中妇女和独身者的数量将会增加；消费模式也会变化，拥有两辆以上汽车的家庭将越来越多，人们将把更多的钱花在娱乐上。

根据调查获得的信息，艾柯卡确定了这样一个目标市场：一个年轻人的市场，一个汽车娱乐休闲的市场。适合这个市场的车应当有以下特点：样式新颖的轻型豪华车，外形像跑车，具有强烈的时尚感；车型要突出个性，与众不同，特点鲜明；要容易操纵，以便于妇女和新买新学驾驶的人购买；要有行李舱，以便于外出旅行，以此吸引年轻人。

根据这样的设计思路，艾柯卡提出福特的这款新车一定要具有样式新、性能佳、价钱低三大特色。这种车应当是能容下4个人的小型车；应当是质量不超过2500lb的轻型车；应当是不超过2500美元的低价车，应当是吸引年轻人的时尚车。1962年秋天，福特设计中心完成了新车的泥塑模型。1963年春天，样车陈列在福特设计中心，与公司的强大竞争对手通用汽车公司的雪佛兰新车并排展示，进行对比性分析。样车经过多次改进，最后的形状是：前长后短的流线型；方顶，车身较低；整车显得潇洒矫健而又很时髦。

同时，为了迎合年轻人，体现出美国人放荡不羁的个性，艾柯卡在新车的命名上也费尽周折：先是准备叫"猎鹰特号"，后又想起"美洲豹""雷鸟Ⅱ型"等不同的名字，最后，艾柯卡委托的广告公司代理人在底特律公共图书馆，从 A 到 Z 列出成千种动物，"mustang"一词呼之欲出，"mustang"在英语中是指一种生存在美国北部平原的小型强壮野马，它是阿拉伯马的后裔并且被西班牙殖民者带入到新大陆。"野马"，它在小、野、壮3个方面完全贴合该车的市场定位，而且，这是一个地道的美国名字。美国人对第二次世界大战中野马式战斗机的名字印象极为深刻，用"野马"作为新型车的名字，再适合不过了。

在"野马"车定价方面，艾柯卡也毫不含糊。他们在底特律选定了52对中等收入的青年夫妇，请他们对"野马"进行评判。白领夫妇对该车造型表示满意，蓝领夫妇则把"野马"看成他们所追求的地位和权势的象征。艾柯卡请他们为"野马"估价，几乎所有人都估计约10000美元，并表示家中已有车，将不再购买这种车。当艾柯卡宣布车价在2500美元以内时，他们十分惊讶，都表示将购买这种能显示身份和地位的新车。在研究了消费者心理之后，艾柯卡把车价定在2368美元，合理低廉的价格定位，为"野马"的成功又助了一臂之力。"野马"正式推出之后，为了使其迅速占领市场，采用了多种多样具有轰动效应的促销手段，使"野马"迅速蹿红。

"野马"车投放市场的当天，福特汽车公司在各种媒体上进行了广告轰炸：有2600种报刊上刊登了全页广告，数家电视台播出广告片。广告设计也新颖别致：一幅朴素的白色"野马"在迅捷奔驰，旁注："真想不到"，副题是：售价2368美元。同时，新车的照片也刊登在最具影响力的《新闻周刊》和《时代》的封面上，这两大杂志的宣传大大提高了"野马"汽车的知名度。

"野马"汽车正式投放市场前四天，公司邀请了报界100多名新闻记者参加从纽约到迪尔本的70辆"野马"汽车大赛，这些车飞驰700mile无一发生故障，证实了"野马"车的可靠性。于是，几百家报纸都以显著的位置热情地刊出了关于"野马"的大量文章和照片，使"野马"成为新闻界的热门话题，再次大大提高了"野马"汽车的美誉度。

另外，公司还在全国15个最繁忙的机场和200家假日饭店的门厅里陈列"野马"汽车，以扩大影响力。公司选择最显眼的停车场，竖起巨型的广告牌，上书："野马栏"。同时，福特汽车公司向全国的小汽车用户直接寄发几百万封推销信，信中在传递"野马"汽车信息的同时，也表示了公司忠诚为客户服务的态度和决心，使客户对"野马"再生好感。

此外，公司大量上市"野马"墨镜、钥匙链、帽子、"野马"玩具车，甚至在面包铺的橱窗里贴上广告："我们的烤饼卖得像'野马'一样快"。

由于在各个环节上福特汽车公司均做出了一系列精心而正确的策划，使"野马"汽车的营销大获成功，其订货单源源而来。到1965年4月16日，即"野马"诞生1周年的时候，已售出 418812 辆。在其几十年的历史中，有 700 万辆左右的"野马"在美国售出。由于它在世界汽车史上的重要地位，在千禧年来临之时，福特汽车公司的"野马"被评为自 1950 年以来最受大众喜爱的汽车。

"野马"可以说是福特营销历史上最成功的例子，而埃德塞尔（Edsel）汽车则是福特营销历史上的一大失败。

在 1957 年 9 月 4 日，埃德塞尔汽车作为 1958 年福特的新型汽车推向了市场。这一举动使同行竞争者大为惊奇，因为按照传统，一般在 10 月和 11 月推出下年度的新型汽车。当时福特汽车公司为埃德塞尔分部 1958 年的生产任务定为 20 万辆。埃德塞尔汽车从设想到推出新车用了 10 年多的时间。根据对市场营销环境的分析，数年来，美国汽车市场上日益增长着一股偏好中档汽车的倾向。像庞蒂克、奥兹莫比尔、别克、道奇、迪索托和默库里这样的中档汽车，到 20 世纪 50 年代中期，已占全部汽车销售量的 1/3，而从前它们只占 1/5。随着经济的发展，美国人自由支配的个人收入已从 1939 年的 1380 亿美元增长到 1956 年的 2870 亿美元，并预计到 1965 年可达 4000 亿美元。这些个人收入中用于购买汽车的百分比已从 1939 年的 3.5%左右，增长到 20 世纪 50 年代中期的 5.5%或 6.0%。福特公司预测，汽车市场的重心已从低档向中档转移，且 20 世纪 60 年代期间对高档汽车的需求会持续增长。当时，福特只有默库里牌中档汽车，通用汽车公司有庞蒂克、奥兹莫比尔和别克牌车；克莱斯勒公司有道奇和迪索托牌汽车，福特公司在这一市场领域缺乏竞争力。

因此，埃德塞尔汽车的推出看来是大势所趋。在为该车命名上福特公司并没有凑合，他们起了大约 2000 个不同的名字，在不同城市访问路人，请他们说出看到每个名字时会联想到什么，并尤其关注是否有负面联想。最后，亨利·福特的唯一儿子的名字"Edsel"被选做该车的命名，虽然在调查中它有不少偏向负面的联想，但由于没有获得一致同意的名字，也只好如此。

埃德塞尔上市了，这是一种大型的，拥有 345 匹马力发动机的汽车，当时福特公司认为大马力发动机，动力强劲，加速性好，被认为符合年轻人的喜好，是强有力的竞争要素。

福特汽车公司为了埃德塞尔的销售，专门成立了独立的埃德塞尔经销总部，并从 4600 个应征的经销商中精挑细选出 1200 个，除了位于小市镇的经销商拥有双重经销权外，其余的都必须专售埃德塞尔。平均每一位经销商投资了 10 万美元。

为了配合埃德塞尔的上市，福特汽车公司进行了精心的广告策划，当年 7 月 22 日，第一个广告出现了，在《生活》杂志上，用了双跨页刊出大幅黑白照片，显示的是一辆汽车正在乡村高速公路上驰骋，因为是高速行驶，所以只见一个模糊的车影，其他的广告也是仅仅展示埃德塞尔的轮廓。直到 8 月底汽车的真实面目才正式显露，在此之前，埃德塞尔的车型一直保守秘密。试图用这种吊胃口的玄谜手法吸引公众的兴趣，使埃德塞尔成为焦点，让人们有一种期盼之感。

然而埃德塞尔推向市场后的结果却令人大失所望。9 月 4 日当天订单 6500 份，还算可以，但接下来的几天，销售情况却急剧下降。10 月 13 日，星期天晚上，福特汽车公司在电视上推出了大量的广告，但情况仍不见好转。直至第 2 年 11 月，埃德塞尔系列新车型面世，销售才稍有转机。第 3 年 9 月中旬，虽然推出了埃德塞尔第 3 个系列产品，却没有造成任何影响。11 月 19 日，埃德塞尔被迫停止生产，以失败告终。

为什么经过 10 年左右精心策划的埃德塞尔会失败呢？原因有很多，每一个单独的因素虽都不足以致命，但综合起来却使埃德塞尔一败涂地。

首先，车型有悖于市场环境。由于埃德塞尔策划时间较长，在市场调研期间正是美国经济景气繁荣之时，而在20世纪50年代末埃德塞尔推向市场之时，美国经济开始出现衰退。如果说原来市场看中中价位的汽车，而在经济不景气时，经济型汽车逐渐占据了大众的心，所以说埃德塞尔可谓生不逢时。更不利的政策因素是，美国交通安全局那时开始限制生产大马力的汽车，因为他们把高速公路的意外事件归于此，美国汽车制造协会回应美国交通安全局的批评，签署了一项同意书，禁止汽车就马力、速度刊登广告。埃德塞尔过去力捧的车型大、动力强劲、加速性好等卖点一下子变成了弱点，使汽车的销售大打折扣。

其次，设立独立的经销部门造成了经销商花费大，财政上出现了困难。本来预计可以增进经销商的信心，带来较好的销售成绩，但其巨大的花费（平均每一位经销商投资了10万美元）则被忽略了，而且埃德塞尔经销商除了埃德塞尔之外，没有经销任何其他的产品，各经销商在财政上的困难很快就显现出来。

再者，促销广告很不成功。埃德塞尔上市之前应用了吊胃口的玄谜广告手法吸引公众，却产生了负面的效果。在广告过于隐秘的诱幻之下，美国公众抱的期望值过高，把埃德塞尔想象成时代的尖端产品，但见了真车之后，却发现它不过如此，结果成了费力不讨好。而且，一般新年度的产品均在10月或11月问市，但埃德塞尔赶在9月份推出，原想会捷足先登，结果反而使埃德塞尔必须和当年的产品竞争。这不仅在售价上有很大差别，而且使消费者很迷惑，埃德塞尔到底是福特当年的新车还是第二年的新产品呢？刚开始时，有些经销商抱怨，过度的广告未免太早了，但等到10月，当其他品牌的新车型问世时，却又有人抱怨缺乏促销活动和广告了。

最后，在其他细节上埃德塞尔也出现了瑕疵。如在名字的选择上，福特的决策者没有充分考虑偏向负面的联想，贸然采用了埃德塞尔；更有意思的是，埃德塞尔的车头外形像一个张开的大嘴巴，这种外表很显然是不受欢迎的，从消费心理学的角度讲，没有人愿意自己的车子给人张牙舞爪的感觉。

借势抗战胜利70周年：东风风神AX7开启探访之旅

2015年，为隆重纪念中国人民抗日战争暨世界反法西斯战争胜利70周年，9月3日在天安门广场举行了大阅兵，国家、社会各个层面掀起了纪念抗战胜利的热潮。

此时，东风大自主核心事业单元东风风神也进入了发展的第二个阶段，旗下的首款SUV——AX7，即为东风汽车首款"军转民"的杰作，凭借科技与时尚融合的魅力，以及卓越的军工血统，成就媲美主流合资的标杆实力，上市后迅速崛起，成为10万元以上自主SUV的中坚力量之一。同时，随着"军转民"进程的推进，军工将逐渐成为东风风神的核心内涵。

为了展现军工央企品牌的责任与担当，探访与慰问革命先辈，弘扬与传承革命先辈的抗战精神，激励中国品牌自立自强，自豪向前；为了展现自信自强的中国品牌情怀，检验以AX7为首的东风风神第二代产品的卓越品质与性能，展现中国品牌自强不息、自信向前的中国情怀；同时为了强化东风风神AX7的军工血统，东风风神AX7开启探访之旅。

活动名称：东风风神AX7：致敬英雄　自豪向前——纪念抗战胜利70周年探访之旅

活动时间：2015年6月13日—10月27日，历时5个月

车队阵容：2 台东风猛士 + 7 台 AX7 + 2 台 L60 + 1 台 A30

活动路线：双线并进，每条线 7 站，会师武汉，穿越 15 个省 2 个直辖市，共计 15 站，行程超过 5000km

A 线：北京—哈尔滨—石家庄—青岛—郑州—南京—上海—武汉

B 线：银川—西安—成都—昆明—广州—长沙—南昌—武汉

整个活动包括以下内容。

烽火远征—长途试驾：选择红色路线，以重点城市为节点进行接力长途试驾。设计多种类型的路况体验，配合模拟军事化的轻度对抗体验。

铁血激战—产品体验：以军事题材元素包装体验科目，聘请具有军旅背景的专业教练，寓教于乐，引发受众参与热情。

豪雄锋刃—用户回馈：在区域经销商的支持下，开展线上线下的团购、促销、集客项目，继而争取更多的现场体验，迅速下单的销售机会。

致敬英雄—公益开展：联合公益明星、军事专家进行诸如老兵捐助、英雄部队慰问、红色纪念馆帮扶等公益性项目，在整个活动过程中，探访了老兵焦润坤，走进了哈尔滨干休所，灵魂歌者塔斯肯歌声致敬英雄等。紧紧围绕抗战主题，军工内涵，拓展了企业精神。

整个活动效果明显：

活动传承了革命先辈宝贵的民族抗战精神。万里的探访之旅路上，一路凭吊抗战遗址，慰问抗战老兵，聆听 70 年前抗战先辈血与火的故事，传承先辈们抗战的精神火种，激发国民的爱国之心，激励中国人、中国品牌自立自强自豪向前，是中国 2015 年纪念抗战胜利 70 周年活动的重要组成部分，《人民日报》《中国青年报》、新华网等权威媒体对活动进行了深入报道；而组织与举办这次活动，展现出了东风风神有责任、有担当的央企品牌形象，同时也强化了东风风神 AX7 的军工血统。

活动展现了东风风神二代产品的品质自信。2010 年，在第一代产品 S30、H30 上市伊始，立足质量经营的东风风神便启动品质砺剑第一季——"征服五大洲"活动，拉开品质征服世界之旅，并由此成就 S30、H30 "中级车双雄"的美誉。五年后，站在抗战胜利 70 周年的历史时点，携军工硬汉 AX7 迈入产品 2.0 时代的东风风神再度出征，推出品质砺剑第二季——"致敬英雄 自豪向前"探访之旅活动。从"征服五大洲"走向"穿越神州"，这场穿疆拓土的大型巡游活动是东风风神品质砺剑的再度启航，探访车队将经历东西南北不同地域。从冷到热不同气候，以及都市、乡村、山路等各种路况的考验，是对自身产品品质、性能的苛刻检阅，展现出东风风神对自己的品质自信，不过不同的是，此次探访产品主角变成了第二代。

活动提升了国民大众对中国自有品牌的品质信赖。探访之旅有 1000 名媒体人、10000 名用户参与进来，亲身体验东风风神二代产品的品质与性能，建立媒体与大众对东风风神、中国自有品牌的信心，提升国民大众对中国自有品牌的信赖。

活动促成了中国人买中国车的良好氛围。通过零距离的亲身体验，建立国民大众对东风风神产品与品牌的清晰认知；通过团购钜惠活动，回馈用户长期以来的支持；通过号召更多的民众加入到致敬之旅中来，建立精神的认同与关联。层次递进拉近大众与品牌的距离，促成了中国人买中国车。以北京站为例，举办京津冀四城联动团购会，北京地区 90 分钟内完成销售 70 辆，四城总计近 200 辆，同时现场观众纷纷签名加入致敬英雄的活动中来。

参 考 文 献

[1] 张国方. 汽车营销学 [M]. 2版. 北京：人民交通出版社，2017.
[2] 吕一林，冯蛟. 现代市场营销学 [M]. 5版. 北京：清华大学出版社，2012.
[3] 夏暎，池云霞. 市场营销 [M]. 2版. 北京：机械工业出版社，2013.
[4] 何宝文. 汽车营销学 [M]. 3版. 北京：机械工业出版社，2017.